ユーキャンの

2025年版

介護福祉士

よくわかる！
過去5年
問題集

ユーキャンがよくわかる！その理由

●過去５年分の試験問題を徹底解説！

■過去問題にチャレンジ！

過去問題に挑戦することで、試験問題の形式や出題傾向を知ることができます。また、ご自身の実力もチェックできるため、「苦手科目を重点的に復習」など、効率的な学習が可能に！　忙しい受験者の方にぴったりの問題集です。

■すべての選択肢に詳細な解説を掲載

2024年（第36回）～2020年（第32回）の全問題を掲載。すべての選択肢について、出題意図を押さえた詳細な解説を掲載しています。

●学習しやすいくふうが満載

■関連問題表示

同じテーマで問われた問題の出題回と問題番号を表示しています。同じテーマの問題をまとめて解きたいとき、苦手な内容を別の問題で確認したいときなどに便利です。

■赤シートを使ってチェック

解答・解説は重要な部分が赤字になっているので、付録の赤シートを使って穴埋め形式でチェックすることもできます。

■繰り返し学習で確かな実力を

特にしっかり確認しておきたい直近３回分には、チェックボックスがついています。日付けを記入しておき、間違えてしまったり、わからなかったりした問題はそのままにせず、参考書などで確認して、再チャレンジしましょう！

／　／　／

■テキストとの相互学習で知識＆得点力を

合格に必要な知識をまとめた『よくわかる！速習テキスト』と併せて、効率よく実力をつけましょう！

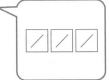

⇒速習 / 社会 L3

CONTENTS

おことわり

■法令などの基準について

本書の記載内容は、2024年2月末までに発表された法令と厚生労働省資料に基づき編集されたものです。本書の記載内容について、執筆時点以降の法改正情報などで、2025年の試験の対象となるものについては、下記「ユーキャンの本」ウェブサイト内「追補（法改正・正誤）」にて適宜お知らせいたします。

https://www.u-can.co.jp/book/information

法改正等に伴う更新情報

2024（令和６）年２月末までの法改正等に関連して変更となった内容や統計情報の更新のうち、第37回試験に関連のありそうな情報をまとめました。改正や変更の概要をしっかり押さえたうえで、学習を進めましょう。

☑ 民間事業者による合理的配慮の提供が義務化

2021（令和３）年５月に「障害を理由とする差別の解消の推進に関する法律の一部を改正する法律」が成立し、民間事業者も合理的配慮の提供が義務づけられた。施行は公布の日から３年を超えない範囲とされていたが、2023（令和５）年３月に政令が公布され、2024年４月１日からとなった。

人間の尊厳と自立　社会の理解

☑「認知症基本法」施行

認知症の人が尊厳を保持しつつ希望をもって暮らすことができるよう、認知症の人を含めた国民一人一人がその個性と能力を十分に発揮し、相互に人格と個性を尊重しつつ支え合いながら共生する活力ある社会の実現を推進することを目的として、「共生社会の実現を推進するための認知症基本法（認知症基本法）」が2023年６月に公布された（施行は2024年１月）。

認知症の理解

☑ 精神障害者の定義の変更

2022年12月10日に「障害者の日常生活及び社会生活を総合的に支援するための法律等の一部を改正する法律」が成立し、複数の法律が一括で改正された（施行は同年12月16日）。「精神保健及び精神障害者福祉に関する法律（精神保健福祉法）」では、精神障害者の定義が「統合失調症、精神作用物質による急性中毒又はその依存症、知的障害その他の精神疾患を有する者」と変更された。

障害の理解

☑ 医行為の解釈の内容更新

2022年12月、厚生労働省は通知「医師法第17条、歯科医師法第17条及び保健師助産師看護師法第31条の解釈について（その２）」を発出した。これは、2005（平成17）年通知に記載のない行為のうち、介護現場で実施されることが多く、かつ原則として医行為ではないと考えられる行為などについて示されたものである。

医療的ケア　生活支援技術

新カリキュラムについて

2017（平成29）年に介護福祉士養成課程における教育内容（カリキュラム）の見直しが行われました。新しいカリキュラムに基づく国家試験は、第35回試験（2023〔令和5〕年1月実施）から行われています。

求められる介護福祉士像

平成19年度カリキュラム改正時

1. 尊厳を支えるケアの実践
2. 現場で必要とされる実践的能力
3. 自立支援を重視し、これからの介護ニーズ、政策にも対応できる
4. 施設・地域（在宅）を通じた汎用性ある能力
5. 心理的・社会的支援の重視
6. 予防からリハビリテーション、看取りまで、利用者の状態の変化に対応できる
7. 多職種協働によるチームケア
8. 一人でも基本的な対応ができる
9. 「個別ケア」の実践
10. 利用者・家族、チームに対するコミュニケーション能力や的確な記録・記述力
11. 関連領域の基本的な理解
12. 高い倫理性の保持

→ 社会状況や人々の意識の移り変わり、制度改正等

今回の改正で目指すべき像

1. 尊厳と自立を支えるケアを実践する
2. 専門職として自律的に介護過程の展開ができる
3. 身体的な支援だけでなく、心理的・社会的支援も展開できる
4. 介護ニーズの複雑化・多様化・高度化に対応し、本人や家族等のエンパワメントを重視した支援ができる
5. QOL（生活の質）の維持・向上の視点を持って、介護予防からリハビリテーション、看取りまで、対象者の状態の変化に対応できる
6. 地域の中で、施設・在宅にかかわらず、本人が望む生活を支えることができる
7. 関連領域の基本的なことを理解し、多職種協働によるチームケアを実践する
8. 本人や家族、チームに対するコミュニケーションや、的確な記録・記述ができる
9. 制度を理解しつつ、地域や社会のニーズに対応できる
10. 介護職の中で中核的な役割を担う

＋

高い倫理性の保持

出典：厚生労働省「介護福祉士養成課程における教育内容の見直し」について

❶ 新カリキュラムの見直しのポイント

①チームマネジメント能力を養うための教育内容の拡充
②対象者の生活を地域で支えるための実践力の向上
③介護過程の実践力の向上
④認知症ケアの実践力の向上
⑤介護と医療の連携を踏まえた実践力の向上

❷ 新出題基準（新カリキュラム）に対応した第 35 回試験の内容

第 35 回試験からは、下記のとおり見直されました。

①カリキュラムの見直しにより、出題される領域の順番が変更となり、午前は「人間と社会」「こころとからだのしくみ」「医療的ケア」、午後は「介護」「総合問題」の順に出題された。

②カリキュラムの見直しにより「人間関係とコミュニケーション」の時間数が増えたことで、試験科目「人間関係とコミュニケーション」の問題数が２問増えて４問になった一方で、「コミュニケーション技術」が２問減って６問になった。

介護福祉士国家試験について

介護福祉士国家試験は、厚生労働大臣が指定した試験・登録機関である公益財団法人 社会福祉振興・試験センター（以下、試験センター）によって実施されています。受験資格に関しては、「社会福祉士及び介護福祉士法」に規定されています。

❶受験資格

■実務経験ルートの例

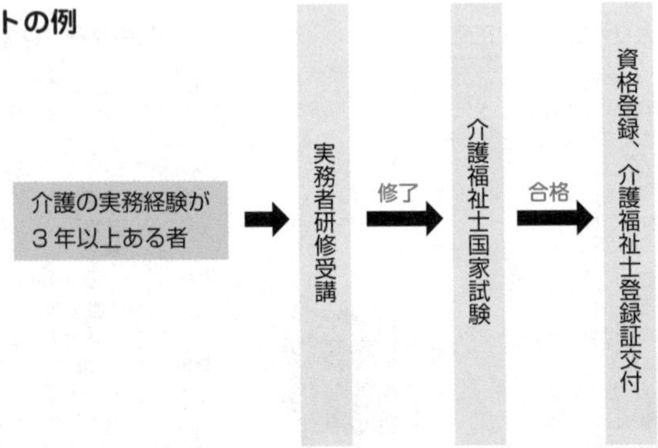

実務経験ルートで受験される場合、実務経験に加えて実務者研修の修了が必要になります。実務経験として認められる施設や業務が細かく規定されていますので、自分が受験資格に該当するかどうかの詳細については、試験センターが送付する「受験の手引」またはホームページ等で必ず確認してください。

●試験に関する問い合わせ先
公益財団法人 社会福祉振興・試験センター
（試験案内専用電話 03-3486-7559〔音声案内〕
／試験室電話 03-3486-7521）
ホームページ（https://www.sssc.or.jp/）でも確認できます。

❷受験の手続き

試験は年１回実施されます。受験の流れは例年下記のとおりですが、詳細については必ず「受験の手引」等で確認してください。

■受験の流れ

受験申込みの受付期間	８月上旬～９月上旬
筆記試験日	１月下旬の日曜日
合格発表	３月下旬

❸ 試験について

(1) 試験の内容

筆記試験の出題数は全 125 問、試験時間は午前と午後をあわせて 220 分です。

■試験科目

領　域	科　目
人間と社会	人間の尊厳と自立、人間関係とコミュニケーション、社会の理解
こころとからだのしくみ	こころとからだのしくみ、発達と老化の理解、認知症の理解、障害の理解
医療的ケア	医療的ケア
介護	介護の基本、コミュニケーション技術、生活支援技術、介護過程
総合問題	※総合問題では、4 領域の知識および技術を横断的に問う問題が、事例形式で出題される

(2) 出題形式

- マークシート方式
- 五肢択一を基本とする多肢選択形式とし、問題に図・表・イラスト・グラフを用いることがある

❹ 合格基準

試験センターから発表されている合格基準は次のとおりです。

■筆記試験

次の 2 つの条件を満たした者を筆記試験の合格者とする。

ア：問題の総得点の 60%程度を基準として、問題の難易度で補正した点数以上の得点の者

イ：アを満たした者のうち、以下の試験科目 11 科目群すべてにおいて得点があった者

①人間の尊厳と自立、介護の基本、②人間関係とコミュニケーション、コミュニケーション技術、③社会の理解、④生活支援技術、⑤介護過程、⑥こころとからだのしくみ、⑦発達と老化の理解、⑧認知症の理解、⑨障害の理解、⑩医療的ケア、⑪総合問題

❺ 受験者数と合格率

	第32 回（令和２年）	第33 回（令和３年）	第34 回（令和４年）	第35 回（令和５年）	第36 回（令和６年）
受験者数	84,032 名	84,483 名	83,082 名	79,151 名	74,595 名
合格者数	58,745 名	59,975 名	60,099 名	66,711 名	61,747 名
合 格 率	69.9%	71.0%	72.3%	84.3%	82.8%

徹底分析！科目別出題状況

過去５年（2020年～2024年）の試験問題を分析し、出題基準の項目ごとに、出題状況を示しています。　★★★＝４問以上　★★＝２～３問　★＝１問

人間の尊厳と自立　（2問）

第36回試験の分析　短文事例で、友人の入院により今後の生活に不安を感じるようになった高齢者のケースが出題されました。利用者主体の考え方に基づき、介護福祉職としてどのように対応するべきかが問われています。自立についての考え方も出題されました。

項目	第32回	第33回	第34回	第35回	第36回
1 人間の尊厳と人権・福祉理念	―	★	★	★	★
2 自立の概念	★★	★	★	★	★

人間関係とコミュニケーション　（4問）

第36回試験の分析　例年、利用者と介護福祉職がコミュニケーションをとるための基本的な姿勢が問われています。チームマネジメントからは、組織におけるマネジメントと構造について出題されました。

項目	第32回	第33回	第34回	第35回	第36回
1 人間関係の形成とコミュニケーションの基礎	★★	★★	★★	★★	★★
2 チームマネジメント	―	―	―	★★	★★

社会の理解　（12問）

第36回試験の分析　介護保険制度、障害者総合支援制度ともに出題は１問のみでしたが、制度の概要やサービス利用の流れ、直近の改正内容などは押さえておかなければなりません。他科目でも出題実績があるクーリング・オフや「障害者差別解消法」が出題されました。近年、出題されていなかった社会福祉基礎構造改革やセツルメント、「感染症法」に基づく保健所の役割が問われました。

項目	第32回	第33回	第34回	第35回	第36回
1 社会と生活のしくみ	★	★★	★★	★	★★
2 地域共生社会の実現に向けた制度や施策	★	★	★	★	★
3 社会保障制度	★	★★	★	★	★
4 高齢者福祉と介護保険制度	★★	★★	★★	★	★
5 障害者福祉と障害者保健福祉制度	★★	★★	★★	★★★	★★
6 介護実践に関連する諸制度	★★★	★	★★	★★★	★★★

こころとからだのしくみ　（12問）

第36回試験の分析　こころのしくみの理解では欲求階層説について問われ、からだのしくみの理解では耳や爪の構造が問われました。また、嚥下や睡眠についての基本的知識が問われています。

	項目	第32回	第33回	第34回	第35回	第36回
Ⅰ	ア こころのしくみの理解	★	★	★	★	★
	イ からだのしくみの理解	★	★	★★	★★	★★
Ⅱ	ア 移動に関連したこころとからだのしくみ	★	★	★	★★	★
	イ 身じたくに関連したこころとからだのしくみ	★★	★★	★	★	－
	ウ 食事に関連したこころとからだのしくみ	★	★★	★★	★★	★★
	エ 入浴・清潔保持に関連したこころとからだのしくみ	－	★	★	－	★
	オ 排泄に関連したこころとからだのしくみ	★★	★★	★	★	★
	カ 休息・睡眠に関連したこころとからだのしくみ	★	★★	★	★	★★
	キ 人生の最終段階のケアに関連したこころとからだのしくみ	★★	★	★	★★	★

発達と老化の理解　（8問）

第36回試験の分析　成長・発達について５問出題されました。疾病については、特徴的な症状だけでなく、生活と結びつけて考える事例問題が出題されました。

項目	第32回	第33回	第34回	第35回	第36回
1 人間の成長と発達の基礎的理解	★★	★★	★★	★★	★★★
2 老化に伴うこころとからだの変化と生活	★★★	★★★	★★★	★★★	★★

認知症の理解　（10問）

第36回試験の分析　原因疾患によるさまざまな認知症の特徴的な症状について４問出題されました。また、認知症の人とのかかわり方についても問われています。その他、軽度認知障害やせん妄、鬱などの症状についても押さえておきましょう。

項目	第32回	第33回	第34回	第35回	第36回
1 認知症を取り巻く状況	★	★	★	★★	★
2 認知症の医学的・心理的側面の基礎的理解	★★★	★★★	★★★	★★★	★★★
3 認知症に伴う生活への影響と認知症ケア	★	★	★★	★	★★
4 連携と協働	★	★	★	★★	－
5 家族への支援	★★	★	★	－	★

障害の理解　（10問）

第36回試験の分析　身体障害だけでなく、精神障害、難病等の特徴的症状や対応方法について出題されました。障害者虐待や受容モデル、地域でのサポート体制や多職種連携についても押さえておきましょう。総合問題も含めほかの科目でも、障害者・児に関する事例問題が多数みられました。

項目	第32回	第33回	第34回	第35回	第36回
1 障害の基礎的理解	★★	★★★	★★	★★★	★★
2 障害の医学的・心理的側面の基礎的理解	★★★	★★	★★	★★★	★★
3 障害のある人の生活と障害の特性に応じた支援	★★	★★	★★	★★	★★
4 連携と協働	★	−	★★	★★	★★
5 家族への支援	−	★	★	−	★

医療的ケア　（5問）

第36回試験の分析　医療的ケアを行うにあたっての基本的な内容が問われています。痰の吸引や経管栄養を行う際の注意点などは確実に押さえておきましょう。ケア実施時に起こりやすいトラブルの対応についての理解も必要です。

項目	第32回	第33回	第34回	第35回	第36回
1 医療的ケア実施の基礎	★	★	★	★★	★★
2 喀痰吸引（基礎的知識・実施手順）	★★	★	★★	★	★
3 経管栄養（基礎的知識・実施手順）	★	★★	★★	★★	★★

介護の基本　（10問）

第36回試験の分析　介護福祉士の義務や利用者に対する対応など基本的な知識が問われたほか、認知症や片麻痺の人に対する対応が事例問題として出題されています。状況に合わせた介護職としての対応を確認しておきましょう。イラスト問題として、災害時の安全に関する出題がありました。

項目	第32回	第33回	第34回	第35回	第36回
1 介護福祉の基本となる理念	−	★	★	★	★
2 介護福祉士の役割と機能	−	−	−	★★	★
3 介護福祉士の倫理	★	★	★★	−	★
4 自立に向けた介護	★★	★★	★★	★★	★
5 介護を必要とする人の理解	★	★★	★★	★★	★
6 介護を必要とする人の生活を支えるしくみ	★★	★	★	−	★
7 協働する多職種の役割と機能	★★	★	★	★★	★
8 介護における安全の確保とリスクマネジメント	★★	★	−	★★	★★
9 介護従事者の安全	−	−	★	−	−

コミュニケーション技術 （6問）

第36回試験の分析 言語障害がある利用者とのコミュニケーション、抑鬱状態にある利用者への言葉かけ、夜盲がある利用者に対する対応などが事例問題として出題されています。さまざまなコミュニケーションについて理解が必要です。

項目	第32回	第33回	第34回	第35回	第36回
1 介護を必要とする人とのコミュニケーション	★★	★	★★	★	★
2 介護場面における利用者・家族とのコミュニケーション	★	★★★	★	★	★
3 障害の特性に応じたコミュニケーション	★★	★	★★	★★	★★
4 介護におけるチームのコミュニケーション	★	★★	★★	★★	★

生活支援技術 （26問）

第36回試験の分析 車いすでの移動、衣類の着脱など、基本的な介助方法が問われたほか、事例問題として、尿路感染症、睡眠、終末期の介護などが出題されています。基本的な介助方法だけでなく、障害に応じた介護方法についてなど幅広く押さえておくことが必要です。イラスト問題は杖の種類について出題されました。。

項目	第32回	第33回	第34回	第35回	第36回
1 生活支援の理解	－	－	－	★	★
2 自立に向けた居住環境の整備	★★	★★	★	★	★★
3 自立に向けた移動の介護	★★	★★	★★	★★	★★
4 自立に向けた身じたくの介護	★★	★★	★★★	★★	★★
5 自立に向けた食事の介護	★★	★★	★★	★★	★★
6 自立に向けた入浴・清潔保持の介護	★★	★★	★★	★★	★★
7 自立に向けた排泄の介護	★★	★★	★★	★★★	★★
8 自立に向けた家事の介護	★★★	★★★	★★	★★	★★
9 休息・睡眠の介護	★★	★★	★★	★★	★★
10 終末期の介護	★★	★★	★★	★★	★★
11 福祉用具の意義と活用	－	★	★★	★★	★★

介護過程 （8問）

第36回試験の分析 介護過程の一連のプロセスにおいて、各段階の目的、内容が問われました。長文事例が２題（４問）出題されています。

項目	第32回	第33回	第34回	第35回	第36回
1 介護過程の意義と基礎的理解	★★	★★★	★★★	★★★	★★★
2 介護過程とチームアプローチ	★	－	★	★★	★★
3 介護過程の展開の理解	★★★	★★★	★★	★	★

本書の使い方

本書「よくわかる！過去５年問題集」では、過去５年分の問題を出題順に掲載しています。近年の出題傾向をつかむとともに、実力を把握し、今後の学習の参考としてください。

学習スケジュールをチェック

／ ／ ／

より効果的な学習には、「繰り返し」がおすすめです。１回目、２回目、３回目それぞれ学習した日をチェックしておきましょう。

関連問題を表示

過去36・35・34回試験を中心に、関連する問題の出題実績を表示しています。

35-52
⬇
第35回試験　問題52

よく出る問題をチェック

過去5年の試験のうち、出題が多い項目に該当する問題に ★よく出る をつけています。

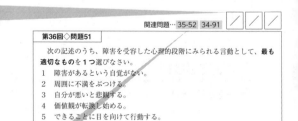

関連問題… 35-52 34-91　／ ／ ／

第36回◇問題51

次の記述のうち、障害を受容した心理的段階にみられる言動として、**最も適切なものを１つ**選びなさい。

1　障害があるという自覚がない。
2　周囲に不満をぶつける。
3　自分が悪いと悲観する。
4　価値観が転換し始める。
5　できることに目を向けて行動する。

／ ／ ／

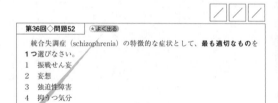

第36回◇問題52　★よく出る

統合失調症（schizophrenia）の特徴的な症状として、**最も適切なものを１つ**選びなさい。

1　振戦せん妄
2　妄想
3　強迫性障害
4　抑うつ気分
5　健忘

66

※ここに掲載したページは「本書の使い方」を説明するための見本です。

『よくわかる！速習テキスト』をチェック

合格に必要な知識をまとめた『よくわかる！速習テキスト』の該当レッスンを表示しています。相互学習で学習効果をＵＰ！
（表示の見方は次頁を参照してください。）

赤シートを使ってチェック

解説の重要な部分は赤字になっているので、付録の赤シートで隠してチェックしてみましょう。

解 説 ―――――――――――――――――― 正答　5　⇒速習／障害 L8

第36回（午前）　障害の理解

1　×　上田敏は中途障害を受容する心理的段階を、ショック期、否認期、混乱期、努力期、受容期の５段階にまとめた。個人差もあるが、各段階を行きつ戻りつしながら受容するに至る。障害の自覚がないのは、ショック期に当てはまる。障害があることにショックを受けながらもはっきりと自覚してはいない。

2　×　混乱期の説明である。障害が残るということに気がつき始めるが、その事実を認めたくないという気持ちが強く、気持ちが混乱する。

3　×　混乱期の説明である。怒りが自分に向けられると、自分を責め、悲観し、自殺企図を起こす恐れもある。

4　×　努力期の説明である。障害が残るという混乱から立ち直るためには自らの努力が必要であることに気づき、価値観が転換し始める。

5　○　受容期の説明である。障害のある現実を受け止め、受容していく時期。リハビリテーションなどを通じて、自身の残された可能性に目を向け（価値観の転換）、積極的な生活態度になる。

解 説 ―――――――――――――――――― 正答

1　×　振戦せん妄は、アルコールによる精神障害の代表的な症状のひとつで、意識混濁、幻覚などが出現する。

2　○　妄想や幻覚などの異常体験を訴えるのは、　　　　の基本症状である。被害妄想（誰かに嫌がらせをされている）や　　妄想（周囲のことを何でも自分に関連づける）のほか、迫害妄想（周囲の人たちに迫害されている、陰謀が張りめぐらされている）、被毒妄想（他人が作った飲食物に毒が入っている）などもみられる。

3　×　強迫性障害は、強迫観念（つまらないこと、不合理なこととわかっていても頭から離れない考え）や強迫行為（強迫観念から不安をかきたてられて行う行為）がみられる精神障害のひとつである。

4

5

後半２年分の問題は見開き掲載ではありません。問題を一通り解いた後、〈解答解説〉で正答を確認してください。

※本試験のシミュレーションに、時間を計って問題に取り組むのもオススメです。

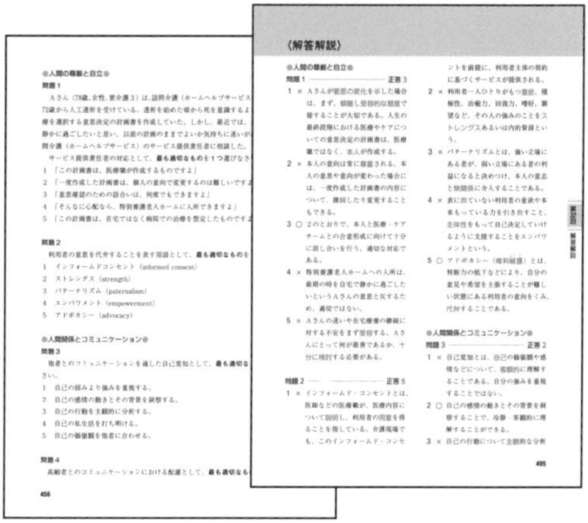
◎人間の尊厳と自立◎

問題１

Ａさん（78歳、女性、要介護３）は、訪問介護（ホームヘルプサービス…

サービス提供責任者の対応として、最も適切なものを１つ選びなさ…

1 「この計画書は、医療職が作成するものですよ」
2 「一度作成した計画書は、個人の意向で変更するのは難しいですよ…
3 「意思確認のための話合いは、何度でもできますよ」
4 「そんなに心配なら、特別養護老人ホームに入所できますよ」
5 「この計画書は、在宅ではなく病院での治療を想定したものですよ…

問題２

利用者の意思を代弁することを表す用語として、最も適切なものを…

1 インフォームドコンセント（informed consent）
2 ストレングス（strength）
3 パターナリズム（paternalism）
4 エンパワメント（empowerment）
5 アドボカシー（advocacy）

◎人間関係とコミュニケーション◎

問題３

他者とのコミュニケーションを通した自己覚知として、最も適切な…さい。

1 自己の弱みより強みを重視する。
2 自己の感情の動きとその背景を洞察する。
3 自己の行動を主観的に分析する。
4 自己の私生活を打ち明ける。
5 自己の価値観を他者に合わせる。

問題４

高齢者とのコミュニケーションにおける配慮として、最も適切なも…

456

〈解答解説〉

◎人間の尊厳と自立◎

問題１ ―――― 正答３

問題２ ―――― 正答５

◎人間関係とコミュニケーション◎

問題３ ―――― 正答２

495

『よくわかる!速習テキスト』の該当レッスンの表示について

◎第36・35・34回試験については、学習の参考になるよう、『よくわかる!速習テキスト』の該当箇所を次のように表示しています。

⇒速習 / 障害 L8

科目名（障害）　Lesson番号（L8）

◎科目名は以下のように略称で示しています。

「人間の尊厳と自立」	➡ 人自	「障害の理解」	➡ 障害
「人間関係とコミュニケーション」	➡ 人コ	「医療的ケア」	➡ 医療
「社会の理解」	➡ 社会	「介護の基本」	➡ 介基
「こころとからだのしくみ」	➡ こころ	「コミュニケーション技術」	➡ コ技
「発達と老化の理解」	➡ 発老	「生活支援技術」	➡ 生活
「認知症の理解」	➡ 認知	「介護過程」	➡ 介過

※このマークは、すべての問題についているわけではありません。イレギュラーな問題や、該当箇所が明確でない場合、複数ある場合には、混乱を招かないよう表示を省いています。

◎介護福祉士国家試験◎

第36回
（令和６年）
試験問題

目　次

第36回◇問題1

Aさん（76歳、女性、要支援１）は、一人暮らしである。週１回介護予防通所リハビリテーションを利用しながら、近所の友人たちとの麻雀（まーじゃん）を楽しみに生活している。最近、膝に痛みを感じ、変形性膝関節症（knee osteoarthritis）と診断された。同時期に友人が入院し、楽しみにしていた麻雀（まーじゃん）ができなくなった。Aさんは徐々に今後の生活に不安を感じるようになった。ある日、「自宅で暮らし続けたいけど、心配なの…」と介護福祉職に話した。

Aさんに対する介護福祉職の対応として、**最も適切なもの**を**１つ**選びなさい。

1　要介護認定の申請を勧める。
2　友人のお見舞いを勧める。
3　膝の精密検査を勧める。
4　別の趣味活動の希望を聞く。
5　生活に対する思いを聞く。

第36回◇問題2

次の記述のうち、介護を必要とする人の自立についての考え方として、**最も適切なもの**を**１つ**選びなさい。

1　自立は、他者の支援を受けないことである。
2　精神的自立は、生活の目標をもち、自らが主体となって物事を進めていくことである。
3　社会的自立は、社会的な役割から離れて自由になることである。
4　身体的自立は、介護者の身体的負担を軽減することである。
5　経済的自立は、経済活動や社会活動に参加せずに、生活を営むことである。

解説　　正答　5

1　×　Aさんが生活に不安を感じるようになった原因は、変形性膝関節症と診断されたことや友人が入院して楽しみにしていた麻雀ができなくなったことである。事例文の発言だけで要介護認定の申請を勧めるのは適切ではない。

2　×　膝に痛みを感じているAさんに、友人のお見舞いに行くことを勧めるのは、適切ではない。変形性膝関節症では、膝関節の軟骨がすり減るため、歩行時などに痛みを生じる。

3　×　精密検査の必要性を見極め、勧めるのは医師である。介護福祉職の対応として適切ではない。

4　×　Aさんにとって、麻雀ができなくなったことだけが、不安を感じ始めた原因ではないため、別の趣味活動に目を向けても不安が解消されるとは考えにくい。

5　○　Aさんの「自宅で暮らし続けたいけど、心配なの…」という発言を**受け止め**、生活に対する**思いを聞く**のは、介護福祉職の対応として適切である。

解説　　正答　2　⇒速習／人自 L2

1　×　他者の支援を受けていても、周囲の人たちに心理的に依存せずに自らの意思で決定（**自己決定**）している場合には、**自立**しているといえる。

2　○　**精神的自立**とは、自分の生活や人生に目標をもって、その目標達成のために自らが主体となって物事を判断し進めていくことをいう。

3　×　**社会的自立**とは、経済活動や社会活動などに参加し、社会的な役割を担うことをいう。

4　×　**身体的自立**とは、生活を維持・継続するために必要な身体的動作（食事、排泄、更衣など）を自力で行えることをいう。

5　×　**経済的自立**とは、働くことができ、収入と支出のバランスが取れていることをいう。

／ ／ ／

第36回◇問題3

U介護老人福祉施設では、利用者の介護計画を担当の介護福祉職が作成している。このため、利用者の個別の介護目標を、介護福祉職のチーム全員で共有することが課題になっている。

この課題を解決するための取り組みとして、**最も適切なもの**を**1つ**選びなさい。

1 管理職がチーム全体に注意喚起して、集団規範を形成する。
2 現場経験の長い介護福祉職の意見を優先して、同調行動を促す。
3 チームメンバーの懇談会を実施して、内集団バイアスを強化する。
4 チームメンバー間の集団圧力を利用して、多数派の意見に統一する。
5 担当以外のチームメンバーもカンファレンス（conference）に参加して、集団凝集性を高める。

／ ／ ／

第36回◇問題4

Bさん（90歳、女性、要介護3）は、介護老人福祉施設に入所している。入浴日に、担当の介護福祉職が居室を訪問し、「Bさん、今日はお風呂の日です。時間は午後3時からです」と伝えた。しかし、Bさんは言っていることがわからなかったようで、「はい、何ですか」と困った様子で言った。

このときの、介護福祉職の準言語を活用した対応として、**最も適切なもの**を**1つ**選びなさい。

1 強い口調で伝えた。
2 抑揚をつけずに伝えた。
3 大きな声でゆっくり伝えた。
4 急かすように伝えた。
5 早口で伝えた。

解説 ―― 正答 5 ⇒速習／人コ L4

1 × 管理職により**集団規範**（きはん）が形成されると、その規範に沿うことが意識され、利用者の個別の介護目標を理解・共有する上で妨げになる恐れがあり、適切ではない。

2 × 現場経験の長い介護福祉職は、多くの経験を積んでいる。しかし、利用者の個別の介護目標を理解・共有する上では、現場経験の長い介護福祉職の意見を優先して**同調行動**を促すのは適切ではない。

3 × **内集団バイアス**とは、自分が所属する集団（内集団）のメンバーのほうが、他の集団（外集団）のメンバーよりも優れていると思い込む心理的傾向をいう。介護福祉職のチーム全員で利用者の個別の介護目標を共有するための取り組みとして適切ではない。

4 × **集団圧力**とは**同調圧力**ともいい、少数派に対し、多数派に合わせるよう圧力をかけることをいう。これを利用して多数派の意見に統一してしまうと、少数派の意見が反映されなくなってしまうため、適切ではない。

5 ○ **集団凝集性**（ぎょうしゅう）とは、メンバーをその集団から離れないようにひきつける力をいう。介護福祉職のチーム全員で利用者の個別の介護目標を共有するための取り組みとして適切である。

解説 ―― 正答 3

1 × **準言語**とは、口調、声の大きさ、声の高さ、発音、抑揚、話す速さなど、言葉そのものではなく、言葉を**修飾**する役割をもつものをいう。強い口調は、怒っているような印象を与えてしまうため、適切ではない。

2 × 抑揚をつけないと、機械的で冷たく感じられるため、適切ではない。

3 ○ 介護福祉職の言っていることがわからない様子のＢさんに対し、大きな声でゆっくりと伝えることは、最も適切な対応といえる。

4 × 介護福祉職の言っている内容がわからないまま、急かすように伝えられても、Ｂさんは何をしてよいかわからず、困惑してしまうため適切ではない。

5 × 介護福祉職の言っていることがわからないのに、早口で伝えても、余計にわからなくなるため適切ではない。

第36回◇問題5

Ｖ介護老人福祉施設では、感染症が流行したために、緊急的な介護体制で事業を継続することになった。さらに労務管理を担当する職員からは、介護福祉職の精神的健康を守ることを目的とした組織的なマネジメントに取り組む必要性について提案があった。

次の記述のうち、このマネジメントに該当するものとして、**最も適切なものを１つ**選びなさい。

1　感染防止対策を強化する。
2　多職種チームでの連携を強化する。
3　利用者のストレスをコントロールする。
4　介護福祉職の燃え尽き症候群（バーンアウト（burnout））を防止する。
5　利用者家族の面会方法を見直す。

第36回◇問題6

次のうち、介護老人福祉施設における全体の指揮命令系統を把握するために必要なものとして、**最も適切なものを１つ**選びなさい。

1　組織図
2　勤務表
3　経営理念
4　施設の歴史
5　資格保有者数

解説 ―― 正答 4

1 × 感染防止対策の強化は、感染症の流行に対処するための措置であり、介護福祉職の精神的健康を守るための組織的マネジメントではない。

2 × 多職種チームでの連携強化は、利用者に適切なサービスを提供するために求められることであり、介護福祉職の精神的健康を守ることを目的としたものではない。

3 × 利用者のストレスをコントロールすることで利用者の精神的健康が守られる一方、そのために介護福祉職の負担が増すと、精神的・身体的な疲労の蓄積につながる恐れがある。

4 ○ **燃え尽き症候群**は、ストレスや過労などにより精神的・身体的な疲労が蓄積して起こる、仕事への不適応状態である。適切に対処しないと仕事に対する意欲を失ったり、鬱（うつ）病などの精神的疾患につながる恐れもある。このため燃え尽き症候群を防止することは、介護福祉職の精神的健康を守ることを目的とした組織的マネジメントとして適切である。

5 × 利用者家族の面会方法を見直すことにより、介護福祉職の負担が増すと、精神的・身体的な疲労の蓄積につながる恐れがある。

解説 ―― 正答 1

1 ○ **組織図**とは、組織の内部構造を図で表したものであり、その組織全体の指揮命令系統を把握することができる。

2 × **勤務表**とは、組織の従業員などの出勤日や労働時間についての予定をまとめたものである。指揮命令系統を把握することはできない。

3 × **経営理念**とは、経営者の哲学や信念に基づき、企業の根本となる活動方針を明文化したものである。指揮命令系統を把握することはできない。

4 × 施設の歴史を理解しても、その施設における現在の指揮命令系統を把握することはできない。

5 × 資格保有者数を知っても、その施設における指揮命令系統を把握することはできない。

第36回◇問題7

次のうち、セルフヘルプグループ（self-help group）の活動に該当するものとして、**最も適切なものを1つ**選びなさい。

1　断酒会
2　施設の社会貢献活動
3　子ども食堂の運営
4　傾聴ボランティア
5　地域の町内会

第36回◇問題8

特定非営利活動法人（ＮＰＯ法人）に関する次の記述のうち、**最も適切なものを1つ**選びなさい。

1　社会福祉法に基づいて設置される。
2　市町村が認証する。
3　保健、医療又は福祉の増進を図る活動が最も多い。
4　収益活動は禁じられている。
5　宗教活動を主たる目的とする団体もある。

解説 正答 1 ⇒速習／障害 L10

1 ○ セルフヘルプグループは**自助グループ**ともいわれ、病気や障害、生活習慣などに問題を抱えた人たちが、自らの手で悩みを解決し、立ち直ることを目的として結成する集団である。**断酒会**とは、アルコール依存症の治療を目的として、本人やその家族などが集まり、悩みや不安などを話し合う場である。

2 × 施設の**社会貢献活動**とは、住民も含めた健康教室や祭りなどの開催、ボランティアの受け入れなど、地域住民や地域との交流を指す。

3 × **子ども食堂**の運営は、貧困家庭などの子どもに、無料または安価で栄養のある食事や温かな団らんを提供することを目的として、地域住民のボランティアや地方公共団体が主体となって行う。近年では親や地域住民など、誰でも利用でき、地域に開かれたコミュニティの場としての役割を担うものも増えている。

4 × **傾聴ボランティア**とは、相手の気持ちに寄り添って話を受容・共感しながら聴く活動である。

5 × 地域の町内会とは、地域生活に関わる施設やサービスを管理・運営している組織で、地域住民の生活上の問題に対処することを目的としている。

解説 正答 3 ⇒速習／介基 L8

1 × 特定非営利活動法人（NPO 法人）は、「**特定非営利活動促進法**」に基づいて設置される。

2 × NPO 法人を認証するのは、所轄庁である**都道府県知事**（1つの指定都市の区域内のみに事務所をおく場合は、**指定都市の長**）である。

3 ○ 「保健、医療又は福祉の増進を図る活動」を行っている NPO 法人は 29,639法人（2023年9月30日現在）で、活動分野（全20分野）の中で最も多い。

4 × NPO 法人は、自ら行う特定非営利活動にかかる事業に支障がない限り、その他の事業（収益事業など）を行うことができる。なお、収益活動を行って利益が生じた場合は、これを特定非営利活動に関する事業のために使用しなければならない。

5 × NPO 法人は、同法第２条第２項第２号において、その行う活動が、「宗教の教義を広め、儀式行事を行い、及び信者を教化育成することを主たる目的とするものでないこと」と規定されている。

第36回◇問題9

地域福祉において、19世紀後半に始まった、貧困地域に住み込んで実態調査を行いながら住民への教育や生活上の援助を行ったものとして、**最も適切なものを１つ**選びなさい。

1　世界保健機関（ＷＨＯ）
2　福祉事務所
3　地域包括支援センター
4　生活協同組合
5　セツルメント

第36回◇問題10

社会福祉基礎構造改革に関する次の記述のうち、**適切なものを１つ**選びなさい。

1　社会福祉法が社会福祉事業法に改正された。
2　利用契約制度から措置制度に変更された。
3　サービス提供事業者は、社会福祉法人に限定された。
4　障害福祉分野での制度改正は見送られた。
5　判断能力が不十分な者に対する地域福祉権利擁護事業が創設された。

解説 ―――――――――――――――――――――― 正答 5

1 × **世界保健機関（WHO）**は、国連システムの中にあって保健について指示を与え、調整する機関として1948年に設立された。

2 × **福祉事務所**は、社会福祉事業の措置業務をつかさどる第一線の福祉機関で、都道府県および市（特別区を含む）には必ず設置される（町村では、都道府県知事の同意の下で設置）。

3 × **地域包括支援センター**は、2006（平成18）年の「介護保険法」改正で創設された地域包括ケアシステムの中核機関である。

4 × **生活協同組合**は、「消費生活協同組合法」に基づいて設立された法人で、同じ地域や職場の人々により自発的に組織された非営利団体である。相互の助け合いにより、生活の安定と生活文化の向上を図る。

5 ○ **セツルメント**とは、知識人や学生、宗教家などがスラム街などの貧困地域に住み込んで実態調査を行いながら住民への教育や生活上の援助を行う活動のことである。

解説 ―――――――――――――――――――――― 正答 5 ⇒速習／社会 L4

1 × 社会福祉基礎構造改革とは、新しい社会福祉ニーズに応えるため、社会福祉の枠組みの再編成を目的とした一連の制度改革を指す。2000（平成12）年には「社会福祉事業法」から「**社会福祉法**」へ改称、改正された。

2 × 社会福祉基礎構造改革では、国や地方公共団体などの行政機関が主体となってサービス利用の決定を行う措置制度から、利用者自身がサービスを選択し、事業者と契約する**利用契約制度**に変更された。

3 × 利用者の幅広い需要に応えるため、サービス提供事業者には、社会福祉法人だけでなく、民間企業や非営利組織（NPO）など**多様な主体の参入**が図られた。

4 × 障害福祉分野でも、**2003（平成15）**年４月より、措置制度から**支援費制度**に移行した。しかし、制度創設当初から、精神障害が対象外であるなどの制度間格差が問題視されていた。

5 ○ 認知症高齢者、知的障害者、精神障害者等の判断能力が不十分な者が地域において自立した生活が送れるよう、1999（平成11）年10月に**地域福祉権利擁護事業**（現：**日常生活自立支援事業**）が創設された。

第36回◇問題11

Cさん（77歳、男性）は、60歳で公務員を定年退職し、年金生活をしている。持病や障害はなく、退職後も趣味のゴルフを楽しみながら健康に過ごしている。ある日、Cさんはゴルフ中にけがをして医療機関を受診した。

このとき、Cさんに適用される公的医療制度として、**正しいものを１つ**選びなさい。

1　国民健康保険
2　後期高齢者医療制度
3　共済組合保険
4　育成医療
5　更生医療

第36回◇問題12

次のうち、介護保険法に基づき、都道府県・指定都市・中核市が指定（許可）、監督を行うサービスとして、**正しいものを１つ**選びなさい。

1　地域密着型介護サービス
2　居宅介護支援
3　施設サービス
4　夜間対応型訪問介護
5　介護予防支援

解説

正答 2 ⇒速習 / 社会 L6

1 × **国民健康保険**は、75歳未満の者（健康保険などの被用者保険の加入者〔被扶養者も含む〕や生活保護受給者を除く）を対象とした医療保険である。77歳のＣさんは、国民健康保険の適用対象ではない。

2 ○ **後期高齢者医療制度**は、①広域連合の区域内に住所を有する75歳以上の者、②65歳以上75歳未満で広域連合の障害認定を受けた者（ただし、生活保護世帯に属する者などは適用除外）を対象とした公的医療制度である。77歳のＣさんは、適用対象である。

3 × **共済組合保険**は、公務員を対象とした被用者保険のひとつである。Ｃさんは60歳で公務員を定年退職しているため、適用対象ではない。

4 × **育成医療**は、障害児（18歳未満）に対する公費負担医療制度である。Ｃさんは適用対象ではない。

5 × **更生医療**は、身体障害者（18歳以上）を対象とした公費負担医療制度である。Ｃさんは適用対象ではない。

解説

正答 3 ⇒速習 / 社会 L8

1 × 地域密着型介護サービスは、**市町村**が指定、監督を行う。

2 × 居宅介護支援は、**市町村**が指定、監督を行う。

3 ○ 施設サービスは、都道府県・指定都市・中核市が指定（許可）、監督を行う。**介護老人福祉**施設、**介護老人保健**施設、**介護医療院**の３類型がある。

4 × **地域密着型**サービスのひとつである夜間対応型訪問介護は、**市町村**が指定、監督を行うサービスである。

5 × 介護予防支援は、**市町村**が指定、監督を行う。

／ ／ ／

第36回◇問題13 ★よく出る

「障害者差別解消法」に関する次の記述のうち、**適切なもの**を**1つ**選びなさい。

1 法の対象者は、身体障害者手帳を交付された者に限定されている。
2 合理的配慮は、実施するときの負担の大小に関係なく提供する。
3 個人による差別行為への罰則規定がある。
4 雇用分野での、障害を理由とした使用者による虐待の禁止が目的である。
5 障害者基本法の基本的な理念を具体的に実施するために制定された。

（注）「障害者差別解消法」とは、「障害を理由とする差別の解消の推進に関する法律」のことである。

／ ／ ／

第36回◇問題14

「障害者総合支援法」に規定された移動に関する支援の説明として、**最も適切なもの**を**1つ**選びなさい。

1 移動支援については、介護給付費が支給される。
2 行動援護は、周囲の状況把握ができない視覚障害者が利用する。
3 同行援護は、危険を回避できない知的障害者が利用する。
4 重度訪問介護は、重度障害者の外出支援も行う。
5 共同生活援助（グループホーム）は、地域で生活する障害者の外出支援を行う。

（注）「障害者総合支援法」とは、「障害者の日常生活及び社会生活を総合的に支援するための法律」のことである。

解説　正答 5　⇒速習 / 人自 L1

1 × 「障害者差別解消法」の対象者は、**身体**障害、**知的**障害、**精神**障害（発達障害を含む）その他の心身の機能の障害がある者で、障害および社会的障壁により継続的に日常生活または社会生活に相当な制限を受ける状態にある者と規定されている。

2 × **合理的配慮**は、実施に伴う負担が過重とならない限り、障害者の性別、年齢および障害の状態に応じて行うこととされている。

3 × 個人による差別行為への罰則規定は定められていない。

4 × 共生社会の実現を目指し、障害を理由とする差別の解消を推進することを目的として定められた法律で、雇用分野に限定されてはいない。

5 ○ 障害者基本法の基本理念は、「全ての国民が、**障害**の有無にかかわらず、等しく**基本的人権**を享有するかけがえのない個人として**尊重**されるものである」（第１条）と規定されている。

解説　正答 4　⇒速習 / 社会 L15

1 × **移動支援**は、社会生活上必要不可欠な外出などに支援を行う事業で、市町村の**地域生活支援事業**として行われる。「障害者総合支援法」に基づく介護給付費の支給対象ではない。

2 × **行動援護**は、知的障害または精神障害によって行動上著しい困難があり、常時介護を必要とする者に対する支援である。

3 × **同行援護**は、視覚障害によって移動に著しい困難を伴う者に対する支援である。

4 ○ **重度訪問介護**は、重度の肢体不自由者や重度の知的障害または精神障害により行動上著しい困難を有する者で、常時介護を必要とする者に対する支援である。

5 × **共同生活援助**（グループホーム）は、共同生活住居の入居者を対象に、必要な日常生活上の援助や一人暮らし等の定着のための相談などを行う「障害者総合支援法」に基づく訓練等給付の対象となるサービスのひとつである。障害者の外出支援は行わない。

／ ／ ／

第36回◇問題15

Dさん（80歳、男性、要介護２）は、認知症（dementia）がある。訪問介護（ホームヘルプサービス）を利用しながら一人暮らしをしている。

ある日、訪問介護員（ホームヘルパー）がDさんの自宅を訪問すると、近所に住むDさんの長女から、「父が、高額な投資信託の電話勧誘を受けて、契約しようかどうか悩んでいるようで心配だ」と相談された。

訪問介護員（ホームヘルパー）が長女に助言する相談先として、**最も適切なものを１つ**選びなさい。

1　公正取引委員会
2　都道府県障害者権利擁護センター
3　運営適正化委員会
4　消費生活センター
5　市町村保健センター

／ ／ ／

第36回◇問題16　★よく出る

災害時の福祉避難所に関する次の記述のうち、**適切なものを１つ**選びなさい。

1　介護老人福祉施設の入所者は、原則として福祉避難所の対象外である。
2　介護保険法に基づいて指定される避難所である。
3　医療的ケアを必要とする者は対象にならない。
4　訪問介護員（ホームヘルパー）が、災害対策基本法に基づいて派遣される。
5　同行援護のヘルパーが、災害救助法に基づいて派遣される。

解説　正答 4　⇒速習 / 社会 L17

1 × **公正取引委員会**は、独占禁止法を運用するために設置された機関である。

2 × **都道府県障害者権利擁護センター**は、「障害者虐待防止法」に基づき、障害者虐待の通報・届出の受理や、市町村相互間の連絡調整、市町村に対する情報提供、助言その他必要な援助などを行う機関である。

3 × **運営適正化委員会**は、社会福祉法に基づき、福祉サービス利用援助事業（日常生活自立支援事業）の適正な運営の確保や、福祉サービスに関する利用者などからの苦情の適切な解決を図る第三者機関である。

4 ○ **消費生活センター**は地方公共団体が設置する行政機関で、消費生活に関するさまざまな相談や苦情を受け付けている。Dさんの長女に助言する相談先として、適切である。独立行政法人国民生活センターなどと連携を図りながら、悪質商法による消費者被害、クーリング・オフの手続きの相談などに応じている。

5 × **市町村保健センター**は、地域保健法に基づき任意設置される機関である。住民に対し、健康相談や保健指導、健康診査などを行う。

解説　正答 1　⇒速習 / 社会 L18

1 ○ 内閣府の「福祉避難所の確保・運営ガイドライン」(2021年５月改定)によると、介護老人福祉施設の入所者は、「当該施設で適切に対応されるべきであるため、原則として福祉避難所の受入対象者とはしていない」。対象外である。

2 × 福祉避難所は、介護保険法ではなく、**災害対策基本法**に基づいて指定される避難所である。

3 × 福祉避難所の受入れ対象者には、災害対策基本法における要配慮者が想定される。１のガイドラインでは、「高齢者、障害者、妊産婦、乳幼児、**医療的ケア**を必要とする者、病弱者等避難所での生活に支障をきたすため、避難所生活において何らかの特別な配慮を必要とする者、及びその家族」を対象としている。

4 × １のガイドラインによると、福祉避難所への訪問介護員（ホームヘルパー）の派遣など、福祉各法による在宅福祉サービス等の提供は、福祉各法に基づき実施される。

5 × ４のとおり、福祉避難所への同行援護のヘルパーの派遣は、「**障害者総合支援法**」に基づき実施される。

第36回◇問題17

「感染症法」に基づいて、結核（tuberculosis）を発症した在宅の高齢者に、医療費の公費負担の申請業務や家庭訪問指導などを行う機関として、**適切なものを１つ**選びなさい。

1　基幹相談支援センター
2　地域活動支援センター
3　保健所
4　老人福祉センター
5　医療保護施設

(注)「感染症法」とは、「感染症の予防及び感染症の患者に対する医療に関する法律」のことである。

第36回◇問題18

Ｅさん（55歳、女性、障害の有無は不明）は、ひきこもりの状態にあり、就労していない。父親の年金で父親とアパートで暮らしていたが、父親が亡くなり、一人暮らしになった。遠方に住む弟は、姉が家賃を滞納していて、生活に困っているようだと、家主から連絡を受けた。

心配した弟が相談する機関として、**最も適切なものを１つ**選びなさい。

1　地域包括支援センター
2　福祉事務所
3　精神保健福祉センター
4　公共職業安定所（ハローワーク）
5　年金事務所

解説

正答 3 ⇒速習／社会 L14

1 × **基幹相談支援センター**は、「障害者総合支援法」に基づき、地域における**相談支援**の中核的な役割を担う。

2 × **地域活動支援センター**は「障害者総合支援法」に規定される施設で、障害者等を通わせ、**創作的活動**や**生産活動**の機会の提供、**社会との交流**の促進などの支援を行う。

3 ○ 「感染症法」では、結核患者が公費負担を申請する場合、居住地の**保健所長**を経由して都道府県知事に対して行うと定められている。また、保健所長は、結核登録票に登録されている者に対して、予防または医療上必要がある場合には、保健師などを患者の家庭に訪問させ、服薬指導などを行わせる。

4 × **老人福祉センター**は老人福祉法に規定される施設である。高齢者に無料または低額な料金で各種の**相談**に応じ、**健康**の増進や**教養**の向上、レクリエーションのための便宜を総合的に供与する。

5 × **医療保護施設**は生活保護法に規定される施設で、医療が必要な生活保護受給者に医療の給付を行う。

解説

正答 2 ⇒速習／介基 L8

1 × **地域包括支援センター**は、「介護保険法」に基づき、地域の高齢者の心身の健康の保持や生活の安定に必要な援助を行い、保健・医療の向上、福祉の増進を包括的に支援する中核的機関である。

2 ○ **福祉事務所**は、「社会福祉法」に規定されている福祉に関する事務所のことをいい、福祉六法に定める援護・育成・更生の措置に関する事務を行う社会福祉行政機関である。ひきこもりの状態で、生活に困窮しているＥさんを心配している弟の相談先として、適切である。

3 × **精神保健福祉センター**は、「精神保健福祉法」に基づき、地域における精神保健福祉活動を技術面から指導・援助する機関である。

4 × **公共職業安定所（ハローワーク）**は「職業安定法」に基づく行政機関で、職業紹介や職業指導など、就労や雇用の促進に必要なサービスを無償で提供する。

5 × **年金事務所**は、「日本年金機構法」に基づき、日本年金機構が設置する窓口機関で、年金保険料の徴収や加入案内、相談、給付などを行っている。

／　／　／

第36回◇問題19

次のうち、マズロー（Maslow, A. H. ）の欲求階層説で成長欲求に該当するものとして、**正しいもの**を**1つ**選びなさい。

1　承認欲求
2　安全欲求
3　自己実現欲求
4　生理的欲求
5　所属・愛情欲求

／　／　／

第36回◇問題20　★よく出る

次のうち、交感神経の作用に該当するものとして**正しいもの**を**1つ**選びなさい。

1　血管収縮
2　心拍数減少
3　気道収縮
4　消化促進
5　瞳孔収縮

解説 正答 3 ⇒速習／こころL1

1 × マズローの示した欲求階層説（欲求の五段階説ともいう）では、下位の基本的な欲求が満たされると、より上位の欲求が発現するとされている。物や人による充足で解消される欲求は、**欠乏動機**（**欠乏欲求**）ともよばれる。**承認欲求**は承認・自尊の欲求ともいい、欠乏欲求に該当する。

2 × **安全欲求**は、欠乏欲求に該当する。

3 ○ 欠乏動機がかなりの程度満たされると、欲求としては最も上位の**自己実現の欲求**が出現する。この欲求は**成長動機**（**成長欲求**）ともよばれる。

4 × **生理的欲求**は、欠乏欲求に該当する。

5 × **所属・愛情欲求**は、欠乏欲求に該当する。

解説 正答 1 ⇒速習／こころL2

1 ○ 自律神経には**交感神経**と**副交感神経**という２種類の神経があり、ホルモンの影響を受けながら相反するはたらきをしてホメオスタシス（恒常性）が保たれるよう調節している。**血管収縮**は**交感**神経の作用に該当し、これにより血圧が上がる。副交感神経が作用すると、血管が弛緩（しかん）して血圧は低下する。

2 × **心拍数減少**（心臓の機能抑制）は、**副交感**神経の作用に該当する。交感神経が作用すると、心拍数は増加（心臓の機能亢進）する。

3 × **気道収縮**は、**副交感**神経の作用に該当する。交感神経が作用すると、気道は拡張する。

4 × **消化促進**は、**副交感**神経の作用に該当する。交感神経が作用すると、胃腸の消化運動は抑制される。

5 × **瞳孔（どうこう）収縮**は、**副交感**神経の作用に該当する。交感神経が作用すると、瞳孔は散大する。

第36回◇問題21

Ｆさん（82歳、女性）は、健康診断で骨粗鬆症（osteoporosis）と診断され、内服治療が開始された。杖歩行で時々ふらつくが、ゆっくりと自立歩行することができる。昼間は自室にこもり、ベッドで横になっていることが多い。リハビリテーションとして週３日歩行訓練を行い、食事は普通食を毎食８割以上摂取している。

Ｆさんの骨粗鬆症（osteoporosis）の進行を予防するための支援として、**最も適切なもの**を**１つ**選びなさい。

1　リハビリテーションを週１日に変更する。
2　繊維質の多い食事を勧める。
3　日光浴を日課に取り入れる。
4　車いすでの移動に変更する。
5　ビタミンＡ（vitamin A）の摂取を勧める。

第36回◇問題22

中耳にある耳小骨として、**正しいもの**を**１つ**選びなさい。

1　ツチ骨
2　蝶形骨
3　前頭骨
4　頬骨
5　上顎骨

解説　正答 3

1　×　骨粗鬆症の原因のひとつに**運動不足**がある。Fさんが行っている歩行訓練を減らすことは運動量の減少につながるため、骨粗鬆症の進行を予防するための支援として、適切ではない。

2　×　繊維質の多い食事を勧めるのは、**便秘**の予防や解消に効果的な支援である。骨粗鬆症の進行を予防するための支援としては適切ではない。

3　○　骨粗鬆症の原因のひとつに**日光不足**がある。日光に当たることで生成される**ビタミンD**は、カルシウムの吸収を促進し、骨の形成に関与している。日光浴を日課に取り入れることは、骨粗鬆症の進行を予防するための支援として、適切である。

4　×　Fさんの移動を自立歩行から車いす利用に変更することで、運動量が減少し**運動不足**につながる。1と同じく、骨粗鬆症の進行を予防するための支援として、適切ではない。

5　×　ビタミンAは、主に**視力の調節**などのはたらきに関係する栄養素であり、適切ではない。栄養素では、骨を強化するためカルシウムを摂取するとよい。骨粗鬆症の原因のひとつである**カルシウム**不足を解消し、骨粗鬆症の原因となる骨量の減少や骨密度の低下の予防となる。

解説　正答 1　⇒速習／こころL4

1　○　中耳にある耳小骨は、**ツチ骨**、**キヌタ骨**、**アブミ骨**の3つで構成されている。

2　×　**蝶形骨**は、頭蓋底（とうがいてい）（頭蓋骨の底面）の中央部に位置する骨で、蝶が羽を広げたような形をしている。

3　×　**前頭骨**は、頭蓋を構成する骨のひとつで、眼窩（がんか）上部から前頭部に大きく広がる貝殻状の骨である。

4　×　**頬骨**は、頬（ほお）の上方外側の隆起した部分の骨である。左右一対になっている。

5　×　**上顎骨**（じょうがくこつ）は、上顎（うわあご）を構成する左右一対の骨で、下顎骨（かがくこつ）とともに口腔（こうくう）を形成している。

第36回◇問題23

成人の爪に関する次の記述のうち、**正しいもの**を**1つ**選びなさい。

1　主成分はタンパク質である。
2　1日に1mm 程度伸びる。
3　爪の外表面には爪床がある。
4　正常な爪は全体が白色である。
5　爪半月は角質化が進んでいる。

第36回◇問題24

食物が入り誤嚥(ごえん)が生じる部位として、**適切なもの**を**1つ**選びなさい。

1　扁桃(へんとう)
2　食道
3　耳管
4　気管
5　咽頭

解説 ———— 正答 1 ⇒速習 / こころL4

1 ○ 爪は、皮膚の組織が形を変えた皮膚付属器で、硫黄を含んだたんぱく質であるケラチンという成分からできている。

2 × 成人の場合、爪は1日に0.1mm程度伸びる。

3 × 爪床（そうしょう）は、爪の下にある。

4 × 正常な爪は薄いピンク色である。

5 × 爪半月（そうはんげつ）は、爪の根元にある爪母（そうぼ）からつくられる新しい爪（半月形の白色の部分）のことで、角質化が進んでいないため柔らかい状態である。

解説 ———— 正答 4 ⇒速習 / こころL10

1 × 誤嚥とは、食物の一部や口腔内分泌物（痰や唾液）が誤って気管に入ることをいう。扁桃（へんとう）はのどにあるリンパ組織で、鼻や口から体内にウイルスや細菌などが侵入するのを防御する役割を担っている。

2 × 食道は咽頭から胃へつながる食物の通り道であり、誤嚥が生じる部位ではない。

3 × 耳は、主に外耳（がいじ）、中耳（ちゅうじ）、内耳（ないじ）に分類され、中耳腔と咽頭とをつなぐ細い管状の部分を耳管（じかん）という。耳管は、主に中耳内の気圧を調整する役割を果たしている。

4 ○ 気管は気道の一部で、空気の通り道である。食物を飲み込むときに、誤って食道ではなく気管に入ることで、誤嚥が生じる。

5 × 咽頭は、口腔から食道につながる食物の通り道で、誤嚥が生じる部位ではない。

第36回◇問題25

Gさん（79歳、男性）は、介護老人保健施設に入所している。Gさんは普段から食べ物をかきこむように食べる様子がみられ、最近はむせることが多くなった。義歯は使用していない。食事は普通食を摂取している。ある日の昼食時、唐揚げを口の中に入れたあと、喉をつかむようなしぐさをし、苦しそうな表情になった。

Gさんに起きていることとして、**最も適切なもの**を**1つ**選びなさい。

1　心筋梗塞（myocardial infarction）
2　蕁麻疹（urticaria）
3　誤嚥性肺炎（aspiration pneumonia）
4　食中毒（foodborne disease）
5　窒息（choking）

第36回◇問題26

Hさん（60歳、男性）は、身長170cm、体重120kgである。Hさんは浴槽で入浴しているときに毎回、「お風呂につかると、からだが軽く感じて楽になります」と話す。胸が苦しいなど、ほかの訴えはない。

Hさんが話している内容に関連する入浴の作用として、**最も適切なもの**を**1つ**選びなさい。

1　静水圧作用
2　温熱作用
3　清潔作用
4　浮力作用
5　代謝作用

解説 ―― 正答 5 ⇒速習／こころ L10

1 × **心筋梗塞**は虚血性心疾患のひとつで、心筋虚血の状態が長く続いて心筋の血行が完全に途絶え、心筋の細胞の一部が壊死した状態である。主な症状は、30分以上続く激しい胸部の痛み、冷や汗、吐き気などで、Gさんに起きている状況とは合わない。

2 × **蕁麻疹**（じんましん）では、皮膚の一部が突然、赤く隆起し、強いかゆみを伴うが、短時間で跡形もなく消失する。Gさんに起きている状況とは合わない。

3 × **誤嚥性肺炎**は、高齢者に多い誤嚥（飲食物の一部が気管に入る）を原因とする肺炎である。主な症状は、発熱、咳（せき）、痰（たん）、呼吸困難などであり、Gさんに起きている状況とは合わない。

4 × **食中毒**は、細菌やウイルス、自然毒などが原因となり、下痢や腹痛、発熱、嘔吐（おうと）などの症状が現れるものをいう。Gさんに起きている状況とは合わない。

5 ○ Gさんが唐揚げを口の中に入れたあとにとった、喉（のど）をつかむようなしぐさを**チョークサイン**という。チョークサインは**窒息**時にみられることや、苦しそうな表情から、Gさんは窒息を起こしていると考えられる。

解説 ―― 正答 4

1 × **静水圧作用**とは、身体にかかる水の圧力により、血液やリンパ液の循環が促進される効果をいう。下肢のむくみなどが軽減する。

2 × **温熱作用**とは、温かい湯につかることで、毛細血管が拡張し血行が促進する効果をいう。

3 × **清潔作用**とは、入浴することで皮膚が清潔な状態になり、雑菌の繁殖や感染症の予防につながる効果をいう。

4 ○ **浮力作用**とは、お湯に入ることで身体に浮力がかかり、骨や関節、筋肉への負担が和らぐ効果をいう。Hさんが話している内容にあてはまる。

5 × **代謝作用**とは、からだが温まることで新陳代謝が活発になり、体内の老廃物が排出されやすくなる効果をいう。

第36回◇問題27

男性に比べて女性に尿路感染症（urinary tract infection）が起こりやすい要因として、**最も適切なもの**を**1つ**選びなさい。

1　子宮の圧迫がある。
2　尿道が短く直線的である。
3　腹部の筋力が弱い。
4　女性ホルモンの作用がある。
5　尿道括約筋が弛緩（しかん）している。

第36回◇問題28

次のうち、眠りが浅くなる原因として、**最も適切なもの**を**1つ**選びなさい。

1　抗不安薬
2　就寝前の飲酒
3　抗アレルギー薬
4　抗うつ薬
5　足浴

解説

正答 2 ⇒速習 / こころL12

1 × 子宮の圧迫は、**排尿障害**を起こす要因にはなるが、尿路感染症が起こりやすくなるとは考えにくい。

2 ○ 女性は尿道が**短く**、膀胱まで**直線的**な構造であるため、外から細菌が侵入しやすく、男性に比べ尿路感染症が起こりやすい。

3 × 腹部の筋力（腹筋）は**排便**に関係するため、腹筋が弱いと**便秘**になりやすくなる。尿路感染症が起こりやすい要因とはならない。

4 × 女性ホルモンの作用は、尿路感染症が起こりやすい要因にはならない。

5 × 尿道括約筋の弛緩（しかん）は、尿路感染症ではなく、**尿失禁**を起こす要因になる。

解説

正答 2

1 × 抗不安薬には、不安や緊張感を和らげるほか、**眠気**などを引き起こす作用がある。

2 ○ 就寝前の飲酒は睡眠の質を**下げる**ため、眠りが**浅く**なる。

3 × 抗アレルギー薬に含まれる**抗ヒスタミン**には、中枢神経の**覚醒（かくせい）作用**を抑制し、眠気をもたらす作用がある。

4 × 抗うつ薬は、うつ病の症状である**不眠**などに作用する。

5 × 足浴（そくよく）では、足を温めることで全身の血行がよくなり、身体が温まってリラックスした状態になることから、安眠の効果が期待できる。

第36回◇問題29 ★よく出る

概日リズム睡眠障害（circadian rhythm sleep disorder）に関する次の記述のうち、**最も適切なもの**を**1つ**選びなさい。

1　早朝に目が覚める。
2　睡眠中に下肢が勝手にピクピクと動いてしまう。
3　睡眠中に呼吸が止まる。
4　睡眠中に突然大声を出したり身体を動かしたりする。
5　夕方に強い眠気を感じて就寝し、深夜に覚醒してしまう。

第36回◇問題30

鎮痛薬としてモルヒネを使用している利用者に、医療職と連携した介護を実践するときに留意すべき観察点として、**最も適切なもの**を**1つ**選びなさい。

1　不眠
2　下痢
3　脈拍
4　呼吸
5　体温

解説 ―― 正答 5 ⇒速習 / こころ L13

1 × 不眠症のひとつである**早朝覚醒**の説明である。早朝に目が覚め、そのまま眠れなくなる。

2 × **周期性四肢運動障害**の説明である。**睡眠時ミオクローヌス**症候群ともいう。睡眠中、上肢や下肢が周期的にピクピクと勝手に動くため眠りが浅くなる。

3 × **睡眠時無呼吸症候群**の説明である。睡眠中に10秒以上呼吸が停止する状態が繰り返され、そのたびに目が覚めてしまうためぐっすり眠れない。呼吸中枢の障害や肥満で下顎が小さいことによる上気道の狭窄が原因で起こる。

4 × **レム睡眠行動障害**の説明である。夢の中での言動が異常行動として現れる。呼びかけや刺激で目が覚め、見ていた夢の内容も比較的はっきりと思い出すことができる。

5 ○ **概日（がいじつ）リズム**は**サーカディアン**リズムともいい、体内時計によって保たれる約24時間周期のリズムのことである。概日リズム睡眠障害は、概日リズムに乱れが生じ、睡眠と覚醒に障害が出た状態をいう。

解説 ―― 正答 4 ⇒速習 / こころ L14

1 × 鎮痛薬としてモルヒネを使用している場合、不眠ではなく**眠気**が起こる。

2 × モルヒネの代表的な副作用は、**便秘**、**吐き気**、**眠気**である。

3 × 脈拍は、医療職と連携した介護を実践するときに留意すべき観察点として適切ではない。

4 ○ モルヒネの副作用として、呼吸の回数が減少する**呼吸抑制**がみられることがある。重篤な場合には気道の確保が必要となる。モルヒネ使用時には、利用者の呼吸の状態をよく観察し、異常がみられたらすぐに医療職に報告する必要がある。

5 × 体温は、医療職と連携した介護を実践するときに留意すべき観察点として適切ではない。

第36回◇問題31

スキャモン（Scammon, R. E.）の発達曲線に関する次の記述のうち、**適切なものを１つ**選びなさい。

1　神経系の組織は、４歳ごろから急速に発達する。
2　筋骨格系の組織は、４歳ごろから急速に発達する。
3　生殖器系の組織は、12歳ごろから急速に発達する。
4　循環器系の組織は、20歳ごろから急速に発達する。
5　リンパ系の組織は、20歳ごろから急速に発達する。

第36回◇問題32

幼稚園児のＪさん（６歳、男性）には、広汎性発達障害（pervasive developmental disorder）がある。砂場で砂だんごを作り、きれいに並べることが好きで、毎日、一人で砂だんごを作り続けている。

ある日、園児が帰宅した後に、担任が台風に備えて砂場に青いシートをかけておいた。翌朝、登園したＪさんが、いつものように砂場に行くと、青いシートがかかっていた。Ｊさんはパニックになり、その場で泣き続け、なかなか落ち着くことができなかった。

担任は、Ｊさんにどのように対応すればよかったのか、**最も適切なものを１つ**選びなさい。

1　前日に、「あしたは、台風が来るよ」と伝える。
2　前日に、「あしたは、台風が来るので砂場は使えないよ」と伝える。
3　前日に、「あしたは、おだんご屋さんは閉店です」と伝える。
4　その場で、「今日は、砂場は使えないよ」と伝える。
5　その場で、「今日は、おだんご屋さんは閉店です」と伝える。

解説　　正答 3　⇒速習／発老 L1

1　×　スキャモンは器官や臓器による発達の特徴を、リンパ系、神経系、一般系、生殖系の４つのパターンに分け、発達過程の違いを**発達曲線**としてグラフに表した。**神経系**の組織は、０歳から急速に発達し、16歳頃に100％に到達する。

2　×　筋骨格系の組織は**一般系**に含まれ、０歳から急速に発達したあと緩やかに上昇し、12歳頃に再び急速に発達、20歳頃に100％に到達する。

3　○　**生殖器系**の組織は、12歳頃から急速に発達し、20歳頃に100％になる。

4　×　循環器系の組織は**一般系**に含まれ、０歳から急速に発達したあと緩やかに上昇し、12歳頃に再び急速に発達、20歳頃に100％に到達する。

5　×　**リンパ系**の組織は、０歳から急速に発達し、12歳頃に190％まで到達したあと下降し始め、20歳頃に100％になる。

解説　　正答 2　⇒速習／コ技 L2

1　×　**広汎性発達障害**では、主にコミュニケーション能力や社会性の獲得に障害がみられる。状況の変化に対する不安が強く現れるため、次に何を行うのかを、**前もって具体的**かつ**簡潔**に示していく必要がある。「あしたは、台風が来るよ」だけでは具体性に欠けており、明日は砂場が使えないことがＪさんに伝わらない。

2　○　Ｊさんに「あしたは、台風が来るので砂場は使えないよ」と前もって具体的かつ簡潔に示しているので、Ｊさんへの対応として適切である。

3　×　Ｊさんは、砂だんごを作って並べているが、事例文からおだんご屋さんを開いているとは読み取れない。また、「閉店です」が砂場は使えないという意味であるとＪさんが理解するのは困難である。

4　×　その場で、砂場が使えないことを伝えても、Ｊさんは状況の変化に対する不安を強く感じ、パニック症状を起こしたとも考えられる。適切な対応ではない。

5　×　前もって伝えていないこと、具体的な表現でないことから、適切な対応ではない。

□□□

第36回◇問題33

生理的老化に関する次の記述のうち、**最も適切なもの**を**1つ**選びなさい。

1　環境によって起こる現象である。
2　訓練によって回復できる現象である。
3　個体の生命活動に有利にはたらく現象である。
4　人間固有の現象である。
5　遺伝的にプログラムされた現象である。

□□□

第36回◇問題34

エイジズム（ageism）に関する次の記述のうち、**最も適切なもの**を**1つ**選びなさい。

1　高齢を理由にして、偏見をもったり差別したりすることである。
2　高齢になっても生産的な活動を行うことである。
3　高齢になることを嫌悪する心理のことである。
4　加齢に抵抗して、健康的に生きようとすることである。
5　加齢を受容して、活動的に生きようとすることである。

解 説

正答 5 ⇒速習 / 発老 L3

1 × **生理的老化**は、環境によって引き起こされるものではない。

2 × 生理的老化は、20 ～ 30歳頃から徐々に生じ、すべての人に起こる不可逆的な変化である。訓練によって回復できる現象ではない。

3 × 生理的老化は、その個体の**機能低下**を引き起こす。個体の生命活動にとって**不利**にはたらく現象である。

4 × 生理的老化は、人間固有のものではなく、**すべての生命体**に生じる現象である。

5 ○ **生理的老化**は、**遺伝**的にプログラムされ、必然的に生じる老化現象である。

解 説

正答 1 ⇒速習 / 発老 L3

1 ○ **エイジズム**は、アメリカの老年学者**バトラー**が最初に提唱した考え方で、「年を取っているという理由で老人たちを一つの型にはめ差別すること」と定義している。

2 × **プロダクティブ・エイジング**の説明である。

3 × **ジェロントフォビア**の説明である。精神医学では、加齢恐怖症または老人恐怖症と訳されている。

4 × **アンチエイジング**の説明である。

5 × 記述は、**アクティブエイジング**の説明である。アクティブエイジングの考え方は、WHO（世界保健機関）が「第２回高齢者問題世界会議」(2002年）で初めて提唱した。

／ ／ ／

第36回◇問題35

Kさん（80歳、男性）は、40歳ごろから職場の健康診査で高血圧と高コレステロール血症（hypercholesterolemia）を指摘されていた。最近、階段を上るときに胸の痛みを感じていたが、しばらく休むと軽快していた。喉の違和感や嚥下痛（えんげつう）はない。今朝、朝食後から冷や汗を伴う激しい胸痛が起こり、30分しても軽快しないので、救急車を呼んだ。

Kさんに考えられる状況として、**最も適切なもの**を**1つ**選びなさい。

1　喘息（ぜんそく）（bronchial asthma）
2　肺炎（pneumonia）
3　脳梗塞（cerebral infarction）
4　心筋梗塞（myocardial infarction）
5　逆流性食道炎（reflux esophagitis）

／ ／ ／

第36回◇問題36

次のうち、健康寿命の説明として、**適切なもの**を**1つ**選びなさい。

1　0歳児の平均余命
2　65歳時の平均余命
3　65歳時の平均余命から介護期間を差し引いたもの
4　介護状態に至らずに死亡する人の平均寿命
5　健康上の問題で日常生活が制限されることなく生活できる期間

解 説　正答 4　⇒速習／発老 L8

1 × **喘息**(ぜんそく)は、気管支が痙攣(けいれん)したり、痰(たん)（気道分泌物）が増え、肺への空気の出入りが悪くなることで起こる。ラ音（肺から聞こえる雑音のような音）や喘鳴(ぜんめい)を伴う。Kさんの症状とは合わない。

2 × **肺炎**は、さまざまな病原菌の感染によって肺に炎症が起きた状態である。典型的な症状は、悪寒などの風邪症状、39℃前後の高熱、激しい咳(せき)、呼吸困難などだが、高齢者の場合は典型的な肺炎の症状がみられないことも多い。いずれにしてもKさんの症状とは合わない。

3 × **脳梗塞**（虚血性脳血管障害）は、脳動脈の動脈硬化が進行し、脳の太い動脈に血液の固まり（血栓）が詰まることで起こる脳血栓と、脳以外でできた血栓が脳血管に詰まる脳塞栓がある。主な症状として片麻痺や構音障害などがみられる。Kさんの症状とは合わない。

4 ○ **心筋梗塞**は心筋虚血の状態が長く続いて心筋の血行が完全に途絶え、心筋の細胞の一部が壊死した状態をいう。主な症状として、**30分**以上続く激しい前胸部の痛み、**冷や汗**、吐き気などがみられる。Kさんの症状と合致する。

5 × **逆流性食道炎**とは、胃の内容物が食道に逆流し、食道粘膜に炎症が起こる状態をいう。主な症状として、胸焼け、呑酸(どんさん)（口の中に酸っぱい胃液が込み上げてくる）、のどの痛みや違和感などがみられる。Kさんの症状とは合わない。

解 説　正答 5　⇒速習／発老 L5

1 × 0歳児の平均余命を**平均寿命**という。「令和4年簡易生命表」によると、男性の平均寿命は81.05年、女性は87.09年となっている。

2 × 65歳時の平均余命は、65歳に達した人の**平均生存年数**を指す。

3 × 健康寿命は、0歳児の平均余命から介護期間を差し引いた寿命を指す。

4 × **介護不要寿命**の説明である。

5 ○ **健康寿命**とは、介護を要せず、自立して暮らすことができる期間をいう。健康寿命を延ばすためには、介護予防などを通じた**ロコモティブシンドローム**（運動器症候群）対策が極めて重要である。

第36回◇問題37 ★よく出る

次のうち、前立腺肥大症（prostatic hypertrophy）に関する記述として、**最も適切なもの**を**1つ**選びなさい。

1　抗利尿ホルモンが関与している。
2　症状が進むと無尿になる。
3　初期には頻尿が出現する。
4　進行すると透析の対象になる。
5　骨盤底筋訓練で回復が期待できる。

第36回◇問題38 ★よく出る

次のうち、高齢期に多い筋骨格系の疾患に関する記述として、**適切なもの**を**1つ**選びなさい。

1　骨粗鬆症（osteoporosis）は男性に多い。
2　変形性膝関節症（knee osteoarthritis）ではX脚に変形する。
3　関節リウマチ（rheumatoid arthritis）は軟骨の老化によって起こる。
4　腰部脊柱管狭窄症（lumbar spinal canal stenosis）では下肢のしびれがみられる。
5　サルコペニア（sarcopenia）は骨量の低下が特徴である。

解説　正答 3　⇒速習／発老 L11

1　×　抗利尿ホルモンはバソプレシンともいい、利尿を妨げる働きをもつホルモンである。前立腺肥大症には関与していない。

2　×　無尿とは、尿量の異常のうち、1日の排尿量が50～100mℓ以下となった状態のことである。前立腺の肥大などがすすみ、尿路の下部が閉塞されて膀胱に溜まった尿を排出することができなくなることがあるが、これを尿閉という。

3　○　前立腺肥大症の初期症状では、夜間頻尿がみられる。

4　×　前立腺肥大症の多くは薬物療法で改善される。進行して、日常生活に支障が出たり、尿閉になった場合などは手術適応となるが、透析の対象にはならない。

5　×　前立腺肥大症は、精液をつくる前立腺が加齢とともに肥大し、尿道を圧迫する疾患である。骨盤底筋訓練を行っても回復は期待できない。

解説　正答 4　⇒速習／発老 L6

1　×　骨粗鬆症は、さまざまな原因により骨の形成が阻害され、骨密度が減少して骨がもろくなる疾患である。高齢者や閉経後の女性に多い。

2　×　変形性膝関節症の症状が進行すると、滑膜や関節包の炎症の影響でO脚に変形する。

3　×　関節リウマチは、膠原病のひとつで、女性に発症しやすく、一般には40～50代に多くみられる進行性の多発性関節炎である。加齢の影響で軟骨がすり減ることによって起こるのは、変形性膝関節症である。

4　○　腰部脊柱管狭窄症とは、脊髄を保護する脊柱管が老化などで狭くなり、脊髄神経が圧迫されることによる脊柱管狭窄症のうち、腰部に起こるものをいう。下肢の痛みやしびれ、腰痛、歩行障害などが現れる。痛みが発生してもしばらく休むと症状が楽になり、再び歩けるようになる間欠（歇）性跛行（かんけつせいはこう）が特徴的である。

5　×　サルコペニアは、筋肉減弱症を指す造語である。加齢に伴う骨格筋（筋肉）の減少に加えて、筋力低下、歩行速度の低下のいずれかがみられた場合に、サルコペニアと診断される。

第36回◇問題39

高齢者の自動車運転免許に関する次の記述のうち、**正しいものを１つ**選びなさい。

1　75歳から免許更新時の認知機能検査が義務づけられている。
2　80歳から免許更新時の運転技能検査が義務づけられている。
3　軽度認知障害（mild cognitive impairment）と診断された人は運転免許取消しになる。
4　認知症（dementia）の人はサポートカー限定免許であれば運転が可能である。
5　認知症（dementia）による運転免許取消しの後、運転経歴証明書が交付される。

（注）「サポートカー限定免許」とは、道路交通法第91条の２の規定に基づく条件が付された免許のことである。

第36回◇問題40

認知症（dementia）の行動・心理症状（ＢＰＳＤ）であるアパシー（apathy）に関する次の記述のうち、**適切なものを１つ**選びなさい。

1　感情の起伏がみられない。
2　将来に希望がもてない。
3　気持ちが落ち込む。
4　理想どおりにいかず悩む。
5　自分を責める。

解説 ―――― 正答 1

1 ○ **道路交通法**の規定により、運転免許証の更新を受けようとする者で更新期間が満了する日における年齢が**75**歳以上の高齢者は、免許更新時の**認知機能検査**が義務づけられている。ただし、免許証の更新期間が満了する日前6か月以内に、①臨時適性検査を受けた者や診断書提出命令を受けて診断書を公安委員会に提出した者、②認知症に該当する疑いがないと認められるかどうかに関する医師の診断書等を公安委員会に提出した者などは、受検義務が免除される。

2 × 道路交通法の規定により、**75**歳以上で一定の違反歴（信号無視、通行区分違反、速度超過など）がある高齢者は、免許更新時の**運転技能検査**が義務づけられている。

3 × 正常な加齢と認知症との**境界領域**にあるものを**軽度認知障害**（MCI）という。全般的認知機能は正常なため、MCIと診断されても運転免許取消しにはならない。

4 × 認知症は、道路交通法で定める運転免許を**拒否**または**保留**される事由に該当する。サポートカー限定免許での運転も認められていない。

5 × 認知症により運転免許が取り消された場合は、運転経歴証明書の交付申請は**できない**。

解説 ―――― 正答 1 ⇒速習／認知 L1

1 ○ 認知症の行動・心理症状（BPSD）でみられる**アパシー**は、自発性が低下・欠如した状態をいう。**無感情**、無気力、無関心であることや、それらの自覚に乏しいという特徴がある。

2 × 将来に希望がもてないのは、鬱（うつ）状態の特徴である。

3 × 気持ちが落ち込むのは、鬱状態の特徴である。

4 × 理想どおりにいかず悩むのは、鬱状態の特徴である。

5 × 自分を責めるのは、鬱状態の特徴である。

/	/	/

第36回◇問題41

認知症（dementia）の人にみられる、せん妄に関する次の記述のうち、**最も適切なもの**を**1つ**選びなさい。

1　ゆっくりと発症する。
2　意識は清明である。
3　注意機能は保たれる。
4　体調の変化が誘因になる。
5　日中に多くみられる。

/	/	/

第36回◇問題42

レビー小体型認知症（dementia with Lewy bodies）にみられる歩行障害として、**最も適切なもの**を**1つ**選びなさい。

1　しばらく歩くと足に痛みを感じて、休みながら歩く。
2　最初の一歩が踏み出しにくく、小刻みに歩く。
3　動きがぎこちなく、酔っぱらったように歩く。
4　下肢は伸展し、つま先を引きずるように歩く。
5　歩くごとに骨盤が傾き、腰を左右に振って歩く。

解説　正答 4　⇒速習 / 認知 L3

1 × せん妄とは、疾患などが原因で引き起こされる意識障害である。症状は急速に発現する。

2 × せん妄では、意識の混濁がみられる。

3 × せん妄では、注意障害があり、集中力を保てなくなる。

4 ○ せん妄は、高熱、便秘、疼痛、脱水、薬の副作用など、体調の変化が誘因となる。

5 × 血管性認知症では、夜間に覚醒レベルが低下することで多くみられる傾向がある（夜間せん妄）が、日中に多くみられるというのは適切ではない。

解説　正答 2　⇒速習 / 認知 L4

1 × 脊柱管狭窄症（せきちゅうかんきょうさくしょう）でみられる間欠（歇）性跛行（かんけつ（けつ）せいはこう）の説明である。

2 ○ 最初の一歩が踏み出しにくいすくみ足、小刻みに歩く小刻み歩行などは、レビー小体型認知症でみられるパーキンソニズム（パーキンソン病に似た症状）である。

3 × 脊髄小脳変性症（せきずいしょうのうへんせいしょう）（SCD）でみられる失調性歩行の説明である。

4 × 腓骨神経麻痺（ひこつしんけいまひ）でみられる鶏歩（けいほ）の説明である。下垂足（かすいそく）（足が垂れた状態）がみられるため、矯正を目的として短下肢装具が使用される。

5 × 筋ジストロフィーでみられる上体を左右に振って歩く動揺性歩行の説明である。

関連問題… 34-80

第36回◇問題43

次の記述のうち、若年性認知症（dementia with early onset）の特徴として、**最も適切なもの**を**1つ**選びなさい。

1　高齢の認知症（dementia）に比べて、症状の進行速度は緩やかなことが多い。
2　男性よりも女性の発症者が多い。
3　50歳代よりも30歳代の有病率が高い。
4　特定健康診査で発見されることが多い。
5　高齢の認知症（dementia）に比べて、就労支援が必要になることが多い。

第36回◇問題44

Ｌさん（78歳、女性、要介護１）は、３年前にアルツハイマー型認知症（dementia of the Alzheimer's type）と診断された。訪問介護（ホームヘルプサービス）を利用し、夫の介護を受けながら二人で暮らしている。ある日、訪問介護員（ホームヘルパー）が訪問すると夫から、「用事で外出しようとすると『外で女性に会っている』と言って興奮することが増えて困っている」と相談を受けた。

Ｌさんの症状に該当するものとして、**最も適切なもの**を**1つ**選びなさい。

1　誤認
2　観念失行
3　嫉妬妄想
4　視覚失認
5　幻視

解説 ―― 正答 5 ⇒速習 / 認知 L4

1 × 若年性認知症は、高齢での発症と比べ、進行が比較的**速い**のが特徴である。

2 × 若年性認知症は、女性よりも**男性**の発症者が比較的多い。

3 × 2020（令和２）年に厚生労働省が行った「若年性認知症実態調査」によると、人口10万人当たりの有病率は、30歳代が0.01％、50歳代が0.15％で、50歳代のほうが**高い**。

4 × 遂行機能障害が引き起こす諸症状（作業の効率低下、仕事や家事などでのミス）により、**職場の同僚**や**家族**が異変に気づくことが多い。

5 ○ ３の調査によると、若年性認知症の発症時には約６割の人が就業していたが、調査時点でそのうち７割が退職している。**就業継続**が困難になると、経済的な問題にもつながる。また、**現役世代**での発症のため、就労継続の問題に加え、子どもの就学、親の介護など、高齢での発症とは異なる課題が生じやすい。

解説 ―― 正答 3 ⇒速習 / 認知 L3

1 × **誤認**とは、あるものを別のものとして間違えて認識することをいう。夫を夫として認識しているＬさんの症状には該当しない。

2 × **観念失行**は、失行（手足の運動機能は損なわれていないが、意図した動作や指示された動作を行うことができない状態）のひとつで、歯ブラシを使って歯を磨くなどの複雑な動作ができないといった状態をいう。

3 ○ **嫉妬妄想**は妄想のひとつで、配偶者や恋人が浮気をしているなどと訴えるものをいう。夫が外で女性に会っていると訴えるＬさんの症状に該当する。

4 × **視覚失認**は失認（視覚機能は損なわれていないが、視覚から得られる情報を正しく**認識できない**状態）のひとつで、鏡に映った人物が自分だと認識できなくなるといった状態をいう。

5 × **幻視**は視覚認知障害のひとつで、実際には存在しないものが見える状態をいう。

□／ □／ □／

第36回◇問題45

認知機能障害による生活への影響に関する記述として、**最も適切なもの**を**1つ**選びなさい。

1　遂行機能障害により、自宅がわからない。
2　記憶障害により、出された食事を食べない。
3　相貌失認により、目の前の家族がわからない。
4　視空間認知障害により、今日の日付がわからない。
5　病識低下により、うつ状態になりやすい。

□／ □／ □／

第36回◇問題46

バリデーション（validation）に基づく、認知症（dementia）の人の動きや感情に合わせるコミュニケーション技法として、**正しいもの**を**1つ**選びなさい。

1　センタリング（centering）
2　リフレージング（rephrasing）
3　レミニシング（reminiscing）
4　ミラーリング（mirroring）
5　カリブレーション（calibration）

解説　正答 3　⇒速習／認知 L3

1　×　認知症の中核症状が**認知機能障害**で、代表的なものに、記憶障害、見当識障害、遂行機能障害、社会脳の障害、空間認知障害、視覚認知障害、失語・失行・失認のような症状、病識低下、性格の変化などがある。**遂行機能障害**は実行機能障害ともいい、物事を総合的に考え、計画し、筋道を立てて遂行することが困難になる。自宅がわからないのは、時間・場所・人物がわからなくなる見当識障害である。

2　×　**記憶障害**では、過去の記憶は保持されているが、新しいことを覚えるのが難しくなる。出された食事を食べないのは、**失認**でみられる。

3　○　相貌失認は**失認**のひとつで、顔を見ても誰だかわからない状態である。

4　×　視空間認知障害は**視覚認知障害**ともいい、**錯視**や**幻視**など視覚に関わる症状が現れる。今日の日付がわからないのは、見当識障害である。

5　×　病識とは、自分の障害を自覚し、その程度を把握することをいう。**病識低下**により、うつ状態にはなりにくくなる。

解説　正答 4、5　⇒速習／認知 L6

1　×　**バリデーション**とは、認知症高齢者とのコミュニケーション技法である。**センタリング**は、相手の感情を受け入れるために、深呼吸や瞑想（めいそう）などを行って精神を集中し、自分の心から負の感情を追い出す技法をいう。

2　×　**リフレージング**は、**共感**の姿勢を示しながら、相手の言葉と同じ言葉（キーワード）を**反復**する技法をいう。

3　×　**レミニシング**は、過去の出来事について質問し、昔話を語ってもらう技法をいう。

4　○　**ミラーリング**は、相手と真正面に向き合い、相手の姿勢、**動作**、声のトーン、話し方などを**真似**して、**感情**を理解していく技法をいう。

5　○　**カリブレーション**は**共感**という意味で、相手の**動き**や**感情**を観察し、自分の**感情**を一致させる技法をいう。

おことわり

問題46は「正しいものを１つ選びなさい。」という問題でしたが、次の理由により正答を２つとする措置がとられました。

問題文からは、選択肢４と５のいずれも正答となるため。

第36回◇問題47

Mさん（80歳、女性、要介護１）は、アルツハイマー型認知症（dementia of the Alzheimer's type）であり、３日前に認知症対応型共同生活介護（認知症高齢者グループホーム）に入居した。主治医から向精神薬が処方されている。居室では穏やかに過ごしていた。夕食後、表情が険しくなり、「こんなところにはいられません。私は家に帰ります」と大声を上げ、ほかの利用者にも、「あなたも一緒に帰りましょう」と声をかけて皆が落ち着かなくなることがあった。

Mさんの介護を検討するときに優先することとして、**最も適切なものを１つ**選びなさい。

1　Mさんが訴えている内容
2　Mさんの日中の過ごし方
3　ほかの利用者が落ち着かなくなったこと
4　対応に困ったこと
5　薬が効かなかったこと

第36回◇問題48

Aさん（80歳、男性、要介護１）は、認知症（dementia）で、妻の介護を受けながら二人で暮らしている。「夫は昼夜逆転がある。在宅介護を続けたいが、私が体調を崩し数日間の入院が必要になった」と言う妻に提案する、Aさんへの介護サービスとして、**最も適切なものを１つ**選びなさい。

1　認知症対応型通所介護（認知症対応型デイサービス）
2　短期入所生活介護（ショートステイ）
3　認知症対応型共同生活介護（認知症高齢者グループホーム）
4　特定施設入居者生活介護
5　介護老人福祉施設

解説

正答 1 ⇒速習／認知 L3

1 ○ Mさんが、夕方になって落ち着きがなくなり、自分の家に帰ろうとしたのは、認知症の行動・心理症状（BPSD）の徘徊（はいかい）のひとつで夕暮れ症候群に該当する。また、Mさんは3日前に入居したばかりなので、見当識障害などもあり、自分の居場所がわからなくなっているとも考えられる。Mさんの介護を検討するにあたって、本人が訴えている内容を優先することは最も適切だといえる。

2 × Mさんは、日中は居室で穏やかに過ごしているため、適切ではない。

3 × ほかの利用者が落ち着かなくなったのは、Mさんが大声を上げたり、一緒に帰ろうと声をかけたことが原因である。Mさんの介護を検討するときに優先すべき内容ではない。

4 × Mさんへの対応に困ったのは介護職員であり、Mさんの介護を検討するときに優先すべき内容ではない。

5 × 事例文からは、向精神薬の効果については読みとれないことから、Mさんの介護を検討するときに優先する内容として、適切ではない。

解説

正答 2 ⇒速習／認知 L9

1 × 認知症対応型通所介護は、認知症の要介護者を老人デイサービスセンター等に自宅から通わせるサービスである。Aさんの妻が数日間の入院が必要になったことに対する提案として、適切ではない。

2 ○ 短期入所生活介護は、老人短期入所施設などに短期間入所させるサービスで、介護に当たる家族の事情や心身の負担軽減を図るなどの理由から一時的に入所が必要な場合に利用できるサービスである。Aさんの妻への提案として適切である。

3 × 認知症対応型共同生活介護は、認知症の要介護者が5～9人を1ユニットとして共同生活を営む住居に入居して受けるサービスである。Aさんの妻は在宅介護を続けたいと希望しているため、適切ではない。

4 × 特定施設入居者生活介護は、有料老人ホームなどの特定施設に入居して受けるサービスである。Aさんの妻は在宅介護を続けたいと希望しているため、適切ではない。

5 × 介護老人福祉施設は、施設に入所して受けるサービスである。Aさんの妻は在宅介護を続けたいと希望しているため適切ではない。また、介護老人福祉施設への入所は原則として要介護3以上とされている。

第36回◇問題49 ★よく出る

次のうち、ノーマライゼーション（normalization）の原理を盛り込んだ法律（いわゆる「1959年法」）を制定した最初の国として、**正しいものを1つ**選びなさい。

1　デンマーク
2　イギリス
3　アメリカ
4　スウェーデン
5　ノルウェー

第36回◇問題50

法定後見制度において、成年後見人等を選任する機関等として、**正しいものを1つ**選びなさい。

1　法務局
2　家庭裁判所
3　都道府県知事
4　市町村長
5　福祉事務所

解説　正答 1　⇒速習／障害 L1

1 ○ ノーマライゼーションという言葉を初めて盛り込んだ法律（**1959年法**）は**デンマーク**で制定された。同国の行政官としてこの法律の制定に関わり、知的障害者の福祉向上に尽力した**バンク＝ミケルセン**は、ノーマライゼーションの考え方の提唱者であり、「ノーマライゼーションの父」といわれている。

2 × イギリスは、1959年法の制定国ではない。

3 × アメリカには1960年代後半からノーマライゼーションの理念が導入され、そこから世界的に広まった。関わった人物としては**ヴォルフェンスベルガー**（ドイツ生まれ）が知られている。

4 × バンク＝ミケルセンの考え方を発展させ、**ノーマライゼーションの8つの原理**を提唱し、「ノーマライゼーションの育ての親」といわれている**ニィリエ**がスウェーデン生まれである。

5 × ノルウェーは、1959年法の制定国ではない。

解説　正答 2　⇒速習／社会 L13

1 × **法務局**は、任意後見制度を利用する本人が、判断能力が低下する前に自ら任意後見人を指定し、公正証書による契約締結後、**後見登記**の申請を行う機関である。

2 ○ 法定後見制度では、本人、配偶者、四親等内の親族などの申し立てによって、**家庭裁判所**が本人の判断能力の状態により後見・保佐・補助の３類型のいずれかから保護者（**成年後見人・保佐人・補助人**）を選任する。

3 × 法定後見制度において、都道府県知事は、成年後見人等を選任する機関等ではない。

4 × 法定後見制度において、市町村長は、成年後見人等を選任する機関等ではない。

5 × 法定後見制度において、福祉事務所は、成年後見人等を選任する機関等ではない。

関連問題… 35-52 34-91

第36回◇問題51

次の記述のうち、障害を受容した心理的段階にみられる言動として、**最も適切なもの**を**1つ**選びなさい。

1　障害があるという自覚がない。
2　周囲に不満をぶつける。
3　自分が悪いと悲観する。
4　価値観が転換し始める。
5　できることに目を向けて行動する。

第36回◇問題52　★よく出る

統合失調症（schizophrenia）の特徴的な症状として、**最も適切なもの**を**1つ**選びなさい。

1　振戦せん妄
2　妄想
3　強迫性障害
4　抑うつ気分
5　健忘

解説　正答 5　⇒速習 / 障害 L8

1　×　上田敏（さとし）は中途障害を受容する心理的段階を、ショック期、否認期、混乱期、努力期、受容期の５段階にまとめた。個人差もあるが、各段階を行きつ戻りつしながら受容するに至る。障害の自覚がないのは、**ショック期**に当てはまる。

2　×　**否認期**の説明である。障害が残るということに気がつき始めるが、その事実を認めたくないという気持ちが強い。

3　×　**混乱期**の説明である。怒りが自分に向けられると、自分を責め、悲観し、自殺企図を起こす恐れもある。

4　×　**努力期**の説明である。障害が残るという混乱から立ち直るためには自らの努力が必要であることに気づき、価値観が転換し始める。

5　○　**受容期**の説明である。障害のある現実を受け止め、受容していく時期。リハビリテーションなどを通じて、自身の残された可能性に目を向け（価値観の転換）、積極的な生活態度になる。

解説　正答 2　⇒速習 / 障害 L5

1　×　**振戦せん妄**は、**アルコール**による精神障害の代表的な症状のひとつで、意識混濁、幻覚などが出現する。

2　○　**妄想**や幻覚などの異常体験を訴えるのは、**統合失調症**の特徴的な症状である。**被害**妄想（誰かに嫌がらせをされている）や**関係**妄想（周囲のことを何でも自分に関連づける）のほか、**迫害**妄想（周囲の人たちに迫害されている、陰謀が張りめぐらされている）、**被毒**妄想（他人が作った飲食物に毒が入っている）などもみられる。

3　×　**強迫性障害**は、**強迫観念**（つまらないこと、不合理なこととわかっていても頭から離れない考え）や**強迫行為**（強迫観念から不安をかきたてられて行う行為）がみられる精神障害のひとつである。

4　×　**抑鬱気分**（よくうつきぶん）は、**鬱病**（うつびょう）や**神経症**でみられる症状のひとつである。

5　×　**健忘**は、記憶障害のひとつで、過去のある期間やある事実について思い起こすことができない状態をいう。統合失調症の特徴的な症状ではない。

第36回◇問題53

Bさん（60歳、男性）は、一人暮らしをしている。糖尿病性網膜症（diabetic retinopathy）による視覚障害（身体障害者手帳1級）があり、末梢神経障害の症状がでている。Bさんの日常生活において、介護福祉職が留意すべき点として、**最も適切なもの**を**1つ**選びなさい。

1 水晶体の白濁
2 口腔粘膜や外陰部の潰瘍
3 振戦や筋固縮
4 足先の傷や壊疽などの病変
5 感音性の難聴

関連問題… 34-90 32-93

第36回◇問題54

Cさん（55歳、男性）は、5年前に筋萎縮性側索硬化症（amyotrophic lateral sclerosis：ALS）と診断された。現在は症状が進行して、日常生活動作に介護が必要で、自宅では電動車いすと特殊寝台を使用している。

次の記述のうち、Cさんの現在の状態として、**最も適切なもの**を**1つ**選びなさい。

1 誤嚥せずに食事することが可能である。
2 明瞭に話すことができる。
3 身体の痛みがわかる。
4 自力で痰を排出できる。
5 箸を上手に使える。

解説

正答 4　⇒速習 / こころ L8

1　×　水晶体の白濁は、**白内障**でみられる症状である。

2　×　口腔粘膜や外陰部の潰瘍は、**ベーチェット病**でみられる症状である。

3　×　振戦や筋固縮は、**パーキンソニズム**（**パーキンソン病**に似た症状）のひとつである。

4　○　Bさんは、糖尿病性網膜症による視覚障害があり、末梢神経障害の症状も出ている。末梢神経障害では、足先の**感覚**が低下し、傷などができても自分では気がつかないことが多く、細菌感染を起こして**壊疽**が生じ、切断に至ることもあるため、日常生活で介護福祉職が留意すべき点として適切である。

5　×　感音性の難聴は、突発性難聴、老人性難聴、メニエール病などが原因疾患である。Bさんには当てはまらない。

解説

正答 3　⇒速習 / 発老 L6

1　×　筋萎縮性側索硬化症で起こる**球麻痺**では、延髄が両側性（右脳と左脳）に障害され、**嚥下障害**と**構音障害**がみられる。症状が進行しているCさんは、誤嚥を起こすリスクが高いと考えられる。

2　×　球麻痺による**構音障害**のため、Cさんが明瞭に話すことは難しいと考えられる。

3　○　筋萎縮性側索硬化症では、眼球運動や肛門約筋の機能、**感覚**、知能や**意識**は末期まで保たれる。Cさんは症状が進行しているが、からだの痛みはわかると考えられる。

4　×　**呼吸筋麻痺**によって呼吸障害が生じ、自力で痰の排出が行えなくなっていると考えられる。痰の吸引を行う必要がある。

5　×　症状が進行して日常生活動作に介護が必要な状態となっているCさんが、箸を上手に使うのは難しいと考えられる。

関連問題…35-43

第36回◇問題55

Dさん（36歳、女性、療育手帳所持）は、一人暮らしをしながら地域の作業所に通っている。身の回りのことはほとんど自分でできるが、お金の計算、特に計画的にお金を使うのが苦手だった。そこで、社会福祉協議会の生活支援員と一緒に銀行へ行って、１週間ごとにお金をおろして生活するようになった。小遣い帳に記録をするようにアドバイスを受けて、お金を計画的に使うことができるようになった。

次のうち、Dさんが活用した支援を実施する事業として、**最も適切なもの**を**１つ**選びなさい。

1　障害者相談支援事業
2　自立生活援助事業
3　日常生活自立支援事業
4　成年後見制度利用支援事業
5　日常生活用具給付等事業

関連問題…35-11

第36回◇問題56

次のうち、障害の特性に応じた休憩時間の調整など、柔軟に対応することで障害者の権利を確保する考え方を示すものとして、**最も適切なもの**を**１つ**選びなさい。

1　全人間的復権
2　合理的配慮
3　自立生活運動
4　意思決定支援
5　共同生活援助

解説 ―――――――――――― 正答　3　⇒速習 / 社会 L18

1　×　障害者相談支援事業は、障害者、障害児の保護者などからの一般的な相談に応じ、障害福祉サービスの利用援助（情報提供、相談等）、権利擁護のために必要な援助を行う。利用者の金銭管理は行わない。

2　×　自立生活援助事業は、施設入所支援または共同生活援助を利用していた障害者などを対象に、円滑な地域生活に向けて相談に応じ、必要な情報の提供および助言などを行う。利用者の金銭管理は行わない。

3　○　日常生活自立支援事業は、認知症や知的障害、精神障害などにより判断能力が不十分な人を対象に、福祉サービスの利用援助、日常的金銭管理サービス、書類等の預かりサービスを行う（契約内容を理解する能力を有している人が対象）。Dさんが活用した支援を実施する事業に該当する。

4　×　成年後見制度利用支援事業は、知的障害者または精神障害者に対し、成年後見制度の利用を支援する事業である。利用者の金銭管理は行わない。

5　×　日常生活用具給付等事業は、日常生活上の便宜を図るための用具を障害者等に給付または貸与する事業である。利用者の金銭管理は行わない。

解説 ―――――――――――― 正答　2　⇒速習 / 人自 L1

1　×　全人間的復権はリハビリテーションの基本的な考え方で、医学的側面だけではなく、身体的、精神的、社会的なあらゆる側面から総合的に行い、全人間的な権利の回復を目指すことをいう。

2　○　合理的配慮は、「障害者差別解消法」に基づき、障害者の性別や年齢および障害の状態に応じて柔軟な対応をすることをいう。障害者から何らかの配慮を求める意思表明があった場合、実施に伴う負担が過重とならない限り、国や地方公共団体等だけでなく、民間事業者にもその提供が義務付けられている。

3　×　自立生活運動（IL 運動）は、1960年代にカリフォルニア大学バークレー校在学の重度の障害がある学生ロバーツらが中心となって展開した運動で、障害者が自己決定できるよう必要な社会サービスの構築を求めたものである。

4　×　意思決定支援とは、利用者が主体的に生活できるように、本人の意思決定を支援するプロセスをいう。

5　×　共同生活援助とは、「障害者総合支援法」に基づく訓練等給付の対象となるサービスのひとつで、共同生活住居の入居者を対象に、主に夜間、相談や食事・入浴・排泄の介護その他の必要な日常生活上の援助などを行う。

第36回◇問題57

「障害者総合支援法」において、障害福祉サービスを利用する人の意向のもとにサービス等利用計画案を作成する事業所に置かなければならない専門職として、**最も適切なもの**を**1つ**選びなさい。

1　介護支援専門員（ケアマネジャー）
2　社会福祉士
3　介護福祉士
4　民生委員
5　相談支援専門員

（注）「障害者総合支援法」とは、「障害者の日常生活及び社会生活を総合的に支援するための法律」のことである。

第36回◇問題58

家族の介護力をアセスメントするときの視点に関する記述として、**最も適切なもの**を**1つ**選びなさい。

1　障害者個人のニーズを重視する。
2　家族のニーズを重視する。
3　家族構成員の主観の共通部分を重視する。
4　家族を構成する個人と家族全体の生活を見る。
5　支援者の視点や価値観を基準にする。

解説

正答 5 ⇒速習／障害 L9

1 × **介護支援専門員**（ケアマネジャー）は、介護保険制度の柱であるケアマネジメントを行う専門職で、ケアプランの作成や関係機関との連絡調整を行う。

2 × **社会福祉士**は、「社会福祉士及び介護福祉士法」に基づき、高齢者や障害者などの福祉に関する相談に応じ、助言、指導、福祉サービス関係者等との連絡調整その他の援助を行う専門職である。

3 × **介護福祉士**は、「社会福祉士及び介護福祉士法」に基づき、介護保険施設、障害者支援施設または高齢者や障害者などの自宅において、心身の状況に応じた介護および介護を行う者への指導を行う専門職である。

4 × **民生委員**は、「民生委員法」に基づき、都道府県知事の推薦によって、厚生労働大臣が委嘱（いしょく）する民間の相談員である。

5 ○ **相談支援専門員**は、「障害者総合支援法」に基づき、相談支援事業所などに配置され、障害者等の相談に応じて助言や連絡調整等の必要な支援を行うほか、サービス等利用計画の作成を行う専門職である。

解説

正答 4 ⇒速習／障害 L10

1 × 家族の介護力のアセスメントでは、家族を構成する個人の生活と、家族全体の生活の両方をみることが重要である。障害者個人のニーズを重視した視点では、家族の介護力を適切に評価することはできない。

2 × 1と同様に、家族のニーズを重視した視点では、家族の介護力を適切に評価することはできない。

3 × 家族の介護力をアセスメントする場合には、家族を構成している全員の情報を収集し、**総合的**にとらえる。

4 ○ 家族を構成する個人だけでなく、**家族全体の生活**をとらえることにより、さまざまな感情や関係性を把握し、より適切なアセスメントを行うことができる。

5 × 支援者の視点や価値観を基準にアセスメントしたのでは、家族の介護力を適切に評価することはできない。

第36回◇問題59

次の記述のうち、喀痰吸引等を実施する訪問介護事業所として登録するときに、事業所が行うべき事項として、**正しいものを1つ**選びなさい。

1　登録研修機関になる。
2　医師が設置する安全委員会に参加する。
3　喀痰吸引等計画書の作成を看護師に依頼する。
4　介護支援専門員（ケアマネジャー）の文書による指示を受ける。
5　医療関係者との連携体制を確保する。

第36回◇問題60

次のうち、呼吸器官の部位の説明に関する記述として、**正しいものを1つ**選びなさい。

1　鼻腔は、上葉・中葉・下葉に分かれている。
2　咽頭は、左右に分岐している。
3　喉頭は、食べ物の通り道である。
4　気管は、空気の通り道である。
5　肺は、腹腔内にある。

解 説 ―――――― 正答 5

1 × 医療的ケアを実施する事業者は、事業者ごとに都道府県知事へ登録する必要がある。**登録研修機関**とは、介護職が喀痰吸引等を行うために必要な知識および技能を習得させるための研修（喀痰吸引等研修）を実施する機関である。

2 × 安全委員会の設置は登録要件のひとつであり、登録喀痰吸引等事業者として登録を受ける**事業所**が行う。医師が設置するのではない。

3 × **喀痰吸引等計画書**の作成は登録要件のひとつであり、**事業所**が行う。看護師に依頼するのではない。

4 × **医師**の文書による指示を受けることが登録要件のひとつである。介護支援専門員（ケアマネジャー）による指示ではない。

5 ○ **医療関係者**との**連携体制**の確保と役割分担は登録要件のひとつである。登録喀痰吸引等事業者として登録を受けるときに、事業所が行うべき事項である。

解 説 ―――――― 正答 4 ⇒速習 / こころ L5

1 × 鼻腔ではなく肺の説明である。**鼻腔**は、鼻中隔によって左右に分かれている。

2 × 咽頭ではなく気管の説明である。**咽頭**は、鼻腔と口腔が合流している部分である。

3 × 食べ物の通り道は、口腔、咽頭、食道である。**喉頭**は気管の上部に位置する声帯がある部分である。

4 ○ 鼻腔・副鼻腔→咽頭→喉頭→気管→気管支→細気管支を**気道**といい、空気の通り道である。

5 × 肺があるのは、腹腔内ではなく、**胸腔内**である。

第36回◇問題61

次のうち、痰（たん）の吸引の準備に関する記述として、**最も適切なもの**を**1つ**選びなさい。

1　吸引器は、陰圧になることを確認する。
2　吸引びんは、滅菌したものを用意する。
3　吸引チューブのサイズは、痰（たん）の量に応じたものにする。
4　洗浄水は、決められた消毒薬を入れておく。
5　清浄綿は、次亜塩素酸ナトリウムに浸しておく。

第36回◇問題62

次のうち、経管栄養で起こるトラブルに関する記述として、**最も適切なもの**を**1つ**選びなさい。

1　チューブの誤挿入は、下痢を起こす可能性がある。
2　注入速度が速いときは、嘔吐（おうと）を起こす可能性がある。
3　注入物の温度の調整不良は、脱水を起こす可能性がある。
4　注入物の濃度の間違いは、感染を起こす可能性がある。
5　注入中の姿勢の不良は、便秘を起こす可能性がある。

解説　　正答 1　⇒速習 / 医療 L2

1　○　陰圧とは、内部の圧力が外部よりも低い状態をいう。

2　×　吸引瓶は、排液を溜めるものなので、滅菌する必要はない。

3　×　吸引チューブのサイズは、医師の指示に従い、利用者の体格や吸引部位に合ったものを使用する。

4　×　口腔（こうくう）内・鼻腔（びくう）内吸引の場合は、常在菌が存在するため、水道水を使用する。気管カニューレ内部の吸引の場合は、清潔を保つため、滅菌精製水を使用する。

5　×　清浄綿は、次亜塩素酸ナトリウムではなく、塩化ベンザルコニウムなどの殺菌消毒剤に浸しておく。

解説　　正答 2　⇒速習 / 医療 L3

1　×　経鼻経管栄養時にチューブを気管に誤挿入すると、呼吸困難を起こす可能性がある。チューブの挿入は、介護福祉職ではなく、医師または看護職が行う。

2　○　栄養剤の注入中にみられる嘔吐（おうと）は、注入速度や姿勢などが原因で起こる。直（ただ）ちに注入を中止し、誤嚥防止のために顔を横に向け、看護職に連絡を取る。

3　×　注入物の温度の調整不良により、下痢を起こす可能性がある。

4　×　注入物の濃度の間違いにより、下痢を起こす可能性がある。感染ではない。

5　×　注入中の姿勢の不良により、嘔吐や栄養剤の逆流を起こす可能性がある。便秘ではない。

第36回◇問題63

Eさん（75歳、女性）は、介護老人福祉施設に入所している。脳梗塞（cerebral infarction）の後遺症があり、介護福祉士が胃ろうによる経管栄養を行っている。

ある日、半座位で栄養剤の注入を開始し、半分程度を順調に注入したところで、体調に変わりがないかを聞くと、「少しお腹が張ってきたような気がする」とEさんは答えた。意識レベルや顔色に変化はなく、腹痛や嘔気（おうき）はない。

次のうち、介護福祉士が看護職員に相談する前に行う対応として、**最も適切なもの**を**1つ**選びなさい。

1　嘔吐（おうと）していないので、そのまま様子をみる。
2　仰臥位（ぎょうがい）（背臥位（はいがい））にする。
3　腹部が圧迫されていないかを確認する。
4　注入速度を速める。
5　栄養剤の注入を終了する。

解説 ———— 正答 3 ⇒速習／医療L3

1 × Ｅさんは嘔吐（おうと）してはいないが、「少しお腹が張ってきたような気がする」と異常を訴えている。そのまま様子をみるのは、介護福祉職の対応として適切ではない。

2 × 栄養剤の注入中に仰臥位（ぎょうがい）（背臥位（はいがい））にすることにより栄養剤が**逆流**し、**嘔吐**や**誤嚥性肺炎**を起こす可能性がある。

3 ○ 栄養剤注入時の姿勢が適切でない場合、**腹部膨満感**を訴えることがある。利用者の腹部が圧迫されていないかを確認することは、介護福祉職の対応として適切である。

4 × 栄養剤の注入速度を速めると、**嘔吐**などを引き起こす可能性がある。介護福祉職の判断で注入速度を変えてはならない。

5 × Ｅさんの意識レベルや顔色に変化はなく、腹痛や嘔気もみられない。介護福祉職の判断で栄養剤の注入を終了するのは、適切ではない。

第36回◇問題64

介護を取り巻く状況に関する次の記述のうち、**最も適切なもの**を**1つ**選びなさい。

1　ダブルケアとは、夫婦が助け合って子育てをすることである。

2　要介護・要支援の認定者数は、介護保険制度の導入時から年々減少している。

3　家族介護を支えていた家制度は、地域包括ケアシステムによって廃止された。

4　要介護・要支援の認定者のいる三世代世帯の構成割合は、介護保険制度の導入時から年々増加している。

5　家族が担っていた介護の役割は、家族機能の低下によって社会で代替する必要が生じた。

第36回◇問題65

介護福祉士に関する次の記述のうち、**適切なもの**を**1つ**選びなさい。

1　傷病者に対する療養上の世話又は診療の補助を業とする。

2　喀痰吸引（かくたんきゅういん）を行うときは市町村の窓口に申請する。

3　業務独占の資格である。

4　資格を更新するために5年ごとに研修を受講する。

5　信用を傷つけるような行為は禁止されている。

解説　正答 5　⇒速習 / 介護L1

1　×　ダブルケアとは、１人の人や１つの世帯が同時期に介護と育児の両方を担うことをいう。

2　×　2023（令和５）年に公表された「令和３年度介護保険事業状況報告」では、要介護・要支援の認定者数は、介護保険制度を導入した2000（平成12）年度は約256万人だったが、2021（令和３）年度には約690万人と、年々増加している。

3　×　家族介護を支えていた家制度は、第２次世界大戦後の日本国憲法の制定（1946年）、民法の改正（1947年）により廃止された。

4　×　2023（令和５）年に公表された「2022（令和４）年国民生活基礎調査の概況」によると、要介護・要支援の認定者のいる三世代世帯は、2001（平成13）年には32.5％だったが、2022（令和４）年には10.9％となっており、介護保険制度の導入時から年々減少している。

5　○　介護が必要な人を社会全体で支える仕組み（介護の社会化）として、2000（平成12）年に創設されたのが介護保険制度である。

解説　正答 5　⇒速習 / 介護L2

1　×　介護福祉士は、「社会福祉士及び介護福祉士法」で、「身体上又は精神上の障害があることにより日常生活を営むのに支障がある者につき心身の状況に応じた介護（喀痰吸引その他のその者が日常生活を営むのに必要な行為であつて、医師の指示の下に行われるもの（厚生労働省令で定めるものに限る。以下「喀痰吸引等」という。）を含む。）を行い、並びにその者及びその介護者に対して介護に関する指導を行うこと（以下「介護等」という。）を業とする者」と定義されている。
説明は、保健師助産師看護師法に規定する看護師に該当する。

2　×　介護福祉士が喀痰（かくたん）吸引を行うときは、就業先である事業者が登録喀痰吸引等事業者として都道府県知事の登録を受けなければならない。介護福祉士が市町村に申請するのではない。

3　×　社会福祉士及び介護福祉士法第48条は名称の使用制限を定めている。介護福祉士は名称独占の資格である。

4　×　介護支援専門員の説明である。介護福祉士の資格には有効期限はない。

5　○　社会福祉士及び介護福祉士法第45条で信用失墜（しっつい）行為の禁止を定めている。

関連問題… 35-15

第36回◇問題66

施設利用者の個人情報の保護に関する次の記述のうち、**最も適切なもの**を**1つ**選びなさい。

1　職員がすべての個人情報を自由に閲覧できるように、パスワードを共有する。

2　個人情報を記載した書類は、そのまま新聞紙と一緒に捨てる。

3　個人情報保護に関する研修会を定期的に開催し、意識の向上を図る。

4　職員への守秘義務の提示は、採用時ではなく退職時に書面で行う。

5　利用者の音声情報は、同意を得ずに使用できる。

第36回◇問題67

個別性や多様性を踏まえた介護に関する次の記述のうち、**最も適切なもの**を**1つ**選びなさい。

1　その人らしさは、障害特性から判断する。

2　生活習慣は、生活してきた環境から理解する。

3　生活歴は、成人期以降の情報から収集する。

4　生活様式は、同居する家族と同一にする。

5　衣服は、施設の方針によって統一する。

解説 ―――――――――――――――――――――――――――― 正答 3 ⇒速習／社会L17

1 × 「医療・介護関係事業者における個人情報の適切な取扱いのためのガイダンス」（厚生労働省）によれば、個人情報へのアクセス管理としてのIDやパスワード等による認証では、各職員の**業務内容**に応じて**業務上必要な範囲**にのみアクセスできるようなシステム構成を採用することなどが示されている。また、個人情報の**漏洩等を防止**する観点から、パスワードを共有することは適切ではない。

2 × 1のガイダンスによれば、個人情報を記載した書類は、焼却や溶解など、個人データを**復元不可能**な形にしてから廃棄する。

3 ○ 施設利用者に個人情報の保護を含む適切なサービスを提供できるよう、事業者は、職員の**資質向上**のための研修の機会を確保する必要がある。

4 × 職員への守秘義務の提示は、退職時ではなく、**採用時**に就業規則などの**書面**で行う。

5 × 「個人情報保護法」によると、特定の個人を識別できる情報は個人情報であるため、音声情報も該当する場合がある。**本人の同意**を得ずに、使用することはできない。

解説 ―――――――――――――――――――――――――――― 正答 2 ⇒速習／介基L5

1 × **その人らしさ**は、本人の過去の発言や、これまでの暮らしぶり、生活歴などから判断するものであり、障害特性から判断するものではない。

2 ○ **生活習慣**は、その利用者がそれまで生活してきた環境を地域性や時代背景などを含め理解する必要がある。

3 × **生活歴**は、**乳幼児期**から高齢期までの情報を収集する。乳幼児期から青年期の家庭環境や人間関係などは個々の人格形成に大きな影響を及ぼし、個別性につながると考えられる。

4 × 生活様式はライフスタイルともいい、その人**固有**のものである。同居する家族と同一にするのは、個別性や多様性を踏まえた介護とはいえない。

5 × 衣服は、施設の方針によって統一するのは、個別性や多様性を踏まえた介護とはいえない。利用者の**個性**や**好み**を尊重する。

第36回◇問題68

Aさん（48歳、女性、要介護１）は、若年性認知症（dementia with early onset）で、夫、長女（高校１年生）と同居している。Aさんは家族と過ごすことを希望し、小規模多機能型居宅介護で通いを中心に利用を始めた。Aさんのことが心配な長女は、部活動を諦めて学校が終わるとすぐに帰宅していた。

ある日、夫が、「長女が、学校の先生たちにも相談しているが、今の状況をわかってくれる人がいないと涙を流すことがある」と介護福祉職に相談をした。

夫の話を聞いた介護福祉職の対応として、**最も適切なもの**を**１つ**選びなさい。

1　長女に、掃除や洗濯の方法を教える。
2　家族でもっと頑張るように、夫を励ます。
3　同じような体験をしている人と交流できる場について情報を提供する。
4　介護老人福祉施設への入所の申込みを勧める。
5　介護支援専門員（ケアマネジャー）に介護サービスの変更を提案する。

第36回◇問題69

Bさん（61歳、男性、要介護３）は、脳梗塞（cerebral infarction）による左片麻痺（ひだりかたまひ）がある。週２回訪問介護（ホームヘルプサービス）を利用し、妻（58歳）と二人暮らしである。自宅での入浴が好きで、妻の介助を受けながら、毎日入浴している。サービス提供責任者に、Bさんから、「浴槽から立ち上がるのがつらくなってきた。何かいい方法はないですか」と相談があった。

Bさんへのサービス提供責任者の対応として、**最も適切なもの**を**１つ**選びなさい。

1　Bさんがひとりで入浴できるように、自立生活援助の利用を勧める。
2　浴室を広くするために、居宅介護住宅改修費を利用した改築を勧める。
3　妻の入浴介助の負担が軽くなるように、行動援護の利用を勧める。
4　入浴補助用具で本人の力を生かせるように、特定福祉用具販売の利用を勧める。
5　Bさんが入浴を継続できるように、通所介護（デイサービス）の利用を勧める。

解説 ―― 正答 3

1 × 事例文の夫の相談内容からは、長女に掃除や洗濯の方法を教えてほしいという要望があるとは読み取れない。介護福祉職の対応として適切ではない。

2 × 長女が抱えている悩みについて相談している夫に対して、「家族でもっと頑張るように」と励ますのは、夫の相談内容を**理解**しておらず、介護福祉職の対応として適切ではない。

3 ○ 長女のように、家事や家族の世話・介護などを日常的に行っている子どもを、**ヤングケアラー**という。同様の体験をしている人と交流できる場についての情報を提供することは、夫の相談内容を理解し、長女の気持ちに寄り添ったアドバイスといえる。

4 × 家族と過ごすことを希望しているＡさんの介護老人福祉施設入所を勧めるのは、介護福祉職の対応として適切ではない。夫の相談内容にも合っていない。

5 × 夫は介護サービスの変更について相談しているのではない。また、Ａさんの**同意**を得ずに、介護支援専門員（ケアマネジャー）に介護サービスの変更を提案するのは、介護福祉職の対応として適切ではない。

解説 ―― 正答 4 ⇒速習／社会 L15

1 × **自立生活援助**は、「障害者総合支援法」に基づく訓練等給付の対象となるサービスのひとつで、**施設入所支援**または**共同生活援助**を利用していた者などを対象である。Ｂさんは対象ではない。

2 × 浴室を広くするといった改築は、介護保険制度による**居宅介護住宅改修費**の支給対象ではない。

3 × **行動援護**は「障害者総合支援法」に基づく介護給付の対象となるサービスのひとつで、**知的障害**または**精神障害**によって行動上著しい困難があり、常時介護を必要とする者が対象である。Ｂさんは対象ではない。

4 ○ Ｂさんが、**特定福祉用具販売**の対象である入浴補助用具（入浴用いす、浴槽用手すり、浴槽内いすなど）を活用することで、浴槽から自力で立ち上がりやすくなると考えられる。特定福祉用具販売の利用を勧めることは、Ｂさんに対するサービス提供責任者の対応として適切である。

5 × 通所介護（デイサービス）の利用を勧めるのは、自宅での入浴が好きなＢさんの気持ちに寄り添った対応とはいえず、適切ではない。

第36回◇問題70

社会奉仕の精神をもって、住民の立場に立って相談に応じ、必要な援助を行い、社会福祉の増進に努める者として、**適切なもの**を**1つ**選びなさい。

1　民生委員
2　生活相談員
3　訪問介護員（ホームヘルパー）
4　通所介護職員
5　介護支援専門員（ケアマネジャー）

第36回◇問題71

3階建て介護老人福祉施設がある住宅地に、下記の図記号に関連した警戒レベル3が発令された。介護福祉職がとるべき行動として、**最も適切なもの**を**1つ**選びなさい。

1　玄関のドアを開けたままにする。
2　消火器で、初期消火する。
3　垂直避難誘導をする。
4　利用者家族に安否情報を連絡する。
5　転倒の危険性があるものを固定する。

解説 ―― 正答 1 ⇒速習／介基L8

1 ○ 民生委員法第１条は、民生委員は「社会奉仕の精神をもつて、常に住民の立場に立つて相談に応じ、及び必要な援助を行い、もつて社会福祉の増進に努めるもの」と定めている。

2 × 生活相談員は、特別養護老人ホームのほか、通所介護（デイサービス）や短期入所生活介護（ショートステイ）等において、利用者の生活向上を図るための相談や援助プランの立案、関係機関との連絡調整などを行う者である。

3 × 訪問介護員（ホームヘルパー）は、高齢者や障害者の自宅を訪問して、身体介護、家事の援助のほか、生活上の相談に応じる者である。

4 × 通所介護職員は、介護保険制度における通所介護事業所に従事する者である。

5 × 介護支援専門員（ケアマネジャー）は、介護保険制度に関わる市町村や事業者との連絡・調整、ケアプランの作成やサービス担当者会議の進行などを担う専門職である。

解説 ―― 正答 3

1 × 問題の避難誘導標識は、洪水・内水氾濫（はんらん）の図記号である。玄関のドアを開けたままにすると、水が入ってきてしまうため適切ではない。地震が起きた場合には、非常脱出口を確保するため、玄関のドアを開けたままにする。

2 × 消火器による初期消火は、火災が発生した場合にとるべき行動である。洪水・内水氾濫に関連した避難情報が発令された場合にとるべき行動ではない。

3 ○ 警戒レベル３とは、避難に時間を要する高齢者等は危険な場所からの避難が必要な段階である。３階建てであれば、介護福祉職は入所者の身の安全を確保するため、施設の上階に避難する垂直避難誘導を行う。

4 × 利用者家族への安否情報の連絡は、安全な場所に避難して入所者の身の安全を確保したあとに介護福祉職がとるべき行動である。

5 × 転倒の危険性があるものを固定することは、地震に備えてとるべき行動である。洪水・内水氾濫に関連した避難情報が発令された場合にとるべき行動ではない。

第36回◇問題72

次の記述のうち、介護における感染症対策として、**最も適切なもの**を**1つ**選びなさい。

1　手洗いは、液体石鹸（えきたいせっけん）よりも固形石鹸（こけいせっけん）を使用する。
2　配膳時にくしゃみが出たときは、口元をおさえた手でそのまま行う。
3　嘔吐物（おうとぶつ）の処理は、素手で行う。
4　排泄（はいせつ）の介護は、利用者ごとに手袋を交換する。
5　うがい用のコップは、共用にする。

第36回◇問題73

介護福祉士が行う服薬の介護に関する次の記述のうち、**最も適切なもの**を**1つ**選びなさい。

1　服薬時間は、食後に統一する。
2　服用できずに残った薬は、介護福祉士の判断で処分する。
3　多種類の薬を処方された場合は、介護福祉士が一包化する。
4　内服薬の用量は、利用者のその日の体調で決める。
5　副作用の知識をもって、服薬の介護を行う。

解説　正答 4　⇒速習 / 介基 L11

1 × 石鹸を使用するときは、固形石鹸ではなく、**液体石鹸**を使用することとされている。固形石鹸を使用する場合は、表面に細菌やウイルスが付着していることがあるため、付着物を水で洗い流すなどして使用する。

2 × くしゃみが出たときに口元を手でおさえた場合、手に細菌やウイルスを含む飛沫がついていることがあるため、流水と石鹸で手を洗ってから配膳を行う。

3 × 嘔吐物には細菌やウイルスが含まれていることを念頭に置き、**マスク**、**使い捨てエプロン**（または長袖ガウン）、使い捨て手袋などを着用して、迅速に処理する必要がある。嘔吐物の処理を素手で行ってはならない。

4 ○ 排泄の介護の際に使用する手袋は、他の利用者に細菌やウイルスを感染させないよう、連続して使用せず、**利用者**ごとに交換する。

5 × うがい用のコップには細菌やウイルスが付着していることがあるため、**共用**はしない。

解説　正答 5　⇒速習 / 介基 L10

1 × 服薬時間は**医師**が指示するものであり、起床時、食直前、食間、就寝前など、さまざまなタイミングがある。食後に統一するのは適切ではない。

2 × 服用できずに残った薬は、介護福祉士の判断で処分せず、医師や薬剤師に報告・相談するべきである。

3 × 多種類の薬の一包化は、処方した**医師**の指示の下、**薬剤師**が行う。介護福祉士が一包化することはできない。

4 × 内服薬の用量は**医師**または**歯科医師**が指示するものである。介護福祉士が利用者のその日の体調で決めてはならない。

5 ○ 医師の指示どおりに服薬しても体調が悪化したり、服用時の飲み物によって副作用が現れることもある。介護福祉士が副作用の知識をもって服薬の介護を行うことは適切である。

第36回◇問題74

Cさん（85歳、女性、要介護３）は、介護老人保健施設に入所しており、軽度の難聴がある。数日前から、職員は感染症対策として日常的にマスクを着用して勤務することになった。

ある日、D介護福祉職がCさんの居室を訪問すると、「孫が絵を描いて送ってくれたの」と笑いながら絵を見せてくれた。D介護福祉職はCさんの言動に共感的理解を示すために、意図的に非言語コミュニケーションを用いて対応した。

このときのD介護福祉職のCさんへの対応として、**最も適切なもの**を**１つ**選びなさい。

1　「よかったですね」と紙に書いて渡した。
2　目元を意識した笑顔を作り、大きくうなずいた。
3　「お孫さんの絵が届いて、うれしかったですね」と耳元で話した。
4　「私もうれしいです」と、ゆっくり話した。
5　「えがとてもじょうずです」と五十音表を用いて伝えた。

第36回◇問題75

利用者の家族との信頼関係の構築を目的としたコミュニケーションとして、**最も適切なもの**を**１つ**選びなさい。

1　家族に介護技術を教える。
2　家族に介護をしている当事者の会に参加することを提案する。
3　家族から介護の体験を共感的に聴く。
4　家族に介護を続ける強い気持ちがあるかを質問する。
5　家族に介護保険が使える範囲を説明する。

解説

正答 2 ⇒速習／人コ L3

1 × **非言語**コミュニケーションとは、言葉以外の表現を通じて、思考や欲求、感情を伝達する方法をいう。「よかったですね」という言葉を紙に書いて渡すのは**言語**コミュニケーションである。

2 ○ 非言語コミュニケーションの方法としては、**目線**、**視線**、**表情**、**動作**や**姿勢**、**態度**、身振り（**ジェスチャー**）などがある。マスクを着用していることも考えて、目元を意識した笑顔を作り、大きくうなずいたD介護福祉職の対応は、意図的に**非言語**コミュニケーションを用いた対応といえる。

3 × 「お孫さんの絵が届いて、うれしかったですね」という言葉を耳元で話すのは、**言語**コミュニケーションである。

4 × ゆっくり話すというのは、口調や声の高さ、声の大きさ、話す速さなど、言葉を修飾する役割を持つ**準言語**コミュニケーションのひとつである。

5 × 五十音表を用いて言葉を伝えることは、**言語**コミュニケーションのひとつである。また、軽度の難聴であるCさんに対して用いるコミュニケーション方法としては適切ではない。

解説

正答 3 ⇒速習／コ技 L1

1 × 利用者の家族との信頼関係は、家族それぞれの**個性**や**生き方**を尊重した対応を行い、**受容的**な言葉やねぎらいの言葉をかけるなどの配慮を通して構築されていく。家族に介護技術を教えることは、信頼関係の構築を目的としたコミュニケーションとはいえない。

2 × 利用者の家族が当事者の会に参加することは、利用者の家族と介護職の信頼関係の構築とは直接関係がない。

3 ○ 家族から介護の体験を**共感的**に聴くことは、その家族の生き方を尊重した対応であり、信頼関係の構築を目的としたコミュニケーションとして適切である。

4 × 介護を続ける強い気持ちがあるかを質問することは、その家族に対して配慮に欠ける対応と考えられる。

5 × 介護保険の使える範囲を説明することは、制度についての説明であり、信頼関係の構築を目的としたコミュニケーションとはいえない。

第36回◇問題76　★よく出る

Eさん（70歳、女性）は、脳梗塞（cerebral infarction）の後遺症で言語に障害がある。発語はできるが、話したいことをうまく言葉に言い表せない。聴覚機能に問題はなく、日常会話で使用する単語はだいたい理解できるが、単語がつながる文章になるとうまく理解できない。ある日、Eさんに介護福祉職が、「お風呂は、今日ではなくあしたですよ」と伝えると、Eさんはしばらく黙って考え、理解できない様子だった。

このとき、Eさんへの介護福祉職の対応として、**最も適切なものを1つ**選びなさい。

1　「何がわからないのか教えてください」と質問する。
2　「お風呂、あした」と短い言葉で伝える。
3　「今日、お風呂に入りたいのですね」と確かめる。
4　「あしたがお風呂の日で、今日は違いますよ」と言い換える。
5　「お・ふ・ろ・は・あ・し・た」と1音ずつ言葉を区切って伝える。

第36回◇問題77

Fさん（70歳、女性）は、最近、抑うつ状態（depressive state）にあり、ベッドに寝ていることが多く、「もう死んでしまいたい」とつぶやいていた。

Fさんの発言に対する、介護福祉職の言葉かけとして、**最も適切なものを1つ**選びなさい。

1　「落ちこんだらだめですよ」
2　「とてもつらいのですね」
3　「どうしてそんなに寝てばかりいるのですか」
4　「食堂へおしゃべりに行きましょう」
5　「元気を出して、頑張ってください」

解説　　正答 2　⇒速習／コ技L2

1 × 言語障害があるEさんとのコミュニケーションでは、**わかりやすい言葉**で、**簡潔**に伝えることが重要である。「何がわからないのか教えてください」と質問してもEさんが理解することは難しいと考えられる。適切な対応ではない。

2 ○ 「お風呂、あした」など、日常的な単語で、長い文章にならないように伝えるのは適切な対応である。

3 × 「今日、お風呂に入りたいのですね」と確認しても、Eさんが理解することは難しいと考えられる。適切な対応ではない。

4 × 言い換えを行っても、理解できない文章であることは変わらないため、適切な対応ではない。

5 × 日常会話で使用する単語はだいたい理解できるEさんに対し、必要以上に言葉を区切って話すのは適切な対応ではない。

解説　　正答 2　⇒速習／コ技L2

1 × 抑鬱（よくうつ）状態のFさんに対して、「落ち込んだらだめですよ」と今の状態を**否定する**言葉かけをすると、症状を悪化させてしまう可能性がある。

2 ○ 抑鬱状態の人に対しては**受容的**・**共感的**に接することが基本である。具体的には、認めてあげる、ねぎらう、気持ちに寄り添った言葉かけが望ましい。Fさんへの「とてもつらいのですね」という言葉かけは適切といえる。

3 × 抑鬱状態のFさんに対して、「どうしてそんなに寝てばかりいるのですか」というのは、今の状態を**責めて**いることになり、症状を悪化させてしまう可能性がある。

4 × 食堂へ誘うのは、「もう死んでしまいたい」と悲観的になっているFさんの**気持ちに寄り添った**言葉かけではなく、適切ではない。調子がよさそうであれば気晴らしなどに誘うのもよいが、悪そうなときには刺激を与えないよう、様子をみながらはたらきかけたほうがよい。

5 × 抑鬱状態のFさんに対して、「元気を出して、頑張ってください」など**安易に励ます**のは、それを負担に感じて症状を悪化させてしまう可能性があるため、適切ではない。

第36回◇問題78

Ｇさん（70歳、女性、要介護１）は、有料老人ホームに入居していて、網膜色素変性症（retinitis pigmentosa）による夜盲がある。ある日の夕方、Ｇさんがうす暗い廊下を歩いているのをＨ介護福祉職が発見し、「Ｈです。大丈夫ですか」と声をかけた。Ｇさんは、「びっくりした。見えにくくて、わからなかった…」と暗い表情で返事をした。

このときのＧさんに対するＨ介護福祉職の受容的な対応として、**最も適切なものを１つ**選びなさい。

1 「驚かせてしまいましたね。一緒に歩きましょうか」
2 「明るいところを歩きましょう。電気をつけたほうがいいですよ」
3 「見えにくくなってきたのですね。一緒に点字の練習を始めましょう」
4 「白杖（はくじょう）があるかを確認しておきます。白杖（はくじょう）を使うようにしましょう」
5 「暗い顔をしないでください。頑張りましょう」

第36回◇問題79

事例検討の目的に関する次の記述のうち、**最も適切なものを１つ**選びなさい。

1 家族に介護計画を説明し、同意を得る。
2 上司に利用者への対応の結果を報告し、了解を得る。
3 介護計画の検討をとおして、チームの交流を深める。
4 チームで事例の課題を共有し、解決策を見いだす。
5 各職種の日頃の悩みを共有する。

解説　正答 1　⇒速習／コ技L2

1　○　夜盲（やもう）（暗い場所や夜間に、ものが見えにくくなる症状）があり、移動時に不安を抱えているGさんの「びっくりした」という気持ちを受容した対応であり、適切といえる

2　×　夜盲がある人への支援としては適切だが、Gさんに対して受容的な対応とはいえない。

3　×　「見えにくくなってきたのですね」という部分は、気持ちに寄り添った発言といえるが、事例文からは、Gさんが文字が見えないとか見えにくいといった事情は読み取れないため、点字の練習を勧めるのは適切ではない。

4　×　白杖は、全盲の視覚障害者（弱視の者も含む）が移動時に携帯する補装具だが、視覚障害者であっても、道路の通行に著しい支障がない程度のものは使用しないよう定められている。Gさんの状態で白杖の使用を勧めるのは適切ではないし、受容的な対応とはいえない。

5　×　夜盲があることで歩行に不安を感じているGさんに対して、その気持ちを否定し、安易に励ますのは、受容的な対応ではない。

解説　正答 4　⇒速習／コ技L3

1　×　事例検討は、ケア（ケース）カンファレンスともよばれ、援助過程で的確な援助を行うために、援助にかかわる者が集まり、援助方法などを検討する会議である。介護計画について、家族に説明し同意を得ることが目的ではない。

2　×　利用者への対応の結果を上司に報告して了解を得ることは、事例検討の目的ではない。

3　×　事例検討では、出席者が互いを認め合う姿勢が求められるが、チームの交流を深めることが目的ではない。

4　○　チームで事例の課題を共有し、解決策を見いだすことは、事例検討の目的として適切である。

5　×　出席者間での情報の共有は重要だが、各職種の日頃の悩みを共有することは目的ではない。

第36回◇問題80

介護老人福祉施設における、レクリエーション活動に関する次の記述のうち、**最も適切なもの**を**１つ**選びなさい。

1　利用者全員が参加することを重視する。
2　毎回、異なるプログラムを企画する。
3　プログラムに買い物や調理も取り入れる。
4　利用者の過去の趣味を、プログラムに取り入れることは避ける。
5　地域のボランティアの参加は、遠慮してもらう。

第36回◇問題81

関節リウマチ（rheumatoid arthritis）で、関節の変形や痛みがある人への住まいに関する介護福祉職の助言として、**最も適切なもの**を**１つ**選びなさい。

1　手すりは、握らずに利用できる平手すりを勧める。
2　いすの座面の高さは、低いものを勧める。
3　ベッドよりも、床に布団を敷いて寝るように勧める。
4　部屋のドアは、開き戸を勧める。
5　２階建ての家の場合、居室は２階にすることを勧める。

解説　　正答 3

1 × 施設は、入所者の意思および人格を尊重し、常にその者の立場に立って施設サービスを提供するように努めることが「指定介護老人福祉施設の人員、設備及び運営に関する基準」第１条の２に規定されている。利用者全員が参加することではなく、入所者が自分の**意思**に基づいて**参加**することが大切である。

2 × 加齢に伴い、**新しい**ことは**覚えにくく**なる。毎回異なるプログラムを企画するのは適切ではなく、同じプログラムを継続的に行いながら定期的に内容を変えていくなど、利用者を飽きさせずに楽しませる工夫をする。

3 ○ １の基準の第１条の２では、入所者がその有する能力に応じ**自立**した日常生活を営むことができるようにすることを目指すとされている。プログラムに買い物や調理を取り入れることは適切といえる。

4 × 施設におけるレクリエーション活動は、身体機能の維持、脳機能の活性化を図る一方で、**気分転換**を図ったり**楽しんだり**することも目的としている。利用者の過去の趣味を（囲碁や将棋、手芸、カラオケなど）をプログラムに取り入れていくことは適切である。

5 × １の基準の第34条では、施設の運営に当たっては、**地域住民**またはその**自発的**な活動等の連携および協力を行う等の地域との**交流**を図らなければならないと規定している。地域のボランティアの参加を遠慮してもらうことは適切ではない。

解説　　正答 1

1 ○ 関節リウマチでは、炎症による**こわばり**や**痛み**などが手指の小さな関節から、膝や腕、首などの大きな関節に広がっていく。手指の**関節**に負担がかかる握る動作をせず、手掌（しゅしょう）や腕などで身体を支えられる**平手すり**を勧めるのは、介護福祉職の助言として適切である。

2 × いすの座面が**低い**と立ち座りの際に、膝などの関節にかかる負担が大きくなる。座面が低いものを勧めるのは適切ではない。

3 × 床に布団を敷いて寝る場合には、起居動作時に手足の関節にかかる負担が大きい。ベッドで寝ることを勧めるほうがよい。

4 × 開き戸は、ドアノブを回すなどの動作で手指の関節にかかる負担が大きいことや、開閉時に大きく**前後**移動をする必要があってバランスを崩しやすいことから、適切ではない。

5 × 階段を上り下りすると、膝などの関節に負担がかかるため、居室はなるべく１階にするように勧めるほうがよい。

第36回◇問題82

心身機能が低下した高齢者の住環境の改善に関する次の記述のうち、**最も適切なもの**を**1つ**選びなさい。

1　玄関から道路までは、コンクリートから砂利敷きにする。
2　扉の取っ手は、レバーハンドルから丸いドアノブにする。
3　階段の足が乗る板と板の先端部分は、反対色から同系色にする。
4　車いすを使用する居室の床は、畳から板製床材（フローリング）にする。
5　浴槽は、和洋折衷式から洋式にする。

第36回◇問題83

仰臥位（背臥位）から半座位（ファーラー位）にするとき、ギャッチベッドの背上げを行う前の介護に関する次の記述のうち、**最も適切なもの**を**1つ**選びなさい。

1　背部の圧抜きを行う。
2　臀部をベッド中央部の曲がる部分に合わせる。
3　ベッドの高さを最も低い高さにする。
4　利用者の足がフットボードに付くまで水平移動する。
5　利用者のからだをベッドに対して斜めにする。

解説 ―――――――――――――――――― 正答 4

1 × 心身機能が低下した高齢者は、砂利敷きだと歩行時に砂利に足を取られてバランスを崩すなど転倒のリスクが高まる。このため、玄関から道路までは、**コンクリート**敷きのほうが適している。

2 × 心身機能が低下した高齢者は握力や手指の巧緻（こうち）性が**低下**していることが多い。そのため、しっかり握って回す丸いドアノブより、レバーを下げるだけの**レバーハンドル**のほうが適している。

3 × 階段の足が乗る板と板の先端部分（**段鼻**）が同系色だと、見分けにくいため、足を踏み外すリスクが高まる。段鼻を**反対色**にして、段の境目がはっきりわかるようにするとよい。

4 ○ 車いすを使用する居室の床材は、クッション性がある畳（たたみ）より板製床材（**フローリング**）のほうがスムーズな走行ができるため、適している。

5 × 洋式浴槽は長さがあり、下肢を伸ばしてゆったりとした姿勢で入浴できるが、浴槽内で安定した姿勢を保つことができないため、溺水などのリスクも生じる。心身機能が低下した高齢者には、浴槽に入ったときに足底が浴槽壁にしっかり届く**和洋折衷式**（長さ110 ～ 130mm 程度）のほうが身体が安定するため、適している。

解説 ―――――――――――――――――― 正答 2

1 × 背部の圧抜き（背抜きともいう）とは、ベッド上での**背上げ**（ギャッチアップ）またはギャッチダウンした**後**に、いったん身体をマットレスから離すことで、褥瘡（じょくそう）の発症要因となる**ずれ**を解消することである。

2 ○ 臀部がベッド中央部の曲がる部分からずれたままギャッチベッドの背上げを行うと、姿勢が安定しないため身体に余分な圧がかかり、**褥瘡**や**腰痛**のリスクが高まる。

3 × ベッドの高さは**必要に応じて調整**する。安全確保のほか、介助者の負担軽減も考慮し、利用者の意向を確認しながら介助しやすい高さに調整する。

4 × 利用者の足がフットボードに付くまで水平移動した状態では、**臀部**の位置が合わず姿勢を安定させることができない。また、足がフットボードに強く押しつけられ、**痛み**を生じるおそれもある。

5 × 利用者の身体がベッドに対して斜めになっていると、身体がずれ、マットレスから頭部がはみ出したり、転落のリスクもある。利用者の身体はベッドに対して**平行**にする。

第36回◇問題84

回復期にある左片麻痺（ひだりかたまひ）の利用者が、ベッドで端座位から立位になるときの基本的な介護方法に関する次の記述のうち、**最も適切なもの**を**1つ**選びなさい。

1　利用者の右側に立つ。
2　利用者に、ベッドに深く座るように促す。
3　利用者に、背すじを伸ばして真上に立ち上がるように促す。
4　利用者の左側に荷重がかかるように支える。
5　利用者の左の膝頭に手を当てて保持し、膝折れを防ぐ。

第36回◇問題85　★よく出る

標準型車いすを用いた移動の介護に関する次の記述のうち、**適切なもの**を**1つ**選びなさい。

1　急な上り坂は、すばやく進む。
2　急な下り坂は、前向きで進む。
3　踏切を渡るときは、駆動輪を上げて進む。
4　エレベーターに乗るときは、正面からまっすぐに進む。
5　段差を降りるときは、前輪から下りる。

解説 ―――― 正答 5 ⇒速習／生活 L6

1 × 左片麻痺の利用者がベッドの端座位から立位になる際には、介助者は利用者の**麻痺**側に立って患側から支える。左片麻痺の場合は**左**側に立つ。

2 × 深く座ると立ち上がりにくくなるので、**浅く**座ってもらう。

3 × 立ち上がる際には、健側の足に力を入れて、**前傾姿勢**で立ち上がってもらう。ボディメカニクス（生体力学）の観点から、背筋を伸ばして真上に立ち上がることはできない。

4 × 左片麻痺の利用者の場合、左側が患側になる。支える際には、左側に**荷重**がかからないようにする。

5 ○ 利用者が立ち上がる際には、患側の足が膝折れしないように**患**側の膝頭に手を当てて保持する。

解説 ―――― 正答 4 ⇒速習／生活 L7

1 × 上り坂では、介護者が後ろから身体を前傾して押し戻されないように車いすをしっかりと押す。急な坂では、**ゆっくり**と進む。

2 × 急な下り坂では、**後ろ**向きで車いすをしっかりと支え、一歩一歩ゆっくりと下る。

3 × 踏切を渡るときは、ティッピングレバーを踏んで**前輪（キャスター）**を上げて進む。駆動輪ではない。

4 ○ 車いすでエレベーターに乗るときは**正面**から**まっすぐ**に進み、エレベーター内で方向転換ができる場合には**前**向きに方向を変えて下りる。

5 × 段差を下りる場合には、車いすを後ろ向きにしてまず**後輪**を下ろし、ティッピングレバーをゆっくり踏んで**前輪（キャスター）**を上げた状態で車いすを後ろに引く。

第36回◇問題86 ★よく出る

医学的管理の必要がない高齢者の爪の手入れに関する次の記述のうち、**最も適切なもの**を**1つ**選びなさい。

1　爪は、入浴の前に切る。
2　爪の先の白い部分は、残らないように切る。
3　爪は、一度にまっすぐ横に切る。
4　爪の両端は、切らずに残す。
5　爪切り後は、やすりをかけて滑らかにする。

第36回◇問題87

左片麻痺（ひだりかたまひ）の利用者が、端座位でズボンを着脱するときの介護に関する次の記述のうち、**最も適切なもの**を**1つ**選びなさい。

1　最初に、左側の腰を少し上げて脱ぐように促す。
2　右膝を高く上げて、脱ぐように促す。
3　左足を右の大腿（だいたい）の上にのせて、ズボンを通すように促す。
4　立ち上がる前に、ズボンを膝下まで上げるように促す。
5　介護福祉職は右側に立って、ズボンを上げるように促す。

解説　正答 5　⇒速習 / 生活 L4

1　×　高齢者の爪はもろく割れやすいため、**入浴後**など、水分を含んで爪が**柔らかく**なってから切る。
2　×　爪を切るときは、白い部分をすべて切るのではなく、指先から**上**の部分を切る。
3　×　高齢者の爪は割れやすいため、少しずつ切る。
4　×　指先から先に伸びた部分を直線に切った後、**角**の部分を少し切る（スクエアオフ）。
5　○　爪を切った後は、皮膚や衣服などを傷つけないよう、やすりをかけて断面を**滑らか**にする。

解説　正答 3　⇒速習 / 生活 L4

1　×　左片麻痺の利用者が端坐位でズボンを脱ぐ際には、最初に**健**側（左片麻痺の場合は**右**側）の腰を少し上げて健側のズボンを下ろしてもらう。
2　×　ズボンを脱ごうとして右膝を高く上げるとバランスを崩す恐れがある。1のとおり、健側（右側）の**腰**を少し上げてズボンをできるだけ下ろしてもらい、介護福祉職が介助する。
3　○　ズボンをはくときは**患**側からはく。左片麻痺の場合、左足を右の大腿（だいたい）の上にのせて、ズボンを左足に通してもらう。左足を右腿（もも）にのせにくい場合は、介護福祉職が介助する。
4　×　立ち上がる前に、**できるだけ上**までズボンを上げてもらう。
5　×　左片麻痺の場合、介護福祉職は利用者の**左**側（**患**側）に立って、利用者にズボンを上げてもらう。

第36回◇問題88

次のうち、嚥下機能の低下している利用者に提供するおやつとして、**最も適切なもの**を**1つ**選びなさい。

1　クッキー
2　カステラ
3　もなか
4　餅
5　プリン

第36回◇問題89

介護老人福祉施設の介護福祉職が、管理栄養士と連携することが必要な利用者の状態として、**最も適切なもの**を**1つ**選びなさい。

1　利用者の食べ残しが目立つ。
2　経管栄養をしている利用者が嘔吐する。
3　利用者の食事中の姿勢が不安定である。
4　利用者の義歯がぐらついている。
5　利用者の摂食・嚥下の機能訓練が必要である。

解説 ——— 正答 5 ⇒速習 / 生活 L10

1 × 嚥下しやすい食品として、プリン状、ゼリー状、マッシュ状、とろろ状、粥状、ポタージュ、乳化状、ミンチ状の食品が挙げられる。一方、嚥下しにくい食品として、スポンジ状の食品、練り製品、口の中に粘着するもの、豆、こんにゃく、水などが挙げられる。**クッキー**は口の中で**粉状**になるため、嚥下機能の低下している利用者に提供するおやつとして適切ではない。

2 × **カステラ**は**スポンジ**状の食品に分類され、嚥下機能の低下している利用者に提供するおやつとして適切ではない。

3 × **もなか**は、**皮**の部分が口の中に**粘着**することがあるため、嚥下機能の低下している利用者に提供するおやつとして適切ではない。

4 × **餅**は、口の中に**粘着**したり、のどに**詰まったり**するため、嚥下機能の低下している利用者に提供するおやつとして適切ではない。

5 ○ **プリン**は、1にあるように嚥下しやすい食品である。嚥下機能の低下している利用者に提供するおやつとして適切である。

解説 ——— 正答 1

1 ○ 入所者が食欲がない、食べ残しが目立つというような場合には、**栄養不足**で免疫機能が低下して**感染症**にかかりやすくならないよう、管理栄養士と連携していく必要がある。

2 × 経管栄養をしている入所者が嘔吐した場合、**医師**や**看護師**に連絡し、指示を受けることが必要である。

3 × 入所者の食事中の姿勢が不安定な場合、体幹訓練などを担っている**理学療法士**と連携することが必要である。

4 × 入所者の義歯がぐらついたときには、**歯科医師**に連絡し、**歯科衛生士**とも連携していくことが必要である。

5 × 入所者の摂食・嚥下訓練については、摂食訓練は**作業療法士**、嚥下体操など嚥下訓練は**歯科衛生士**と連携していくことが必要である。

／ ／ ／

第36回◇問題90

次の記述のうち、血液透析を受けている利用者への食事の介護として、**最も適切なものを１つ**選びなさい。

1　塩分の多い食品をとるように勧める。
2　ゆでこぼした野菜をとるように勧める。
3　乳製品を多くとるように勧める。
4　水分を多くとるように勧める。
5　魚や肉を使った料理を多くとるように勧める。

／ ／ ／

第36回◇問題91　★よく出る

介護老人福祉施設の一般浴（個浴）で、右片麻痺（みぎかたまひ）の利用者が移乗台に座っている。その状態から安全に入浴をするための介護福祉職の助言として、**最も適切なものを１つ**選びなさい。

1　「浴槽に入るときは、右足から入りましょう」
2　「湯につかるときは、左膝に手をついてゆっくり入りましょう」
3　「浴槽内では、足で浴槽の壁を押すようにして姿勢を安定させましょう」
4　「浴槽内では、後ろの壁に寄りかかり足を伸ばしましょう」
5　「浴槽から出るときは、真上方向に立ち上がりましょう」

解説　正答 2　⇒速習 / 生活 L10

1　×　塩分の摂りすぎは、血液中のナトリウム濃度が高くなることにつながり、血圧の上昇や浮腫につながる。このため、塩分が多く含まれている食品の摂取は控えるように助言する。

2　○　野菜にはカリウムが多く含まれているものがある。血液中のカリウム濃度が上昇すると、不整脈や心不全につながる。野菜を摂取する際には、ゆでこぼしたり、水にさらすなどして摂取するカリウムの量を減らすように助言する。

3　×　たんぱく質の摂りすぎは、体内でエネルギーとして使用された後の老廃物をろ過するため腎臓に負担がかかることにつながる。このため、たんぱく質が多く含まれている乳製品などの摂りすぎに注意するよう助言する。

4　×　血液透析を受けている場合、１日の尿量や透析による除水量によって摂取する水分量が決定される。水分を多くとるように勧めることは適切ではない。

5　×　魚や肉にはたんぱく質が多く含まれている。摂りすぎに注意するよう助言する。

解説　正答 3　⇒速習 / 生活 L12

1　×　片麻痺の利用者が浴槽に入る際には、安全のために、健側の足から入る。右片麻痺の利用者の場合、左足から浴槽に入るよう助言する。

2　×　浴槽内では浮力がはたらくため、健側の足でしっかりと支える必要がある。左足の足底を浴槽の底につけ、患側の右足は左上肢を使って浴槽に入れる。

3　○　浴槽内では、足で浴槽壁を押す、手で浴槽の縁をつかむ、前傾姿勢をとることで、座位姿勢を安定させることができる。介護福祉職が助言する内容として適切である。

4　×　浴槽内の後ろの壁に寄りかかって足を伸ばした状態では、浮力がかかって姿勢が安定しない。助言として適切ではない。

5　×　浴槽から出るときには、安全のため、まず利用者に健側の左手で手すりをつかんでもらい、斜め前方向に立ち上がるように助言する。真上方向に立ち上がろうとすると、力が入りづらく姿勢が安定しない。

第36回◇問題92

次の記述のうち、椅座位で足浴を行う介護方法として、**最も適切なもの**を**1つ**選びなさい。

1　ズボンを脱いだ状態で行う。
2　湯温の確認は、介護福祉職より先に利用者にしてもらう。
3　足底は、足浴用容器の底面に付いていることを確認する。
4　足に付いた石鹸(せっけん)の泡は、洗い流さずに拭き取る。
5　足浴用容器から足を上げた後は、自然乾燥させる。

第36回◇問題93　★よく出る

身体機能が低下している高齢者が、ストレッチャータイプの特殊浴槽を利用するときの入浴介護の留意点として、**最も適切なもの**を**1つ**選びなさい。

1　介護福祉職2名で、洗髪と洗身を同時に行う。
2　背部を洗うときは、側臥位(そくがい)にして行う。
3　浴槽に入るときは、両腕の上から固定ベルトを装着する。
4　浴槽では、首までつかるようにする。
5　浴槽につかる時間は、20分程度とする。

解説　正答 3 ⇒速習／生活 L11

1　×　足浴の場合、足首の上くらいまで湯につける。利用者の羞恥心（しゅうちしん）やプライバシーに配慮し、ズボンは脱がずに**膝の上**までまくった状態で行う。

2　×　湯温の確認は、まず介護福祉職が先に行ってから、利用者の**健**側の手で確認してもらって**好み**の温度にする。

3　○　**安定**した姿勢で足浴ができるよう、足浴用容器は、両足の**足底**が重ならずに入る大きさのもの使用する。

4　×　足に付いた石鹸の泡は、足浴用容器の中で**かけ湯**をして洗い流してから、容器の外でタオルにくるみ、水分を拭き取る。

5　×　足浴用容器から足を上げた後は、自然乾燥ではなく、指の間も含めて**タオル**で十分に水分を拭き取る。

解説　正答 2

1　×　特殊浴槽を利用して入浴する場合、介護福祉職２名で介助するが、最初に**洗髪**を行い、その後、洗身を行う。洗髪と洗身は同時には行わない。

2　○　背部を洗う際には、**健**側を下にした**側臥位**にする。介護福祉職のうち１人が高齢者の身体を支え、もう１人が身体を洗う。

3　×　浴槽に入るときは、身体が浮かないように、**固定ベルト**を**腰**と**大腿部**に装着する。両腕は一緒に固定せず、動かせるようにしておく。

4　×　浴槽では、首までではなく、**肩**までつかるようにする。

5　×　浴槽につかる時間は、長過ぎると疲れてしまうため、**利用者の状態**に合わせて決める。

第36回◇問題94

Ｊさん（84歳、女性、要介護３）は、認知症（dementia）があり、夫（86歳、要支援１）と二人暮らしである。Ｊさんは尿意はあるが、夫の介護負担を軽減するため終日おむつを使用しており、尿路感染症（urinary tract infection）を繰り返していた。夫が体調不良になったので、Ｊさんは介護老人福祉施設に入所した。

Ｊさんの尿路感染症（urinary tract infection）を予防する介護として、**最も適切なもの**を**１つ**選びなさい。

1　尿の性状を観察する。
2　体温の変化を観察する。
3　陰部洗浄の回数を検討する。
4　おむつを使わないで、トイレに誘導する。
5　膀胱留置(ぼうこうりゅうち)カテーテルの使用を提案する。

第36回◇問題95

★よく出る

夜間、自宅のトイレでの排泄(はいせつ)が間に合わずに失敗してしまう高齢者への介護福祉職の助言として、**最も適切なもの**を**１つ**選びなさい。

1　水分摂取量を減らすように勧める。
2　終日、リハビリパンツを使用するように勧める。
3　睡眠薬を服用するように勧める。
4　泌尿器科を受診するように勧める。
5　夜間は、ポータブルトイレを使用するように勧める。

解説　正答 4　⇒速習／生活 L13

1 × 尿路感染症に感染しているかどうかを確認するためにも尿の性状を観察することは大切だが、施設における尿路感染症の予防策とはならない。

2 × 尿路感染症に感染すると発熱するが、体温の変化を観察することが尿路感染症予防策とはならない。

3 × 施設入所後にも終日おむつを使うのであれば、陰部洗浄の回数の検討は必要だが、尿意のあるＪさんに対し、終日おむつを使用することは適切ではないため、尿路感染症の予防策として適切ではない。

4 ○ 在宅で尿路感染症を繰り返していたのは終日おむつを使用していたことが要因の一つと考えられる。おむつの使用をやめてトイレに誘導するのは、尿路感染症の予防として最も適切な対応である。

5 × 膀胱留置カテーテルは、膀胱に溜まった尿を自力で排泄できない場合などに設置されるもので、使用により尿路感染症を起こすことも多い。尿意のあるＪさんに対する対応として適切ではない。

解説　正答 5

1 × 水分摂取量を減らすと、脱水につながり、夜間、脳梗塞や心筋梗塞などを発症する場合もある。水分摂取量を減らすように勧めることは適切な助言ではない。

2 × 夜間に自宅のトイレでの排泄が間に合わず失敗してしまう高齢者に対して、終日リハビリパンツを使用するように勧めるのは適切な助言ではない。リハビリパンツ等の安易な使用は、排泄の自立の後退につながる。

3 × 睡眠薬の服用を検討するのは、介護福祉職ではなく、医師の役割である。

4 × 泌尿器科への受診を勧めるのは、介護福祉職の役割ではない。

5 ○ トイレまで間に合わないために失敗するのであれば、夜間にはポータブルトイレを使用することで排泄の失敗を防ぐことが可能だと考えられる。最も適切な助言である。

第36回◇問題96　★よく出る

介護福祉職が行うことができる、市販のディスポーザブルグリセリン浣腸器を用いた排便の介護に関する次の記述のうち、**最も適切なもの**を**1つ**選びなさい。

1　浣腸液は、39℃～40℃に温める。
2　浣腸液を注入するときは、立位をとるように声をかける。
3　浣腸液は、すばやく注入する。
4　浣腸液を注入したら、すぐに排便するように声をかける。
5　排便がない場合は、新しい浣腸液を再注入する。

第36回◇問題97

訪問介護員（ホームヘルパー）が行う見守り的援助として、**最も適切なもの**を**1つ**選びなさい。

1　ゴミの分別ができるように声をかける。
2　利用者がテレビを見ている間に洗濯物を干す。
3　着られなくなった服を作り直す。
4　調理したものを盛り付け、食事を提供する。
5　冷蔵庫の中を整理し、賞味期限が切れた食品を捨てておく。

解説 ―― 正答 1

1 ○ 直腸の温度は38℃程度で、これより浣腸液の温度が低いと血圧が上昇したりする。また、浣腸液の温度が高すぎると、直腸の粘膜に炎症が起こることがある。このため、浣腸液は直腸の温度に近い**39～40℃**に温める。

2 × 浣腸を行う場合は、**左側臥位**で膝を軽く曲げた姿勢にする。立位で浣腸を行うと、浣腸器のチューブが直腸粘膜に当たって傷つける恐れがある。

3 × 浣腸液をすばやく注入すると、気分が悪くなったりすることがあるので、様子を見ながら**少しずつゆっくり**と注入する。

4 × 浣腸液を注入してすぐに排便すると、浣腸液だけが出てしまうことがある。**3～5**分我慢してもらってから排便するように声をかける。

5 × 排便がない場合には、腹部をマッサージするなどして排便を促す。再注入は避ける。

解説 ―― 正答 1

1 ○ **見守り的援助**とは、利用者自身が**できることは本人**に行ってもらい、訪問介護員が**常に介助できる状態**で利用者の**安全を確保**しながら見守る訪問介護サービスである。ゴミの分別ができるように訪問介護員が声をかけるのは、見守り的援助に該当する。

2 × 訪問介護員が見守りながら、**利用者**が洗濯物を干すのであれば、見守り的援助に該当する。

3 × **利用者**が**主体**となって、着られなくなった服を作り直し、それを訪問介護員が手伝うのであれば見守り的援助に該当する。

4 × 利用者と訪問介護員が**一緒に**料理を作って盛り付けるのであれば、見守り的援助に該当する。

5 × 利用者と訪問介護員が冷蔵庫の中を**一緒に**整理し、賞味期限が切れた食品を捨てるのであれば、見守り的援助に該当する。

第36回◇問題98

高齢者が靴下・靴を選ぶときの介護福祉職の対応として、**最も適切なものを1つ**選びなさい。

1　靴下は、指つきのきついものを勧める。
2　靴下は、足底に滑り止めがあるものを勧める。
3　靴は、床面からつま先までの高さが小さいものを勧める。
4　靴は、踵(かかと)のない脱ぎやすいものを勧める。
5　靴は、先端部に0.5～1cmの余裕があるものを勧める。

第36回◇問題99

Kさん（77歳、女性、要支援2）は、もの忘れが目立ちはじめ、訪問介護（ホームヘルプサービス）を利用しながら夫と二人で生活している。訪問時、Kさん夫婦から、「Kさんがテレビショッピングで購入した健康食品が毎月届いてしまい、高額の支払いが発生して困っている」と相談があった。

Kさん夫婦に対する訪問介護員（ホームヘルパー）の発言として、**最も適切なものを1つ**選びなさい。

1　「健康食品は処分しましょう」
2　「クーリング・オフをしましょう」
3　「買い物は夫がするようにしましょう」
4　「契約内容を一緒に確認しましょう」
5　「テレビショッピングでの買い物はやめましょう」

解説　正答 5

1 × 高齢者は、加齢に伴って足のむくみが出たりすることがあり、指つきのきつい靴下を履くと**血行不良**になる恐れがある。

2 × 歩くときに足が上がらず、すり足になりがちな高齢者の場合、足底（そくてい）（足の裏全体に当たる部分）に滑り止めがついていると、滑り止めが床などに引っかかって転倒につながる恐れがある。

3 × すり足になりがちな高齢者の場合、床面からつま先までの高さが小さい靴ではつまずきやすくなる。**つま先が反り上がった**靴が適している。

4 × 踵のない靴は履きやすく脱ぎやすいが、歩行中に脱げてしまうと**転倒**につながる恐れがある。踵があるものを勧めるのが適切である。

5 ○ 靴は、**先端部にゆとり**があり、足の甲をしっかり覆うものを選ぶように勧める。

解説　正答 4　⇒速習 / 社会 L17

1 × Kさんは、健康食品が毎月届き、高額な支払いが発生している状況である。健康食品を処分しても問題の解決にはつながらない。

2 × テレビショッピングなどの通信販売は、クーリング・オフ制度の**適用対象外**である。

3 × 買い物は夫がするのは今後の対策にはなるが、問題の解決にはつながらない。

4 ○ 通信販売はクーリング・オフ制度の適用対象外だが、契約内容に事業者が返品の可否や条件等を定めた**特約**が含まれている可能性もある。「契約内容を一緒に確認しましょう」という訪問介護員の発言は適切である。

5 × テレビショッピングでの買い物をやめるのは今後の対策にはなるが、問題の解決にはつながらない。

第36回◇問題100

消化管ストーマを造設した利用者への睡眠の介護に関する記述として、**最も適切なもの**を**1つ**選びなさい。

1　寝る前にストーマから出血がある場合は、軟膏（なんこう）を塗布する。
2　寝る前に、パウチに便がたまっていたら捨てる。
3　寝る前に、ストーマ装具を新しいものに交換する。
4　便の漏れが心配な場合は、パウチの上からおむつを強く巻く。
5　睡眠を妨げないように、パウチの観察は控える。

第36回◇問題101

Lさん（79歳、男性、要介護2）は、介護老人保健施設に入所して1か月が経過した。睡眠中に大きないびきをかいていることが多く、いびきの音が途切れることもある。夜間に目を覚ましていたり、起床時にだるそうにしている様子もしばしば見られている。

介護福祉職がLさんについて収集すべき情報として、**最も優先度の高いもの**を**1つ**選びなさい。

1　枕の高さ
2　マットレスの硬さ
3　掛け布団の重さ
4　睡眠中の足の動き
5　睡眠中の呼吸状態

解説 ―――――――――――――――――――――――――――――――― **正答　2**

1　×　消化管ストーマから出血がある場合は、軟膏（なんこう）を塗布するのではなく、**医療職**に報告する。

2　○　就寝中にも便は少しずつ溜まるため、就寝前にはパウチを**空**にしておく。

3　×　ストーマ装具を頻繁に交換すると皮膚を傷めることがある。**4～5**日に１回程度交換する。

4　×　**強い圧迫**によって、ストーマが損傷したり排泄物がパウチに落ちなかったりする恐れがあるため、パウチの上からおむつを強く巻くことは避ける。

5　×　利用者の睡眠を妨げないよう注意しながら**定期的**にパウチを**観察**する。

解説 ―――――――――――――――――――――――――――――――― **正答　5**　⇒速習／生活 L16

1　×　Ｌさんの場合、大きないびきをかき、いびきの音が途切れること、起床時にだるそうにしていることなどから**睡眠時無呼吸症候群**が疑われる。**枕の高さ**が呼吸のしやすさに影響することはあるが、介護福祉職が収集すべき情報として最も優先度が高いとはいえない。

2　×　**マットレスの硬さ**は、眠りの質に関係するが、介護福祉職が収集すべき情報として優先度が高いとはいえない。

3　×　**掛け布団の重さ**は、眠りの質に関係するが、介護福祉職が収集すべき情報として優先度が高いとはいえない。

4　×　睡眠中の足の動きは、**周期性四肢運動障害**や**レストレスレッグス症候群**が考えられる場合に収集すべき情報である。Ｌさんの場合、優先度が高い情報とはいえない。

5　○　睡眠時無呼吸症候群が疑われるＬさんの場合、睡眠中の**呼吸状態**は、介護福祉職が収集すべき情報として優先度が高い。

第36回◇問題102

Mさん（98歳、男性、要介護５）は、介護老人福祉施設に入所している。誤嚥性肺炎（ごえんせいはいえん）（aspiration pneumonia）で入退院を繰り返し、医師からは終末期が近い状態であるといわれている。

介護福祉職が確認すべきこととして、**最も優先度の高いもの**を**１つ**選びなさい。

1　主治医の今後の見通し
2　誤嚥性肺炎（ごえんせいはいえん）（aspiration pneumonia）の発症時の入院先
3　経口摂取に対する本人の意向
4　経口摂取に対する家族の意向
5　延命治療に対する家族の希望

第36回◇問題103

デスカンファレンス（death conference）の目的に関する次の記述のうち、**最も適切なもの**を**１つ**選びなさい。

1　一般的な死の受容過程を学習する。
2　終末期を迎えている利用者の介護について検討する。
3　利用者の家族に対して、死が近づいたときの身体の変化を説明する。
4　亡くなった利用者の事例を振り返り、今後の介護に活用する。
5　終末期の介護に必要な死生観を統一する。

解説　正答 3

1 × Mさんの場合、既に医師から終末期が近い状態といわれている。このため、**主治医の今後の見通し**を確認するのは、優先度が高いとはいえない。

2 × Mさんは誤嚥性肺炎で入退院を繰り返しているため、今後も、同じ病院への入院が想定される。**発症時の入院先**の確認は、優先度が高いとはいえない。

3 ○ 誤嚥性肺炎の場合、口からの摂取を行わず、胃瘻（いろう）などで栄養を摂取することがある。終末期が近いMさんが**経口摂取**に対してどのような**意向**をもっているかは、確認すべきこととして優先度が高い。

4 × 経口摂取については、Mさんの**意向**が尊重されるべきである。Mさんの家族の経口摂取に対する意向を確認するのは、優先度が高いとはいえない。

5 × 延命治療については、Mさんの**意向**が尊重されるべきである。Mさんの家族の希望を確認するのは、優先度が高いとはいえない。

解説　正答 4　⇒速習／生活 L17

1 × **デスカンファレンス**とは、利用者が**亡くなった後**、ケアに関わったチームメンバーが悲しみを共有しながら、**ケアの内容を振り返り**、**次のケアに活かしていく**ことをいう。一般的な死の受容過程を学習することが目的ではない。

2 × 終末期を迎えている利用者の介護について検討するのは、デスカンファレンスの目的ではない。

3 × 利用者の家族に対して、死が近づいたときの身体の変化を説明するのは**死の準備教育**（デス・エデュケーション）である。

4 ○ デスカンファレンスでは、亡くなった利用者の事例を振り返り、自由に意見を交換し、今後のケアに活かしていく。

5 × 終末期の介護に必要な**死生観**を**統一**することは、デスカンファレンスの目的ではない。

第36回◇問題104

福祉用具を活用するときの基本的な考え方として、**最も適切なもの**を**1つ**選びなさい。

1　福祉用具が活用できれば、住宅改修は検討しない。
2　複数の福祉用具を使用するときは、状況に合わせた組合せを考える。
3　福祉用具の選択に迷うときは、社会福祉士に選択を依頼する。
4　家族介護者の負担軽減を最優先して選ぶ。
5　福祉用具の利用状況のモニタリング（monitoring）は不要である。

第36回◇問題105

以下の図のうち、握力の低下がある利用者が使用する杖（つえ）として、**最も適切なもの**を**1つ**選びなさい。

1

2

3

4

5
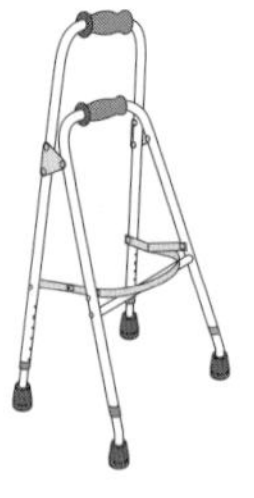

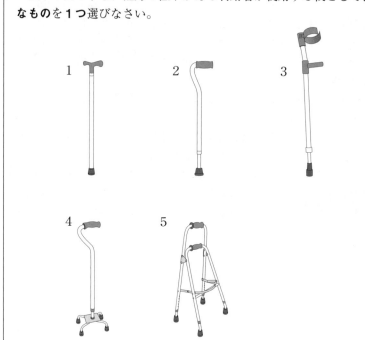

解説

正答 2 ⇒速習／生活 L18

1 × 福祉用具を活用できる場合でも、状況に応じて住宅改修の検討が必要となる。

2 ○ 複数の福祉用具を使用するときは、利用者の状態、居宅内などの状況等を総合的に考え、より効果的に使えるよう、組み合わせを考える。

3 × 福祉用具の選択に迷ったときには、**福祉用具専門相談員**に相談する。

4 × 福祉用具を選ぶ際には、家族介護者の負担軽減ではなく、使用する**利用者の状態**や**残存機能**を活かすことを最優先とする。

5 × 福祉用具貸与について、半年に１度、定期的に利用者宅を訪問して、貸与した福祉用具が利用者に適しているか、想定したとおりに活用されているか、福祉用具に不具合がないかを確認（モニタリング）することとされている。

解説

正答 3 ⇒速習／生活 L7

1 × **Ｔ字型杖**は、杖の支柱を指で挟んで握るため、オフセット型杖より安定性が高い。

2 × **オフセット型杖**は、Ｔ字型杖より握りやすいが、加重の方向が定まりづらいため、安定性はＴ字型杖より低い。

3 ○ **ロフストランド・クラッチ**は、握る部分と前腕を支える部分の２点で体重を支えることができるため、握力の低下がある利用者に適している。

4 × **多点杖**は、杖先が４脚あるいは３脚で支持基底面積が広いため、安定した歩行が可能になる。ただし、握る部分は、１や２と同様である。

5 × **歩行器型杖**（ウォーカーケイン）は、多点杖より支持基底面積が広く安定性が高い。しっかりと体を支えることができるが、大きくて重いため、握力の低下がある利用者には適さない。

第36回◇問題106 ★よく出る

介護福祉職が、初回の面談で情報を収集するときの留意点として、**最も適切なもの**を**1つ**選びなさい。

1　用意した項目を次から次に質問する。
2　目的を意識しながら話を聴く。
3　ほかの利用者が同席する状況で質問する。
4　最初に経済状態に関する質問をする。
5　家族の要望を中心に話を聴く。

第36回◇問題107

介護過程の評価に関する次の記述のうち、**最も適切なもの**を**1つ**選びなさい。

1　生活状況が変化しても、介護計画で設定した日に評価する。
2　サービス担当者会議で評価する。
3　相談支援専門員が中心になって評価する。
4　利用者の満足度を踏まえて評価する。
5　介護計画の実施中に評価基準を設定する。

解説

正答 2 ⇒速習／介基 L6

1 × 初回の面談（インテークとも呼ばれる）では、利用者の現在の状況、困りごとや希望する支援の内容などを整理しながら、主な訴え（主訴）の明確化を行う。介護福祉職には信頼関係の構築に努める姿勢が求められる。ひとつ質問をしたら、その答えを受け止め、基本的共感の応答をすることが大切である。

2 ○ 目的は、利用者のニーズを引き出し、生活課題を明確化することである。介護福祉職がそのことを意識しながら利用者の話を聴くのは適切といえる。

3 × 面談では、利用者の個人情報やプライバシーに関する内容を取り扱う。ほかの利用者が同席する状況で質問するのは適切ではない。

4 × 初回の面談では、主訴を明確化するため、基本的な情報の収集が必要となるが、まずは利用者の訴えや悩みを傾聴する姿勢が大切である。経済状態も必要な情報のひとつだが、最初に質問する項目ではない。

5 × 面談では、家族ではなく、主体者である利用者の要望を中心に話を聴くことが大切である。

解説

正答 4 ⇒速習／介過 L1

1 × 利用者の生活状況の変化や、家族の要望などがある場合には、あらかじめ設定された日以外でも、必要に応じて行う。

2 × サービス担当者会議は、介護支援専門員などが開催する会議のことで、サービス提供にかかわる専門職や利用者・家族が参加して、情報の共有やケアプラン原案の内容についての意見交換などを行う。介護過程の評価は行わない。

3 × 相談支援専門員は、障害者等の相談に応じて助言や連絡調整などの必要な支援を行うほか、サービス等利用計画の作成などを行う。介護過程の評価は行わない。

4 ○ 利用者の満足度を踏まえて評価するというのは適切である。なお、評価の前にはモニタリング（効果の測定）を行うが、一般にモニタリング表には「本人・家族の満足度」を記入する欄がある。

5 × 評価基準は、介護計画の実施中ではなく、計画の立案時に具体的に設定しておく。

／ ／ ／

第36回◇問題108 ★よく出る

次の記述のうち、介護老人保健施設で多職種連携によるチームアプローチ（team approach）を実践するとき、介護福祉職が担う役割として、**最も適切なもの**を**1つ**選びなさい。

1　利用者の生活状況の変化に関する情報を提供する。
2　総合的な支援の方向性を決める。
3　サービス担当者会議を開催する。
4　必要な検査を指示する。
5　ほかの職種が担う貢献度を評価する。

解説

正答 1 ⇒速習／介過L3

1 ○ 多職種の中でも、**介護福祉職**は利用者の生活に最も近いところにいる専門職である。観察やコミュニケーションを通じて利用者の小さな変化も見逃さずに、**生活状況**の変化に関する情報などを、ほかの専門職に伝える役割を担っている。

2 × 介護老人保健施設では、**施設サービス計画**で総合的な支援の方向性を決める。この計画を作成するのは**介護支援専門員**の役割である。

3 × サービス担当者会議を開催するのは、施設の**介護支援専門員**の役割である。

4 × 必要な検査を指示するのは、施設の**医師**の役割である。

5 × 介護福祉職には、他の職種が担う貢献度を評価する役割はない。

◆事例問題◆

次の事例を読んで、**問題109**、**問題110**について答えなさい。

〔事　例〕

Ａさん（75歳、女性）は、一人暮らしで、身体機能に問題はない。70歳まで地域の子どもたちに大正琴を教えていた。認知症（dementia）の進行が疑われて、心配した友人が地域包括支援センターに相談した結果、Ａさんは介護老人福祉施設に入所することになった。入所時のＡさんの要介護度は３であった。

入所後、短期目標を、「施設に慣れ、安心して生活する（３か月）」と設定し、計画は順調に進んでいた。Ａさんは施設の大正琴クラブに自ら進んで参加し、演奏したり、ほかの利用者に大正琴を笑顔で教えたりしていた。ある日、クラブの終了後に、Ａさんは部屋に戻らずに、エレベーターの前で立ち止まっていた。介護職員が声をかけると、Ａさんが、「あの子たちが待っているの」と強い口調で言った。

事例の解き方のポイント

◎認知症高齢者の心理的特性

認知症高齢者には次のような特徴的な心理的特性がある。

■認知症高齢者の特徴的な心理的特性

慢性的な不快感	記憶障害によって短い時間の区切りで生活をしているため、もどかしい気持ちや落ち着かない嫌な気分を絶えず経験している。
混乱と不安	最近の記憶が障害されやすいため、過去の記憶と現在が混同して周囲からみてちぐはぐな対応を示すことが多くなり、周囲から訂正が入ったり自分の知らない記憶を提示されると混乱や不安を生じやすくなる。
自分らしさの喪失	混乱や不安が絶えず続くため、次第に自分に自信がなくなり、自分らしさをなくしてしまう。
被害感・迫害感	物忘れや自分ができないことをまわりから指摘されると「責められている」などと被害感や迫害感をもち、これが高じると被害妄想や作話につながる。
感情の変化	注意力・集中力が低下して、環境の変化に気分が左右されやすくなる。すぐに泣いたり笑ったり、ちょっとしたことで怒鳴ったりする情動失禁（感情失禁）がみられる場合がある。

◎介護過程の評価の視点

介護過程の評価は、原則として個別援助計画の作成時に定めた評価期間ごとに行うが、利用者の状態の変化や要望により、計画の見直しを目的として早めに評価を行うこともある。

⑴　短期目標が達成できた場合

長期目標に向けた新たな生活課題を検討する。

⑵　短期目標が達成できなかった場合

短期目標が達成できなかった場合は、その原因を考え、新たな目標を考える。

原因としては、個別援助計画の内容または実施が不適切であった場合のほかに、利用者本人の状態が変化した場合にも目標達成が困難になることがある。この場合は関係者から情報を収集し、協議のうえ、援助内容の変更が必要か、援助目標の修正が必要かを判断していく。

第36回◇問題109

大正琴クラブが終わった後のＡさんの行動を解釈するために必要な情報として、**最も優先すべきもの**を**１つ**選びなさい。

1　介護職員の声かけのタイミング
2　Ａさんが演奏した時間
3　「あの子たちが待っているの」という発言
4　クラブに参加した利用者の人数
5　居室とエレベーターの位置関係

第36回◇問題110

Ａさんの状況から支援を見直すことになった。

次の記述のうち、新たな支援の方向性として、**最も適切なもの**を**１つ**選びなさい。

1　介護職員との関係を改善する。
2　身体機能を改善する。
3　演奏できる自信を取り戻す。
4　エレベーターの前に座れる環境を整える。
5　大正琴を教える役割をもつ。

解説 ―― 正答 3

1 × **認知症高齢者**の特徴的な**心理的特性**として、過去の記憶が現在と混同することによる、**混乱**と**不安**がある。事例のＡさんの行動には、「地域の子どもたちに大正琴を教えていた」ことが関係していると考えられる。介護職員の声かけのタイミングは、Ａさんの行動を理解するために最も優先すべき情報ではない。

2 × 事例文には、Ａさんが演奏した時間の記述はない。

3 ○ Ａさんは、施設に入所する前に、地域の子どもたちに大正琴を教えていた。大正琴クラブに参加したことで、それを**思い起こし**「あの子たちが待っている」から行かなければという行動につながったと推察される。したがって、この発言は最も優先すべき情報といえる。

4 × 事例文では、大正琴クラブに参加した利用者の人数についての記述はない。

5 × 事例文では、Ａさんの居室とエレベーターの位置関係についてふれられてはいない。

解説 ―― 正答 5

1 × Ａさんは、（大正琴を教えていた）子どもたちが待っていると強い口調で言ったが、介護職員との関係に問題があったわけではない。介護職員との関係の改善は新たな支援の方向性として適切ではない。

2 × Ａさんの身体機能に問題が生じたわけではないため、身体機能の改善は新たな支援の方向性として適切ではない。

3 × Ａさんは大正琴クラブに自ら進んで参加して演奏している。事例文から演奏に自信を無くしたという情報は読み取れない。

4 × Ａさんがエレベーターの前で立ち止まっていたのは、座れる場所がなかったためではない。

5 ○ 認知症高齢者に対するケアにおいて、本人の性格や**価値観**、**生活歴**などを考慮し、その人にとってふさわしい役割をあたえることは、**意欲**や**活力**の向上を図る上で大きな意味をもつ。Ａさんが大正琴を教える役割をもつことは、新たな支援の方向性として適切といえる。

◆事例問題◆

次の事例を読んで、**問題111**、**問題112**について答えなさい。

〔事　例〕

Ｂさん（50歳、男性、障害支援区分３）は、49歳のときに脳梗塞（cerebral infarction）を発症し、左片麻痺（ひだりかたまひ）で高次脳機能障害（higher brain dysfunction）と診断された。以前は大工で、手先が器用だったと言っている。

現在は就労継続支援Ｂ型事業所に通っている。短期目標を、「右手を使い、作業を自分ひとりで行える（３か月）」と設定し、製品を箱に入れる単純作業を任されていた。ほかの利用者との人間関係も良好で、左片麻痺（ひだりかたまひ）に合わせた作業台で、毎日の作業目標を達成していた。生活支援員には、「将来は手先を使う仕事に就きたい」と希望を話していた。

将来に向けて、生活支援員が新たに製品の組立て作業を提案すると、Ｂさんも喜んで受け入れた。初日に、「ひとりで頑張る」と始めたが、途中で何度も手が止まり、完成品に不備が見られた。生活支援員が声をかけると、「こんなの、できない」と大声を出した。

事例の解き方のポイント

◎高次脳機能障害

高次脳機能障害とは、交通事故などによるけがや脳血管障害などの疾患によって脳に損傷を受けたことにより、記憶・注意・思考・学習・行為・言語などの知的な機能に障害が起こり、日常生活に支障をきたす状態をいう。

■高次脳機能障害を引き起こす主な疾患

頭部外傷	硬膜外血腫、硬膜下血腫、脳内出血、脳挫傷など
脳血管障害	脳梗塞、脳内出血、クモ膜下出血など
自己免疫疾患	全身性エリテマトーデス、神経ベーチェット病など
中毒疾患	一酸化炭素中毒、アルコール中毒、薬物中毒など
感染症	脳炎、エイズ脳症など
その他	多発性硬化症、脳腫瘍 、ビタミン欠乏症、低酸素脳症など

◎介護過程の基本理解

介護過程の最終的な目的は、利用者やその家族の尊厳を守り、彼らの願いや思いにかなった生活を実現するため、適切な介護サービスを提供することである。利用者の心身の状況、経済状況、住環境、家族状況、生活様式、考え方などを十分に把握し、その人らしい日常生活を理解しておくことが、根拠ある介護の実践と利用者の自立支援につながる。

◎サービスの標準化とサービスの個別化

効果的な援助を行うためには、サービスの標準化とともにサービスの個別化が必要である。

■サービスの標準化と個別化

サービスの標準化	利用者にかかわるすべての介護職が、目標を共有し、自分の役割を把握するためには、誰が読んでも同一のサービスが提供できる標準化された援助内容を示すことが重要。
サービスの個別化	効果的な援助を行うには、利用者個々の特性をふまえ、それぞれのニーズに適した援助を提供することが重要。利用者が現在抱えているニーズの多くは、過去の生活の積み重ねから生じ、また、利用者の未来への展望や希望も含まれている。過去から未来へとつながる生活の継続性を意識し、それぞれの生活習慣や価値観を尊重した援助が個別性の高いサービスの基本となる。

第36回◇問題111

生活支援員の声かけに対し、Ｂさんが大声を出した理由を解釈する視点として、**最も適切なもの**を**１つ**選びなさい。

1　ほかの利用者との人間関係
2　生活支援員に話した将来の希望
3　製品を箱に入れる毎日の作業量
4　製品の組立て作業の状況
5　左片麻痺に合わせた作業台

第36回◇問題112

Ｂさんに対するカンファレンス（conference）が開催され、短期目標を達成するための具体的な支援について見直すことになった。

次の記述のうち、見直した支援内容として、**最も適切なもの**を**１つ**選びなさい。

1　完成品の不備を出すことへの反省を促す。
2　左側に部品を置いて作業するように促す。
3　完成までの手順を理解しやすいように示す。
4　生活支援員が横に座り続けて作業内容を指示する。
5　製品を箱に入れる単純作業も同時に行うように調整する。

解説 ―――― 正答 4

1 × 事例文では、Ｂさんは、ほかの利用者との人間関係は良好で、人間関係に問題が生じたような記述はない。Ｂさんが大声を出した理由をほかの利用者との人間関係からだと解釈するのは適切ではない。

2 × Ｂさんは生活支援員に対し、「将来は手先を使う仕事に就きたい」と希望を話している。事例文の状況では将来の希望そのものを諦めたり、後悔したりしている様子は窺(うかが)えないため、大声を出した理由だと解釈するのは適切ではない。

3 × Ｂさんは、製品を箱に入れる作業では毎日の作業量を達成していたことから、大声を出した理由だと解釈するのは適切ではない。

4 ○ Ｂさんは、製品の組立て作業をひとりで頑張ってみたものの、思うようにできず完成品に不備がみられた。大工だったＢさんはこの状況にいらだち、大声を出したものと考えられる。

5 × Ｂさんは、単純作業を任されていた当時から左片麻痺に合わせた作業台を使用している。製品の組立て作業で作業台に問題があったという記述はなく、大声を出した原因だと解釈するのは適切ではない。

解説 ―――― 正答 3

1 × Ｂさんは、脳梗塞による**左片麻痺**で**高次脳機能障害**と診断されている。製品の組立て作業がうまくいかないのは、怠慢や努力不足によるものではない。完成品の不備を出すことについて反省を促すことは、Ｂさんの**尊厳**を傷つけることになる。

2 × 左片麻痺であるＢさんの短期目標は、「右手を使い、作業を自分ひとりで行える（３か月）」である。左側に部品を置くと、作業効率が悪くなると考えられるため、支援内容として適切ではない。

3 ○ 「手先の器用な大工」であったＢさんが思うように作業ができないのは、**遂行機能障害**のためとも考えられる。完成までの手順を理解しやすいように示すことは、Ｂさんへの具体的支援内容として適切である。

4 × 製品の組み立て作業を「ひとりで頑張る」と始めたＢさんに対し、生活支援員が横で指示を出すのは、Ｂさんの**意思**を尊重していないため支援内容として適切ではない。

5 × 高次脳機能障害では、同時に２つ以上のことをすると混乱する**注意障害**がみられる。作業の種類を増やすのは、支援内容として適切ではない。

第36回◇問題113

事例研究を行うときに、遵守すべき倫理的配慮として、**適切なものを1つ**選びなさい。

1　研究内容を説明して、事例対象者の同意を得る。

2　個人が特定できるように、氏名を記載する。

3　得られたデータは、研究終了後すぐに破棄する。

4　論文の一部であれば、引用元を明示せずに利用できる。

5　研究成果を得るために、事実を拡大解釈する。

解説　　　　正答 1

1 ○ 事例研究は、個々の事例検討の結果などから、介護実践の根拠を明確にすること、介護の原理原則を導き出すことなどを目的として行う。研究対象となった利用者に対しては、研究内容を説明し、同意を得ることが倫理的配慮として求められる。

2 × 事例研究において利用者の情報を用いる場合は、個人情報（氏名や住所など）を匿名化する必要がある。個人が特定できるように氏名を記載することは、個人情報保護の観点から適切ではない。

3 × 事例研究で得られたデータは、研究目的以外に使用されないよう、適切に管理しなければならないが、今後の援助の方針や方法などを検討するために活用することも目的であるため、研究終了後すぐに破棄するのは適切ではない。

4 × 著作権法上、既に公表されている著作物は、引用することができるが、その場合は引用部分をカギ括弧等に入れるなどして自己の著作物と明瞭に区別する。また、他人の著作物を複製してそのまま引用する場合は、たとえ論文の一部であっても、その著作物の出所（引用元）を合理的な方法・程度で明示しなければならない。論文の一部であれば引用元を明示せずに利用できるというのは、適切ではない。

5 × たとえ成果を得るためであっても、事実を拡大して解釈することは、倫理的に認められない。

◆総合問題１◆

次の事例を読んで、**問題114から問題116まで**について答えなさい。

〔事　例〕

Ｃさん（59歳、男性）は、妻（55歳）と二人暮らしであり、専業農家である。Ｃさんはおとなしい性格であったが、最近怒りやすくなったと妻は感じていた。Ｃさんは毎日同じ時間に同じコースを散歩している。ある日、散歩コースの途中にあり、昔からよく行く八百屋から、「Ｃさんが代金を支払わずに商品を持っていった。今回で２回目になる。お金を支払いにきてもらえないか」と妻に連絡があった。妻がＣさんに確認したところ、悪いことをした認識がなかった。心配になった妻がＣさんと病院に行くと、前頭側頭型認知症（frontotemporal dementia）と診断を受けた。妻は今後同じようなことが起きないように、Ｃさんの行動を常に見守り、外出を制限したが、疲労がたまり、今後の生活に不安を感じた。そこで、地域包括支援センターに相談し、要介護認定の申請を行い、訪問介護（ホームヘルプサービス）を利用することになった。

事例の解き方のポイント

◎前頭側頭型認知症

前頭側頭型認知症は、初老期に発症する認知症の一つで、前頭葉と側頭葉に限定して脳の細胞が変性・脱落する。進行性で人格変化が目立つ。進行すると生活態度が単調になる。

■前頭側頭型認知症の特徴的症状

脱抑制	自分の欲望を抑えられなくなり、反社会的行動、投げやりな態度、人をばかにした態度などをとる。暴言、暴力などを伴いやすくなる
常同行動	目的なく、同じ行動を繰り返す
滞続言語	会話の中に、そのときの話題とは関係のない文節や文章を繰り返しさし挟む
その他	無頓着、無関心、自発性欠如、失語などがみられる。記憶や計算能力は部分的に保たれている

◎ ICF（国際生活機能分類）

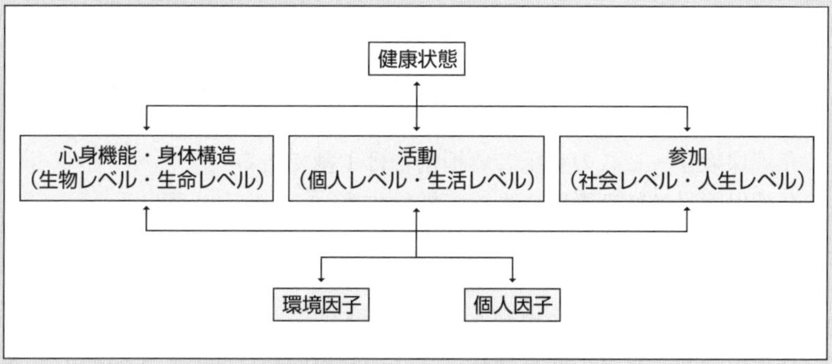

・心身機能…身体の生理的機能、心理的機能
・身体構造…器官・肢体とその構成部分など、身体の解剖学的部分
・活動…課題や行為の個人による遂行。日常生活や家事、趣味活動、人との交際も含むさまざまな行為
・参加…生活場面・人生場面へのかかわり。親や主婦といった社会的な役割を果たすことや、社会への参加
・環境因子…人々が生活し、人生を送っている環境を構成する因子。物的環境・人的環境・制度的環境といった幅広いもの
・個人因子…性別、年齢、民族、ライフスタイルなど

第36回◇問題114

Ｃさんが八百屋でとった行動から考えられる状態として、**最も適切なもの**を**１つ**選びなさい。

1　脱抑制
2　記憶障害
3　感情失禁
4　見当識障害
5　遂行機能障害

第36回◇問題115

Ｃさんの介護保険制度の利用に関する次の記述のうち、**適切なもの**を**１つ**選びなさい。

1　介護保険サービスの利用者負担割合は１割である。
2　介護保険料は特別徴収によって納付する。
3　要介護認定の結果が出る前に介護保険サービスを利用することはできない。
4　要介護認定の利用者負担割合は２割である。
5　介護保険サービスの費用はサービスの利用回数に関わらず定額である。

解説 ―――――――――――――――― 正答 1

1 ○ **脱抑制**では、自分の欲望を抑えられなくなって、反社会的な行動や投げやりな態度、人をばかにした態度などをとるようになり、暴言や暴力などを伴いやすくなる。**前頭側頭型認知症**の特徴的症状である。悪いことをしている認識がないままに代金を支払わずに商品を持っていったＣさんの行動は、脱抑制に当てはまる。

2 × **記憶障害**では、最近の出来事に関する記憶ほど不鮮明になる。過去の記憶は比較的よく保持されている。

3 × **感情失禁**は**情動**失禁ともよばれ、感情のコントロールができず、ささいなことで泣いたり、激しく怒ったり、笑ったりする状態をいう。**血管性認知症**の特徴的症状である。

4 × **見当識障害**では、時間、場所、人物の順に見当識が障害されていく。認知症の**中核**症状のひとつである。

5 × **遂行機能障害**は、物事を総合的に考え、計画し、筋道をたてて遂行していくことが困難になる症状で、認知症の**中核**症状のひとつである。

解説 ―――――――――――――――― 正答 1

1 ○ Ｃさんは59歳で、介護保険制度における**第２号**被保険者である。介護保険サービスを利用する場合、利用者負担割合は**１**割となる。

2 × Ｃさんは59歳で、専業農家である。加入している医療保険は**国民健康保険**と考えられる。介護保険料は、国民健康保険の保険料で所得割り、均等割り等に按分されて徴収される。特別徴収とは、第１号被保険者で年金額が年額18万円以上の者の年金から天引きする徴収方法である。

3 × 要介護・要支援に認定されると、申請日から認定の結果が**出るまで**の期間に利用した介護保険サービスや、申請日前に緊急その他やむを得ない理由によって利用が認められたサービス（一部を除く）についても、給付の対象となる。

4 × 第２号被保険者であるＣさんの場合、利用者負担割合は**１**割である。利用者負担割合が２割となるのは、一定以上の所得がある第１号被保険者の場合である。

5 × 介護保険サービスの費用は、サービスの**種類**や**利用量**（回数など）に応じた**応益**負担である。定額ではない。

第36回◇問題116

その後、妻に外出を制限されたＣさんは不穏となった。困った妻が訪問介護員（ホームヘルパー）に相談したところ、「八百屋に事情を話して事前にお金を渡して、Ｃさんが品物を持ち去ったときは、渡したお金から商品代金を支払うようにお願いしてはどうか」とアドバイスを受けた。

訪問介護員（ホームヘルパー）が意図したＣさんへの関わりをＩＣＦ(International Classification of Functioning, Disability and Health：国際生活機能分類）に当てはめた記述として、**最も適切なものを１つ**選びなさい。

1　個人因子への影響を意図して、健康状態に働きかける。
2　健康状態への影響を意図して、心身機能に働きかける。
3　活動への影響を意図して、身体構造に働きかける。
4　参加への影響を意図して、環境因子に働きかける。
5　環境因子への影響を意図して、個人因子に働きかける。

解説 ―――――――――――――― 正答 4

1 × 訪問介護員の妻へのアドバイスにより、Cさんは外出を制限される（**参加制約**）ことなく、日課である散歩に出かけることができるようになる。個人因子は性別や年齢、民族、ライフスタイルなどであり、健康状態は病気（Cさんの場合は認知症）やけがなどであるため、アドバイスの意図には当てはまらない。

2 × **心身機能**は、身体の生理的機能や心理的機能（Cさんの場合は脱抑制）であるため、アドバイスの意図には当てはまらない。

3 × **活動**は課題や行為の個人による遂行であるため、日課である散歩を続けることとも考えられるが、**身体構造**（身体の解剖学的部分）へのはたらきかけではない。

4 ○ 生活場面・人生場面へのかかわりである**参加**のために、**環境因子**のひとつ人的環境である妻にはたらきかけているため、アドバイスの意図に当てはまる。

5 × **環境因子**（生活し、人生を送っている環境を構成する因子）への影響を意図した個人因子へのはたらきかけではない。

◆総合問題２◆

次の事例を読んで、**問題117から問題119まで**について答えなさい。

〔事　例〕

Ｄさん（70歳、男性）は、自宅で妻と二人暮らしで、年金収入で生活している。ある日、車を運転中に事故に遭い救急搬送された。医師からは、第４胸髄節まで機能が残存している脊髄損傷（spinal cord injury）と説明を受けた。Ｄさんは、入院中に要介護３の認定を受けた。

Ｄさんは、退院後は自宅で生活することを望んでいた。妻は一緒に暮らしたいと思うが、Ｄさんの身体状況を考えると不安を感じていた。介護支援専門員（ケアマネジャー）は、「退院後は、在宅復帰を目的に、一定の期間、リハビリテーション専門職がいる施設で生活してはどうか」とＤさんに提案した。Ｄさんは妻と退院後の生活について話し合った結果、一定期間施設に入所して、その間に、自宅の住宅改修を行うことにして、介護支援専門員（ケアマネジャー）に居宅介護住宅改修費について相談した。

事例の解き方のポイント

◎介護保険施設と特定施設

介護保険施設（介護保険法）	特定施設（「老人福祉法」に規定される下記施設のうち、都道府県知事が指定を受けたもの）
・介護老人福祉施設 ・介護老人保健施設 ・介護医療院 ・介護療養型医療施設	・有料老人ホーム ・養護老人ホーム ・軽費老人ホーム（ケアハウス）

◎胸髄損傷（T1 ～ T12）で到達可能な ADL

損傷部位によって、可能な ADL は異なる。損傷レベル（部位）より下位の神経領域の感覚と運動機能が失われる（番号のが若い方が上）。

脊髄損傷レベル	運動機能の状態	到達可能な ADL	移動・移乗方法
T1	上肢機能が完全に使える	車いすでの ADL が自立	移動・移乗は車いす
T2 ～ T6	体幹バランスが一部安定	簡単な家事動作が自立	
T7 ～ T12	体幹バランスがほぼ安定 骨盤帯の挙上が可能	福祉住環境整備により家事や仕事、スポーツが可能	

◎福祉用具、自助具

福祉用具や自助具の使用目的や使用場面を具体的にイメージできるようにする。

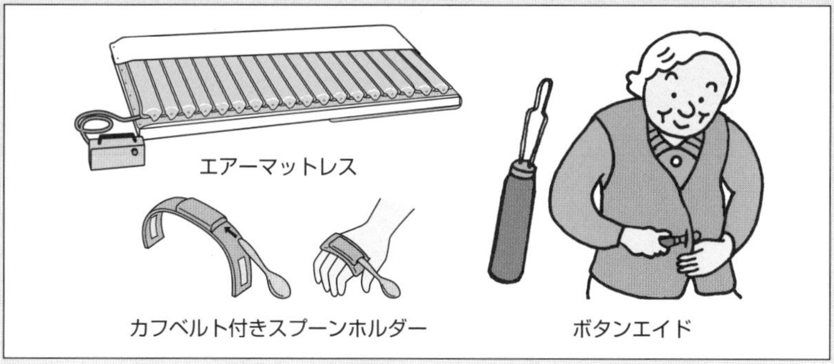

第36回◇問題117

次のうち、Dさんが提案を受けた施設として、**最も適切なもの**を**1つ**選びなさい。

1　養護老人ホーム
2　軽費老人ホーム
3　介護老人福祉施設
4　介護老人保健施設
5　介護医療院

第36回◇問題118

次のうち、介護支援専門員（ケアマネジャー）がDさんに説明する居宅介護住宅改修費の支給限度基準額として、**適切なもの**を**1つ**選びなさい。

1　10万円
2　15万円
3　20万円
4　25万円
5　30万円

解説 正答 4

1 × 養護老人ホームは、環境上および経済的理由によって自宅で養護を受けることが難しい高齢者を措置によって入所させる施設である。自立度が高い人が多い。在宅復帰を目的としたリハビリテーション専門職がいる施設ではない。

2 × 軽費老人ホームは、無料または低額な料金で高齢者を入所させ、日常生活上必要な便宜を供与することを目的とした施設である。在宅復帰を目的としたリハビリテーション専門職がいる施設ではない。

3 × 介護老人福祉施設は、身体上または精神上著しい障害があるため、常時介護を必要としている者で、居宅で介護を受けることが困難な原則要介護３以上の者に対し日常生活上の世話などを提供する施設である。機能訓練も行われるが、在宅復帰を目的としたリハビリテーション専門職はいない。

4 ○ 介護老人保健施設は、病状が安定していて入院治療の必要はないが、リハビリテーションや看護、介護を必要とする要介護者が入所する施設である。在宅復帰を目的としたリハビリテーション専門職もいるため、Dさんが提案を受けた施設として適切である。

5 × 介護医療院は、主に長期にわたって療養が必要な要介護者に対して、日常的な医学管理や看取り・ターミナルケア、日常生活上の世話などを行う施設である。

解説 正答 3

1 × 居宅介護住宅改修費の支給限度基準額は、現に居住している住宅を対象としており、転居した場合や要介護状態区分等が著しく（介護の必要の程度の段階が３段階以上）重くなった場合には、１回に限り再支給される。10万円は適切ではない。

2 × 15万円ではない。

3 ○ 支給限度基準額は、20万円である。

4 × 25万円ではない。

5 × 30万円ではない。

／　／　／

第36回◇問題119

Dさんが施設入所してから3か月後、住宅改修を終えた自宅に戻ることになった。Dさんは自宅での生活を楽しみにしている。その一方で、不安も抱えていたため、担当の介護福祉士は、理学療法士と作業療法士に相談して、生活上の留意点を記載した冊子を作成して、Dさんに手渡した。

次の記述のうち、冊子の内容として、**最も適切なもの**を**1つ**選びなさい。

1　食事では、スプーンを自助具で手に固定する。
2　移動には、リクライニング式車いすを使用する。
3　寝具は、エアーマットを使用する。
4　更衣は、ボタンエイドを使用する。
5　外出するときには、事前に多機能トイレの場所を確認する。

解説　正答 5

1 × 第1胸髄節以上の機能が残存している場合、**上肢機能**は完全に保たれている。食事をするのに自助具を使う必要はない。

2 × Dさんのように第4胸髄節まで機能が残存している場合は、体幹バランスも一部安定している。リクライニング式車いすではなく、**普通の車いす**を使用できる。

3 × 第4胸髄節まで機能が残存している場合には、自力で**起き上がり**や**寝返り**ができるため、褥瘡（じょくそう）予防のためのエアーマットは必要ない。

4 × 第4胸髄節まで機能が残存している場合、**上肢機能**は完全に保たれている。更衣の際にボタンエイドを使う必要はない。

5 ○ Dさんは第4胸髄節まで機能が残存しており、車いすでの移動が**自立**している。事前に**多機能トイレ**の場所を確認しておくことで、外出時の排泄（はいせつ）も自分で行うことができる。

◆総合問題３◆

次の事例を読んで、**問題120から問題122まで**について答えなさい。

〔事　例〕

Ｅさん（34歳、女性、障害支援区分３）は、特別支援学校の高等部を卒業後、週２回、生活介護を利用しながら自宅で生活している。Ｅさんはアテトーゼ型（athetosis）の脳性麻痺（cerebral palsy）で不随意運動があり、首を振る動作が見られる。

食事は首の動きに合わせて、自助具を使って食べている。食事中は不随意運動が強く、食事が終わると、「首が痛い、しびれる」と言ってベッドに横になるときがある。

また、お茶を飲むときは取っ手つきのコップで飲んでいるが、コップを口元に運ぶまでにお茶がこぼれるようになってきた。日頃から自分のことは自分でやりたいと考えていて、お茶が上手に飲めなくなってきたことを気にしている。

Ｅさんは、生活介護事業所で油絵を描くことを楽しみにしている。以前から隣町の油絵教室に通い技術を高めたいと話していた。そこでＥさんは、「自宅から油絵教室に通うときの介助をお願いするにはどうしたらよいか」と介護福祉職に相談した。

事例の解き方のポイント

◎脳性麻痺

妊娠中の母体の疾患や分娩障害、出生後の脳炎などの脳神経系の疾患によって起こる。

・アテトーゼ型…自分の意思とは無関係に手足が動く不随意運動がみられ、運動コントロールが困難になる。
・二次障害…既にある障害が原因となって、新たな障害が生じることをいう。脳性麻痺では、麻痺で動かせない部分があるのに無理に身体を動かそうとするため、首や肩などの痛みや手足のしびれが起こるようになる。アテトーゼ型脳性麻痺の場合、頚椎症性脊髄症（けいついしょうせいせきずいしょう）が多くみられる。

◎地域生活支援事業

「障害者総合支援法」では、障害福祉サービスのほか、市町村や都道府県が実施する地域生活支援事業を規定している。

■目的

障害者及び障害児（以下「障害者等」という。）が自立した日常生活又は社会生活を営むことができるよう地域の特性や利用者の状況に応じた柔軟な事業形態による事業を効果的・効率的に実施し、必要な障害福祉サービスに係る給付その他の支援を行い、もって障害者等の福祉の増進を図るとともに、障害の有無に関わらず国民が相互に人格と個性を尊重し安心して暮らすことのできる地域社会の実現に寄与すること

■市町村地域生活支援事業（必須）

理解促進研修・啓発事業、自発的活動支援事業、相談支援事業、成年後見制度利用支援事業、成年後見制度法人後見支援事業、意思疎通支援事業、日常生活用具給付等事業、手話奉仕員養成研修事業、移動支援事業、地域活動支援センター機能強化事業

第36回◇問題120

Ｅさんの食事の様子から、今後、引き起こされる可能性が高いと考えられる二次障害として、**最も適切なものを１つ**選びなさい。

1　変形性股関節症（coxarthrosis）
2　廃用症候群（disuse syndrome）
3　起立性低血圧（orthostatic hypotension）
4　脊柱側弯症［せきちゅうそくわんしょう］（scoliosis）
5　頚椎症性脊髄症［けいついしょうせいせきずいしょう］（cervical spondylotic myelopathy）

第36回◇問題121

Ｅさんがお茶を飲むときの介護福祉職の対応として、**最も適切なものを１つ**選びなさい。

1　吸い飲みに変更する。
2　ストローつきコップに変更する。
3　重いコップに変更する。
4　コップを両手で持つように伝える。
5　全介助を行う。

解説 ――― 正答 5

1 × **変形性股関節症**（へんけいせいこかんせつしょう）は、先天性股関節脱臼、臼蓋形成不全（きゅうがいけいせいふぜん）などの先天性要因、大腿骨骨折（だいたいこつ）、化膿性関節炎（かのうせい）、特発性大腿骨頭壊死（とくはつせいだいたいこっとうえし）など後天性要因によって股関節の構造が障害されることで起こる疾患である。脳性麻痺の二次障害としてみられることもあるが、「首が痛い、しびれる」と言っているEさんに、今後引き起こされる可能性が高いとは考えにくい。

2 × **廃用症候群**は、長期の寝たきりなどで心身機能を十分に使わないために、骨や筋肉、循環器系などの身体機能や精神的機能が低下して起こる肺炎や抑鬱（よくうつ）などさまざまな症状をいう。Eさんは自宅で生活し、週２回生活介護を利用して油絵を描くなどしている。寝たきりの状態ではないため、今後引き起こされる可能性が高いとは考えにくい。

3 × **起立性低血圧**は、起き上がったり、立ち上がったりした直後に脳まで血液が届かず、低血圧状態になることをいう。Eさんに、今後引き起こされる可能性が高いとは考えにくい。

4 × **脊柱側弯症**は、脊柱が側方に曲がる疾患である。多くの場合、痛みを感じることはない。Eさんに、今後引き起こされる可能性が高いとは考えにくい。

5 ○ **頸椎症性脊髄症**は、アテトーゼ型脳性麻痺で最も多くみられる二次障害である。「首が痛い、しびれる」と言っているEさんに、今後引き起こされる可能性が高いと考えられる。

解説 ――― 正答 2

1 × 吸い飲みには取っ手がなく、**取っ手つき**のコップより持ちづらくなると考えられるため、適切な変更ではない。

2 ○ ストローつきコップに変更すると、ふたがついているため、口元にコップを運ぶまでにお茶がこぼれなくなる。適切な変更である。

3 × 重いコップに変更することで、口元までお茶をこぼさずにもっていくことがさらに難しくなると考えられるため、適切ではない。

4 × **不随意運動**がある場合、自分の**意思**とは**無関係**に手足が動く。コップを両手で持つように伝えるのは適切ではない。

5 × 自分のことは自分でやりたいと考えているEさんに対し、お茶が上手に飲めなくなってきたからといって全介助にするのは適切ではない。

／ ／ ／

第36回◇問題122

介護福祉職は、Ｅさんが隣町の油絵教室に通うことができるようにサービスを提案したいと考えている。

次のうち、Ｅさんが利用するサービスとして、**最も適切なもの**を**1つ**選びなさい。

1　自立生活援助
2　療養介護
3　移動支援
4　自立訓練
5　同行援護

解説 ―――――――― 正答 3

1 × **自立生活援助**は「障害者総合支援法」に基づく訓練等給付のひとつで、施設入所支援または共同生活援助を利用していた障害者などを対象としたサービスである。Eさんは、特別支援学校の高等部を卒業後、自宅で生活しているため、利用することはできない。

2 × **療養介護**は「障害者総合支援法」に基づく介護給付のひとつで、人工呼吸器による呼吸管理を行っているALS患者で**障害支援区分**が**6**の人や、筋ジストロフィー患者や重症心身障害者で障害支援区分**5以上**の人など、医療と常時介護を必要とする障害者を対象としたサービスである。Eさんは障害支援区分3なので利用することはできない。

3 ○ **移動支援**は「障害者総合支援法」に基づき、市町村が実施する地域生活支援事業の中で行われる事業で、社会生活上必要不可欠な外出、余暇活動など**社会参加**のための外出の際に**移動**を**支援**するサービスである。Eさんが油絵教室に通う際に利用するサービスとして適切である。

4 × **自立訓練**は「障害者総合支援法」に基づく訓練等給付のひとつで、障害者が自立した日常生活や社会生活を営むことができるように、一定期間、**身体機能・生活能力**向上のための**訓練**などを行うサービスである。Eさんが隣町の油絵教室に通う際に利用できるサービスではない。

5 × **同行援護**は「障害者総合支援法」に基づく介護給付のひとつで、**視覚障害**によって、**移動**が**著しく困難**な者を対象としたサービスである。Eさんは、視覚障害者ではないため、同行援護を利用することはできない。

◆総合問題４◆

次の事例を読んで、**問題123から問題125まで**について答えなさい。

〔事　例〕

Ｆさん（20歳、男性）は、自閉症スペクトラム障害（autism spectrum disorder）と重度の知的障害があり、自宅で母親（50歳）、姉（25歳）と３人で暮らしている。

Ｆさんは生活介護事業所を利用している。事業所では比較的落ち着いているが、自宅に帰ってくると母親に対してかみつきや頭突きをすることがあった。また、自分で頭をたたくなどの自傷行為もたびたび見られる。

仕事をしている母親に代わり、小さい頃から食事や排泄（はいせつ）の介護をしている姉は、これまでＦさんの行動を止めることができていたが、最近ではからだが大きくなり力も強くなって、母親と協力しても止めることが難しくなっていた。

家族で今後のことを考えた結果、Ｆさんは障害者支援施設に入所することになった。

事例の解き方のポイント

◎強度行動障害

強度行動障害は、かみつきや頭突きなど直接的他害、睡眠の乱れや同一性の保持など間接的他害、自傷行為などが通常は考えられない頻度と形式で出現している状態をいう。

重度・最重度の知的障害や自閉症スペクトラム障害のある人にみられやすい。

◎相談支援

「障害者総合支援法」に規定されている相談支援には、基本相談支援、地域相談支援、計画相談支援がある。

基本相談支援	地域の障害者等からの相談に応じ、必要な情報の提供・助言、指定障害福祉サービス事業者等との連絡調整（サービス利用支援および継続サービス利用支援に関するものを除く）等ほか、必要な便宜を総合的に供与する支援を行う
地域相談支援	・地域移行支援…障害者支援施設、のぞみの園、児童福祉施設、救護施設、更生施設などに入所している障害者または精神科病院に入院している精神障害者などに対して、住居の確保その他の地域における生活に移行するための活動に関する相談等の便宜を供与する ・地域定着支援…居宅において単身等で生活している障害者に対して、常時連絡体制の確保、緊急時対応等の便宜を供与する
計画相談支援	・サービス利用支援…障害福祉サービスの利用申請時のサービス等利用計画案の作成、支給決定後の障害福祉サービス事業者等との連絡調整、サービス等利用計画の作成 ・継続サービス利用支援…作成されたサービス等利用計画を一定期間ごとにモニタリングを行い、必要に応じて計画の見直しを行う

第36回◇問題123

次のうち、Ｆさんが自宅に帰ってきたときの状態に該当するものとして、**最も適切なもの**を**１つ**選びなさい。

1　学習障害
2　注意欠陥多動性障害
3　高次脳機能障害
4　強度行動障害
5　気分障害

第36回◇問題124

Ｆさんが入所してからも月１、２回は、姉が施設を訪ね、Ｆさんの世話をしている。

ある日、担当の介護福祉職が姉に声をかけると、「小学生の頃から、学校が終わると友だちと遊ばずにまっすぐ家に帰り、母親に代わって、弟の世話をしてきた。今は、弟を見捨てたようで、申し訳ない」などと話す。

介護福祉職の姉への対応として、**最も適切なもの**を**１つ**選びなさい。

1　「これからもＦさんのお世話をしっかり行ってください」
2　「Ｆさんは落ち着いていて、自傷他害行為があるようには見えませんね」
3　「お姉さんは、小さい頃からお母さんの代わりをしてきたのですね」
4　「訪問回数を減らしてはどうですか」
5　「施設入所を後悔しているのですね。もう一度在宅ケアを考えましょう」

解説 ―― 正答 4

1 × 学習障害（LD）は、聞く、話す、読む、書く、計算する、推論するといった学習能力のうち、特定の能力に障害がみられるものをいう。Ｆさんの状態には該当しない。

2 × 注意欠陥多動性障害は、不注意・多動性・衝動性を特徴とする障害である。Ｆさんの状態には該当しない。

3 × 高次脳機能障害は、交通事故などによるけが、脳血管障害などの疾患によって脳に損傷を受け、記憶・注意・思考・学習・行為・言語などの知的機能に障害が起こって日常生活に支障をきたすものである。Ｆさんの状態には該当しない。

4 ○ 強度行動障害は、重度・最重度の知的障害、自閉症スペクトラム障害がある人にみられやすいとされ、かみつきや頭突き、自傷行為などが通常考えられない頻度と形式で出現するものをいう。Ｆさんの状態に該当する。

5 × 気分障害は、抑鬱（よくうつ）あるいは爽快といった感情の障害を主症状とするもので、鬱（うつ）病や躁（そう）病が含まれる。Ｆさんの状態には該当しない。

解説 ―― 正答 3

1 × Ｆさんの世話は、施設職員が担うべきものである。また、入所後も月に１、２回は施設を訪ねている姉に対する発言として適切ではない。

2 × Ｆさんが施設では落ち着いていて自傷他害行為がみられないとしても、入所前のＦさんの状況を疑っているようにも受け取られかねない発言は、母親や姉が経験してきた苦労に共感しておらず、適切ではない。

3 ○ 母親に代わってＦさんの世話を小さい頃から行ってきたと話す姉に対して、その内容を受容し、気持ちに寄り添った発言であり、適切である。

4 × 弟を見捨てたようで申し訳ないと話す姉に対し、訪問回数を減らしてはどうかという発言は、申し訳ないという気持ちをさらにつのらせてしまうことになるため、適切ではない。

5 × 自宅で世話をすることが難しくなり、今後のことも考えて施設入所を選択した家族に、もう一度在宅ケアを考えましょうと伝えるのは、家族の気持ちと状況を受け止めておらず、適切ではない。

第36回◇問題125

Ｆさんが施設に入所して１年が経った。介護福祉職は、Ｆさん、母親、姉と共にこれまでの生活と支援を振り返り、当面、施設で安定した生活が送れるように検討した。

次のうち、Ｆさんの支援を修正するときに利用するサービスとして、**正しいものを１つ**選びなさい。

1　地域定着支援
2　計画相談支援
3　地域移行支援
4　基幹相談支援
5　基本相談支援

解説 ―――――――――――――――――――――――――――― 正答 2

1 × **地域定着支援**は、居宅において単身等で生活する障害者に対して、常時連絡体制の確保、緊急時対応等の便宜を供与するサービスである。障害者支援施設に入所しているＦさんが利用するサービスではない。

2 ○ **計画相談支援**には、障害福祉サービスの利用申請時のサービス等利用計画案の作成、支給決定後の障害福祉サービス事業者等との連絡調整などを行う**サービス利用支援**と、一定期間ごとにサービスの利用状況のモニタリングを行い、必要に応じて計画を見直す**継続サービス利用支援**がある。施設に入所して１年経過しているＦさんの支援について検討するため利用するのは、継続サービス利用支援である。

3 × **地域移行支援**は、障害者支援施設などに入所している障害者または精神科病院に入院している精神障害者などが**地域での生活**に移行できるよう相談等の便宜を供与するサービスである。施設で安定した生活が送れるように検討している段階のＦさんが利用するサービスではない。

4 × **基幹相談支援**は、基幹相談支援センターで実施される地域の障害者や障害児を対象とした**総合相談・専門相談**である。施設入所しているＦさんが利用するサービスではない。

5 × **基本相談支援**は、地域の障害者等からの相談に応じ、必要な情報の提供および助言、サービス事業者等との連絡調整などのほか、必要な便宜を総合的に供与する支援を行うサービスである。施設で安定した生活が送れるように検討している段階のＦさんが利用するサービスではない。

◎ 介護福祉士国家試験 ◎

第35回
（令和５年）
試験問題

目　次

第35回◇問題1

利用者の生活の質（QOL）を高めるための介護実践に関する次の記述のうち、**最も適切なもの**を**1つ**選びなさい。

1　日常生活動作の向上を必須とする。
2　利用者の主観的評価では、介護福祉職の意向を重視する。
3　介護実践は、家族のニーズに応じて行う。
4　福祉用具の活用は、利用者と相談しながら進める。
5　価値の基準は、全ての利用者に同じものを用いる。

第35回◇問題2

Aさん（25歳、男性、障害支援区分3）は、網膜色素変性症（retinitis pigmentosa）で、移動と外出先での排泄（はいせつ）時に介助が必要である。同行援護を利用しながら、自宅で母親と暮らしている。音楽が好きなAさんは合唱サークルに入会していて、月1回の練習に参加している。

合唱コンクールが遠方で行われることになった。同行援護を担当する介護福祉職は、Aさんから、「コンクールに出演したいが、初めての場所に行くことが心配である」と相談を受けた。

介護福祉職のAさんへの対応として、**最も適切なもの**を**1つ**選びなさい。

1　合唱コンクールへの参加を諦めるように話す。
2　合唱サークルの仲間に移動の支援を依頼するように伝える。
3　一緒に交通経路や会場内の状況を確認する。
4　合唱コンクールに参加するかどうかは、母親に判断してもらうように促す。
5　日常生活自立支援事業の利用を勧める。

解説 ―――――――――――――――――――――――――― 正答 4

1 × QOLを高めるためには、**利用者のニーズ**などを総合的に考慮した介護実践が必要である。日常生活動作（ADL）の向上は必須ではない。

2 × 利用者の**主観的評価**とは、利用者本人がどう感じているか、どう考えているかということである。介護福祉職の意向を重視するのは適切ではない。

3 × 家族のニーズではなく、利用者本人のニーズに応じる必要がある。

4 ○ **福祉用具**の活用により、利用者の日常生活の自立度が上がる。QOLを高めるには、それが**利用者の意思**に基づくものであることが大切である。

5 × 価値の基準は、個々の利用者に合わせたものにすることで、QOLの向上を図ることができる。

解説 ―――――――――――――――――――――――――― 正答 3

1 × コンクールに参加したいというAさんの意向に沿った対応ではないため、不適切である。

2 × **同行援護**は、視覚障害により移動に著しい困難を伴う者に対し、外出時に同行して必要な視覚的情報を提供するとともに、移動の援護など必要な援助を提供する障害福祉サービスである。これを担当する介護福祉職が、移動の支援をサークルの仲間に依頼するよう伝えるのは、不適切である。

3 ○ 初めて行く場所であることを心配しているAさんへの対応として、適切である。

4 × 事例からは、Aさんの判断能力の不足は読みとれない。25歳という年齢からも、母親に決めてもらうよう促すのは、不適切である。

5 × **日常生活自立支援事業**とは、認知症、知的障害、精神障害などによって判断能力が不十分な人を対象に、福祉サービスの利用援助等を行うものである。Aさんは視覚障害があるが、判断能力が不十分なわけではないため、利用対象者ではない。

第35回◇問題3

ストレス対処行動の一つである問題焦点型コーピングに当てはまる行動として、**適切なもの**を**1つ**選びなさい。

1　趣味の活動をして気分転換する。
2　トラブルの原因に働きかけて解決しようとする。
3　運動して身体を動かしストレスを発散する。
4　好きな音楽を聴いてリラックスする。
5　「トラブルも良い経験だ」と自己の意味づけを変える。

第35回◇問題4

Ｂさん（80歳、女性）は、介護老人保健施設に入所が決まった。今日はＢさんが施設に入所する日であり、Ｃ介護福祉職が担当者になった。Ｃ介護福祉職は、初対面のＢさんとの信頼関係の形成に向けて取り組んだ。

Ｃ介護福祉職のＢさんへの対応として、**最も適切なもの**を**1つ**選びなさい。

1　自発的な関わりをもつことを控えた。
2　真正面に座って面談をした。
3　自分から進んで自己紹介をした。
4　終始、手を握りながら話をした。
5　孫のような口調で語りかけた。

解説　正答 2

1 × コーピング（対処）には、問題焦点型と情動焦点型がある。**問題焦点型コーピング**は、ストレッサー（ストレスの元）に働きかけ、それ自体を変化させて解決を図ろうとする方法であり、**情動焦点型コーピング**は、ストレス反応への働きかけによって気分を変えたり、認識を改めたりして解決を図ろうとする方法である。気分転換するというのは、情動焦点型コーピングである。

2 ○ 問題焦点型コーピングに当てはまる。

3 × 1と同様、情動焦点型コーピングである。

4 × 1と同様、情動焦点型コーピングである。

5 × 認識を改めることで解決を図ろうとしているので、情動焦点型コーピングである。

解説　正答 3 ⇒速習 / 人コ L1

1 × 信頼関係の形成には、**コミュニケーション**を重ねていくことが不可欠である。C介護福祉職が自発的な関わりを控えていては、Bさんとの信頼関係を形成できない。

2 × 真正面で向き合うとBさんに**緊張感**を与えてしまうことがあるため、適切ではない。

3 ○ C介護福祉職のほうから自己紹介（**自己開示**）することが、Bさんとの信頼関係の形成に役立つ。

4 × スキンシップは大切だが、初対面で手を握りながら話をされると、かえって緊張したり、不快に感じることもあり、適切な対応ではない。

5 × 初対面の他人から、孫のような口調で語りかけられてもBさんが困惑してしまうことが考えられるため、適切な対応ではない。

第35回◇問題5

介護老人福祉施設は、利用者とその家族、地域住民等との交流を目的とした夏祭りを開催した。夏祭りには、予想を超えた来客があり、「違法駐車が邪魔で困る」という苦情が近隣の住民から寄せられた。そこで、次の夏祭りの運営上の改善に向けて職員間で話し合い、対応案を作成した。

次の対応案のうち、PDCA サイクルのアクション（Action）に当たるものとして、**最も適切なものを１つ**選びなさい。

1　近隣への騒音の影響について調べる。
2　苦情を寄せた住民に話を聞きに行く。
3　夏祭りの感想を利用者から聞く。
4　来客者用の駐車スペースを確保する。
5　周辺の交通量を調べる。

第35回◇問題6

D介護福祉職は、利用者に対して行っている移乗の介護がうまくできず、技術向上を目的とした OJT を希望している。

次のうち、D介護福祉職に対して行う OJT として、**最も適切なものを１つ**選びなさい。

1　専門書の購入を勧める。
2　外部研修の受講を提案する。
3　先輩職員が移乗の介護に同行して指導する。
4　職場外の専門家に相談するように助言する。
5　苦手な移乗の介護は控えるように指示する。

解説 ―――― 正答 4 ⇒速習 / 人コ L4

1 × **PDCA サイクル**は、業務改善の手法であり、Plan（**計画**）→ Do（**実施**）→ Check（**評価**）→ Action（**改善**）というプロセスを踏む。騒音の影響調査は、改善には当たらず、対応として適切ではない。

2 × 苦情を寄せた住民に話を聞きに行くのは、苦情への改善策ではなく、計画に従って実施した夏祭りへの評価を確認する作業である。

3 × 夏祭りの感想を利用者から聞くことは、2と同様、夏祭りへの評価を確認する作業である。

4 ○ 違法駐車が邪魔で困るという苦情に対する改善策として、適切である。

5 × 周辺の交通量は、違法駐車が邪魔で困るという苦情とは直接関係がない。

解説 ―――― 正答 3 ⇒速習 / 人コ L4

1 × 1は、**SDS**（Self Development System：自己啓発援助制度）の説明である。

2 × 2は、**Off-JT**（Off the Job Training）に該当する。Off-JT とは、職場外で行われる研修会に介護福祉職が参加したり、外部講師を職場に招いたりして研鑽（けんさん）を積む方法である。

3 ○ 介護現場における **OJT**（On the Job Training）とは、実際に実務をさせることで、新人の介護福祉職などを専門職として育成する方法である。

4 × 4は、**コンサルテーション**の説明である。コンサルテーションとは、人材育成や組織体制、利用者への援助など、事業を運営していくうえで生じるさまざまな課題解決に向けた、専門家との専門的な相談、助言・指導やそのプロセスをいう。

5 × 苦手な移乗の介護を控えるように指示することは、D介護福祉職の技術向上につながらないため、不適切である。

第35回◇問題7

社会福祉法に基づく、都道府県や市町村において地域福祉の推進を図ることを目的とする団体として、**正しいものを１つ**選びなさい。

1　特定非営利活動法人（NPO 法人）
2　隣保館
3　地域包括支援センター
4　基幹相談支援センター
5　社会福祉協議会

関連問題… 34-5

第35回◇問題8

近年、人と人、人と社会とがつながり、一人ひとりが生きがいや役割をもち、助け合いながら暮らしていくことのできる、包摂的なコミュニティ、地域や社会を創るという考え方が示されている。この考え方を表すものとして、**最も適切なものを１つ**選びなさい。

1　ナショナルミニマム（national minimum）
2　バリアフリー社会
3　介護の社会化
4　生涯現役社会
5　地域共生社会

解説

正答 5 ⇒速習 / 介基 L8

1 × 特定非営利活動法人（NPO 法人）は、特定非営利活動促進法（NPO 法）に基づく団体である。

2 × 隣保館は、社会福祉法に基づく隣保事業を実施する施設である。地域社会全体の中で福祉の向上や人権啓発など、住民交流の拠点となる役割を担っている。

3 × 地域包括支援センターは、介護保険法によって、包括的支援事業などを実施する施設として定められている。

4 × 基幹相談支援センターは、障害者総合支援法によって、障害者（児）の相談や必要な援助を総合的に行う施設として定められている。

5 ○ 社会福祉協議会は、社会福祉法によって、地域福祉の推進を図ることを目的とする団体として定められている。

解説

正答 5 ⇒速習 / 社会 L3

1 × ナショナルミニマムとは、国家が国民に対して最低限度の生活を保障することをいう。

2 × バリアフリー社会とは、人が生活を送るうえで問題となる、あらゆる障壁（バリア）が取り除かれた状態の社会をいう。

3 × 介護の社会化とは、従来の家族による介護ではなく、介護が必要な高齢者を社会全体で支えていくという考え方である。

4 × 生涯現役社会とは、年齢にかかわりなく、高年齢者が意欲と能力がある限り、働き続けられる社会をいう。

5 ○ 地域共生社会とは、子どもや高齢者、障害者などすべての人々が地域、暮らし、生きがいを共に創り、高め合うことのできる社会とされている。

第35回◇問題9

我が国の社会保障制度の基本となる、1950年（昭和25年）の社会保障制度審議会による「社会保障制度に関する勧告」の内容として、**最も適切なもの**を**1つ**選びなさい。

1　生活困窮者自立支援法の制定の提言
2　社会保障制度を、社会保険、国家扶助、公衆衛生及び医療、社会福祉で構成
3　介護保険制度の創設の提言
4　保育所の待機児童ゼロ作戦の提言
5　介護分野におけるICT等の活用とビッグデータの整備

第35回◇問題10

Eさん（75歳、女性、要介護2）は、訪問介護（ホームヘルプサービス）を利用している。最近、Eさんの認知症（dementia）が進行して、家での介護が困難になり、介護老人福祉施設の申込みをすることにした。家族が訪問介護員（ホームヘルパー）に相談したところ、まだ要介護認定の有効期間が残っていたが、要介護状態区分の変更の申請ができることがわかった。

家族が区分変更するときの申請先として、**正しいもの**を**1つ**選びなさい。

1　介護保険の保険者
2　後期高齢者医療広域連合
3　介護保険審査会
4　国民健康保険団体連合会
5　運営適正化委員会

解説 — 正答 2 ⇒速習 / 社会 L4

1 × 生活困窮者自立支援法は、2013（平成25）年に制定の提言がなされ、同年12月に制定された（2015〔平成27〕年4月から施行）。

2 ○ 1950（昭和25）年の「社会保障制度に関する勧告」では、社会保障制度を、社会保険、公的扶助（生活保護）、公衆衛生および医療、社会福祉を加えた4つに分類している。

3 × 介護保険制度の創設の提言は、1995（平成7）年の社会保障審議会資料「社会保障体制の再構築（勧告）～安心して暮らせる21世紀の社会をめざして～」で行われている。

4 × 保育所の待機児童ゼロ作戦は、2001（平成13）年に閣議決定された「仕事と子育ての両立支援策の方針について」（男女共同参画会議）に盛り込まれた。

5 × 介護分野におけるICT等の活用とビッグデータの整備は、2016（平成28）年の「医療・介護分野におけるICT活用」（未来投資会議）で行われた。

解説 — 正答 1 ⇒速習 / 社会 L10

1 ○ 家族が区分変更するときの申請先は、介護保険の保険者である市町村（特別区を含む）である。

2 × 後期高齢者医療広域連合は、都道府県区域内のすべての市町村が加入して設立する後期高齢者医療制度の保険者（運営主体）である。

3 × 介護保険審査会は、都道府県に設置される、介護保険における保険給付や保険料等の徴収に関する処分への不服申し立てについて審査を行う機関である。

4 × 国民健康保険団体連合会（国保連）は、介護報酬の支払いや、介護保険サービスに関する苦情の受け付けなどを行う機関である。

5 × 運営適正化委員会は、都道府県社会福祉協議会に設置され、福祉サービス利用支援事業の適正な運営を確保するとともに、福祉サービスに関する利用者からの苦情を適切に解決するために設置された機関である。

関連問題… 36-56

第35回◇問題11

Ｆさん（19歳、女性、身体障害者手帳２級）は、先天性の聴覚障害がある。Ｆさんは大学生で、授業のときは手話通訳者が配置されている。Ｆさんは筆記による定期試験を受けることになり、試験実施に関する配慮を大学に申し出た。

次の記述のうち、Ｆさんの申し出を踏まえた合理的配慮として、**最も適切なものを１つ**選びなさい。

1 受験時間を延長する。
2 試験問題の文字を拡大する。
3 テキストの持ち込みを許可する。
4 試験監督者が口頭で説明する内容を書面で渡す。
5 問題を読み上げる。

第35回◇問題12 ★よく出る

我が国の「障害者権利条約」の批准（2014年（平成26年））に向けて行われた、障害者基本法の改正（2011年（平成23年））で新たに法律上に規定されたものとして、**適切なものを１つ**選びなさい。

1 自立支援医療（精神通院医療）の開始
2 共同生活援助（グループホーム）の制度化
3 成年後見制度の創設
4 社会的障壁の除去
5 東京2020パラリンピック競技大会の開催

（注）「障害者権利条約」とは、国際連合の「障害者の権利に関する条約」のことである。

解説

正答 4 ⇒速習 / 人自 L1

1 × 合理的配慮には、①補助器具やサービスの提供、②時間やルールなどの変更、③設備や施設などについての配慮が挙げられる。Ｆさんは、聴覚障害があるが、読み書きに支障はないため、受験時間の延長は、合理的配慮に当たらない。

2 × 試験問題の文字の拡大は、聴覚障害に対する合理的配慮に当たらない。

3 × テキストの持ち込みの許可は、聴覚障害に対する合理的配慮に当たらない。

4 ○ 聴覚障害者のＦさんは、聞こえないことに対する配慮を求めている。試験監督者の口頭による説明内容を書面で渡すのは、合理的配慮に当たる。

5 × 問題を読み上げることは、聴覚障害に対する合理的配慮に当たらない。

解説

正答 4 ⇒速習 / 障害 L1

1 × **自立支援医療**（精神通院医療）は、2006（平成18）年の障害者自立支援法（現・障害者総合支援法）の施行に伴って開始された。

2 × **共同生活援助**（グループホーム）の制度化は、2014（平成26）年の「障害者権利条約」の批准（ひじゅん）に向けて行われたものではない。

3 × **成年後見制度**は、1999（平成11）年の民法改正によって創設された。

4 ○ **社会的障壁の除去**は、2011（平成23）年の障害者基本法の改正によって新たに同法上に規定された。

5 × 東京2020パラリンピック競技大会の開催は、2013（平成25）年の国際オリンピック委員会（IOC）総会で決定された。

第35回◇問題13

次のうち、「障害者総合支援法」の介護給付を利用するときに、利用者が最初に市町村に行う手続きとして、**適切なもの**を**1つ**選びなさい。

1　支給申請
2　認定調査
3　審査会の開催
4　障害支援区分の認定
5　サービス等利用計画の作成

(注)「障害者総合支援法」とは、「障害者の日常生活及び社会生活を総合的に支援するための法律」のことである。

第35回◇問題14

「障害者総合支援法」の居宅介護を利用したときの利用者負担の考え方として、**最も適切なもの**を**1つ**選びなさい。

1　利用したサービスの種類や量に応じて負担する。
2　利用者の負担能力に応じて負担する。
3　利用したサービス費用の一定の割合を負担する。
4　利用したサービス費用の全額を負担する。
5　利用者は負担しない。

(注)「障害者総合支援法」とは、「障害者の日常生活及び社会生活を総合的に支援するための法律」のことである。

解 説

正答 1 ⇒速習 / 社会 L14

1 ○ 障害者総合支援法の介護給付を利用するときは、まず、市町村にサービス利用を申請（**支給申請**）する。

2 × 支給申請をすると、当該利用者の心身の状況等について**認定調査**（アセスメント）が行われる。

3 × 認定調査に基づき、障害支援区分について、市町村が１次判定を行い、次いで２次判定を行うために**審査会**（市町村審査会）が開催される。

4 × ２次判定を経て、市町村による**障害支援区分の認定**がなされる。

5 × 障害支援区分が認定されると、市町村による勘案事項調査などを経て、指定特定相談支援事業所の相談支援専門員が**サービス等利用計画案の作成**を行う。

解 説

正答 2 ⇒速習 / 社会 L13

1 × 障害者総合支援法では、居宅介護などの自立支援給付のサービスを利用する者は、**負担能力に応じて設定された額を負担すること**（応能負担）が原則とされている。利用したサービスの種類や量に応じて負担するのではない。

2 ○ １で述べたとおり、利用者の負担能力に応じて負担する。

3 × 利用者負担については、負担能力に応じて**負担上限月額**が設定されており、その額よりサービスに要した費用の１割に相当する額のほうが低い場合には、その１割の額を負担することとされている。しかし、利用者負担の考え方としては応能負担であり、利用したサービス費用の一定割合を負担することではない。

4 × １で述べたとおり、利用したサービス費用の全額を負担するのではない。

5 × 応能負担が原則とされている。

関連問題… 36-66

第35回◇問題15

「個人情報保護法」に基づくプライバシー保護に関する次の記述のうち、**最も適切なものを１つ**選びなさい。

1　電磁的記録は、個人情報には含まれない。
2　マイナンバーなどの個人識別符号は、個人情報ではない。
3　施設職員は、実習生に利用者の生活歴などを教えることは一切できない。
4　個人情報を第三者に提供するときは、原則として本人の同意が必要である。
5　自治会長は、本人の同意がなくても個人情報を入手できる。

（注）「個人情報保談法」とは、「個人情報の保護に関する法律」のことである。

第35回◇問題16　★よく出る

「高齢者虐待防止法」に関する次の記述のうち、**最も適切なものを１つ**選びなさい。

1　虐待が起こる場として、家庭、施設、病院の３つが規定されている。
2　対象は、介護保険制度の施設サービス利用者とされている。
3　徘徊しないように車いすに固定することは、身体拘束には当たらない。
4　虐待を発見した養介護施設従事者には、通報する義務がある。
5　虐待の認定は、警察署長が行う。

（注）「高齢者虐待防止法」とは、「高齢者虐待の防止、高齢者の養護者に対する支援等に関する法律」のことである。

解説

正答 4 ⇒速習／社会 L17

1 × **電磁的記録**（情報がハードディスク、コンパクトディスク、DVD などに記録・保存された状態にあるもの）も、個人情報に含まれる。

2 × マイナンバーなどの**個人識別符号**（サービスの利用や書類で対象者ごとにふられる符号などで、特定の個人を識別できる情報）が含まれるものも、個人情報とされている。また、身体的特徴（DNA や指紋、歩き方など）をコンピュータによる処理のために変換した符号も個人識別符号である。

3 × 個人情報は、特定された**利用目的の達成に必要な範囲内**であれば、利用することができる。

4 ○ 個人情報を**第三者に提供**するときは、原則として、あらかじめ**本人の同意を得る**ことが必要とされている。

5 × 個人情報保護法の改正（2015〔平成27〕年）により、扱う個人情報の数に関係なく、すべての事業者に適用されることとなった。自治会や同窓会も、この事業者に該当するため、個人情報の入手には**本人の同意が必要**である。

解説

正答 4 ⇒速習／社会 L17

1 × 高齢者虐待防止法では、虐待が起こる場として、病院は規定されていない。

2 × 高齢者虐待の対象は、原則として**高齢者**（65歳以上の者）とされており、介護保険制度の施設サービス利用者に限定されるわけではない。

3 × 徘徊を防止するために、車いす、いす、ベッドに体幹や四肢をひも等で縛ることは、**身体拘束**にあたる。

4 ○ **養介護施設従事者等**は、業務に従事している養介護施設や養介護事業において、業務に従事する養介護施設従事者等による高齢者虐待を受けたと思われる高齢者を発見した場合、速やかに、**市町村に通報**しなければならないとされている。

5 × 高齢者虐待の通報を受けた**市町村**が、認定を行う。被虐待高齢者の安全確認やその他の事実の確認のための措置を講じる。

第35回◇問題17

発達障害のＧさん（38歳、男性）は、高校生の頃に不登校になり、ずっとアルバイトをしながら、統合失調症（schizophrenia）の母親（65歳、精神保健福祉手帳２級）を介護してきた。母親に認知症（dementia）が疑われるようになったが、これからも二人で暮らし続けたいと考えたＧさんは、相談支援事業所の介護福祉職に相談した。

Ｇさんに対する介護福祉職の助言として、**最も適切なもの**を**１つ**選びなさい。

1　地域包括支援センターで、介護保険サービスの情報を得ることを勧める。
2　Ｇさんが正規に雇用されるように、ハローワークに相談に行くことを勧める。
3　Ｇさんの発達障害について、クリニックで適切な治療を受けることを勧める。
4　母親に、介護老人福祉施設を紹介する。
5　母親に、精神科病院への入院を勧める。

第35回◇問題18　★よく出る

生活困窮者自立支援法に関する次の記述のうち、**適切なもの**を**１つ**選びなさい。

1　最低限度の生活が維持できなくなるおそれのある者が対象になる。
2　自立を図るために、就労自立給付金が支給される。
3　疾病がある者には、医療費が支給される。
4　子どもへの学習支援は、必須事業とされている。
5　最終的な、「第３のセーフティーネット」と位置づけられている。

解説　　正答 1　⇒速習／社会 L12

1 ○ 地域包括支援センターであれば、住み慣れた地域でGさんが母親と2人で在宅生活を維持できるように、必要となる介護保険サービスの情報を得ることができる。Gさんへの助言として適切である。

2 × Gさんは正規雇用で働くことを望んでいるわけではない。助言として不適切である。

3 × Gさんの治療について、介護福祉職が判断することはできない。助言として不適切である。

4 × 母親を施設に入所させることは、母親と2人で暮らし続けたいGさんの意向に沿った助言とはいえず、不適切である。

5 × 母親を精神科病院に入院させるよう勧めることは、Gさんの意向に沿っていない助言であり、不適切である。

解説　　正答 1　⇒速習／社会 L20

1 ○ 生活困窮者自立支援法は、現に経済的に困窮し、最低限度の生活を維持することができなくなるおそれのある者を対象としている。

2 × 就労自立支援金は、生活保護法により支給される。生活困窮者の就労については、就労準備支援事業と就労訓練事業が定められているが、いずれも給付金を支給するものではない。給付金として支給されるのは、住居確保給付金（家賃相当額）である。

3 × 医療費の支給については、定められていない。

4 × 必須事業（都道府県、市〔特別区を含む〕および福祉事務所を設置する町村が実施する責務を有する事業）とされているのは、自立相談支援事業と住居確保給付金の2つである。それ以外の事業（子どもの学習・生活支援事業など）は、すべて任意事業とされている。

5 × 生活困窮者対策は、第2のセーフティネットとして位置付けられている。最終的な第3のセーフティネットは、生活保護制度である。なお第1のセーフティネットは、社会保険制度（雇用保険、労働者災害補償保険、年金保険、医療保険、介護保険）である。

／　／　／

第35回◇問題19

Hさん（75歳、男性）は、一人暮らしであるが、隣人と共に社会活動にも積極的に参加し、ゲートボールや詩吟、芸術活動など多くの趣味をもっている。また、多くの友人から、「Hさんは、毎日を有意義に生活している」と評価されている。Hさん自身も友人関係に満足している。

ライチャード（Reichard, S.）による老齢期の性格類型のうち、Hさんに相当するものとして、**適切なもの**を**1つ**選びなさい。

1　自責型
2　防衛型（装甲型）
3　憤慨型
4　円熟型
5　依存型（安楽いす型）

／　／　／

第35回◇問題20　★よく出る

大脳の後頭葉にある機能局在として、**適切なもの**を**1つ**選びなさい。

1　視覚野
2　聴覚野
3　運動野
4　体性感覚野
5　感覚性言語野（ウェルニッケ野）

解説 ―――― 正答 4 ⇒速習 / 発老 L3

1 × ライチャードによる老齢期の性格類型のうち、自責型は自分の過去を悔やみ、自分を責める不適応タイプである。H さんは多くの友人から「毎日を有意義に生活している」と評価され、H さん自身も友人関係に満足している状況から自責型は相当しない。

2 × 防衛型（装甲型）は、適応タイプに分類されるが、老いることへの不安に対して強い防衛的態度で臨み、積極的な活動を維持して、若者と張り合おうとする。H さんには相当しない。

3 × 憤慨型は他罰憤慨型ともよばれる不適応タイプである。自分の過去や老いるという事実を受け容れられず、攻撃的な態度をとり、相手に敵意を向ける。H さんには相当しない。

4 ○ 円熟型は適応タイプに分類され、自分の過去を受容し、人生に建設的な態度をもつ。積極的な社会活動を維持し、そこに満足を見出して、高齢であっても、さらに未来に対する視野を持って、社会と一体になって生きていける。H さんに相当する。

5 × 依存型（安楽いす型）は適応タイプに分類される。万事に消極的で、現実に満足し、不満を感じても自分を抑えて周囲に適応する。H さんには相当しない。

解説 ―――― 正答 1 ⇒速習 / こころ L3

1 ○ 大脳は、前頭葉、側頭葉、頭頂葉、後頭葉の４つの部位に分かれている。視覚をつかさどる視覚野は後頭葉に存在する。

2 × 聴覚をつかさどる聴覚野は、側頭葉に存在する。

3 × 運動をつかさどる運動野は、前頭葉に存在する。前頭葉には、運動野のほか、運動性言語野（ブローカ野）もある。

4 × 体性感覚野は、頭頂葉に存在し、知覚をつかさどっている。

5 × 感覚性言語野（ウェルニッケ野）は、側頭葉に存在する。

第35回◇問題21　★よく出る

立位姿勢を維持するための筋肉（抗重力筋）として、**最も適切なものを1つ**選びなさい。

1　上腕二頭筋
2　大胸筋
3　大腿四頭筋（だいたいしとうきん）
4　僧帽筋
5　三角筋

第35回◇問題22

廃用症候群（disuse syndrome）で起こる可能性があるものとして、**最も適切なものを1つ**選びなさい。

1　うつ状態
2　高血圧
3　関節炎
4　徘徊（はいかい）
5　下痢

解説　　正答 3　⇒速習／こころ L4

1　×　**上腕二頭筋**は、**上腕部**（肘の上）の前面にあり、肘(ちゅう)関節の屈曲にかかわる筋肉である。

2　×　**大胸筋**は、**胸**の筋肉で、肩関節の内転にかかわっている。

3　○　**大腿四頭筋**(だいたいしとう)は、**大腿部**（膝から上）の前面にあり、立位姿勢を維持するためには欠かせない筋肉である。そのほか脊柱起立筋(せきちゅうきりつ)、大臀筋(だいでん)、下腿三頭筋なども抗重力筋である。

4　×　**僧帽筋**(そうぼう)は、**肩の背中側**の筋肉である。抗重力筋ではない。

5　×　**三角筋**は、**肩と上腕部**をつなげている大胸筋につながる筋肉で、肩関節の外転にかかわっている。

解説　　正答 1　⇒速習／介基 L4

1　○　廃用症候群（生活不活発病）は、**長期間の寝たきり**などで心身の機能を十分に使わないことから、骨や筋肉、循環器系などの身体機能や精神的機能が低下して起こるさまざまな症状をいう。**うつ状態**は、廃用症候群で起こる可能性がある。

2　×　廃用症候群では、循環器系の機能低下などにより、急に上体を起こすとふらつく**起立性低血圧**が起こる可能性がある。

3　×　廃用症候群では、関節炎ではなく、関節を動かさないことによる**関節拘縮**が起こる可能性がある。

4　×　徘徊は認知症の行動・心理症状（BPSD）などにみられる症状である。

5　×　廃用症候群では、身体を動かさないため内臓の動きが低下して便秘になる可能性がある。

第35回◇問題23

褥瘡（じょくそう）の好発部位として、**最も適切なものを1つ**選びなさい。

1　側頭部
2　頸部（けいぶ）
3　腹部
4　仙骨部
5　足趾部（そくしぶ）

第35回◇問題24

次のうち、口臭の原因になりやすい状態として、**最も適切なものを1つ**選びなさい。

1　唾液の増加
2　義歯の装着
3　歯周病（periodontal disease）
4　顎関節症（temporomandibular joint disorder）
5　低栄養状態

解説　正答 4　⇒速習 / 生活 L6

1 × 頭部のうち褥瘡が好発する部位は、仰臥位では**後頭部**、側臥位では**耳介部**である。

2 × 褥瘡は、身体組織の一部が長時間にわたって**圧迫**され、**血液の循環障害**が起こった状態である。頸部は褥瘡の好発部位ではない。

3 × 仰臥位、側臥位ともに、**腹部**は長時間圧迫されることはない。このため、腹部は好発部位ではない。

4 ○ **仙骨部**は、仰臥位の際に圧迫されやすく褥瘡の好発部位である。側臥位の場合は、**腸骨部**に褥瘡が好発しやすい。

5 × 足部のうち褥瘡が好発する部位は、仰臥位では**踵骨部**、側臥位では**内・外果部**（くるぶし）である。足趾部は足指の部位を指す名称で、褥瘡の好発部位ではない。

解説　正答 3　⇒速習 / こころ L8

1 × **唾液の分泌量が減少**すると、口腔内の自浄作用が低下して口臭が発生する。

2 × **義歯の装着**自体が口臭の原因になるわけではない。洗浄が適切に行われていない場合、口臭発生の原因となる。

3 ○ う蝕（しょく）や**歯周病**などの口腔疾患や、**歯垢**や舌苔などの口腔の汚れが、口臭が発生する原因となる。

4 × **顎（がく）関節症**は、顎の関節やその関節を動かす筋肉の疾患である。顎関節症が口臭の原因になることはない。

5 × 食欲低下や口腔機能の低下などにより、食事の量が減少すると**低栄養状態**が引き起こされる。食べる量が減ることで唾液の分泌量が減少し口臭が発生することはあるが、低栄養状態そのものが口臭の原因になるわけではない。

第35回◇問題25

Ｊさん（82歳、女性）は、施設に入所している。Ｊさんは車いすで食堂に来て、箸やスプーンを使って、自分で食事をしている。主食は普通食、おかずは刻み食で全量摂取している。最近、車いすからずり落ちる傾向があり、首が後屈した姿勢で食事をし、むせることが多くなった。

Ｊさんが誤嚥（ごえん）をしないようにするための最初の対応として、**最も適切なものを１つ**選びなさい。

1　食事回数の調整
2　座位姿勢の調整
3　使用食器の変更
4　食事の量の調整
5　食事場所の変更

第35回◇問題26

次のうち、誤嚥（ごえん）しやすい高齢者の脱水予防のために確認することとして、**最も優先すべきものを１つ**選びなさい。

1　義歯の装着状態
2　上肢の関節可動域
3　睡眠時間
4　夜間の咳込（せきこ）みの有無
5　摂取している水分の形状

解 説

正答 2 ⇒速習 / 生活 L10

1 × Ｊさんが、むせることが多くなったことと、食事回数の関連は不明であり、最初の対応として適切ではない。

2 ○ 誤嚥を予防するためには、**顎をひいた状態**にすることが大切である。首が後屈しないようにするには、Ｊさんが車いすからずり落ちないよう、**座位姿勢を調整**するのが適切な対応である。

3 × Ｊさんは、箸やスプーンを使って自分で食事をしている。使用食器の変更は、最初の対応として適切ではない。

4 × Ｊさんは、自分で全量摂取している。食事の量の調整は、最初の対応として適切ではない。

5 × 食堂で食べることと誤嚥の関連は不明であり、食事場所の変更は最初の対応として適切ではない。

解 説

正答 5 ⇒速習 / 生活 L10

1 × 義歯の装着状態を確認することは誤嚥予防としては大切だが、脱水予防のために優先することではない。

2 × 上肢の関節可動域の確認は、高齢者が自分で食器を使用できるかどうかの判断には必要だが、脱水予防のために優先することではない。

3 × 睡眠時間の確認は、脱水予防のために優先することではない。

4 × 咳(せ)き込むことで、唾液などで誤嚥を起こすことはあるが、脱水予防のために優先して確認することではない。

5 ○ 誤嚥しやすい高齢者の場合、むせるのを恐れて水分摂取を控えていることもある。**水分の形状**は、脱水予防のために最も優先して確認することといえる。

第35回◇問題27

健康な成人の便の生成で、上行結腸の次に内容物が通過する部位として、**正しいものを１つ**選びなさい。

1　Ｓ状結腸
2　回腸
3　直腸
4　下行結腸
5　横行結腸

第35回◇問題28

高齢者の睡眠薬の使用に関する次の記述のうち、**最も適切なものを１つ**選びなさい。

1　依存性は生じにくい。
2　翌朝まで作用が残ることがある。
3　食事後すぐの服用が望ましい。
4　アルコールと一緒に飲んでも効果は変わらない。
5　転倒の原因にはならない。

解説　正答　5　⇒速習 / こころ L12

1　×　大腸は、盲腸→上行結腸→横行結腸→下行結腸→S状結腸→直腸で構成されている。S状結腸は下行結腸の次に内容物が通過する部位である。

2　×　回腸は小腸の一部で、盲腸につながっている。上行結腸とはつながっていない。

3　×　直腸は、大腸の最終部分で、S状結腸の次に内容物が通過する部位である。

4　×　下行結腸は、横行結腸の次に内容物が通過する部位である。

5　○　1のとおり、横行結腸は上行結腸の次に内容物が通過する部位として正しい。

解説　正答　2　⇒速習 / 生活 L16

1　×　睡眠薬の使用では、長期間または高用量の服用により依存性が生じるリスクが高まる。

2　○　睡眠薬の種類によっては、翌朝まで作用が残り、足のもつれやふらつきなどの歩行障害が出る。

3　×　就寝時間に合わせて服用し、服用後はすぐに床に入るようにする。

4　×　睡眠薬をアルコールと一緒に飲むと作用が強まることがある。水か白湯で服用するようにする。

5　×　睡眠薬の副作用によって歩行障害が現れ、転倒につながることがある。

第35回◇問題29

大切な人を亡くした後にみられる、寂しさやむなしさ、無力感などの精神的反応や、睡眠障害、食欲不振、疲労感などの身体的反応を表すものとして、**最も適切なもの**を**1つ**選びなさい。

1　認知症（dementia）
2　グリーフ（grief）
3　リビングウィル（living will）
4　スピリチュアル（spiritual）
5　パニック障害（panic disorder）

第35回◇問題30

死が近づいているときの身体の変化として、**最も適切なもの**を**1つ**選びなさい。

1　瞳孔の縮小
2　筋肉の硬直
3　発汗
4　結膜の充血
5　喘鳴（ぜんめい）

解説　正答 2　⇒速習／こころL14

1 × 認知症は、介護保険法では、「アルツハイマー病その他の神経変性疾患、脳血管疾患その他の疾患により日常生活に支障が生じる程度にまで**認知機能**が低下した状態として政令で定める状態」とされている。

2 ○ **グリーフ**は、「**悲嘆**」という意味の言葉である。大切な人を亡くした後にみられる、寂しさやむなしさ、無力感などの精神的反応や、睡眠障害、食欲不振、疲労感などの身体的反応を表す言葉として適切である。

3 × **リビングウィル**は、「**生前発効の遺言**」という意味で、本人が生きているうちに行った意思表示である。尊厳死の意思表明に用いられる。

4 × **スピリチュアル**は、「**霊的**」という意味で、その人の精神的根幹である。

5 × **パニック障害**は、状況とは関係なく、突然動悸や胸痛、めまいなどの発作症状（パニック発作）がくり返し起こる障害をいう。

解説　正答 5　⇒速習／こころL14

1 × 死が近づくと**瞳孔**は**拡大**する。死亡の確認の１つに瞳孔散大がある。

2 × 筋肉の硬直は、**死後２～３時間**で始まる。

3 × 死が近づくと代謝機能が低下して、**脱水**傾向が強まり、皮膚は**乾燥**する。発汗はみられなくなる。

4 × 結膜の充血は高血圧などが原因で起こる。死が近づくと血圧は**低下**する。

5 ○ 自分で痰を出せない場合、下咽頭に分泌物が溜まり、喉の奥でヒューヒュー、ゼーゼーといった**喘鳴**（**死前喘鳴**）がきかれるようになる。

第35回◇問題31

今、発達の実験のために、図のようなテーブル（テーブル表面の左半分が格子柄、右半分が透明な板で床の格子柄が透けて見える）の左端に、Kさん（1歳1か月）を座らせた。テーブルの反対側には母親が立っている。Kさんは、格子柄と透明な板との境目でいったん動くのをやめて、怖がった表情で母親の顔を見た。母親が穏やかにほほ笑むと、Kさんは母親の方に近づいていった。

Kさんの行動を説明する用語として、**最も適切なもの**を**1つ**選びなさい。

1　自己中心性
2　愛着理論
3　向社会的行動
4　社会的参照
5　原始反射

第35回◇問題32　★よく出る

コールバーグ（Kohlberg, L.）による道徳性判断に関する次の記述のうち、最も高い発達の段階を示すものとして、**適切なもの**を**1つ**選びなさい。

1　権威に服従する。
2　罰を回避する。
3　多数意見を重視して判断する。
4　損得で判断する。
5　人間の権利や平等性などの倫理に従って判断する。

解説　正答 4　⇒速習 / 発老 L1

1　×　自己中心性は、ピアジェが唱えた発達段階では前操作期（２～６、７歳）の特徴で、子ども自身の視点でものごとをとらえてしまうことで、他人の視点に立って考えにくい傾向をいう。K さんの行動の説明にはならない。

2　×　愛着理論（アタッチメント理論）はさまざまな人が唱えているが、ボウルヴィは乳幼児が養育者に対して泣いたり、甘えたりして親密な絆を形成しようとする行動を愛着とした。愛着は、安定した対人関係を築くための礎になる。いったん動くのをやめた K さんの行動の説明にはならない。

3　×　向社会的行動は、直接的な見返りを期待せずに、社会や人のためになることを自発的にする行動をいう。K さんの行動とは関係がない。

4　○　問題に示されているのは、ギブソンとウォークが行った視覚的断崖とよばれる実験である。１歳頃になると、自分ではどうしてよいのかがわからなくなった時に、養育者など信頼できる大人の表情や反応を見て自分の行動を決める社会的参照が見られるようになる。母親がほほ笑んだのを見て近づいていった K さんの行動に当てはまる。

5　×　原始反射は、乳児が生命を維持したり、危険を回避するために無意識のうちに示す反応をいう。生後約６か月になると消失する。

解説　正答 5

1　×　コールバーグは道徳性判断を前慣習的水準、慣習的水準、脱慣習的水準の３水準、発達段階が６段階あるとした。権威に服従するのは、前慣習的水準の最も低い段階１「罰と服従志向」に当たる。

2　×　罰を回避するのは、選択肢１と同様の段階１「罰と服従志向」に当たる。

3　×　多数意見を重視して判断するのは、慣習的水準の段階３「対人関係の調和あるいは『良い子』志向」に当たる。

4　×　損得で判断するのは、前慣習的水準の段階２「道具主義的相対主義者志向」に当たる。

5　○　人間の権利や平等性などの倫理に従って判断するのは、脱慣習的水準の最も高い発達段階である段階６「普遍的な倫理的原理志向」に当たる。

第35回◇問題33

標準的な発育をしている子どもの体重が、出生時の約２倍になる時期として、**最も適切なもの**を**１つ**選びなさい。

1　生後３か月
2　生後６か月
3　生後９か月
4　１歳
5　２歳

第35回◇問題34

ストローブ（Stroebe, M.S.）とシュト（Schut, H.）による悲嘆のモデルでは、死別へのコーピングには喪失志向と回復志向の２種類があるとされる。

喪失志向のコーピングとして、**最も適切なもの**を**１つ**選びなさい。

1　しばらく連絡していなかった旧友との交流を深める。
2　悲しい気持ちを語る。
3　新たにサークル活動に参加を申し込む。
4　ボランティア活動に励む。
5　新しい生活に慣れようとする。

解説　　　　正答　1　⇒速習 / 発老 L1

1　○　出生時の体重の平均は、約３kg である。標準的な発育をしている子どもは、生後３か月に出生時の約２倍である６kg 程度になる。

2　×　生後６か月の体重は、平均7.8kg で約2.6倍になる。

3　×　生後９か月の体重は、平均8.5kg で約2.8倍になる。

4　×　１歳で、体重は約３倍である９kg 程度になる。

5　×　２歳で、体重は約４倍である12kg 程度になる。

（資料：「平成22年乳幼児身体発育調査」厚生労働省）

解説　　　　正答　2　⇒速習 / 発老 L4

1　×　コーピングは、ストレスを低減するために行うさまざまな対処方法をいう。ストローブとシュトは、死別へのコーピングに喪失志向と回復志向の２つを想定した二重過程モデルを提唱した。しばらく連絡していなかった旧友との交流を深めるのは、回復志向のコーピングである。

2　○　悲しい気持ちを語るのは、喪失志向のコーピングである。

3　×　新たにサークル活動に参加を申し込むのは、回復志向のコーピングである。

4　×　ボランティア活動に励むのは、回復志向のコーピングである。

5　×　新しい生活に慣れようとするのは、回復志向のコーピングである。

第35回◇問題35 ★よく出る

加齢の影響を受けにくい認知機能として、**最も適切なもの**を**1つ**選びなさい。

1 エピソード記憶
2 作業記憶
3 選択的注意
4 流動性知能
5 意味記憶

第35回◇問題36 ★よく出る

高齢期の腎・泌尿器系の状態や変化に関する次の記述のうち、**最も適切なもの**を**1つ**選びなさい。

1 尿路感染症（urinary tract infections）を起こすことは非常に少ない。
2 腎盂腎炎（じんうじんえん）（pyelonephritis）の主な症状は、頭痛である。
3 尿の濃縮力が低下する。
4 前立腺肥大症（prostatic hypertrophy）では、尿道の痛みがある。
5 薬物が排出される時間は、短くなる。

解 説 　　正答 5　⇒速習 / 発老 L4

1 × **エピソード記憶**は、個人的な出来事や経験を時間と結び付けて記憶しておくものをいう。記憶の内容が日々変化するものであるため、加齢による影響を受けやすい。

2 × **作業記憶**は、ワーキングメモリーともいわれ、読み書きや計算など、複雑な知的行動の過程で使われる記憶で、繰り返されて長期記憶に移行しない限り、短時間で消失する。

3 × **選択的注意**は、さまざまな刺激の中から、特定の刺激に**注意を集中**させることをいう。加齢によって気が散りやすく集中が続きにくくなったりするため、加齢による影響を受けにくいとはいえない。

4 × **流動性知能**は、新しい環境に適応するための能力であり、新しい情報を獲得し、適切に処理していく知能で、加齢の影響を受けて低下する。

5 ○ **意味記憶**は、一般的な情報や住所、名前などの持つ意味や概念を記憶しておくものをいう。加齢によって思い出すのに時間がかかるようになるが、**正確さは保持される**ため、加齢による影響を受けにくいといえる。

解 説 　　正答 3　⇒速習 / 発老 L11

1 × 尿路感染症は**高齢者に多い**感染症で、膀胱炎、腎盂腎炎（じんうじんえん）などがある。

2 × 腎盂腎炎の場合、痛みは側腹部や背部にみられる。ほかには寒気や高熱、残尿感、排尿痛などが現れる。

3 ○ 高齢になると、腎臓での**尿の濃縮力が低下**し、夜間頻尿などがみられるようになる。

4 × **前立腺肥大症**は、前立腺が肥大して**尿道を圧迫**し、尿の通りが悪くなる。尿の出方が悪くなったり、夜間頻尿などが主な症状で、尿道の痛みはみられない。

5 × 腎臓の機能は**加齢によって徐々に低下**する。このため、薬物が排出されるまでの時間は**長く**なり、血液中の薬物濃度が高くなりやすい。

第35回◇問題37 ★よく出る

老年期の変形性膝関節症（knee osteoarthritis）に関する次の記述のうち、**最も適切なものを１つ**選びなさい。

1　外反型の脚の変形を伴うことが多い。
2　女性のほうが男性より罹患率（りかんりつ）が高い。
3　積極的に患部を冷やすことを勧める。
4　正座の生活習慣を勧める。
5　肥満のある人には積極的に階段を利用するように勧める。

第35回◇問題38 ★よく出る

高齢者の脱水に関する次の記述のうち、**最も適切なものを１つ**選びなさい。

1　若年者よりも口渇感を感じやすい。
2　体内水分量は若年者よりも多い。
3　起立時に血圧が上がりやすくなる。
4　下痢が原因となることはまれである。
5　体重が減ることがある。

解説　正答 2　⇒速習 / 発老 L6

1　×　変形性膝関節症で多くみられるのは、内反型の変形（O脚）である。外反型の変形とはX脚のことである。

2　○　男性より女性に多くみられる。

3　×　患部を冷やさないようにし、寒いときは積極的に温めるよう勧める。

4　×　膝関節に負担をかけないようにすることが重要である。生活習慣としては、正座ではなく、いすの使用を勧める。

5　×　膝への負担を軽減するため、階段ではなく、エレベーターやエスカレーターの利用を勧める。

解説　正答 5　⇒速習 / こころ L10

1　×　高齢者の場合、脳の渇中枢の機能が低下し、若年者より口渇感を感じにくくなる。

2　×　体内水分量は、若年者より少なくなるため、脱水になりやすい。

3　×　脱水になると、起立時に血圧が低下しやすくなり、ふらついたり、転倒したりする原因になる。

4　×　便とともに体内の水分や電解質が多量に排泄されるため、下痢のときは脱水になりやすい。

5　○　脱水になると、体内水分量が減少することなどから、体重も減少する。

第35回◇問題39 ★よく出る

次のうち、2019年（令和元年）の認知症施策推進大綱の5つの柱に示されているものとして、**適切なものを1つ**選びなさい。

1　市民後見人の活動推進への体制整備
2　普及啓発・本人発信支援
3　若年性認知症支援ハンドブックの配布
4　認知症初期集中支援チームの設置
5　認知症カフェ等を全市町村に普及

第35回◇問題40 ★よく出る

次の記述のうち、見当識障害に関する質問として、**最も適切なものを1つ**選びなさい。

1　「私たちが今いるところはどこですか」
2　「100から7を順番に引いてください」
3　「先ほど覚えてもらった言葉をもう一度言ってみてください」
4　「次の図形を写してください」
5　「この紙を左手で取り、両手で半分に折って、私に返してください」

解説　正答　2　⇒速習 / 認知 L1

1　×　「認知症施策推進大綱」の５つの柱とは、①普及啓発・本人発信支援、②予防、③医療・ケア・介護サービス・介護者への支援、④認知症バリアフリーの推進・若年性認知症の人への支援・社会参加支援、⑤研究開発・産業促進・国際展開である。
市民後見人の活動推進への体制整備は新オレンジプランの施策で、老人福祉法第32条の２に基づく、市町村および都道府県の役割である。

2　○　「普及啓発・本人発信支援」は、５つの柱に示されている。

3　×　若年性認知症支援ハンドブックは新オレンジプランの「若年性認知症施策の強化」の内容で、正しい知識などの普及・啓発を目指して作成され、医療機関などを通して、若年性認知症と診断された人やその家族に配布されている。

4　×　認知症初期集中支援チームの設置は、オレンジプランの「早期診断・早期対応」の施策のひとつである。

5　×　認知症カフェは、オレンジプランで紹介された、認知症の人や介護者など誰もが参加できる集いの場で、全市町村への配置は新オレンジプランで設定された目標である。

解説　正答　1　⇒速習 / 認知 L3

1　○　見当識障害とは、時間・場所・人物に対する認識（見当識）の障害をいう。「私たちが今いるところはどこですか」という質問は、場所について正しく認識できているかを確認しているので、適切である。

2　×　計算力を確認する質問である。

3　×　記憶力を確認する質問である。

4　×　空間認知の能力を確認する質問である。

5　×　遂行能力を確認する質問である。

第35回◇問題41

アルツハイマー型認知症（dementia of the Alzheimer's type）の、もの盗られ妄想に関する次の記述のうち、**最も適切なもの**を**1つ**選びなさい。

1　説明をすれば自身の考えの誤りに気づくことが多い。
2　本人の不安から生じることが多い。
3　現実に存在しない人が犯人とされる。
4　主に幻視が原因である。
5　症状の予防には抗精神病薬が有効である。

第35回◇問題42

慢性硬膜下血腫（chronic subdural hematoma）に関する次の記述のうち、**最も適切なもの**を**1つ**選びなさい。

1　運動機能障害が起こることは非常に少ない。
2　頭蓋骨骨折を伴い発症する。
3　抗凝固薬の使用はリスクとなる。
4　転倒の後、2～3日で発症することが多い。
5　保存的治療が第一選択である。

解説 ―――― 正答 2 ⇒速習 / 認知 L4

1 × 説明されて誤りに気づくのは、単純な物忘れや勘違いである。

2 ○ 物盗られ妄想の原因として、**記憶障害**により、しまった場所がわからなくなったことや、大切なものが自分の手元にないことへの**不安**が考えられる。

3 × 物盗られ妄想では、介護をしている家族など、現実にいる**身近な人**が犯人にされることもある。

4 × 幻視は、レビー小体型認知症にみられる症状である。

5 × 非薬物療法が基本であり、物盗られ妄想などの BPSD については、コミュニケーションなどのかかわりによって、改善が期待できる。

解説 ―――― 正答 3 ⇒速習 / 認知 L3

1 × 麻痺により身体が自由に動かせない、ふらつくなどの運動機能障害は、慢性硬膜下血腫にみられる症状のひとつである。

2 × 慢性硬膜下血腫は、転倒による頭部外傷などが原因で硬膜の下にできた**血腫**が徐々に増大し、**脳が圧迫**されて起こる。頭蓋骨骨折を伴って発症するというのは、不適切である。

3 ○ **抗凝固薬**は、血液を固まりにくくする薬であり、これを使用している人は慢性硬膜下血腫のリスクが高いとされている。

4 × 慢性硬膜下血腫は、**受傷後1か月**ほど経ってから症状が現れる。

5 × 他の認知症よりも短期間で症状が進行するため、なるべく早く検査や手術を行う。

関連問題… 36-55

第35回◇問題43

Ｌさん（83歳、女性、要介護１）は、アルツハイマー型認知症（dementia of the Alzheimer's type）である。一人暮らしで、週２回、訪問介護（ホームヘルプサービス）を利用している。

ある日、訪問介護員（ホームヘルパー）が訪問すると、息子が来ていて、「最近、母が年金の引き出しや、水道代の支払いを忘れるようだ。日常生活自立支援事業というものがあると聞いたことがあるが、どのような制度なのか」と質問があった。

訪問介護員（ホームヘルパー）の説明として、**最も適切なもの**を**１つ**選びなさい。

1 「申込みをしたい場合は、家庭裁判所が受付窓口です」
2 「年金の振込口座を、息子さん名義の口座に変更することができます」
3 「Ｌさんが契約内容を理解できない場合は、息子さんが契約できます」
4 「生活支援員が、水道代の支払いをＬさんの代わりに行うことができます」
5 「利用後に苦情がある場合は、国民健康保険団体連合会が受付窓口です」

第35回◇問題44

認知症ケアの技法であるユマニチュードに関する次の記述のうち、**正しいもの**を**１つ**選びなさい。

1 「見る」とは、離れた位置からさりげなく見守ることである。
2 「話す」とは、意識的に高いトーンの大きな声で話しかけることである。
3 「触れる」とは、指先で軽く触れることである。
4 「立つ」とは、立位をとる機会を作ることである。
5 「オートフィードバック」とは、ケアを評価することである。

解説

正答 4 ⇒速習／社会 L18

1 × 日常生活自立支援事業の受付窓口は、実施主体である都道府県・指定都市社会福祉協議会から委託を受けた**市町村社会福祉協議会**である。

2 × 日常生活自立支援事業では、**日常的金銭管理サービス**として、預金の払い戻しや預け入れなどの手続きも行うが、年金の振込口座を息子の名義に変更することはできない。

3 × 日常生活自立支援事業の利用契約は、本人が行うため、契約内容を理解できる程度の能力がある人が対象である。息子が代わりに契約することはできない。

4 ○ 日常生活自立支援事業では、日常的金銭管理サービスとして、水道代等の**公共料金の支払い**も行う。

5 × 日常生活自立支援事業に関する苦情の申立ては、都道府県社会福祉協議会に設置されている**運営適正化委員会**に対して行う。

解説

正答 4 ⇒速習／認知 L2

1 × 「見る」とは、相手と**目線**を合わせることで「平等な存在であること」、**近く**から見ることで「親しい関係であること」など、言葉を介さずにメッセージを相手に伝えることである。

2 × 「話す」とは、**低め**の声で「落ち着いた安定した関係」を、**大きすぎない**声で「穏やかな状況」を、**前向きな言葉**を選ぶことで「心地よい状態」を実現できる。

3 × 「触れる」とは、「広い面積で触れる」「つかまない」「ゆっくりと手を動かす」などで、相手に**優しさ**を伝えることである。

4 ○ 本人の立つ力を引き出すようにする。20分くらい立っていられるようであれば、立位での清拭（せいしき）やシャワーなどを勧める。

5 × 「オートフィードバック」は「話す」技術の１つで、自分が行っている介護の動きを**前向きな言葉**で実況中継するという方法である。

第35回◇問題45

現行の認知症サポーターに関する次の記述のうち、**最も適切なもの**を**1つ**選びなさい。

1　ステップアップ講座を受講した認知症サポーターには、チームオレンジへの参加が期待されている。
2　100万人を目標に養成されている。
3　認知症介護実践者等養成事業の一環である。
4　認知症ケア専門の介護福祉職である。
5　国が実施主体となって養成講座を行っている。

第35回◇問題46

認知症ケアパスに関する次の記述のうち、**最も適切なもの**を**1つ**選びなさい。

1　都道府県ごとに作られるものである。
2　介護保険制度の地域密着型サービスの１つである。
3　認知症（dementia）の人の状態に応じた適切なサービス提供の流れをまとめたものである。
4　レスパイトケアとも呼ばれるものである。
5　介護支援専門員（ケアマネジャー）が中心になって作成する。

解説　　正答　1　⇒速習／認知 L8

1　○　**チームオレンジ**は、認知症の人やその家族の支援ニーズと、ステップアップ講座を受講した認知症サポーターを中心とした支援をつなぐしくみである。

2　×　運用が始まった2005年度当初は、認知症サポーターを全国で100万人養成することが目標だったが、2009（平成21）年にこの目標は達成された。2023（令和５）年12月31日現在の人数は、15,109,658人である。

3　×　2005（平成17）年度に厚生労働省が開始した「認知症を知り地域をつくる10カ年」構想の一環である。

4　×　認知症サポーターは、**認知症サポーター養成講座**を受講すれば誰でもなれる。認知症ケア専門の介護福祉職ではない。

5　×　認知症サポーター養成講座の実施主体は、都道府県・市町村等の自治体や全国的組織を持つ職域団体などである。

解説　　正答　3　⇒速習／認知 L8

1　×　認知症ケアパスは、市町村で作成される。

2　×　介護保険制度の地域密着型サービスではない。

3　○　**認知症ケアパス**とは、認知症の人やその家族が、いつ、どこで、どのような医療・介護サービスを受けられるのかについて、その流れを示したものである。

4　×　**レスパイトケア**とは、介護を担っている家族に一時的な負担軽減・休息の機会を提供することをいう。

5　×　認知症ケアパスは、認知症地域支援推進員などが作成する。これに対し、介護支援専門員（ケアマネジャー）が中心となって作成するのは、ケアプランである。

第35回◇問題47

認知症ライフサポートモデルに関する次の記述のうち、**最も適切なもの**を**1つ**選びなさい。

1　各職種がそれぞれで目標を設定する。
2　終末期に行う介入モデルである。
3　認知症（dementia）の人本人の自己決定を支える。
4　生活を介護サービスに任せるプランを策定する。
5　認知症（dementia）の人に施設入所を促す。

第35回◇問題48

Mさん（88歳、女性）は、アルツハイマー型認知症（dementia of the Alzheimer's type）と診断された。夫と二人暮らしで、訪問介護（ホームヘルプサービス）を利用している。訪問介護員（ホームヘルパー）が訪問したときに夫から、「最近、日中することがなく寝てしまい、夜眠れていないようだ」と相談を受けた。訪問介護員（ホームヘルパー）は、Mさんが長年していた裁縫を日中にしてみることを勧めた。早速、裁縫をしてみるとMさんは、短時間で雑巾を縫うことができた。

Mさんの裁縫についての記憶として、**最も適切なもの**を**1つ**選びなさい。

1　作業記憶
2　展望的記憶
3　短期記憶
4　陳述記憶
5　手続き記憶

解説 ―――――――――― 正答 3 ⇒速習／認知 L8

1 × **認知症ライフサポートモデル**では、認知症のある人にかかわるさまざまな専門職が、ケアを提供するうえでの目的・目標を共有し、認知症ケアの多職種協働や専門領域ごとの機能発揮を図る。

2 × 認知症ライフサポートモデルでは、「**早期から終末期まで**の継続的な関わりと支援に取り組むこと」を、考え方の１つとしている。

3 ○ 認知症ライフサポートモデルでは、認知症の人の状態や尊厳にかかわる視点のひとつとして、「**自己決定を支える**こと（自己決定支援）」を挙げている。

4 × 生活を介護サービスに任せるのではなく、自らの力を最大限に使って暮らせるようなプランを策定する。

5 × 認知症ライフサポートモデルでは、「**住み慣れた地域で**、継続性のある暮らしを支える」を、考え方の基本のひとつとしている。

解説 ―――――――――― 正答 5 ⇒速習／発老 L4

1 × **作業記憶**（ワーキングメモリー）とは、短い時間に記憶を保持しながら２つ以上の処理を同時に行う能力をいう。

2 × **展望的記憶**とは、将来の予定や約束についての記憶をいう。

3 × **短期記憶**とは、一時的な記憶で、記銘処理（反復して覚え込む）により長期記憶に移行しない限り数十秒程度で消失するものをいう。

4 × **陳述記憶**とは、長期記憶のうち、その記憶の内容を言葉で表現できるものをいう。

5 ○ **手続き記憶**とは、長期記憶のうち、その記憶の内容を言葉で表現できない非陳述的記憶のひとつであり、経験の積み重ねによって蓄積された、身体で覚えているような情報・記憶をいう。Ｍさんの裁縫についての記憶は、手続き記憶にあたる。

第35回◇問題49 ★よく出る

ストレングス（strength）の視点に基づく利用者支援の説明として、**最も適切なもの**を**1つ**選びなさい。

1　個人の特性や強さを見つけて、それを生かす支援を行うこと。
2　日常生活の条件をできるだけ、障害のない人と同じにすること。
3　全人間的復権を目標とすること。
4　権利を代弁・擁護して、権利の実現を支援すること。
5　抑圧された権利や能力を取り戻して、力をつけること。

第35回◇問題50 ★よく出る

1960年代のアメリカにおける自立生活運動（IL 運動）に関する次の記述のうち、**最も適切なもの**を**1つ**選びなさい。

1　障害があっても障害のない人々と同じ生活を送る。
2　一度失った地位、名誉、特権などを回復する。
3　自分で意思決定をして生活する。
4　医療職が機能回復訓練を行う。
5　障害者の社会への完全参加と平等を促進する。

解説

正答 1 ⇒速習／介基L3

1 ○ ストレングスの視点に基づく利用者支援とは、個々の利用者がもっている意欲や積極性、治癒力、回復力、嗜好、願望などの強さ（ストレングス）を生かして支援を行うことをいう。

2 × ノーマライゼーションについての説明である。

3 × 全人間的復権を目標とするのは、リハビリテーションの理念である。

4 × アドボカシーについての説明である。

5 × エンパワメントについての説明である。

解説

正答 3

1 × 自立生活運動（IL運動）では、障害のために誰かの介護を必要としているとしても、自分の意思で、自らのあり方を決めて生きることが自立であると考えた。それは障害のない人々と同じ生活をすることではない。

2 × 地位や名誉の回復などは、中世ヨーロッパで使われていたリハビリテーションの内容である。

3 ○ 1のとおり、適切である。

4 × 医学的リハビリテーションの内容である。

5 × 障害者の社会への完全参加と平等は、国際障害者年（1981年）のテーマである。

関連問題…33-93 32-14

第35回◇問題51

「障害者虐待防止法」における、障害者に対する著しい暴言が当てはまる障害者虐待の類型として、**最も適切なもの**を**1つ**選びなさい。

1 身体的虐待
2 放棄・放置
3 性的虐待
4 心理的虐待
5 経済的虐待

(注)「障害者虐待防止法」とは、「障害者虐待の防止、障害者の養護者に対する支援等に関する法律」のことである。

関連問題…36-51 34-91

第35回◇問題52

上田敏の障害受容のモデルにおける受容期の説明として、**最も適切なもの**を**1つ**選びなさい。

1 受傷直後である。
2 障害の状態を否認する。
3 リハビリテーションによって機能回復に取り組む。
4 障害のため何もできないと捉える。
5 障害に対する価値観を転換し、積極的な生活態度になる。

解説 ―― 正答 4 ⇒速習／社会 L17

1 × 障害者虐待防止法における**身体的虐待**とは、障害者の身体に外傷が生じ、もしくは生じる恐れのある暴行を加え、または正当な理由なく障害者の身体を拘束することをいう。

2 × 障害者虐待防止法における**放棄・放置**とは、障害者を衰弱させるような著しい減食または長時間の放置、他の者による身体的・心理的・性的虐待と同様の行為を放置など、養護を著しく怠ることをいう。

3 × 障害者虐待防止法における**性的虐待**とは、障害者にわいせつな行為をすること、または障害者にわいせつな行為をさせることをいう。

4 ○ 障害者虐待防止法における**心理的虐待**とは、**障害者に対する著しい暴言**または著しく拒絶的な対応その他の障害者に著しい心理的外傷を与える言動を行うことをいう。

5 × 障害者虐待防止法における**経済的虐待**とは、障害者の財産を不当に処分することその他障害者から不当に財産上の利益を得ることをいう。

解説 ―― 正答 5 ⇒速習／障害 L8

1 × 受傷直後は「**ショック期**」である。身体的な苦痛はあるが、障害が残ることがまだわからない段階で、心理的には比較的落ち着いている。

2 × 障害の状態を否認するのは「**否認期**」である。障害が残ることに気づき始めるが、その事実を認めたくないという気持ちが強い。

3 × 機能回復に取り組むのは「**努力期**」である。障害が残るという混乱から立ち直るには自らの努力が必要であると気づく時期である。

4 × 障害のため何もできないととらえるのは「**混乱期**」である。障害が残るという現実に直面して心理的に混乱し、抑鬱（よくうつ）状態になったりする。

5 ○ 障害のある現実を受け止め、自身の残された可能性に目が向き（価値観の転換）、積極的な生活態度になるのが「**受容期**」である。障害の受容過程は、ショック期→否認期→混乱期→努力期→受容期の５つに大きく分けられている。

第35回◇問題53	★よく出る

次のうち、四肢麻痺（ししまひ）を伴う疾患や外傷として、**適切なものを１つ**選びなさい。

1　右脳梗塞（right cerebral infarction）
2　左脳梗塞（left cerebral infarction）
3　頸髄損傷（けいずいそんしょう）（cervical cord injury）
4　腰髄損傷（lumbar spinal cord injury）
5　末梢神経損傷（まっしょうしんけいそんしょう）（peripheral nerve injury）

関連問題… 33-69

第35回◇問題54	★よく出る

学習障害の特徴に関する次の記述のうち、**最も適切なものを１つ**選びなさい。

1　読む・書く・計算するなどの習得に困難がある。
2　注意力が欠如している。
3　じっとしているのが難しい。
4　脳の機能に障害はない。
5　親のしつけ方や愛情不足によるものである。

解説

正答 3　⇒速習 / 生活 L5

1 × 右脳梗塞は、左片麻痺（左半身の麻痺）を伴う。
2 × 左脳梗塞は、右片麻痺（右半身の麻痺）を伴う。
3 ○ **頸髄損傷**は、**四肢麻痺**（両上肢および両下肢の麻痺）を伴う。
4 × 腰髄損傷は、対麻痺（両下肢の麻痺）を伴う。
5 × 末梢神経損傷は、手足のしびれや知覚麻痺などを伴う。

解説

正答 1　⇒速習 / 障害 L6

1 ○ 文部科学省が示している教育上の定義では、「学習障害とは、基本的には全般的な知的発達に遅れはないが、聞く、話す、読む、書く、計算する又は推論する能力のうち特定のものの**習得と使用に著しい困難を示す**様々な状態を指すものである」とされている。
2 × 選択肢の記述は、**注意欠陥多動性障害**（ADHD）の説明である。注意欠陥多動性障害は、**不注意・多動性・衝動性**を特徴とする障害のことで、物をよくなくす、落ち着きがなく歩き回ったりするなどの行動がみられる。
3 × 2と同様、じっとしているのが難しい（多動性）というのはADHDの特徴である。
4 × 「**発達障害者支援法**」によると、発達障害とは、「自閉症、アスペルガー症候群その他の広汎性発達障害、学習障害、注意欠陥多動性障害その他これに類する**脳機能の障害**であってその症状が通常**低年齢**において発現するものとして政令で定めるもの」と定義されている。
5 × 4のとおり。親のしつけ方や愛情不足によるものではない。

第35回◇問題55

Aさん（60歳、男性）は、脊髄小脳変性症（spinocerebellar degeneration）のため、物をつかもうとすると手が震え、起立時や歩行時に身体がふらつき、ろれつが回らないため発語が不明瞭である。

次のうち、Aさんの現在の症状に該当するものとして、**最も適切なもの**を**1つ**選びなさい。

1　運動麻痺（うんどうまひ）
2　運動失調
3　関節拘縮
4　筋萎縮
5　筋固縮

第35回◇問題56

Bさん（21歳、男性）は、統合失調症（schizophrenia）を発症し、継続した内服によって幻覚や妄想などの症状は改善しているが、意欲や自発性が低下して引きこもりがちである。現在、Bさんは、外来に通院しながら自宅で生活していて、就労を考えるようになってきた。

介護福祉職が就労に向けて支援するにあたり留意すべきこととして、**最も適切なもの**を**1つ**選びなさい。

1　あいまいな言葉で説明する。
2　代理で手続きを進める。
3　介護福祉職が正しいと考える支援を行う。
4　Bさんに意欲をもつように強く指示する。
5　Bさん自身が物事を決め、実行できるように関わる。

解説 ―― 正答 2 ⇒速習／こころL3

1 × **運動麻痺**（まひ）とは、脳や脊髄などが損傷することで、随意的に手足などが動かしにくくなる状態をいう。

2 ○ 脊髄小脳変性症では、ろれつが回らない、動作時に上肢が震える、歩行がふらつく失調性歩行（小脳性体幹失調）などの**運動失調**が現れる。

3 × **関節拘縮**とは、関節を構成する組織や周囲の組織（関節包（かんせつほう）や靭帯など骨や軟骨（なんこつ）以外の組織）が縮み、関節の動きが悪くなる状態をいう。

4 × **筋萎縮**とは、筋組織が縮んで小さくなった状態をいう。筋力の低下をきたす。

5 × **筋固縮**は、身体の筋肉がこわばる症状をいう。パーキンソン病などが原因で起こる。

解説 ―― 正答 5 ⇒速習／コ技L2

1 × 統合失調症の人には、あいまいな言葉、抽象的な表現を避け、具体的にわかりやすく話すように心がける。

2 × Ｂさんは、継続した服薬により症状が改善し、就労を考えている段階である。Ｂさんの意思を尊重したかかわりをしていくことが基本であり、代理で手続きを進めるのは、就労に向けた支援として不適切である。

3 × 利用者一人ひとりで生活や行動、価値観は異なる。介護福祉職の価値観を押しつけるのではなく、利用者の**価値観**や**考え方**を**尊重**することが大切である。

4 × 意欲や自発性が低下するなど**陰性**症状が現れているＢさんにとっては、介護福祉職からの強い指示がストレスになってしまう可能性がある。本人の気持ちを理解し、無理のないペースで行えるように支援することが大切である。

5 ○ 介護福祉職には、Ｂさんが自分の意思で決め（**意思決定**）、判断（**自己選択**）ができるように、情報提供や相談など、Ｂさんの状況に応じたきめ細かく丁寧なかかわりが求められる。

第35回◇問題57

Ｃさん（３歳）は、24時間の人工呼吸器管理、栄養管理と体温管理が必要であり、母親（32歳）が生活全般を支えている。Ｃさんの母親は、「発達支援やショートステイを活用したいのに、市内に事業所がない。ほかにも困っている家族がいる」とＤ相談支援専門員に伝えた。

Ｄ相談支援専門員が、課題の解決に向けて市（自立支援）協議会に働きかけたところ、市内に該当する事業所がないことが明らかになった。

この事例で、地域におけるサービスの不足を解決するために、市（自立支援）協議会に期待される機能･役割として、**最も適切なもの**を**１つ**選びなさい。

1　困難な事例や資源不足についての情報の発信
2　権利擁護に関する取り組みの展開
3　地域の社会資源の開発
4　構成員の資質向上
5　基幹相談支援センターの運営評価

第35回◇問題58

Ｅさん（38歳、男性）は、脳梗塞（cerebral infarction）を発症し、病院に入院していた。退院時に、右片麻痺（みぎかたまひ）と言語障害があったため、身体障害者手帳２級の交付を受けた。現在、Ｅさんと家族の希望によって、自宅で生活しているが、少しずつ生活に支障が出てきている。Ｅさんの今後の生活を支えるために、障害福祉サービスの利用を前提に多職種連携による支援が行われることになった。

Ｅさんに関わる関係者が果たす役割として、**最も適切なもの**を**１つ**選びなさい。

1　介護支援専門員（ケアマネジャー）が、介護サービス計画を作成する。
2　医師が、要介護認定を受けるための意見書を作成する。
3　基幹相談支援センターの職員が、障害福祉計画を立てる。
4　地域包括支援センターの職員が、認定調査を行う。
5　相談支援専門員が、サービス担当者会議を開催する。

解説　正答 3　⇒速習／障害 L9

1　×　**協議会**は、相談支援事業をはじめとする障害者への支援体制の整備を図るため、「障害者総合支援法」に基づき、地方公共団体によって設置されている。その機能・役割は、大きく6つに整理される。「**情報**機能」、「**調整**機能」、「**権利擁護**機能」、「**開発**機能」、「**教育**機能」、「**評価**機能」である。困難な事例や資源不足などについての情報の発信は「**情報**機能」に当たるが、事例で求められている機能・役割ではない。

2　×　権利擁護に関する取り組みの展開は「**権利擁護**機能」に当たる。

3　○　地域の社会資源の開発は「**開発**機能」に当たり、事例の地域におけるサービスの不足を解決するために求められる機能として、最も適切である。

4　×　構成員の資質向上は「**教育**機能」に当たる。

5　×　基幹相談支援センターの運営評価は「**評価**機能」に当たる。

解説　正答 5　⇒速習／障害 L9

1　×　38歳のＥさんは、介護保険制度の被保険者でないため、介護サービスを受けることはできない。介護保険のサービスを受けられるのは、**65歳以上**の第１号被保険者と**40歳以上**65歳未満かつ特定疾病で認定を受けた第２号被保険者である。

2　×　Ｅさんは介護保険制度の被保険者でないため、要介護認定を受けられない。

3　×　**基幹相談支援センター**は、市町村に設置された、地域における障害者（児）の相談支援を担う機関である。また、**障害福祉計画**は、障害者総合支援法によるサービスが、国の基本指針に則って計画的に実施されることを目的として、都道府県および市町村が策定するものである。

4　×　障害者総合支援法の介護給付を利用する際に必要となる**障害支援区分**の認定調査は、**市町村**の調査員や**相談支援事業者**などが行う。**地域包括支援センター**は、介護保険制度における包括的支援事業を実施する機関である。

5　○　Ｅさんの障害福祉サービスについては、指定特定相談支援事業者の**相談支援専門員**が、サービス等利用計画の作成を行うほか、サービス担当者会議を開催する。

第35回◇問題59

消毒と滅菌に関する次の記述のうち、**正しいものを１つ**選びなさい。

1　消毒は、すべての微生物を死滅させることである。
2　複数の消毒液を混ぜると効果的である。
3　滅菌物には、有効期限がある。
4　家庭では、熱水で滅菌する。
5　手指消毒は、次亜塩素酸ナトリウムを用いる。

第35回◇問題60

次の記述のうち、成人の正常な呼吸状態として、**最も適切なものを１つ**選びなさい。

1　胸腹部が一定のリズムで膨らんだり縮んだりしている。
2　ゴロゴロとした音がする。
3　爪の色が紫色になっている。
4　呼吸数が１分間に40回である。
5　下顎を上下させて呼吸している。

解説 ―― 正答 3 ⇒速習 / 医療 L2

1 × 消毒は、病原性微生物を死滅あるいは害のない程度まで弱くすることである。すべての微生物を死滅させるのは、滅菌である。

2 × 複数の消毒液を混ぜるのは危険である。次亜塩素酸ナトリウムなどの塩素系漂白剤と酸性の洗剤や漂白剤を混ぜると有毒ガスが発生する。

3 ○ 滅菌物を使用する際には、滅菌済みであることの表示や有効期限のほか、開封されていないことも確認する。

4 × 滅菌には専用の施設・設備が必要なため、家庭で行うことはできない。滅菌済み物品を医療機関や業者から入手して使用する。

5 × 次亜塩素酸ナトリウムは、汚染されたリネン類や食器類の洗浄、消毒、経管栄養セットや器具・器材の消毒に使用する。手指の消毒には消毒用エタノールや塩化ベンザルコニウム、塩化ベンゼトニウムを使用する。

解説 ―― 正答 1 ⇒速習 / 医療 L1

1 ○ 成人の正常な呼吸は1分間に12～18回程度で、規則的に胸部や腹部が膨らんだり縮んだりする。

2 × ゴロゴロとした音がするのは、痰や分泌物で気道の空気の通りが悪くなっているときで、成人の正常な呼吸では聞かれない。

3 × 爪の色が紫色になっているのは、血中酸素量が低下してチアノーゼを起こした状態である。

4 × 成人の場合、呼吸数は1分間に12～18回程度である。

5 × 下顎（したあご）を上下させる呼吸は下顎呼吸（かがくこきゅう）とよばれ、死が近づいているときにみられる。正常な呼吸状態ではない。

第35回◇問題61 ★よく出る

喀痰吸引(かくたんきゅういん)を行う前の準備に関する次の記述のうち、**最も適切なものを1つ**選びなさい。

1 医師の指示書の確認は、初回に一度行う。

2 利用者への吸引の説明は、吸引のたびに行う。

3 腹臥位(ふくがい)の姿勢にする。

4 同室の利用者から見える状態にする。

5 利用者に手指消毒をしてもらう。

第35回◇問題62 ★よく出る

胃ろうによる経管栄養での生活上の留意点の説明として、**最も適切なもの**を**1つ**選びなさい。

1 「日中は、ベッド上で過ごします」

2 「夜寝るときは、上半身を起こした姿勢で寝ます」

3 「便秘の心配はなくなります」

4 「口から食べなくても口腔(こうくう)ケアは必要です」

5 「入浴は清拭に変更します」

解説　正答 2　⇒速習 / 医療 L2

1　×　喀痰吸引を実施する前には、**毎回**必ず医師の指示書、看護職からの引き継ぎ事項や実施の留意点を確認する。

2　○　利用者への吸引の説明は、**吸引を実施するたび**に行う。そのあと、利用者の姿勢を整えるなど、吸引環境を整備する。

3　×　腹臥位は、腹ばいの姿勢である。喀痰吸引の際には、できる限り利用者が楽に吸引を受けられるようにする。口腔内吸引では顔を横向きにしたり**半座位**にしたりする。鼻腔内吸引ではベッドを**水平から約10～15度**挙上すると吸引を行いやすい。

4　×　施設等で喀痰吸引を実施する際には、同室の利用者から見えないようにカーテンやスクリーンを使用して**プライバシーを保護**する。

5　×　喀痰吸引を実施する前に**手指を消毒するのは介護職**である。石鹸と流水で手を洗うか、速乾性手指消毒液で手指消毒を行う。

解説　正答 4　⇒速習 / 医療 L3

1　×　経管栄養は、生活や行動範囲を制限するものではない。栄養剤の注入後30分から1時間は、嘔吐（おうと）や食道への逆流を防ぐために上半身を起こした状態を保つ必要があるが、そのほかは**自由に移動**してもよい。

2　×　夜寝るときは、できるだけ本人の希望を取り入れた姿勢にする。

3　×　経管栄養を行っていると、水分や食物繊維の不足、運動不足、腸の蠕動（ぜんどう）運動の低下などにより、**便秘が起こりやすくなる**。

4　○　口から食物を摂取していない場合、唾液による自浄作用が低下して細菌が増殖しやすい状態となる。**感染症**や**肺炎**につながる恐れもあるため、口腔ケアを行い、口腔内を清潔にすることが必要である。

5　×　ろう孔の周囲に異常が見られなければ、**入浴が可能**である。入浴時は、石鹸でろう孔の周囲の皮膚を洗浄し、十分に洗い流す。入浴ができない場合には、清拭（せいしき）に変更する。

第35回◇問題63

Ｆさん（87歳、女性）は、介護老人福祉施設に入所している。嚥下機能が低下したため、胃ろうによる経管栄養が行われている。担当の介護福祉士は、Ｆさんの経管栄養を開始して、しばらく観察した。その後、15分後に訪室すると、Ｆさんが嘔吐して、意識はあるが苦しそうな表情をしていた。介護福祉士は、すぐに経管栄養を中止して看護職員を呼んだ。

看護職員が来るまでの介護福祉士の対応として、**最も優先すべきもの**を**1つ**選びなさい。

1　室内の換気を行った。
2　ベッド上の嘔吐物を片付けた。
3　酸素吸入を行った。
4　心臓マッサージを行った。
5　誤嚥を防ぐために顔を横に向けた。

解 説

正答 5 ⇒速習／医療L3

1 × Ｆさんは嘔吐しているので、室内の換気を行うことは必要である。ただし、最も優先すべき対応ではない。

2 × ベッド上の嘔吐物を片付け、Ｆさんの周囲を清潔にすることは必要である。ただし、最も優先すべき対応ではない。

3 × **酸素吸入は医行為**であり、Ｆさんに酸素吸入が必要かどうかを判断するのは医師である。看護職員が来るまでに介護福祉士が行う対応ではない。

4 × Ｆさんは苦しそうな表情をしていても**意識はある**。心臓マッサージを行う状況ではない。

5 ○ Ｆさんは嚥下機能が低下しており、嘔吐物の誤嚥を防ぐため、Ｆさんの**顔を横に向ける**ことは介護福祉士として最も優先すべき対応である。

関連問題…34-18

第35回◇問題64 ★よく出る

利用者主体の考えに基づいた訪問介護員（ホームヘルパー）の対応に関する次の記述のうち、**最も適切なものを1つ**選びなさい。

1　トイレの窓は換気が必要であると判断し、開けたままにしておいた。
2　認知症（dementia）の人が包丁を持つのは危険だと判断し、訪問介護員（ホームヘルパー）が調理した。
3　煮物を調理するとき、利用者に好みの切り方を確認してもらった。
4　糖尿病（diabetes mellitus）のある利用者には、買い物代行で菓子の購入はしないことにした。
5　次回の掃除のために、訪問介護員（ホームヘルパー）が使いやすい場所に掃除機を置いた。

第35回◇問題65

「求められる介護福祉士像」で示された内容に関する次の記述のうち、**最も適切なものを1つ**選びなさい。

1　地域や社会のニーズにかかわらず、利用者を導く。
2　利用者の身体的な支援よりも、心理的・社会的支援を重視する。
3　施設か在宅かに関係なく、家族が望む生活を支える。
4　専門職として他律的に介護過程を展開する。
5　介護職の中で中核的な役割を担う。

（注）「求められる介護福祉士像」とは、社会保障審議会福祉部会福祉人材確保専門委員会「介護人材に求められる機能の明確化とキャリアパスの実現に向けて」（2017年（平成29年）10月4日）の中で示されたものを指す。

解説

正答 3 ⇒速習 / コ技 L1

1 × 利用者主体の介護という観点から、利用者の**意思確認**は重要である。利用者に確認せず、訪問介護員の判断で窓を開けたままにするのは適切な対応ではない。

2 × 1と同じく、訪問介護員の判断で利用者に調理をさせないのは適切な対応ではない。

3 ○ 訪問介護員が調理をする際に、利用者に食材の好みの切り方を**確認**するのは、最も適切な対応である。

4 × 糖尿病であっても、菓子を購入するかどうかを決めるのは利用者である。訪問介護員の判断で購入しないというのは適切な対応ではない。

5 × 訪問介護員の都合で、勝手に掃除機の置き場所を決めるのは適切な対応ではない。

解説

正答 5 ⇒速習 / 介基 L1

1 × 「求められる介護福祉士像」10項目の中で、「制度を理解しつつ、地域や社会の**ニーズに対応**できる」こととされている。

2 × 「身体的な支援だけでなく、**心理的・社会的支援**も展開できる」こととされている。

3 × 「地域の中で、施設・在宅にかかわらず、**本人が望む生活**を支えることができる」とされている。

4 × 「専門職として**自律的**に介護過程の展開ができる」こととされている。

5 ○ 「介護職の中で**中核的な役割**を担う」こととされている。

第35回◇問題66

社会福祉士及び介護福祉士法に規定されている介護福祉士の責務として、**最も適切なもの**を**1つ**選びなさい。

1　地域生活支援事業その他の支援を総合的に行う。
2　介護等に関する知識及び技能の向上に努める。
3　肢体の不自由な利用者に対して必要な訓練を行う。
4　介護保険事業に要する費用を公平に負担する。
5　常に心身の健康を保持して、社会的活動に参加するように努める。

第35回◇問題67

Aさん（85歳、女性、要介護１）は夫と二人暮らしで、訪問介護（ホームヘルプサービス）を利用している。Aさんは認知症（dementia）の進行によって、理解力の低下がみられる。ある日、Aさんが訪問介護員（ホームヘルパー）に、「受けているサービスをほかのものに変更したい」「夫とは仲が悪いので話したくない」と、不安な様子で話した。

意思決定支援を意識した訪問介護員（ホームヘルパー）の対応として、**最も適切なもの**を**1つ**選びなさい。

1　Aさんとの話し合いの場に初めから夫に同席してもらった。
2　Aさんにサービス変更の決断を急ぐように伝えた。
3　Aさんと話す前に相談内容を夫に話した。
4　サービスを変更したい理由についてAさんに確認した。
5　訪問介護員（ホームヘルパー）がサービス変更をすることを判断した。

解説

正答 2 ⇒速習／介基L2

1 × 市町村および都道府県の責務として、障害者総合支援法第１条で定められた内容である。

2 ○ **介護福祉士**の資質向上の責務として、**社会福祉士及び介護福祉士法**第47条の２で定められた内容である。

3 × 身体障害者福祉法第４条の２第３項で定められた介助犬訓練事業に関する内容である。

4 × 国民の義務として、介護保険法第４条第２項で定められた内容である。

5 × 老人が努めることとして、老人福祉法第３条で定められた内容である。

解説

正答 4

1 × 「夫とは仲が悪いので話したくない」と不安な様子をみせたＡさんの意向に沿っておらず、適切な対応ではない。

2 × 理解力の低下がみられるＡさんに変更の決断を急がせるのは適切な対応ではない。サービスを変更したい理由などをＡさんに確認する必要がある。

3 × Ａさんの信頼を損なう恐れがあり、適切な対応ではない。

4 ○ Ａさんの意思を尊重し、**意思決定**を支援するため、最も適切な対応である。

5 × サービスを変更するかどうかを判断するのは、Ａさん本人でなければならない。訪問介護員が判断するのは適切な対応ではない。

／ ／ ／

第35回◇問題68

すべての人が暮らしやすい社会の実現に向けて、どこでも、だれでも、自由に、使いやすくという考え方を表す用語として、**適切なもの**を**1つ**選びなさい。

1　ユニバーサルデザイン（universal design）
2　インフォームドコンセント（informed consent）
3　アドバンス・ケア・プランニング（advance care planning）
4　リビングウィル（living will）
5　エンパワメント（empowerment）

／ ／ ／

第35回◇問題69

Bさん（82歳、女性、要介護2）は、若いときに夫を亡くし、家で仕事をしながら子どもを一人で育てた。夫や子どもと過ごした家の手入れは毎日欠かさず行っていた。数年前に、アルツハイマー型認知症（dementia of the Alzheimer's type）と診断され、認知症対応型共同生活介護（認知症高齢者グループホーム）に入居した。夕方になると、「私、家に帰らないといけない」と介護福祉職に何度も訴えている。

Bさんに対する介護福祉職の声かけとして、**最も適切なもの**を**1つ**選びなさい。

1　「仕事はないですよ」
2　「ここが家ですよ」
3　「外に散歩に行きますか」
4　「家のことが気になるんですね」
5　「子どもさんが『ここにいてください』と言っていますよ」

解説　正答 1　⇒速習／生活 L3

1 ○ **ユニバーサルデザイン**とは、すべての人が利用可能であるように配慮されたデザインをいう。

2 × **インフォームド・コンセント**とは、医療現場で自己決定の前提として、治療の方針や内容に関する情報を患者と家族が説明を受け、治療方針に同意をするプロセスをいう。介護現場でも、ケアプランなどの作成に当たり、利用者に説明をし、同意を得ることは欠かせない。

3 × **アドバンス・ケア・プランニング（ACP）**とは、自らが望む人生の最終段階における医療・ケアについて、前もって考え、医療・ケアチームなどと話し合い、共有する取り組みをいう。

4 × **リビングウィル**とは「生前発効の遺言」という意味であり、尊厳死など延命処置についての希望を表明すること（またはその意思表示）をいう。

5 × **エンパワメント**とは、抑圧された権利や能力を取り戻すことを意味し、社会福祉の実践においては、利用者が自らの問題を主体的に解決しようとする力を引き出すことをいう。

解説　正答 4　⇒速習／コ技 L2

1 × BPSD（認知症の行動・心理症状）のひとつである徘徊（はいかい）で、夕方になると帰宅行動を取ることを夕暮れ症候群という。見当識の障害などから居場所がわからなくなることに起因していると考えられている。Bさんが示す帰宅願望の背景には、毎日家の手入れを欠かさなかったという生活歴があると考えられる。介護福祉職の声かけとして、否定的な言葉は適切ではない。

2 × 事実でないことを言うと、本人を混乱させてしまう恐れがあり、適切ではない。

3 × 家に帰らなければならないと思い込んでいるBさんに、「散歩に行きますか」というのは、Bさんの訴えと関係がなく、適切ではない。

4 ○ 家のことを気にかけるBさんの不安な思いをあるがままに受け入れ、その気持ちに寄り添った声かけといえる。

5 × 介護福祉職が作った虚偽の内容であり、Bさん自身の気持ちに寄り添った声かけとはいえず、適切ではない。

第35回◇問題70

介護保険施設の駐車場で、下記のマークを付けた車の運転手が困った様子で手助けを求めていた。介護福祉職の対応として、**最も適切なものを１つ**選びなさい。

1　手話や筆談を用いて話しかける。
2　杖（つえ）を用意する。
3　拡大読書器を使用する。
4　移動用リフトを用意する。
5　携帯用点字器を用意する。

第35回◇問題71

介護保険施設における専門職の役割に関する次の記述のうち、**最も適切なものを１つ**選びなさい。

1　利用者の栄養ケア・マネジメントは、薬剤師が行う。
2　認知症（dementia）の診断と治療は、作業療法士が行う。
3　利用者の療養上の世話又は診療の補助は、社会福祉士が行う。
4　日常生活を営むのに必要な身体機能改善や機能訓練は、歯科衛生士が行う。
5　施設サービス計画の作成は、介護支援専門員が行う。

解説 ──── 正答 1

1 ○ このマークは、普通自動車免許を取得していて、聴覚障害であることを理由に、免許に条件を付されている人が運転する車に表示する「**聴覚障害者標識**（聴覚障害者マーク）」である。手話や筆談を用いて話しかけるのは、最も適切である。

2 × 視覚障害や肢体不自由ではないので、杖の用意は適切ではない。

3 × **拡大読書器**は、弱視の人が使用するコミュニケーションツールであり、適切ではない。

4 × **移動用リフト**は、自力で移乗・移動の動作ができない人の体を吊り上げて、ベッドから車いす、トイレなどの間の移動を介助するときに使用する用具であり、適切ではない。

5 × **携帯用点字器**は、視覚障害者が使用するコミュニケーションツールであり、適切ではない。

解説 ──── 正答 5 ⇒速習 / 介基 L7

1 × **栄養ケア・マネジメント**は、**管理栄養士**と医師、歯科医師、看護師および介護支援専門員などの職種が共同して行う。薬剤師は、医療機関や薬局において医師の処方せんに基づいた調剤業務や服薬指導を行う。

2 × 認知症の診断と治療は、**医師**が行う。

3 × 療養上の世話または診療の補助は、**看護師**が行う。社会福祉士は、高齢者や障害者などの福祉に関する**相談**に応じ、**助言**や**指導**、福祉サービス関係者との**連絡調整**その他の援助を行う。

4 × 身体機能改善や機能訓練は、**理学療法士**などの機能訓練指導員が行う。歯科衛生士は、**歯科予防処置**や**歯科診療の補助**、介護福祉職への口腔ケアの指導などを行う。

5 ○ 施設サービス計画は、**介護支援専門員**（ケアマネジャー）が作成する。

第35回◇問題72

介護の現場におけるチームアプローチ（team approach）に関する次の記述のうち、**最も適切なもの**を**1つ**選びなさい。

1　チームメンバーが得た情報は、メンバー間であっても秘密にする。
2　チームメンバーの役割分担を明確にする。
3　利用者を外してチームを構成する。
4　医師がチームの方針を決定する。
5　チームメンバーを家族が指名する。

第35回◇問題73

利用者の危険を回避するための介護福祉職の対応として、**最も適切なもの**を**1つ**選びなさい。

1　スプーンを拾おうとして前傾姿勢になった車いすの利用者を、目視で確認した。
2　廊下をふらつきながら歩いていた利用者の横を、黙って通り過ぎた。
3　食事介助をしていた利用者の姿勢が傾いてきたので、姿勢を直した。
4　下肢筋力が低下している利用者が、靴下で歩いていたので、スリッパを履いてもらった。
5　車いすの利用者が、フットサポートを下げたまま立ち上がろうとしたので、またいでもらった。

解説 ――― 正答 2 ⇒速習 / 介基 L7

1 × チームメンバーは、必要な情報は共有し、同じ目標に向かい、連携・協働していく。

2 ○ チームメンバーは、お互いの専門性や立場を理解、尊重し、**役割分担**を明確にする。

3 × **利用者のニーズの充足**という目標に向かって、チームアプローチを行うには、利用者本人をチームの中心としてとらえることが大切である。

4 × 介護のチームアプローチに適している「横並び型チーム」では、特定の専門職が方針を決めるのではなく、チームで意見を出しあって決定する。

5 × 利用者のニーズや生活課題に応じて、連携し、効率的・効果的な介護を提供するのが、チームアプローチである。家族がチームメンバーを指名するのではない。

解説 ――― 正答 3

1 × 目視で確認するのではなく、利用者が倒れてしまわないように利用者の身体を支える必要がある。

2 × すぐに対応できる位置に近づいて見守り、必要があれば声かけをする。

3 ○ 食事中に姿勢が傾くと**誤嚥**(ごえん)**の危険**が高まるので、姿勢を直す必要がある。

4 × スリッパは、滑ったり脱げたりしやすく、下肢筋力が低下している人にとっては、転倒のリスクが高く適切ではない。

5 × フットサポートを下げたままでは、つまずいたり、またごうとしてバランスを崩したりして、転倒のリスクが高い。車いすから降りるときは、必ずフットサポートを上げ、足を地面につけた状態で降りてもらうようにする。

第35回◇問題74 よく出る

次のうち、閉じられた質問として、**適切なもの**を**1つ**選びなさい。

1 「この本は好きですか」
2 「午後はどのように過ごしますか」
3 「困っていることは何ですか」
4 「どのような歌が好きですか」
5 「なぜそう思いますか」

関連問題… 33-28

第35回◇問題75

利用者の家族と信頼関係を形成するための留意点として、**最も適切なもの**を**1つ**選びなさい。

1 家族の希望を優先する。
2 話し合いの機会を丁寧にもつ。
3 一度形成した信頼関係は、変わらずに継続すると考える。
4 家族に対して、「こうすれば良い」と指示を出す。
5 介護は全面的に介護福祉職に任せてもらう。

解説 ──── 正答 1 ⇒速習 / コ技 L1

1 ○ **閉じられた質問**(クローズドクエスチョン)とは、質問をされた相手が「はい」「いいえ」または「(出身は) ○○県です」というように、短い言葉だけで答えられる質問方法をいう。「この本は好きですか」という質問には、「はい」「いいえ」または「好き」「嫌い」で答えることができる。

2 × このように、質問をされた相手が自分の言葉で自由に答えることができる質問方法は、**開かれた質問**（オープンクエスチョン）という。

3 × 2と同様、開かれた質問（オープンクエスチョン）である。

4 × 2と同様、開かれた質問（オープンクエスチョン）である。

5 × 2と同様、開かれた質問（オープンクエスチョン）である。

解説 ──── 正答 2 ⇒速習 / コ技 L1

1 × **利用者主体**の支援という観点から、**利用者の希望**が最優先されなければならず、適切ではない。

2 ○ 家族との話し合いは、信頼関係を形成するために必要なことである。

3 × 一度形成された信頼関係も、状況の変化によって崩れてしまう可能性があることに留意する必要がある。

4 × 一方的に指示を出すのではなく、受容的な言葉やねぎらいの言葉をかけるなどの配慮を通して、伝えるようにする。

5 × 家族は利用者にとってのキーパーソンであり、利用者の希望する生活を実現するパートナーとして、**家族と協働**する必要がある。

第35回◇問題76

Cさん（75歳、男性）は、老人性難聴（presbycusis）があり、右耳は中等度難聴、左耳は高度難聴である。耳かけ型補聴器を両耳で使用して静かな場所で話せば、なんとか相手の話を聞き取ることができる。

Cさんとの１対１のコミュニケーションの方法として、**最も適切なもの**を**１つ**選びなさい。

1　正面で向き合って話しかける。
2　高音域の声を使って話しかける。
3　耳元で、できるだけ大きな声で話しかける。
4　手話で会話をする。
5　からだに触れてから話しかける。

第35回◇問題77

Dさん（90歳、女性、要介護５）は、重度のアルツハイマー型認知症（dementia of the Alzheimer's type）である。介護福祉職は、Dさんに声かけをして会話をしているが、最近、自発的な発語が少なくなり、会話中に視線が合わないことも増えてきたことが気になっている。

Dさんとのコミュニケーションをとるための介護福祉職の対応として、**最も適切なもの**を**１つ**選びなさい。

1　引き続き、言語を中心にコミュニケーションをとる。
2　Dさんが緊張しているので、からだに触れないようにする。
3　表情やしぐさを確認しながら、感情の理解に努める。
4　視線が合わないときは、会話を控える。
5　自発的な発語がないため、会話の機会を減らしていく。

解説 ———— 正答 1 ⇒速習 / コ技 L2

1 ○ 正面で向き合って話しかけることにより、相手の**表情**や**視線**がはっきりとわかるので、Cさんとのコミュニケーションの方法として最も適切である。

2 × 老人性難聴は、**高音域の音から聞こえにくくなる**という特徴があるため、意識して低い声で話しかけるようにする。

3 × 補聴器を使用しているときは、必要以上に耳元で大きな声を出さないようにする。

4 × 老人性難聴であるCさんが手話を習得しているか、事例からはわからないため、手話での会話が適切とはいえない。

5 × 話しかける前に正面に回って肩を叩くなどの合図をすることはよいが、単にからだに触れてから話しかけるというのは、適切とはいえない。

解説 ———— 正答 3 ⇒速習 / コ技 L2

1 × Dさんが認知症であることから、言語のほかに、**身振り手振り**を使ったコミュニケーションなどを交えるとよい。

2 × 注意を喚起するため、あるいは知覚によるコミュニケーションとして、からだに触れるなどの**スキンシップ**を図ることも大切である。

3 ○ 感情や気分を理解するために、表情やしぐさをよく観察することは適切な対応である。

4 × 視線が合わないからといって、会話を控えるのは適切ではない。表情、動作、態度、身振り手振りなど、言葉以外の**非言語コミュニケーション**なども使い、Dさんへ伝えたり、Dさんの感情を読み取ることが大切である。

5 × 会話が成り立っているかどうかにかかわりなく、話しかけながらケアを行い、安心感を与えるようにする。

第35回◇問題78

介護実践の場で行われる、勤務交代時の申し送りの目的に関する次の記述のうち、**最も適切なもの**を**1つ**選びなさい。

1　翌月の介護福祉職の勤務表を検討する。
2　利用者のレクリエーション活動を計画する。
3　利用者の問題解決に向けた事例検討を行う。
4　利用者へのケアの継続性を保つ。
5　利用者とケアの方針を共有する。

第35回◇問題79

Ｅさん（87歳、女性、要介護３）は、介護老人福祉施設に入所していて、認知症（dementia）がある。ある日、担当のＦ介護福祉職がＥさんの居室を訪問すると、Ｅさんは、イライラした様子で、「私の財布が盗まれた」と言ってベッドの周りをうろうろしていた。一緒に探すと、タンスの引き出しの奥から財布が見つかった。

Ｆ介護福祉職は、Ｅさんのケアカンファレンス（care conference）に出席して、この出来事について情報共有することにした。

Ｅさんの状況に関する報告として、**最も適切なもの**を**1つ**選びなさい。

1　「Ｅさんの認知機能が低下しました」
2　「Ｅさんは、誰かに怒っていました」
3　「Ｅさんには、もの盗られ妄想があります」
4　「Ｅさんは、財布が見つかって、安心していると思います」
5　「Ｅさんは、財布が盗まれたと言って、ベッドの周りをうろうろしていました」

解説 ――――― 正答 4

1 × 申し送りは、**仕事の内容**や事務処理上の事柄を**伝達**するために行う。翌月の勤務表の検討は該当しない。

2 × 利用者の日常生活の楽しみや喜びとつながる支援の計画は、**行事・レクリエーション委員会**などで行う。

3 × 事例検討を行うのは、**ケア（ケース）カンファレンス**である。

4 ○ 申し送りで伝えられる仕事の内容には、利用者に行ったサービスの内容や体調の変化など利用者の様子が含まれる。これらはケアの**継続性**を保つための情報となる。

5 × 利用者とのケアの方針の共有は、**サービス担当者会議**で行う。

解説 ――――― 正答 5

1 × 認知機能が低下したかどうかの判断は、医師が行う。

2 × Ｅさんは、「イライラした様子」ではあったが、誰かに対して怒っていたわけではない。事実を正確に表していない。

3 × Ｅさんに物盗られ妄想があるというのは、Ｆ介護福祉職の**主観的**情報であり、報告の内容として適切ではない。

4 × 「財布が見つかった」というのは客観的事実である。この点について、Ｆ介護福祉職自身が安心したと述べるのはよいが、Ｅさんが安心しているかどうかはわからない。報告の内容として適切ではない。

5 ○ Ｅさんの状況についての客観的事実を述べており、適切である。

第35回◇問題80

Gさん（79歳、女性、要介護３）は、介護老人福祉施設に入所して、３週間が経過した。施設での生活には慣れてきているが、居室でテレビを見て過ごす時間が長くなった。ある時、Gさんが、「気分転換に台所を借りて、自分でおやつを作ってみたい」と介護福祉職に話した。

Gさんのレクリエーション活動の計画作成にあたり、介護福祉職が留意すべきこととして、**最も適切なもの**を**１つ**選びなさい。

1　Gさんの居室で行うようにする。
2　おやつのメニューは、介護福祉職が選ぶ。
3　施設のレクリエーション財を優先する。
4　集団で行うことを優先する。
5　おやつ作りをきっかけに、施設生活に楽しみがもてるようにする。

第35回◇問題81

高齢者の安全な移動に配慮した階段の要件として、**最も適切なもの**を**１つ**選びなさい。

1　手すりを設置している。
2　階段の一段の高さは、25cm 以上である。
3　階段の足をのせる板の奥行は、15cm 未満である。
4　階段の照明は、足元の間接照明にする。
5　毛の長いじゅうたんを敷く。

解説　正答 5　⇒速習 / 生活 L1

1　×　Gさんは「台所を借りて」と話している。Gさんが台所でおやつを作ってみたいと話していること、居室で過ごす時間が長くなっているGさんが施設での生活にもっと慣れるためにも、**台所でおやつ作りを行う**ことが重要である。

2　×　Gさんは「自分でおやつを作ってみたい」という意欲をもっている。その意欲を活かすために、おやつのメニューはGさんに選んでもらうことが重要である。

3　×　施設のレクリエーション財を優先するのではなく、Gさんが自分の希望を介護福祉職に話したという点を**尊重**し、おやつ作りに取り組んでもらうことが重要である。

4　×　施設に入所して3週間が経過し、施設での生活に慣れてきているものの、まだ居室で過ごす時間が長くなっている。いきなり集団で行うことを優先するのではなく、Gさんが**居室から出て活動することを優先**することが重要である。

5　○　施設の台所でおやつを作ることがきっかけとなって、他の入所者と交流したり、**施設の生活に楽しみがもてる**ようにしたりすることは、レクリエーション活動の計画作成では重要である。

解説　正答 1　⇒速習 / 生活 L3

1　○　手すりは、**可能であれば両側**に、片側に設置する場合には、**下りるときに利き手側**にくるようにする。

2　×　階段の一段の高さを蹴(け)上げという。「建築基準法」の最低基準は23cm以下だが、スムーズな動作で昇降するには**18cm 以下**にするとよい。

3　×　階段の足をのせる板の奥行を踏面という。「建築基準法」の最低基準は15cm以上だが、スムーズな動作で昇降するには**26cm 以上**にするとよい。

4　×　階段の照明は、天井の照明のほか、足元を見やすくするため、**足元灯**を設置する。

5　×　毛の長いじゅうたんは**つまずきやすい**ため、毛の短いじゅうたんや、滑りにくい素材にする。

第35回◇問題82

介護予防教室で介護福祉職が行う安定した歩行に関する助言として、**最も適切なものを１つ**選びなさい。

1 「歩幅を狭くしましょう」
2 「腕の振りを小さくしましょう」
3 「足元を見ながら歩きましょう」
4 「後ろ足のつま先で地面を蹴って踏み出しましょう」
5 「つま先から足をつきましょう」

第35回◇問題83

T字杖（じつえ）を用いて歩行する左片麻痺（ひだりかたまひ）の利用者が、20cm 幅の溝をまたぐときの介護方法として、**最も適切なものを１つ**選びなさい。

1 杖（つえ）は、左手に持ちかえてもらう。
2 杖（つえ）は、溝の手前に突いてもらう。
3 溝は、右足からまたいでもらう。
4 遠い方向を見てもらう。
5 またいだ後は、両足をそろえてもらう。

解説 　正答 4 　⇒速習 / 生活 L7

1 × 歩幅を狭くすると不安定になって転倒しやすくなる。このため、歩幅は**少し広めにとる**ように助言する。

2 × 高齢になると歩行時に腕の振りが小さくなり、バランスをとりにくくなる。**腕の振りをできる範囲で大きくする**ように助言する。

3 × 足元を見ながら歩くと周囲に注意を向けることができず、人や物にぶつかったりバランスを崩して転倒したりしやすくなる。視線を前方に向けるよう助言する。

4 ○ 高齢になると**すり足**になるので、足を踏み出すときには後ろ足の**つま先で地面を蹴**(け)**って踏み出す**ように助言するのは適切である。

5 × つま先から足をつくと前のめりになってバランスを崩し、転倒しやすくなる。**踵**(かかと)**からつく**ように助言する。

解説 　正答 5 　⇒速習 / 生活 L8

1 × 左片麻痺の利用者が杖歩行する場合には、**健側の右手**で杖を持つ。溝をまたぐ際でも同じである。

2 × 溝をまたぐ際には、**溝の向こう側に杖をついてもらい**、健側の足を溝の手前に残して前後を支えながら患側の足を動かす。

3 × 左片麻痺の利用者が溝をまたぐ際には、**患側の左足から**またぐ。

4 × 遠い方向を見てもらうと、溝が見えず、杖や足が溝にはまってしまう可能性がある。**足元をしっかり見てもらう**。

5 ○ 片麻痺の利用者が溝をまたぐ場合、杖→患側の足→健側の足の順に動かし、またいだ後は**両足をそろえてもらう**。

第35回◇問題84　★よく出る

総義歯の取扱いに関する次の記述のうち、**最も適切なもの**を**1つ**選びなさい。

1　上顎から先に外す。
2　毎食後に洗う。
3　スポンジブラシで洗う。
4　熱湯につけてから洗う。
5　乾燥させて保管する。

第35回◇問題85

Hさん（82歳、男性、要介護２）は、一人暮らしで、週１回、訪問介護（ホームヘルプサービス）を利用している。訪問時に、「足の爪が伸びているので、切ってほしい」と依頼された。爪を切ろうとしたところ、両足とも親指の爪が伸びて両端が皮膚に食い込んで赤くなっていて、触ると熱感があった。

親指の状態を確認した訪問介護員（ホームヘルパー）の対応として、**最も適切なもの**を**1つ**選びなさい。

1　親指に絆創膏（ばんそうこう）を巻く。
2　Hさんの家にある軟膏（なんこう）を親指に塗る。
3　蒸しタオルで爪を軟らかくしてから切る。
4　爪が伸びている部分に爪やすりをかける。
5　爪は切らずに、親指の状態をサービス提供責任者に報告する。

解説 ―――――― 正答 2 ⇒速習 / 生活 L4

1 × 総義歯は、顎（あご）部分を覆うようにつくられており、**口の開口部より大きい**ことが多い。このため、顎部分を覆う床部分が小さい下顎から先に外すと外しやすい。下顎から外し、上顎から装着するのが基本である。

2 ○ 総義歯は、毎食後に外して洗浄し、**常に清潔を保つ**。

3 × 総義歯は、**義歯用の専用ブラシ**で洗浄する。

4 × 熱湯を使用すると総義歯が損傷する恐れがあるため、手でしっかりと持って**流水で洗浄**する。

5 × 総義歯は乾燥すると変形・変色したり、ひび割れやひずみが生じたりするため、外した義歯は、専用の容器に**水を入れて保管**する。

解説 ―――――― 正答 5 ⇒速習 / 生活 L4

1 × 爪の両端が皮膚に食い込んでいる状態は、陥入爪（かんにゅうそう）（**巻き爪**）が考えられる。巻き爪の処置は**医療行為**になるため、訪問介護員が絆創膏を巻くのではなく、サービス提供責任者に連絡し、医療職に対応してもらう。

2 × 陥入爪の処置は医療行為である。**訪問介護員の判断**でHさんの家にある軟膏を塗ることは避けなければならない。

3 × 通常の状態の爪を蒸しタオルで軟らかくしてから切ることは訪問介護員が行える処置である。しかし、陥入爪と考えられるHさんの爪を**訪問介護員が切ることはできない**。

4 × 陥入爪の場合、爪が伸びている部分に爪やすりをかけることも、**訪問介護員が行ってはならない**。

5 ○ 陥入爪の場合、**爪を切らずに**サービス提供責任者に報告することは適切である。

第35回◇問題86

左片麻痺の利用者が、前開きの上着をベッド上で臥床したまま交換するときの介護の基本に関する次の記述のうち、**最も適切なものを１つ**選びなさい。

1　介護福祉職は利用者の左側に立つ。
2　新しい上着は利用者の右側に置く。
3　脱ぐときは、着ている上着の左上肢の肩口を広げておく。
4　左側の袖を脱ぎ、脱いだ上着は丸めて、からだの下に入れる。
5　利用者を左側臥位にし、脱いだ上着を引き出す。

第35回◇問題87

利用者が食事中にむせ込んだときの介護として、**最も適切なものを１つ**選びなさい。

1　上を向いてもらう。
2　お茶を飲んでもらう。
3　深呼吸をしてもらう。
4　口の中のものを飲み込んでもらう。
5　しっかりと咳を続けてもらう。

解説 正答 3 ⇒速習 / 生活 L4

1 × 臥床した状態での上着の交換では、介護福祉職は利用者の**健側**に立つ。左片麻痺の場合、**右側**に立つ。

2 × 新しい上着は、利用者の**患側**に置く。左片麻痺の場合、利用者の**左側**に置く。

3 ○ 脱ぐときは、患側上肢の肩口を広げておくと、健側上肢が脱ぎやすくなる。左片麻痺の場合は、**左上肢の肩口を広げておく**。

4 × 左片麻痺の利用者が上着を脱ぐときは、脱健着患の原則に従って**健側の右上肢から脱ぎ**、脱いだ上着は内側に丸めるようにして身体の下に入れる。

5 × 利用者を側臥位にする際には、**健側を下**にする。左片麻痺の場合は**右側臥位**にする。

解説 正答 5 ⇒速習 / 生活 L9

1 × 上を向いてもらうと喉と気管がまっすぐになり、誤嚥（ごえん）の危険性が高まる。顎（あご）を引いて**下を向いてもらう**。

2 × むせ込んでいるときにお茶を飲んでもらうと、**さらにむせる**ことにつながる。

3 × むせ込んでいるときに深呼吸をすると、**さらにむせる**ことにつながる。

4 × むせ込んでいるときは、喉に引っかかっているものを**出そうとしている状態**で、ものを飲み込むことができない。

5 ○ 咳（せき）反射は、喉に引っかかっているものを**外に出そうとして起こる**。しっかりと咳を続けてもらうことは適切である。

第35回◇問題88

テーブルで食事の介護を行うときの留意点に関する次の記述のうち、**最も適切なもの**を**1つ**選びなさい。

1　車いすで食事をするときは、足をフットサポートから下ろして床につける。
2　片麻痺があるときは、患側の上肢を膝の上にのせる。
3　スプーンを使うときは、下顎を上げた姿勢にして食べ物を口に入れる。
4　利用者に声をかけるときは、食べ物を口に入れてから行う。
5　食事をしているときは、大きな音でテレビをつけておく。

第35回◇問題89

逆流性食道炎（reflux esophagitis）の症状がある利用者への助言として、**最も適切なもの**を**1つ**選びなさい。

1　脂肪を多く含む食品を食べるように勧める。
2　酸味の強い果物を食べるように勧める。
3　1日の食事は回数を分けて少量ずつ食べるように勧める。
4　食事のときは、腹圧をかけるような前かがみの姿勢をとるように勧める。
5　食後すぐに仰臥位（背臥位）をとるように勧める。

解説　正答 1　⇒速習 / 生活 L9

1 ○ 車いすを使用している利用者の場合、可能であればいすに移ってもらうが、移動が難しい場合は、足をフットサポートから下ろして足底を床につけてもらう。

2 × 片麻痺の場合、患側の上肢は、テーブルの上にのせてもらう。膝の上にのせた状態だと体幹が患側に傾きやすい。

3 × スプーンを使うときには、下顎を少し下に向けた姿勢にすると飲み込みやすく、誤嚥（ごえん）の予防になる。

4 × 口の中に食べ物があるときに声をかけると誤嚥につながる恐れがあるため、利用者の口の中に食べ物がないことを確認してから声をかける。

5 × 食事中に大きな音でテレビをつけておくと、食事に集中できず誤嚥につながる恐れがある。テレビは消すか、小さな音でつけるようにする。

解説　正答 3　⇒速習 / 生活 L9

1 × 逆流性食道炎の原因の一つに、高脂肪食がある。高脂肪食はできるだけ控えることが必要なため、脂肪を多く含む食品を食べるように勧めるのは助言として適切ではない。

2 × 食道の粘膜は胃酸に対して弱く、逆流性食道炎では、胃酸の影響で食道に炎症が起こっている。酸味の強い果物は炎症部分を刺激するため、食べるように勧めるのは適切ではない。

3 ○ 食べ過ぎは、逆流性食道炎の原因の一つである。1日の食事の回数を増やして少量ずつ食べるように勧めるのは適切である。

4 × 逆流性食道炎の原因の一つに、前かがみの姿勢による胃の圧迫や腹圧の上昇がある。腹圧をかけるような前かがみの姿勢をとるように勧めるのは適切ではない。

5 × 食後は胃酸が最も多く分泌され、すぐに横になると胃酸の逆流が起こりやすくなる。このため、食後すぐに仰臥位をとるように勧めるのは適切ではない。食後2～3時間は横にならないようにする。

第35回◇問題90

ベッド上で臥床（がしょう）している利用者の洗髪の基本に関する次の記述のうち、**最も適切なものを１つ**選びなさい。

1　利用者のからだ全体をベッドの端に移動する。
2　利用者の両下肢は、まっすぐに伸ばした状態にする。
3　洗うときは、頭頂部から生え際に向かって洗う。
4　シャンプー後は、タオルで泡を拭き取ってからすすぐ。
5　ドライヤーの温風は、頭皮に直接当たるようにする。

第35回◇問題91

目の周囲の清拭の方法を図に示す。矢印は拭く方向を表している。

次のA～Eのうち、基本的な清拭の方法として、**最も適切なものを１つ**選びなさい。

1　A
2　B
3　C
4　D
5　E

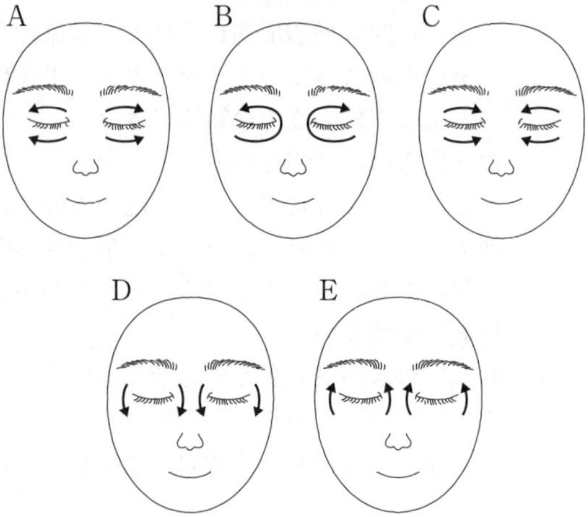

解説 ―――― 正答 4 ⇒速習 / 生活 L11

1 × ベッドで臥床している利用者の洗髪は、利用者の体をベッドに対して斜め（対角線）の位置にする。

2 × 利用者の両下肢は、膝（ひざ）を軽く立てて、膝の下にクッションなどを入れて**安楽な体位**にする。また、肩の下にも枕と折りたたんだタオルを入れる。

3 × 前額部→前頭部→側頭部→後頭部→頭頂部の順に、**頭頂部に向かって**指の腹でマッサージするようにして洗う。

4 ○ シャンプーが終わった後は、乾いたタオルでシャンプーの泡をすべて拭き取った後、シャンプーを洗い流して十分にすすぐ。

5 × ドライヤーは、毛髪を広げながら、頭皮に直接当たらないように注意してあてる。

解説 ―――― 正答 1 ⇒速習 / 生活 L4

1 ○ 目の周囲を清拭する際には、上下ともに**目頭から目尻に**向かって**一方向に拭く**ようにする。

2 × 目尻→目頭→目尻と一巡して拭く方法は、適切ではない。

3 × 目尻から目頭に向かって拭く方法は、適切ではない。

4 × 目頭と目尻を上から下に向かって拭く方法は、目の上下を拭くことができず、適切ではない。

5 × 目頭と目尻を下から上に向かって拭く方法は、目の上下を拭くことができず、適切ではない。

第35回◇問題92

Ｊさん（85歳、女性、要介護２）は、アルツハイマー型認知症（dementia of the Alzheimer's type）である。時間をかければ一人で洗身、洗髪もできるが、ズボンの上に下着を着る行為がみられたため、訪問介護（ホームヘルプサービス）を利用することになった。

Ｊさんの入浴時における訪問介護員（ホームヘルパー）の対応として、**最も適切なもの**を**１つ**選びなさい。

1　脱いだ衣服は、着る衣服の隣に並べて置く。
2　洗身と洗髪は訪問介護員（ホームヘルパー）が行う。
3　入浴中の利用者に声をかけることは控える。
4　衣服の着る順番に応じて声をかける。
5　ズボンの着脱は訪問介護員（ホームヘルパー）が行う。

第35回◇問題93

胃・結腸反射を利用して、生理的排便を促すための介護福祉職の支援として、**最も適切なもの**を**１つ**選びなさい。

1　歩行を促す。
2　起床後に冷水を飲んでもらう。
3　腹部のマッサージをする。
4　便座に誘導する。
5　離床する時間を増やす。

解説　正答 4　⇒速習 / 生活 L11

1　×　Ｊさんのズボンの上に下着を着る行為は、**着衣失行**と考えられる。脱いだ衣服を着る衣服の隣に並べて置くと、どちらの衣服を着ればよいのかがわからなくなる恐れがあるため、適切ではない。

2　×　Ｊさんは、時間をかければ**一人で洗身、洗髪ができる**。訪問介護員が洗身と洗髪を行うことは適切ではない。

3　×　アルツハイマー型認知症のＪさんは、入浴中に手順が分らなくなる可能性がある。また、85歳で高齢のため、事故がないように入浴中にも**適宜声かけを行う**ことが必要である。

4　○　着衣失行が考えられるため、**衣服の着る順番に応じて声をかける**ことは適切な対応である。

5　×　Ｊさんは、ズボンの着脱そのものは自分で行うことができる。訪問介護員が行うのは適切ではない。

解説　正答 2　⇒速習 / 生活 L13

1　×　胃・結腸反射は、**胃に飲食物が入ることで腸のぜん動運動が活発になる**ことである。歩行などの運動によっても腸のぜん動運動は活発になるが、胃・結腸反射によって生理的排便を促すことにはつながらない。

2　○　**起床後に冷水を飲む**と、胃・結腸反射が起こり、生理的排便につながる。

3　×　腹部のマッサージは、**腸のぜん動運動**を促すことにはつながるが、胃・結腸反射は関連しない。

4　×　便座に誘導し座ってもらうことは**排便を促す**ことにはつながるが、胃・結腸反射は関連しない。

5　×　離床する時間を増やすことは**便秘の解消**にはつながるが、胃・結腸反射は関連しない。

第35回◇問題94

利用者の便失禁を改善するための介護福祉職の対応として、**最も適切なものを1つ**選びなさい。

1　トイレの場所がわからない認知症（dementia）の人には、ポータブルトイレを設置する。
2　移動に時間がかかる人には、おむつを使用する。
3　便意がはっきりしない人には、朝食後に時間を決めてトイレへ誘導する。
4　下剤を内服している人には、下剤の内服を中止する。
5　便失禁の回数が多い人には、食事の提供量を減らす。

第35回◇問題95

女性利用者のおむつ交換をするときに行う陰部洗浄の基本に関する次の記述のうち、**最も適切なものを1つ**選びなさい。

1　湯温は、介護福祉職の手のひらで確認する。
2　おむつを交換するたびに、石鹸（せっけん）を使って洗う。
3　タオルで汚れをこすり取るように洗う。
4　尿道口から洗い、最後に肛門部（こうもんぶ）を洗う。
5　洗浄後は、蒸しタオルで水分を拭き取る。

解説 ―――― 正答 3 ⇒速習 / 生活 L13

1 × トイレの場所がわからないために便失禁をしている場合、トイレがわかるような**目印をつける、時間を見計らってトイレに誘導**するなど、利用者がトイレに行くための工夫をする。安易なポータブルトイレの導入は、適切な対応ではない。

2 × トイレへの移動に時間がかかって便失禁をしている場合、利用者の排便パターンを把握して適切な時間に誘導するなど、トイレで排便できるような工夫をする。安易なおむつの使用は、適切な対応ではない。

3 ○ 便意がはっきりせず便失禁をしている場合に、朝食後に**時間を決めてトイレに誘導**することは適切な対応といえる。

4 × 下剤の服用について、介護福祉職が判断することはできない。医療職へ相談するのが適切な対応である。

5 × 便失禁の原因が不明のまま、食事の量を減らすのは、適切な対応ではない。便失禁の原因を検討し、対応を考えることが大切である。

解説 ―――― 正答 4 ⇒速習 / 生活 L14

1 × 介護福祉職の手のひらではなく、温度感覚が敏感な**前腕部**に湯をかけて温度を確認する。

2 × おむつ交換の際は、必要に応じて石鹸（せっけん）を使って**陰部洗浄**を行う。

3 × 陰部は皮膚や粘膜が**傷つきやすい**ため、**ガーゼで優しく丁寧に洗う**。

4 ○ 女性の場合は、尿路感染症や性器への感染防止のため、前から後ろ（肛門部）に向かって洗う。

5 × 洗浄後は、**乾いたタオルやガーゼ**で水分を拭き取る。

第35回◇問題96

Kさん（76歳、女性、要介護２）は、介護老人保健施設に入所している。日頃から、「排泄（はいせつ）は最期まで他人の世話にならない」と言い、自分でトイレに行き排泄（はいせつ）している。先日、趣味活動に参加しているときにトイレに間に合わず失禁した。その後、トイレの近くで過ごすことが多くなり、趣味活動に参加することが少なくなった。Kさんを観察すると、１日の水分摂取量、排尿量は変わりないが、日中の排尿回数（はいにょうかいすう）が増えていることがわかった。

Kさんへの介護福祉職の最初の対応として、**最も適切なもの**を**１つ**選びなさい。

1　日中は水分摂取を控えるように伝える。
2　抗不安薬の処方ができないか看護師に相談する。
3　トイレに行く姿を見かけたら、同行する。
4　排泄（はいせつ）について不安に感じていることがないかを聞く。
5　積極的に趣味活動に参加するように勧める。

関連問題… 33-53

第35回◇問題97

★よく出る

ノロウイルス（Norovirus）による感染症の予防のための介護福祉職の対応として、**最も適切なもの**を**１つ**選びなさい。

1　食品は、中心部温度50℃で１分間加熱する。
2　嘔吐物（おうとぶつ）は、乾燥後に処理をする。
3　マスクと手袋を着用して、嘔吐物（おうとぶつ）を処理する。
4　手すりの消毒は、エタノール消毒液を使用する。
5　嘔吐物（おうとぶつ）のついたシーツは、洗濯機で水洗いする。

解説　　正答 4

1　×　排尿回数が増えているからといって、日中の水分摂取を控えると、脱水につながる可能性がある。介護福祉職の最初の対応として適切ではない。

2　×　Kさんがまた失禁してしまうのではと、不安を感じていることは推測できるが、抗不安薬でその不安を解消できるとは限らない。薬の服用について相談することは、最初の対応として適切ではない。

3　×　Kさんはトイレでの排泄（はいせつ）に介助を必要としているわけではない。トイレに行く姿を見かけたら同行するというのは、介護福祉職の対応として適切ではない。

4　○　水分摂取量などは変わらないのに排尿回数が増えていることから、排泄について不安に感じていることがないかなどKさんの話を聞くことは、最初の対応として適切である。

5　×　Kさんが趣味活動に参加しなくなったきっかけと思われる失禁について対応しないまま、参加を勧めるのは適切な対応ではない。

解説　　正答 3　⇒速習 / 生活 L15

1　×　原因となる二枚貝などの食品は、中心部温度が85～90℃で90秒間以上加熱するとよい。

2　×　ノロウイルスは乾燥して空中に漂ったものが口に入って感染することがある。嘔吐物が乾燥しないうちに速やかに処理をすることが大切である。

3　○　嘔吐物からの二次感染を予防するため、使い捨てのガウン（エプロン）、マスク、手袋を着用して処理し、嘔吐物が触れた部分は、消毒を行う。

4　×　手すりを消毒する際には、次亜塩素酸ナトリウム液などを使用する。

5　×　嘔吐物がついたシーツは、洗剤を入れた水の中で静かにもみ洗いをした後、85℃で１分間以上の熱水洗濯をする。

第35回◇問題98

弱視で物の区別がつきにくい人の調理と買い物の支援に関する次の記述のうち、**最も適切なものを１つ**選びなさい。

1 買い物は、ガイドヘルパーに任せるように勧める。
2 財布は、貨幣や紙幣を同じ場所に収納できるものを勧める。
3 包丁は、調理台の手前に置くように勧める。
4 まな板は、食材と同じ色にするように勧める。
5 よく使う調理器具は、いつも同じ場所に収納するように勧める。

第35回◇問題99

次の記述のうち、関節リウマチ（rheumatoid arthritis）のある人が、少ない負担で家事をするための介護福祉職の助言として、**最も適切なものを１つ**選びなさい。

1 部屋の掃除をするときは、早朝に行うように勧める。
2 食器を洗うときは、水を使うように勧める。
3 テーブルを拭くときは、手掌基部を使うように勧める。
4 瓶のふたを開けるときは、指先を使うように勧める。
5 洗濯かごを運ぶときは、片手で持つように勧める。

解説 ―――― 正答 5 ⇒速習 / 生活 L15

1 × 生活支援は、利用者が自分らしい生活を送るための自己実現の手段ともいえる。買い物では、利用者が同行し、自分で商品を選んで購入できるような支援を行う。

2 × 貨幣や紙幣は区別がつきやすいように**別の場所に収納できる財布**を勧める。

3 × 包丁を調理台の手前に置くと手が当たるなどして思わぬけがをすることも考えられる。**調理台の奥**に置くように勧める。

4 × まな板と食材を同じ色にすると区別がつきにくい。食材と色の**コントラスト**がはっきりするようなまな板を勧める。

5 ○ 視覚に障害がある場合、利用者は、よく使う調理器具は、**いつも同じ場所に収納**して、何がどこにあるのかを頭の中に入れている。このため使った後は元の場所に戻すようにする。

解説 ―――― 正答 3

1 × 関節リウマチの場合、**早朝**に関節がこわばり動かしにくいという特徴がある（**朝**のこわばり）。早朝に部屋の掃除を行うよう勧めるのは適切な助言ではない。

2 × **冷える**と関節が動きにくくなったり、痛みがでることもある。水を使うように勧めるのは適切な助言ではない。

3 ○ 関節リウマチでは、関節の炎症が続くため、テーブルを拭くなどの動作では、できるだけ関節への負担を軽減する工夫が必要となる。**手掌基部を使う**ように勧めるのは適切である。

4 × 関節リウマチでは、関節の動きが制限され、手指が変形したり握力が低下したりする。その人の状態に応じた**自助具の使用**を勧めるのが適切である。

5 × 片手で持つと、**持ったほうの手に負担**がかかる。両手で持つか、キャスターのついた台に載せて運ぶなど、負担を軽くするような工夫を提案する。

第35回◇問題100

睡眠の環境を整える介護に関する次の記述のうち、**最も適切なものを１つ**選びなさい。

1　マットレスは、腰が深く沈む柔らかさのものにする。
2　枕は、頸部（けいぶ）が前屈する高さにする。
3　寝床内の温度を20℃に調整する。
4　臭気がこもらないように、寝室の換気をする。
5　睡眠状態を観察できるように、寝室のドアは開けておく。

第35回◇問題101

利用者の入眠に向けた介護福祉職の助言として、**最も適切なものを１つ**選びなさい。

1　「足をお湯につけて温めてから寝ましょう」
2　「寝室の照明を、昼光色の蛍光灯に変えましょう」
3　「布団に入ってから、短く浅い呼吸を繰り返しましょう」
4　「入眠への習慣は控えましょう」
5　「寝る前に、汗をかく運動をしましょう」

解説

正答　4　⇒速習 / 生活 L16

1　×　快適な睡眠には、清潔な寝具は欠かせず、利用者の身体機能や生活スタイル、好みに配慮した検討が必要である。マットレスは、**適度な硬さがあって起き上がりやすいもの**が適している。腰が深く沈む柔らかさのマットレスは、起き上がりにくい。

2　×　枕は、**頸部が前屈するのではなく、15度くらい上がる高さ**が適している。

3　×　寝具内の温度は**33±１℃**、**湿度50±５%**が適しているとされている。

4　○　寝室内に臭気がこもると、**臭いが気になって眠れない**場合がある。臭気がこもらないように寝室の換気を行う。

5　×　安眠のためには**プライバシーの確保**も重要である。寝室のドアは閉め、開ける前には利用者に声をかける。

解説

正答　1　⇒速習 / 生活 L16

1　○　足を温めることで全身の血行がよくなるため、身体が温まって**リラックス**した状態になることから、安眠の効果も期待できる。

2　×　照明は利用者の好みによるが、安眠のためにはできるだけ**暗い**ほうがよい。昼光色の蛍光灯は青みがかった白い光で、電球色や昼白色に比べて明るさを強く感じられるため、寝室には向いていない。

3　×　入眠のためには、**ゆったりとした**呼吸が適している。短く浅い呼吸を繰り返すように助言するのは適切ではない。

4　×　入眠への習慣は**入眠儀式**ともよばれ、眠る前に**習慣**とする行動をとることで眠りにつきやすくなる。控えるように助言するのは適切ではない。

5　×　寝る前に汗をかく運動をすると、**交感神経**が刺激されて、眠りにつきにくくなる。

第35回◇問題102

終末期で終日臥床している利用者に対する介護福祉職の対応として、**最も適切なもの**を**1つ**選びなさい。

1　入浴時は、肩までお湯につかるように勧める。
2　息苦しさを訴えたときは、半座位にする。
3　終日、窓を閉めたままにする。
4　会話をしないように勧める。
5　排便時は、息を止めて腹に力を入れるように勧める。

第35回◇問題103

介護老人福祉施設に入所している利用者の看取りにおける、介護福祉職による家族への支援として、**最も適切なもの**を**1つ**選びなさい。

1　利用者の介護は、介護福祉職が最期まで行い、家族には控えてもらう。
2　利用者の反応がないときには、声をかけることを控えるように伝える。
3　利用者の死後は、毎日電話をして、家族の状況を確認する。
4　利用者の死後は、気分を切り替えるように家族を励ます。
5　家族が悔いが残ると言ったときは、話を聴く。

解説 正答 2 ⇒速習 / 生活 L17

1 × 終末期で終日臥床している利用者の場合、身体は入浴やシャワーで清潔を保ち、入浴ができない場合には、足浴などの部分浴や清拭を行う。

2 ○ 呼吸が苦しい場合には、横隔膜が下がり、臓器への負担が少なく呼吸がしやすい**半座位**にする。

3 × 終日、窓を閉めたままにするとさまざまな臭気が室内にこもる。**適宜換気を行う**。

4 × 介護福祉職は、利用者とコミュニケーションを図る中でその複雑な胸の内を察しながら共感的な姿勢をもって利用者の訴えに耳を傾け、できる限り穏やかな気持ちで最期を迎えられるように援助を行う。

5 × 終末期には、身体機能が著しく低下しているため、身体への負担が大きい、息を止めて腹に力を入れるなどを勧めることは不適切である。栄養を十分に補給することができなくなることから便秘や下痢など排便の不調が現れたり、麻薬性鎮痛剤の副作用による便秘がみられることも多いが、できる限り利用者の希望する方法で排泄ができるようにしていく。便秘予防のために、臥位を続けるだけでなく、ときどきは座位をとるようにするなどの工夫も必要となる。

解説 正答 5 ⇒速習 / 生活 L17

1 × 施設で入所している場合でも、家族が自分の生活を継続しながらケアに参加し、**納得のいく看取り**ができるよう環境を整えることが重要である。

2 × 一般的に利用者の聴覚は最期まで保たれているので、家族には、不安を見せずに温かく声をかけて利用者を安心させるように促す。

3 × 利用者の死後、毎日電話するのではなく、死後１～３か月たって**落ち着いたころに自宅を訪問**したり、**カード**や**手紙**を送ったりして、家族を精神的に支える。

4 × 利用者の死後、悲しんでいる家族に対する励ましは**逆効果**となることもあるため、適切な対応とはいえない。

5 ○ 家族が最善のケアを行ったという**肯定感**がもてるように、その気持ちに寄り添い**傾聴**する。

第35回◇問題104

利用者の障害特性に適した福祉用具の選択に関する次の記述のうち、**最も適切なもの**を**1つ**選びなさい。

1　言語機能障害の利用者には、ストッキングエイドの使用を勧める。
2　全盲の利用者には、音声ガイド付き電磁調理器の使用を勧める。
3　聴覚障害の利用者には、床置き式手すりの使用を勧める。
4　右片麻痺（みぎかたまひ）の利用者には、交互型歩行器の使用を勧める。
5　肘関節拘縮の利用者には、座位時に体圧分散クッションの使用を勧める。

第35回◇問題105

福祉用具等を安全に使用するための方法として、**最も適切なもの**を**1つ**選びなさい。

1　車いすをたたむときは、ブレーキをかけてから行う。
2　入浴用介助ベルトは、利用者の腰部を真上に持ち上げて使用する。
3　差し込み便器は、端座位で使用する。
4　移動用リフトで吊（つ）り上げるときは、利用者のからだから手を離して行う。
5　簡易スロープは、埋め込み工事をして使用する。

解説 ―― 正答 2 ⇒速習 / 生活 L18

1 × ストッキングエイドは、前かがみになることが困難な人や、四肢に拘縮がある人などが靴下をはくための福祉用具である。言語機能障害の利用者に勧める福祉用具ではない。

2 ○ 音声ガイド付き電磁調理器は、音声で操作や手順などを知らせる機能がついている。電磁調理器は炎が出ない、手入れが簡単などの利点があり、全盲の利用者には適している。

3 × 床置き式手すりは、立ち上がりや起き上がりなどの動作が難しい人が使用する。聴覚障害の利用者に勧める福祉用具ではない。

4 × 交互型歩行器は、両上肢に障害がなく、立位で歩行器を操作するだけのバランス機能があることなどが使用するための条件である。右片麻痺の利用者に勧める福祉用具ではない。

5 × 体圧分散クッションは、褥瘡（じょくそう）予防のために使用する福祉用具である。肘関節拘縮の利用者が座位時に使用する福祉用具としては適切ではない。

解説 ―― 正答 1 ⇒速習 / 生活 L18

1 ○ 車いすは、ブレーキをかけてフットサポートを上げた後、横側からシートの中央を持ち上げて折りたたむ。

2 × 入浴用介助ベルトは、利用者が浴槽から立ち上がるのを補助するなどの目的で使用する。介助者は、利用者の腰部を斜め前方に引き上げるようにして使用する。

3 × 差し込み便器は、ベッド上で上半身を上げた姿勢で使用する。

4 × 移動用リフトで吊り上げる際は、利用者の身体が揺れたりしないよう、膝に手を添えるなどして支える。

5 × 簡易スロープは必要な場所に持ち運んで設置するスロープである。

第35回◇問題106

介護過程を展開する目的として、**最も適切なもの**を**1つ**選びなさい。

1　業務効率を優先する。
2　医師と連携する。
3　ケアプランを作成する。
4　画一的な介護を実現する。
5　根拠のある介護を実践する。

第35回◇問題107

次のうち、介護過程を展開した結果を評価する項目として、**最も優先すべきもの**を**1つ**選びなさい。

1　実施に要した日数
2　情報収集に要した時間
3　評価に要した時間
4　介護福祉職チームの満足度
5　短期目標の達成度

解説　正答 5　⇒速習 / 介過 L1

1　×　介護過程を展開する目的は、利用者とその家族の思いにかなった生活を実現するため、**適切な介護サービスを提供**することにある。業務効率を優先させることが目的ではない。

2　×　医師との連携は、介護過程のプロセスにおいて重要なポイントだが、目的ではない。

3　×　ケアプランは、**ケアマネジメント**のプロセスで作成されるものであり、介護過程とは、このケアプランの目標に沿って、各専門職が個別援助を展開していくプロセスである。ケアプランを作成することは介護過程を展開する目的ではない。

4　×　画一的ではなく、**個別性**の高い介護が求められる。

5　○　客観的で科学的な思考による、根拠のある介護の実践は、介護過程を展開する目的として適切である。

解説　正答 5　⇒速習 / 介過 L2

1　×　介護過程は、**アセスメント→個別援助計画の立案→計画の実施→評価**のプロセスを踏む。個別援助計画には、援助目標（短期目標・長期目標）が設定されており、評価では、計画の実施において**設定した目標がどの程度達成されたか**を中心に確認する。実施に要した日数は、評価する項目として優先すべきものではない。

2　×　1と同様、優先すべきものではない。

3　×　1と同様、優先すべきものではない。

4　×　1と同様、優先すべきものではない。

5　○　**短期目標の達成度**は、評価する項目として最も優先すべきものである。

／　／　／

第35回◇問題108

次の記述のうち、居宅サービス計画と訪問介護計画の関係として、**最も適切なもの**を**1つ**選びなさい。

1　訪問介護計画を根拠に、居宅サービス計画を作成する。

2　居宅サービス計画の目標が変更されても、訪問介護計画は見直しをせず継続する。

3　居宅サービス計画と同じ内容を、訪問介護計画に転記する。

4　居宅サービス計画の方針に沿って、訪問介護計画を作成する。

5　訪問介護計画の終了後に、居宅サービス計画を作成する。

解 説

正答 4 ⇒速習 / 介過 L2

1 × **居宅サービス計画**は、ケアマネジメントにおいて介護支援専門員（ケアマネジャー）が作成する**ケアプラン**である。介護過程では、このケアプランを根拠として、サービス事業者が**訪問介護計画**などの**個別援助計画**を作成する。

2 × 訪問介護計画は、居宅サービス計画の内容に沿ったものでなければならない。居宅サービス計画の目標が見直されたときは、訪問介護計画を見直す必要がある。

3 × 訪問介護計画は、居宅サービス計画の目標を実現するために、各専門職がどのように利用者にかかわっていくかを具体的に示した内容でなければならない。

4 ○ 1のとおり、最も適切である。

5 × 1のとおり、訪問介護計画は居宅サービス計画を根拠として作成するため、適切ではない。

◆事例問題◆

次の事例を読んで、**問題109**、**問題110**について答えなさい。

〔事　例〕

Ｌさん（76歳、女性、要介護１）は、自宅で娘と暮らしている。軽度の認知症（dementia）と診断されたが、身体機能に問題はなく、友人との外出を楽しんでいる。ある日、外食の後、自宅近くで保護されたとき、「ここはどこなの」と言った。その後、自宅から出ようとしなくなった。心配した娘が本人と相談して、小規模多機能型居宅介護を利用することになった。

利用開始時に、Ｌさんの短期目標を、「外出を楽しめる」と設定した。２週間が過ぎた頃、Ｌさんから、近くのスーパーへの買い物ツアーに参加したいと申し出があった。

当日、他の利用者や介護福祉職と笑顔で買い物をする様子が見られた。買い物が終わり、歩いて戻り始めると、笑顔が消え、急に立ち止まった。

介護福祉職が声をかけると、「ここはどこなの。どこに行くの」と不安そうに言った。

事例の解き方のポイント

◎見当識障害（失見当）

時間・場所・人物に対する認識（見当識）の障害であり、認知症の進行に伴って、時間→場所→人物へと障害が進む。認知症の中核症状のひとつである。

■認知症の程度と見当識障害

軽度認知症	中等度認知症	重度認知症
時間に対して障害あり。場所および人物の失見当はない。	常時、時間の失見当あり。ときどき場所の失見当がある。	人物に対する見当識のみがある。

（CDR：Clinical Dementia Rating に基づき作表）

◎個別援助計画における短期目標と長期目標

(1)　ケアプランと個別援助計画

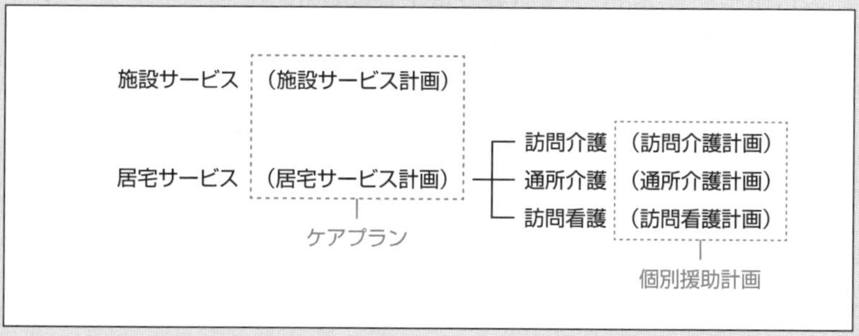

(2)　短期目標と長期目標

短期目標	解決すべき生活課題および長期目標に対して、達成期限を設定して段階的に対応し解決に結びつける、具体的な活動の目標
長期目標	利用者が抱える生活課題を、いつまでに、どのレベルまで解決するのか、という最終的な状況や結果となる目標。 基本的には、個々の解決すべき生活課題に対応して設定するが、解決すべき生活課題が短期的に解決される場合やいくつかの生活課題が解決されて初めて達成可能な場合には、複数の生活課題に対応した長期目標が設定されることもある。

／ ／ ／

第35回◇問題109

Ｌさんが急に立ち止まった行動の解釈として、**最も適切なもの**を**１つ**選びなさい。

1　買い物ツアー時間の延長の要求
2　自分のいる場所がわからない不安
3　休憩したいという訴え
4　店での介護福祉職の支援に対する不満
5　一人で帰りたいという訴え

／ ／ ／

第35回◇問題110

Ｌさんの状況から、短期目標と支援内容を見直すためのカンファレンス（conference）が開かれた。

担当する介護福祉職の提案として、**最も優先すべきもの**を**１つ**選びなさい。

1　外出先から帰れなくなる不安への対応が必要である。
2　表情がかたくなったときは帰り道を変更する。
3　外出する意欲を持つ必要がある。
4　歩くために身体機能の改善が必要である。
5　事業所をなじみの生活空間にする。

解説　　　正答　2

1　×　Ｌさんが急に立ち止まったときの発言と不安そうな様子から、**自分のいる場所**や置かれている状態がわからなくなっていると推察される。買い物ツアーの時間を延ばしてほしいというのは該当しない。

2　○　見当識障害の進行により、「場所」がわからなくなったと推察され、最も適切である。

3　×　休憩したいという発言はなく、不適切である。

4　×　介護福祉職に対する不満を訴えてはおらず、不適切である。

5　×　Ｌさんは、自分がいる場所がわからず不安そうな様子をみせていることから、不適切である。

解説　　　正答　1　⇒速習／介過 L2

1　○　Ｌさんは外出中に自分のいる場所がわからなくなったため、外出先から帰れなくなる不安への対応は、支援内容の見直しとして最も優先すべき提案といえる。

2　×　帰り道を変更しても、Ｌさんの自分がいる場所がわからないという不安が軽減するわけではないため、優先すべき提案とはいえない。

3　×　買い物ツアーの参加後、Ｌさんが外出する意欲まで失ったかどうかは、事例からは読み取れないため、優先すべき提案とはいえない。

4　×　事例から、Ｌさんの身体機能に問題はなく、優先すべき提案とはいえない。

5　×　事業所をなじみの生活空間にすることが、外出先での不安解消に関連するとは考えづらい。

◆事例問題◆

次の事例を読んで、**問題111**、**問題112**について答えなさい。

〔事　例〕

Mさん（35歳、男性、障害支援区分５）は、脳性麻痺（のうせいまひ）（cerebral palsy）による四肢麻痺（ししまひ）で筋緊張がある。日常生活動作は全般に介護が必要であり、電動車いすを使用している。これまで、本人と母親（70歳）の希望で、自宅で二人暮らしを続けてきた。

Mさんは３年前から、重度訪問介護を利用している。軽度の知的障害があるが、自分の意思を介護者と母親に伝えることができる。相談支援専門員が作成したサービス等利用計画の総合目標は、「やりたいことに挑戦し、生活を充実させる」となっている。Mさん自身も、やりたいことを見つけたいと介護福祉職に話していたことから、次の個別支援会議で検討する予定になっていた。

ある日、重度訪問介護の利用時、パラリンピックのテレビ中継を見ていたMさんが、介護福祉職に、「ボール投げるの、おもしろそう」と話した。

事例の解き方のポイント

◎障害者のケアマネジメント

障害者がさまざまな障害福祉サービスを適切に組み合わせて、計画的な利用ができるよう、障害者総合支援法においてもケアマネジメントが導入されている。

(1) 介護保険法との対比

	介護保険法	障害者総合支援法
計画	居宅サービス計画、介護予防サービス計画、施設サービス計画	サービス等利用計画
計画の作成	介護支援専門員	相談支援専門員

(2) サービス等利用計画と個別支援計画

サービス等利用計画	障害福祉サービスを利用するときに、市町村に利用計画案を提出する必要がある。都道府県知事や市町村長の指定を受けた相談支援事業所などに配置された相談支援専門員が作成する。障害者やその家族が計画（セルフプラン）を作成することもできる。
個別支援計画	サービス等利用計画をふまえてサービス提供事業所が利用者に提供するサービスの具体的内容や、支援の到達目標などを記す。障害福祉サービス事業所のサービス管理責任者等が作成する。

(3) 相談支援専門員とサービス管理責任者

相談支援専門員	都道府県知事や市町村長の指定を受けた相談支援事業所などに配置され、障害者等の相談に応じて助言や連絡調整等の必要な支援のほか、サービス等利用計画の作成を行う。また、サービス担当者会議を開催して、サービス等利用計画の原案について専門的な意見を求める。
サービス管理責任者	障害福祉サービス事業所に配置され、個別支援計画の作成および変更、サービス提供内容およびプロセスの管理、支援内容に関連する関係機関との連絡調整などを行う。

第35回◇問題111

次のうち、Mさんの発言から、個別支援計画を立案するために、介護福祉職が把握すべき情報として、**最も優先すべきもの**を**1つ**選びなさい。

1　競技で使われるボールの種類
2　話を聞いた介護福祉職の感想
3　競技に対するMさんの意向
4　母親のパラリンピックへの関心
5　テレビ中継を見ていた時間

第35回◇問題112

いくつかのスポーツクラブを見学後、介護福祉職はMさんから、「このスポーツクラブが近いから、入会前に体験したい」と伝えられた。

Mさんへの介護福祉職の対応に関する次の記述のうち、**最も適切なもの**を**1つ**選びなさい。

1　筋緊張から回復する訓練を行うように伝える。
2　母親が決めたスポーツクラブを選ぶように勧める。
3　スポーツクラブにすぐに入会するように勧める。
4　意思決定に必要な情報を提供する。
5　相談支援専門員の許可を得るように勧める。

解説　　正答　3　⇒速習 / 介過 L2

1　×　Mさんは、テレビ中継を見て、「ボール投げるの、おもしろそう」と発言しただけなので、まずはその競技に対する**Mさんの意向**を聴取する必要がある。それ以前にボールの種類を把握しても意味がない。

2　×　介護福祉職の感想を最も優先するのは、利用者主体の支援とはいえず、不適切である。

3　○　1のとおり、Mさんの意向は最も優先して把握すべきものである。

4　×　母親の関心を最も優先するのは、2と同様、不適切である。

5　×　Mさんは、自分の意思を伝えることができるのだから、テレビ中継を見ていた時間からMさんの意向を読み取る必要はなく、本人から直接聴取すべきである。

解説　　正答　4　⇒速習 / 介過 L2

1　×　筋緊張からの回復訓練を行うかどうかの判断は、医師が行う。

2　×　母親が決めたスポーツクラブを選ぶように勧めることは、利用者主体の支援とはいえず、不適切である。

3　×　すぐに入会するよう勧めることは、「入会前に体験したい」というMさんの意向に沿っておらず、不適切である。

4　○　Mさんの**意思決定に必要な情報を提供する**ことが、介護福祉職に求められる対応である。

5　×　スポーツクラブで体験することについて、相談支援専門員に許可を得る必要はない。**相談支援専門員**は、障害者等の相談に応じて助言など必要な支援を行うほか、サービス等利用計画の作成を行うことを職務としている。

／　／　／

第35回◇問題113

介護福祉職が事例研究を行う目的として、**最も適切なもの**を**1つ**選びなさい。

1　事業所の介護の理念の確認
2　介護福祉職の能力を調べること
3　介護過程から介護実践を振り返ること
4　介護報酬の獲得
5　介護福祉職自身の満足度の充足

解説 ―――――――――――――――――――――――――― 正答 3

1 × 事例研究は、利用者個々の介護について、その**介護過程から介護実践を振り返る**ことによって、援助の方針や方法などを検討することを目的としている。事業所の介護の理念の確認は事例研究の目的ではなく、不適切である。

2 × 介護福祉職の能力を調べることは事例研究の目的ではなく、不適切である。

3 ○ 介護過程から介護実践を振り返ることは、事例研究の目的として最も適切である。

4 × 事例研究は、介護報酬を獲得するために行うものではなく、不適切である。

5 × 事例研究は、介護福祉職自身の満足のために行うものではなく、不適切である。

◆総合問題１◆

次の事例を読んで、**問題114から問題116まで**について答えなさい。

〔事　例〕

Ａさん（80歳、女性）は、自宅で一人暮らしをしている。同じ県内に住む娘が、月に一度Ａさんの自宅を訪れている。

最近、Ａさんの物忘れが多くなってきたため、不安になった娘が、Ａさんと一緒に病院を受診したところ、医師から、脳の記憶をつかさどる部分が顕著に萎縮したアルツハイマー型認知症（dementia of the Alzheimer's type）であると診断された。Ａさんはこのまま自宅で暮らすことを希望し、介護保険の訪問介護（ホームヘルプサービス）を利用しながら一人暮らしを継続することになった。

ある日、娘からサービス提供責任者に、今年はＡさんが一人で雪かきができるか不安であると相談があった。そこで、サービス提供責任者が、Ａさんと一緒に地区の民生委員に相談したところ、近所の人たちが雪かきをしてくれることになった。

事例の解き方のポイント

◎アルツハイマー型認知症による脳の病変

アルツハイマー型認知症では、脳全体の萎縮、脳室の拡大などがみられます。大きな変化は側頭葉から頭頂葉にかけて起こり、進行すると前頭葉に及びます。特に、記憶にかかわる海馬など大脳辺縁系の病変が顕著です。

■脳の構造

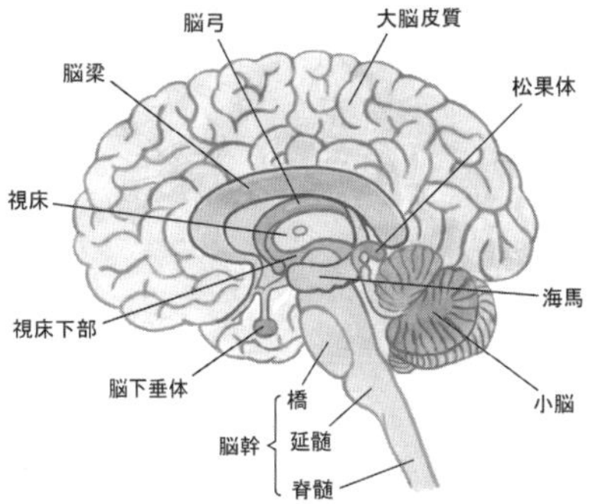

◎自助・互助・共助・公助

自助	自分の収入によって自分の生活を支え、健康を維持すること
互助	近隣住民やボランティアによる助け合いなど
共助	社会保険などの制度化された相互扶助
公助	生活保護など行政が公費負担で行う公的な援助

◎お薬カレンダー（壁掛け用）

／ ／ ／

第35回◇問題114

図は脳を模式的に示したものである。

Aさんの脳に萎縮が顕著にみられる部位として、**最も適切なものを１つ**選びなさい。

1　A
2　B
3　C
4　D
5　E

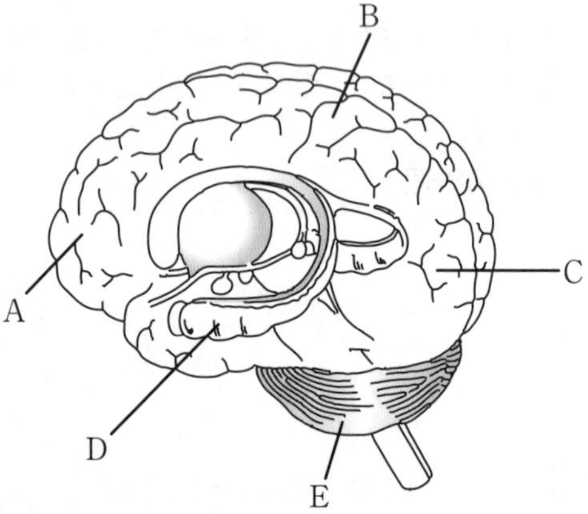

／ ／ ／

第35回◇問題115

地域包括ケアシステムにおいて、Aさんの雪かきの課題への対応を示すものとして、**最も適切なものを１つ**選びなさい。

1　自助
2　互助
3　介助
4　扶助
5　公助

解説 ――――――――――――――――――――――――― 正答 4

1 × Aさんが医師から診断された顕著に萎縮が見られる脳の**記憶**をつかさどる部分は、**海馬**である。図のAは、**前頭葉**を指している。

2 × 図のBは、**頭頂葉**を指している。

3 × 図のCは、**後頭葉**を指している。

4 ○ 図のDは、**海馬**を指している。海馬は**側頭葉**の内側にある弓状の部分で、短期記憶が一時的に保存される。

5 × 図のEは、**小脳**を指している。

解説 ――――――――――――――――――――――――― 正答 2

1 × **自助**とは、自分の収入（勤労収入や年金収入等）によって、自分の生活を支え、健康を維持することである。

2 ○ **互助**とは、ボランティア活動や近隣住民同士の支え合いなど、費用負担が制度的に裏付けされていない自発的なものを指す。近所の人たちが、Aさんの代わりに雪かきをしてくれることになったのは互助に当たる。

3 × **介助**とは、利用者のニーズを満たすために、食事や入浴、排泄などの動作を助けることをいう。

4 × **扶助**とは、「助けること」を意味し、社会福祉の分野では、生活保護制度に基づく具体的な給付（生活扶助、医療扶助など）を指すことが多い。地域包括ケアシステムでは、**公助**に含まれる。

5 × **公助**とは、生活保護や人権擁護（ようご）・虐待対策など、行政等が公費負担で行う公的な援助のことを指す。

第35回◇問題116

ある日、訪問介護員（ホームヘルパー）がAさんの自宅を訪れ、一包化された薬の服薬状況を確認したところ、残薬があった。Aさんに服薬状況を確認すると、薬を飲んだかどうか、わからなくなることがあるという返答があった。訪問介護員（ホームヘルパー）は、Aさんとの会話から、日時に関する見当識に問題はないことを確認した。

Aさんの薬の飲み忘れを防止するための対応として、**最も適切なものを1つ**選びなさい。

1　一包化を中止する。
2　インフォーマルな社会資源の活用は避ける。
3　お薬カレンダーの使用を提案する。
4　一人では薬を服用しないように伝える。
5　薬の飲み忘れに気がついたとき、2回分を服用するように伝える。

解説 ―――― 正答 3

1 × 一包化とは、数種類の薬を、それぞれの服薬時間ごとに1つの袋に入れておくことをいう。一包化を中止すると、薬の飲み間違えや飲み忘れにつながる恐れがあるため、不適切である。

2 × インフォーマルな社会資源とは、近隣住民やNPO法人、ボランティアなどを指す。これらを活用して、Aさんの薬の飲み忘れのチェックをすることもできる。

3 ○ お薬カレンダーとは、カレンダーに、曜日ごとの朝・昼・夕・寝る前にそれぞれ服用する薬を分けて入れる袋がついたものである。Aさんが見て薬を飲んだかどうかの確認ができるので、最も適切といえる。

4 × Aさんは一人暮らしであり、娘が訪れるのも月に一度だけなので、一人で服用しないように伝えることは、適切ではない。

5 × 訪問介護員（ホームヘルパー）が、薬の飲み忘れに気がついた場合は、医師に対処法を確認する。通常は、利用者が医師の指示のとおりに、用法・用量を守って正しく薬を服用しているかを確認することが重要である。

◆総合問題２◆

次の事例を読んで、**問題117から問題119まで**について答えなさい。

〔事　例〕

Ｂさん（75歳、男性、要介護３）は、１年前に脳梗塞（cerebral infarction）を発症し、右片麻痺（みぎかたまひ）がある。自宅では、家具や手すりにつかまって、なんとか自力歩行し、外出時は車いすを使用していた。うまく話すことができないこともあるが、他者の話を聞き取って理解することは、問題なくできていて、介護保険サービスを利用しながら、一人で暮らしていた。数か月前から着替えや入浴に介助が必要になり、在宅生活が難しくなったため、１週間前にＵ介護老人福祉施設に入所した。

入所時の面談でＢさんは、自分の力で歩きたいという意思を示した。Ｕ介護老人福祉施設では、Ｃ介護福祉士をＢさんの担当者に選定した。Ｃ介護福祉士は、カンファレンス（conference）での意見に基づいて、Ｂさんが、四点杖（よんてんづえ）を使用して、安全に施設内を歩行できることを短期目標とした介護計画を立案した。

事例の解き方のポイント

◎立脚相

歩行中に片方の足が地面についている時期を、立脚相という（足が地面から離れている時期は、遊脚相という）。立脚相はいくつかの段階に分けられる。

■歩行中の立脚相

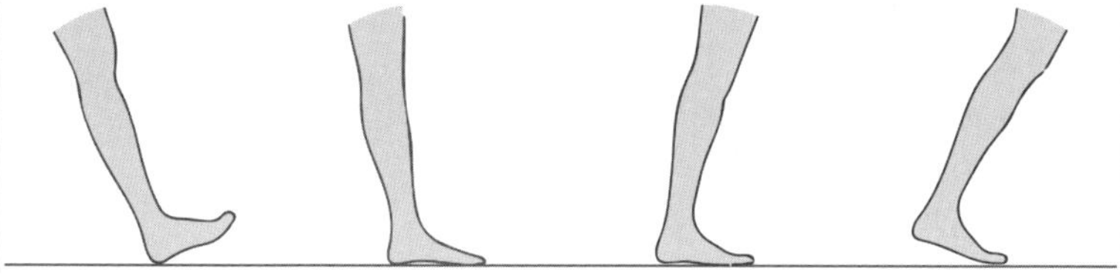

◎杖

杖は、患側下肢の体重負荷の減少とバランス維持を目的とする歩行支援用具である。利用者の障害の程度に応じて、杖の長さや種類を選ぶ。

■歩行が不安定な人向きの杖

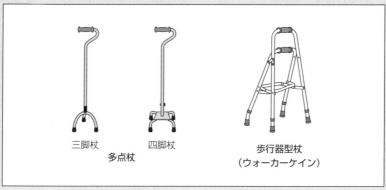

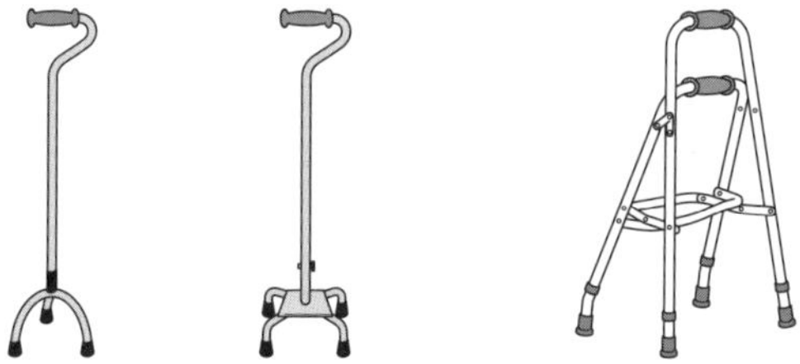

第35回◇問題117

入所から２か月が経過した。Ｃ介護福祉士は、Ｂさんの四点杖歩行(よんてんづえほこう)の様子を観察したところ、左立脚相と比べて、右立脚相が短いことが気になった。Ｂさんの短期目標を達成するために、理学療法士と相談して、転倒予防の観点から、見守り歩行をするときの介護福祉職の位置について、改めて周知することにした。

Ｂさんの四点杖歩行(よんてんづえほこう)を見守るときに介護福祉職が立つ位置として、**最も適切なものを１つ**選びなさい。

1　Ｂさんの右側前方
2　Ｂさんの右側後方
3　Ｂさんの真後ろ
4　Ｂさんの左側前方
5　Ｂさんの左側後方

第35回◇問題118

Ｃ介護福祉士がＢさんとコミュニケーションをとるための方法に関する次の記述のうち、**最も適切なものを１つ**選びなさい。

1　補聴器を使用する。
2　五十音表を使用する。
3　手話を使う。
4　大きな声で話しかける。
5　「はい」「いいえ」で回答できる質問を中心に用いる。

解説 ―――――――――――――――――――― 正答 2

1 × **立脚相**とは、歩行中に片方の足が地面についている時期をいい、最初は踵（かかと）から、次に足裏が地面について体重を支え、最後は踵が地面から離れるときに身体を前進させる。右片麻痺のBさんは、右立脚相が短いことから、右の足裏が体重を支えきれておらず、**重心が右側後方に傾く**危険性が高い。Bさんの身体を支えるため介護福祉職が右側前方に立つのは、適切とはいえない。

2 ○ Bさんの**右側後方**に立つことが最も適切である。

3 × 1と同様、適切ではない。

4 × 1と同様、適切ではない。

5 × 1と同様、適切ではない。

解説 ―――――――――――――――――――― 正答 5

1 × Bさんは、聴覚には問題がなく、「他者の話を聞き取って理解すること」は問題なくできている。補聴器の使用は不適切である。補聴器は、**伝音性**難聴がある場合に有効な補装具である。

2 × 事例から、Bさんは他者の話を聞き取って理解することは問題なく行える**ブローカ失語**（運動性失語）であると考えられる。C介護福祉職がBさんとコミュニケーションをとる方法として、五十音表の使用は不適切である。

3 × 2と同様、手話の使用は不適切である。

4 × Bさんは聴覚に問題はなく、C介護福祉職が大きな声で話しかける必要はない。

5 ○ Bさんは、うまく話すことができないこともあるので、「はい」「いいえ」で回答できる質問（**クローズドクエスチョン**）を中心に用いることは、適切である。

第35回◇問題119

入所から３か月後、Ｃ介護福祉士は、Ｂさんの四点杖歩行が安定してきたことを確認して介護計画を見直すことにした。Ｃ介護福祉士がＢさんに、今後の生活について確認したところ、居室から食堂まで、四点杖で一人で歩けるようになりたいと思っていることがわかった。

Ｂさんの現在の希望に沿って介護計画を見直すときに、**最も優先すべきもの**を**１つ**選びなさい。

1　生活場面の中で歩行する機会を増やす。
2　評価日は設定しない。
3　ほかの利用者と一緒に実施できる内容にする。
4　他者との交流を目標にする。
5　歩行練習を行う時間は、出勤している職員が決めるようにする。

解説 ———— 正答 1

1 ○ 「居室から食堂まで、四点杖で一人で歩けるようになりたい」というBさんの目標のため、生活場面の中で歩行する機会を増やすことは、最も優先すべきものである。

2 × C介護福祉士が見直す介護計画（個別援助計画）では、短期目標として解決すべき生活課題について**達成期限を設定**し、その期限内にどの程度達成できたかを**評価**する必要がある。評価日を設定しないというのは、適切ではない。

3 × 介護過程では、一人ひとりの利用者に適した**個別ケア**を提供し、利用者の**自立**を支援し、**自己実現**を図る。明確な目標を持っているBさんの介護計画を、ほかの利用者と一緒に実施できる内容にするというのは適切ではない。

4 × 他者との交流は、Bさんにとって優先すべきものではない。

5 × 歩行練習を行う時間は、どこでどのように行うのかなどとともに**介護計画**に定めておく。

◆総合問題3◆

次の事例を読んで、**問題120から問題122まで**について答えなさい。

〔事　例〕

Dさん（38歳、男性、障害支援区分3）は、1年前に脳梗塞（cerebral infarction）を発症し左片麻痺（ひだりかたまひ）となった。後遺症として左同名半盲、失行もみられる。現在は週3回、居宅介護を利用しながら妻と二人で生活している。

ある日、上着の袖に頭を入れようとしているDさんに介護福祉職が声をかけると、「どうすればよいかわからない」と答えた。普段は妻がDさんの着替えを手伝っている。食事はスプーンを使用して自分で食べるが、左側にある食べ物を残すことがある。Dさんは、「左側が見づらい。動いているものにもすぐに反応ができない」と話した。

最近は、日常生活の中で、少しずつできることが増えてきた。Dさんは、「人と交流する機会を増やしたい。また、簡単な生産活動ができるようなところに行きたい」と介護福祉職に相談した。

事例の解き方のポイント

◎失行

失行とは、手足の運動機能は損なわれていないにもかかわらず、意図した動作や指示された動作を行えない状態をいいます。主な種類として、次のものがあります。

■主な失行の種類

観念失行	歯ブラシを使うなど、複数の物品を使う複雑な動作ができない
観念運動失行	自然にできる動作でも、他人から指示されるとそのとおりにできず誤ってしまう
顔面失行	舌を出したり、咳払いをしたりなどの動作が意図的には行えない状態。反射的・自動的にはできる
着衣失行	衣服の着脱がうまくできない
構成失行	図形が描けないなど、物体の描画および構成が困難となる

◎視野障害

視野障害とは、視覚障害のうち、視野が狭まることによって生活に支障が生じている状態をいいます。主な種類として、次のものがあります。

■視野障害の種類

求心性視野狭窄	視野が周辺部から中心に向かって障害されていく（中心部の視野と視力は、ある程度進行するまで保たれる）
中心暗転	視野の中心部が見えなくなる（視力も低下する）
鼻側視野欠損	視野のうち鼻側が見づらくなる
同名半盲	両眼ともに同じ側が見づらくなる（両目ともに左側が見づらい場合を左同名半盲、両目ともに右側が見づらい場合を右同名半盲という）

なお、半側空間無視（自分が意識して見ている空間の片側を見落とす障害）は、脳の感覚情報を処理する部位の損傷によるものであり、視野障害には含まれません。

第35回◇問題120

Dさんにみられた失行として、**適切なものを1つ**選びなさい。

1　構成失行
2　観念失行
3　着衣失行
4　顔面失行
5　観念運動失行

第35回◇問題121

Dさんへの食事の支援に関する次の記述のうち、**最も適切なものを1つ**選びなさい。

1　食事の量を少なくする。
2　テーブルを高くする。
3　スプーンを持つ手を介助する。
4　バネつき箸に替える。
5　食事を本人から見て右寄りに配膳する。

解説　正答 3

1 × Dさんは、上着の袖に頭を入れようとして、「どうすればよいかわからない」と発言している。**構成失行**とは、図形を描けない状態などをいい、Dさんには当てはまらない。

2 × **観念失行**とは、歯磨き粉を歯ブラシに付けて歯を磨くなど、複数の物品を使う複雑な動作ができない状態をいう。Dさんには当てはまらない。

3 ○ **着衣失行**とは、衣服の着脱がうまくできない状態をいう。Dさんにみられた状態である。

4 × **顔面失行**とは、舌を出したり、咳払いをしたりなどの動作を、反射的・自動的にはできるが、意図的には行えない状態をいう。

5 × **観念運動失行**とは、自然にできる動作を、指示されるとできなかったり、誤ってしまう状態をいう。

解説　正答 5

1 × 左同名半盲があるDさんは、左側にある食べ物を**認識できないため**、残している。量が多くて食べきれないわけではないので、食事の量を少なくするのは、適切ではない。

2 × テーブルが高すぎると食事がしづらくなる。また、テーブルの高さは食事を残す原因ではないため、適切ではない。

3 × Dさんは自分でスプーンを使用して食べており、介助を必要としていない。

4 × スプーンを使用していることが食事を残す原因ではないため、適切ではない。

5 ○ 左同名半盲があるDさんに対し、本人から見て**右寄り**に配膳するのは、食事の支援として適切である。

第35回◇問題122

介護福祉職は、Dさんに生産活動ができるサービスの利用を提案したいと考えている。

次のうち、Dさんの発言内容に合う障害福祉サービスとして、**最も適切なものを1つ**選びなさい。

1　就労継続支援A型での活動
2　地域活動支援センターの利用
3　療養介護
4　就労定着支援
5　相談支援事業の利用

解 説 ―――――― 正答 2

1 × **就労継続支援A型**とは、就労継続支援（就労の機会や生産活動その他の機会を提供し、知識・能力の向上のために必要な訓練を行う）のうち、雇用契約を結んで働きながら一般就労を目指すタイプをいう。Dさんは就労を望んでいないので、不適切である。

2 ○ **地域活動支援センター**は、障害者等に対し、創作的活動や生産活動の機会の提供、社会との交流の促進といった便宜を供与する施設なので、最も適切である。

3 × **療養介護**とは、医療と常時介護を必要とする者を対象として、主として日中に病院などにおいて機能訓練や療養上の管理などを行うサービスである。Dさんの発言内容とは合っていない。

4 × **就労定着支援**とは、通常の事業所に新たに雇用された者を対象として、就労の定着を図るための連絡調整などを行うサービスである。Dさんの発言内容とは合っていない。

5 × **相談支援事業**は**自立支援給付**の１つで、基本相談支援、地域相談支援、計画相談支援がある。基本相談支援は、障害者などの相談に応じ、情報提供や助言、事業者などとの連絡調整を行う。地域相談支援は、地域での生活への移行（地域移行支援）と、地域への定着（地域定着支援）を促すための支援を行う。計画相談支援は、サービスを利用するための調整（サービス利用支援）と、サービスの利用が始まってからの調整（継続サービス利用支援）を行う。いずれもDさんの発言内容とは合っていない。

◆総合問題４◆

次の事例を読んで、**問題123から問題125まで**について答えなさい。

〔事　例〕

Ｅさん（35歳、男性）は、自閉症スペクトラム障害（autism spectrum disorder）があり、Ｖ障害者支援施設の生活介護と施設入所支援を利用している。Ｅさんは、毎日のスケジュールを決め、規則や時間を守ってプログラムに参加しているが、周りの人や物事に関心が向かず、予定外の行動や集団行動はとりづらい。コミュニケーションは、話すよりも絵や文字を示したほうが伝わりやすい。

Ｅさんが利用するＶ障害者支援施設では、就労継続支援事業も行っている。災害が起こったときに様々な配慮が必要な利用者がいるため、施設として防災対策に力を入れている。また、通所している利用者も多いので、Ｖ障害者支援施設は市の福祉避難所として指定を受けている。

事例の解き方のポイント

◎自閉症スペクトラム障害（ASD）の特徴

自閉症スペクトラム障害（ASD）の特徴には、①相互的な対人関係の障害、②言語発達の遅れ、③興味や行動の偏り（こだわり）の3つがあります。また、コミュニケーション上は、次のような支障が生じます。

■ ASDのコミュニケーション上の支障

社会性とコミュニケーションの障害	○話のニュアンスや例えを理解することが難しく、言葉を文字どおりに受け止めてしまう ○会話が形式的で、抑揚がなく、間合いが取れないことがある ○状況や相手の感情、立場を理解せずに思ったことをそのまま言ってしまう
こだわり	○ある行動や考えに強くこだわり、日常生活に支障が生じる ○自分なりのルールがあり、変更や変化を好まない ○特定のものに執着する

◎福祉避難所

福祉避難所は、障害者や高齢者、妊産婦、乳幼児、難病患者、内部障害者など何らかの特別な配慮を必要とする人（要配慮者）とその家族（介助者）が避難する場所であり、老人福祉施設、障害者支援施設、児童福祉施設などが福祉避難所としての指定を受けます。

指定を受けた施設には、普段から食糧や防災用品などが備蓄されます。支援物資が届くまではそれを食べてしのぐことになるので、公平に分配されるように配慮する必要があります。

第35回◇問題123

Eさんのストレングス（strength）に関する次の記述のうち、**最も適切なものを１つ**選びなさい。

1　行動力があり、すぐに動く。
2　自分で決めたことを継続する。
3　新しいことを思いつく。
4　コミュニケーション力が高い。
5　いろいろなことに興味がもてる。

第35回◇問題124

Ｖ障害者支援施設では定期的に災害に備えた避難訓練を行っている。

Ｅさんの特性を考慮して実施する避難訓練に関する次の記述のうち、**最も適切なものを１つ**選びなさい。

1　災害時に使用する意思伝達のイラストを用意する。
2　避難生活を想定して、食事等の日課を集団で行えるようにする。
3　予告せずに避難訓練を行う。
4　Ｅさんの避難訓練は単独で行う。
5　避難を援助する人によってＥさんへの対応を変える。

解説 ―――― 正答 2

1 × Ｅさんは、予定外の行動や集団行動はとりづらいため、Ｅさんのストレングス（強み）とするのは不適切である。

2 ○ Ｅさんは、毎日のスケジュールを決め、規則や時間を守っている。自分で決めたことを継続することをＥさんのストレングスとするのは、適切である。

3 × Ｅさんは、周りの人や物事に関心が向かないため、不適切である。

4 × Ｅさんは、コミュニケーションは、話すよりも絵や文字を示したほうが伝わりやすいため、コミュニケーション力が高いとはいえず、不適切である。

5 × Ｅさんは周りの人や物事に関心が向かないため、不適切である。

解説 ―――― 正答 1

1 ○ 自閉症スペクトラム障害（ASD）があるＥさんとのコミュニケーションでは、話すよりも絵や文字を示したほうが伝わりやすい。災害時の意思伝達のためにイラストを用意するのは、Ｅさんの特性を考慮しており、適切である。

2 × 集団行動がとりづらいというＥさんの特性を考慮すると、食事などの日課を集団で行えるようにするのは不適切である。

3 × 予告せずに避難訓練を行った場合、予定外の行動をとりづらいＥさんには、状況の変化に対する不安が強く現れる。次に何を行うのか、前もって具体的かつ簡潔に示す必要がある。

4 × 自閉症スペクトラム障害がある人は、見通しが立つことにはしっかりと対応できる。定期的に行うＶ障害者支援施設の避難訓練ならば、見通しが立つため、Ｅさん単独で行う必要はない。

5 × 援助する人によってＥさんへの対応を変えることは、混乱や不安につながる。援助する人が変わっても、Ｅさんに対しては、同じ対応を取るようにする。

／ ／ ／

第35回◇問題125

V障害者支援施設が、災害発生に備えて取り組む活動として、**最も適切なものを1つ**選びなさい。

1　事前に受け入れ対象者を確認しておく。
2　災害派遣医療チーム（DMAT）と支援人員確保契約を結ぶ。
3　職員の役割分担は、状況に応じてその場で決める。
4　要配慮者のサービス等利用計画を作成する。
5　要配慮者に自分で避難するように促す。

解説 ―――――――――――――――――――――――――――――― 正答 1

1 ○ V障害者支援施設は、**福祉避難所**として指定を受けているので、事前に受け入れ対象者を確認しておくことは、災害発生に備えて取り組む活動として、適切である。受け入れ対象は、高齢者や障害者、妊産婦、乳幼児、難病患者、内部障害者など何らかの特別な配慮を必要とする人とその家族（介助者）である。

2 × DMAT（災害派遣医療チーム）は、被災地域の都道府県の派遣要請に基づいて派遣されるのが原則である。福祉避難所と支援人員確保契約を結ぶのは、**社会福祉協議会**などの関係機関や、**社会福祉施設**の職員等、障害者・高齢者の支援団体などである。

3 × 職員の役割分担は、災害発生に備えてあらかじめ決めておく必要がある。

4 × サービス等利用計画は、障害者支援施設ではなく、市町村長の指定を受けた指定特定相談支援事業所に配置された相談支援専門員が作成する。

5 × 要配慮者が福祉避難所へ避難する場合には、原則として、民生委員や自主防災組織などのインフォーマルサポートや、市町村の職員などの支援を得るように促す。

◎介護福祉士国家試験◎

第34回
（令和４年）
試験問題

目　次

第34回◇問題1 ★よく出る

著書『ケアの本質－生きることの意味』の中で、「一人の人格をケアするとは、最も深い意味で、その人が成長すること、自己実現することをたすけることである」と述べた人物として、**正しいもの**を**1つ**選びなさい。

1 神谷美恵子
2 糸賀一雄
3 フローレンス・ナイチンゲール（Nightingale, F.）
4 ミルトン・メイヤロフ（Mayeroff, M.）
5 ベンクト・ニィリエ（Nirje, B.）

第34回◇問題2

Aさん（80歳、女性、要介護1）は、筋力や理解力の低下がみられ、訪問介護（ホームヘルプサービス）を利用している。訪問介護員（ホームヘルパー）がいない時間帯は、同居している長男（53歳、無職）に頼って生活をしている。長男はAさんの年金で生計を立てていて、ほとんど外出しないで家にいる。

ある時、Aさんは訪問介護員（ホームヘルパー）に、「長男は暴力がひどくてね。この間も殴られて、とても怖かった。長男には言わないでね。あとで何をされるかわからないから」と話した。訪問介護員（ホームヘルパー）は、Aさんのからだに複数のあざがあることを確認した。

訪問介護員（ホームヘルパー）の対応に関する次の記述のうち、**最も適切なもの**を**1つ**選びなさい。

1 長男の虐待を疑い、上司に報告し、市町村に通報する。
2 長男の仕事が見つかるようにハローワークを紹介する。
3 Aさんの気持ちを大切にして何もしない。
4 すぐに長男を別室に呼び、事実を確認する。
5 長男の暴力に気づいたかを近所の人に確認する。

解説　　正答　4

1　×　精神科医**神谷美恵子**は、ハンセン病療養所「長島愛生園」で患者たちに寄り添いながら、『生きがいについて』（1966年）を著した。

2　×　**糸賀一雄**は、「この子らを世の光に」と語り、昭和21年に知的障害児施設「近江学園」、昭和38年に重症心身障害児施設「びわこ学園」を設立した。

3　×　イギリスの看護師**フローレンス・ナイチンゲール**は、クリミア戦争で傷病兵の看護に当たったことで知られ、その後、病院建設や医療制度改革などに貢献したとされる。

4　○　アメリカの哲学者**ミルトン・メイヤロフ**は、著書『ケアの本質』（1971年）の中で、設問のように述べている。

5　×　**ベンクト・ニィリエ**は、ノーマライゼーションを、「知的障害者の日常生活の様式や条件を社会の主流にある人々の標準や様式に可能な限り近づけること」と定義した。

解説　　正答　1　⇒速習 / 社会 L2

1　○　**高齢者虐待防止法**では、養護者による高齢者虐待を受けたと思われる高齢者を発見した者は、**速やかに市町村に通報**するよう定めている（特に、高齢者の生命または身体に重大な危険が生じている場合は、通報義務とされている）。

2　×　訪問介護員としては、まずAさんを虐待から守るための対応をすべきである。

3　×　訪問介護員は、**Aさんの気持ちにかかわらず**、市町村への通報に向けた対応をとらなければならない。

4　×　Aさんの被虐待が疑われる場合、速やかに市町村に通報する。長男への確認は必要ない。

5　×　4と同様、近所の人への確認は必要ない。速やかに市町村に通報する。

第34回◇問題3

介護福祉職はBさんから、「認知症（dementia）の母の介護がなぜかうまくいかない。深夜に徘徊（はいかい）するので、心身共に疲れてきた」と相談された。介護福祉職は、「落ち込んでいてはダメですよ。元気を出して頑張ってください」とBさんに言った。後日、介護福祉職はBさんに対する自身の発言を振り返り、不適切だったと反省した。

介護福祉職はBさんに対してどのような返答をすればよかったのか、**最も適切なもの**を**1つ**選びなさい。

1 「お母さんに施設へ入所してもらうことを検討してはどうですか」
2 「私も疲れているので、よくわかります」
3 「認知症（dementia）の方を介護しているご家族は、皆さん疲れていますよ」
4 「近所の人に助けてもらえるように、私から言っておきます」
5 「お母さんのために頑張ってきたんですね」

第34回◇問題4

利用者とのコミュニケーション場面で、介護福祉職が行う自己開示の目的として、**最も適切なもの**を**1つ**選びなさい。

1 ジョハリの窓（Johari Window）の「開放された部分（open area）」を狭くするために行う。
2 利用者との信頼関係を形成するために行う。
3 利用者が自分自身の情報を開示するために行う。
4 利用者との信頼関係を評価するために行う。
5 自己を深く分析し、客観的に理解するために行う。

解説 —— 正答 5

1 × 事例でＢさんは、施設入所にふれていないため、アドバイスとして適切ではない。

2 × 「私も疲れているので」という言い方は、Ｂさんの気持ちへの共感にはならない。

3 × 「皆さん疲れていますよ」という言い方は、Ｂさんの**個別性**を理解したうえでの共感とはいえない。

4 × 近所の人の協力をＢさんが求めているかどうかは不明であり、アドバイスとして適切ではない。介護福祉職は、Ｂさんの気持ちに共感を示す必要がある。

5 ○ 「お母さんのために頑張ってきたんですね」という言葉がけは、Ｂさんの介護の苦労を理解し、**受容していること**を示す返答であり、最も適切といえる。

解説 —— 正答 2 ⇒速習／人コ L1

1 × 自己開示は、**ジョハリの窓**の「隠蔽（いんぺい）部分（自分は知っているが他人には知られていない部分）」を狭くして、「開放部分（自分も他人も知っている部分）」を広くするために行う。

2 ○ 利用者とのコミュニケーションにおいては、援助者が利用者から信頼を得られるように、意図的なかかわりをしていくことが重要である。介護福祉職が行う自己開示は、利用者との**信頼関係を形成する**ために行う。

3 × 介護福祉職（援助者）は自己開示を行うことで利用者への受容と共感を示す。利用者の自己開示を促すためではない。

4 × 自己開示は、利用者との信頼関係を評価するためではなく、形成するために行う。

5 × 設問の記述は、**自己覚知**の内容である。

関連問題… 35-8

第34回◇問題5

2016年（平成28年）に閣議決定された、「ニッポン一億総活躍プラン」にある「地域共生社会の実現」に関する記述として、**最も適切なもの**を**1つ**選びなさい。

1　日本型福祉社会の創造
2　我が事・丸ごとの地域づくり
3　健康で文化的な最低限度の生活の保障
4　社会保障と税の一体改革
5　皆保険・皆年金体制の実現

関連問題… 33-5

第34回◇問題6

2019年（平成31年、令和元年）の日本の世帯に関する次の記述のうち、**正しいもの**を**1つ**選びなさい。

1　平均世帯人員は、３人を超えている。
2　世帯数で最も多いのは、２人世帯である。
3　単独世帯で最も多いのは、高齢者の単独世帯である。
4　母子世帯数と父子世帯数を合算すると、高齢者世帯数を超える。
5　全国の世帯総数は、７千万を超えている。

解説　　　　　　　　　　　　　　　　正答　2　⇒速習／社会L3

1　×　「**日本型福祉社会**」は、個人の努力（自助）と家庭や近隣、地域社会などとの連携を基礎とするもので、少子高齢化が進行しつつあった1970年代に提唱された。

2　○　「**我が事・丸ごとの地域づくり**」は、「ニッポン一億総活躍プラン」に盛り込まれた地域共生社会の実現のための取り組みとして推進されている。

3　×　「**健康で文化的な最低限度の生活の保障**」は、日本国憲法第25条で定められている。

4　×　「**社会保障と税の一体改革**」については、2012（平成24）年に関連法案が成立して取り組まれている、社会保障の充実・安定化のための財源確保と財政健全化の同時達成を目指すものである。

5　×　「**皆**（かい）**保険・皆年金体制**」は、国民健康保険法の改正および国民年金法の制定により、1961（昭和36）年に実現している。

解説　　　　　　　　　　　　　　　　正答　2　⇒速習／社会L1

1　×　2019（令和元）年の平均世帯人員は2.39人。2022（令和４）年には2,25万人と年々減少している。

2　○　世帯数の構成割合を見ると、**２人世帯**が32.0％で最も多く、次いで１人世帯28.8％、３人世帯19.7％の順であった。2022年には、１人世帯（32.9％）、２人世帯（32.3％）、３人世帯（18.7％）の順となっている。

3　×　単独世帯（１人世帯）は1,490万7,000世帯で、このうち高齢者（65歳以上）の単独世帯は736万9,000世帯である。割合としては49.4％なので、**65歳未満の単独世帯**のほうが多い。2022年では、単独世帯1,785万2,000世帯、高齢者の単独世帯は873万世帯で、割合は46.4％となっている。

4　×　母子世帯数は64万4,000世帯、父子世帯数は7万6,000世帯であり、合計すると72万世帯である。高齢者世帯数は1,487万8,000世帯なので、**高齢者世帯数**のほうが多い。2022年では、母子世帯数が56万5,000世帯、父子世帯が７万5,000世帯、合計64万世帯で、高齢者世帯が1,693万1,000世帯となっている。

5　×　全国の世帯総数は、5,431万世帯である。

第34回◇問題7

2015年（平成27年）以降の日本の社会福祉を取り巻く環境に関する次の記述のうち、**適切なもの**を**1つ**選びなさい。

1　人口は、増加傾向にある。
2　共働き世帯数は、減少傾向にある。
3　非正規雇用労働者数は、減少傾向にある。
4　高齢世代を支える現役世代（生産年齢人口）は、減少傾向にある。
5　日本の国民負担率は、ＯＥＣＤ加盟国の中では上位にある。

（注）ＯＥＣＤとは、経済協力開発機構（Organisation for Economic Co-operation and Development）のことで、2020年（令和２年）現在38か国が加盟している。

第34回◇問題8

次のうち、2020年（令和２年）の社会福祉法等の改正に関する記述として、**最も適切なもの**を**1つ**選びなさい。

1　市町村による地域福祉計画の策定
2　入所施設の重点的な拡充
3　医療・介護のデータ基盤の整備の推進
4　市町村直営の介護サービス事業の整備拡充
5　ロボット等の機械の活用から人によるケアへの転換

（注）2020年（令和２年）の社会福祉法等の改正とは、「地域共生社会の実現のための社会福祉法等の一部を改正する法律（令和２年法律第52号）」をいう。

解説 ―――――――――――――――――――――― 正答 4 ⇒速習 / 社会 L1

1 × 「国勢調査（2020（令和２）年10月１日現在）」（総務省統計局）によると、日本の総人口は１億2,614万6,000人となっており、2015（平成27）年（１億2,709万5,000人）以降、減少傾向が続いている。

2 × 「労働力調査」（総務省）によると、2021（令和３）年の「**雇用者の共働き世帯**（夫婦ともに非農林業雇用者の世帯）」の世帯数は1,247万世帯（2022〔令和４〕年は1,267万世帯）であった。2015年（1,114万世帯）からは増加傾向となっている。

3 × 2015年の**非正規雇用労働者数**は1,986万人であった。2021年には2,065万人（2022年は2,101万人）となっており、2015年以降は増加傾向にある。

4 ○ 2015年の**生産年齢人口**（15歳～64歳）は7,728万人。2021年には7,450万人（2023年は7,480万人）となっており、減少傾向にある。

5 × 財務省が公表した日本の**国民負担率**は45.1％（2024年度見通し）で、そこに財政赤字を含めた潜在的な国民負担率は50.9％（同）。「国民負担率の国際比較（OECD 加盟36カ国）」によると22位（2021年時点）で、2015年の42.6％（28位）以降、同様の水準といえる。

解説 ―――――――――――――――――――――― 正答 3 ⇒速習 / 社会 L2

1 × **市町村による地域福祉計画の策定**は、2000（平成12）年の社会福祉事業法等の改正により、社会福祉法に規定された事項である。

2 × 2020（令和２）年の社会福祉法等の改正の内容に含まれていない。

3 ○ **医療・介護のデータ基盤の整備の推進**は、2020年の社会福祉法等の改正の内容に含まれている。

4 × 2020年の社会福祉法等改正の内容に含まれていない。

5 × 2020年の社会福祉法等改正の内容に含まれていない。2015（平成27）年の「ロボット新戦略―ビジョン・戦略・アクションプラン―」では、介護ロボットの活用が提唱され、その開発と普及が促進されている。

第34回◇問題9

Ｃさん（78歳、男性、要支援１）は、公的年金（月額19万円）で公営住宅の３階で一人暮らしをしている。妻と死別後も通所型サービスを利用し、自炊を楽しみながら生活している。最近、膝の具合がよくないこともあり、階段の上り下りが負担になってきた。そこで、転居について、通所型サービスのＤ介護福祉士に相談をした。

次のうち、Ｄ介護福祉士がＣさんに紹介する住まいの場として、**最も適切なものを１つ**選びなさい。

1　認知症対応型共同生活介護（認知症高齢者グループホーム）
2　介護付有料老人ホーム
3　軽費老人ホームＡ型
4　サービス付き高齢者向け住宅
5　養護老人ホーム

第34回◇問題10　★よく出る

介護保険制度の保険給付の財源構成として、**適切なものを１つ**選びなさい。

1　保険料
2　公費
3　公費、保険料、現役世代からの支援金
4　公費、第一号保険料
5　公費、第一号保険料、第二号保険料

解説 ―― 正答 4 ⇒速習／社会L11

1　×　**認知症対応型共同生活介護**（認知症高齢者グループホーム）は、認知症の要介護者を対象としている。Ｃさんは認知症ではなく、要支援１なので、対象外である。

2　×　**介護付有料老人ホーム**は、入浴・排泄（はいせつ）・食事の介護のほか、食事の提供等を行う施設である。階段の上り下りは負担に感じるが、その他は自立した生活を送っているＣさんには、適切ではない。

3　×　**軽費老人ホーム**（ケアハウス）は、無料あるいは低額な料金で食事を含めた日常生活上必要なサービスを提供する施設である。自炊を楽しみながら生活しているＣさんには、適切とはいえない。

4　○　**サービス付き高齢者向け住宅**は、バリアフリーの賃貸住宅であり、膝（ひざ）の具合がよくないＣさんに紹介する住まいの場として、最も適切といえる。

5　×　**養護老人ホーム**は、環境上および経済的理由により、自宅で養護を受けることが困難な高齢者を、措置によって入所させる施設である。Ｃさんには適切ではない。

解説 ―― 正答 5 ⇒速習／社会L5

1　×　介護保険制度の保険給付は、被保険者からの**保険料**（第１号保険料、第２号保険料）および一定の**公費**（税金）を財源として運営されている。保険料だけが財源ではない。

2　×　社会保険のひとつである介護保険制度は、公費だけを財源とするものではない。

3　×　「現役世代からの支援金」は、介護保険制度の財源構成に含まれていない。

4　×　介護保険の保険料には、第１号被保険者（65歳以上の者）が納付する**第１号保険料**のほかに、第２号被保険者（40歳以上65歳未満の者）が納付する**第２号保険料**がある。

5　○　１のとおり、適切である。

関連問題… 33-96

第34回◇問題11 ★よく出る

「2016年（平成28年）生活のしづらさなどに関する調査（全国在宅障害児・者等実態調査）」（厚生労働省）における身体障害、知的障害、精神障害の近年の状況に関する次の記述のうち、**正しいものを１つ**選びなさい。

1　最も人数の多い障害は、知的障害である。
2　施設入所者の割合が最も高い障害は、身体障害である。
3　在宅の身体障害者のうち、65歳以上の割合は７割を超えている。
4　在宅の知的障害者の数は、減少傾向にある。
5　精神障害者の８割は、精神障害者保健福祉手帳を所持している。

第34回◇問題12

Ｅさん（30歳、女性、知的障害、障害支援区分２）は、現在、日中は特例子会社で働き、共同生活援助（グループホーム）で生活している。今後、一人暮らしをしたいと思っているが、初めてなので不安もある。

次のうち、Ｅさんが安心して一人暮らしをするために利用するサービスとして、**適切なものを１つ**選びなさい。

1　行動援護
2　同行援護
3　自立訓練（機能訓練）
4　自立生活援助
5　就労継続支援

解 説　　正答 3

1 × 障害者手帳の種類別等でみると、**身体障害者手帳**の所持者428万7,000人、**療育手帳**の所持者96万2,000人、**精神障害者保健福祉手帳**の所持者84万1,000人、障害者手帳非所持でかつ障害者総合支援法に基づく自立支援給付等を受けている者が33万8,000人となっている。療育手帳の所持者数からすると、知的障害の人数が最も多いとはいえない。

2 × 住まいの種類を「グループホーム等（障害者総合支援法に基づくグループホームや福祉ホーム、介護保険による認知症対応型グループホームなど）」と回答した人の割合は、**療育手帳**の所持者である知的障害が最も高い。

3 ○ 年齢・障害者手帳の種類別でみると、身体障害者手帳の所持者は、**65歳以上が72.6%**となっている。

4 × 療育手帳の所持者数は、2005（平成17）年41万9,000人、2011（平成23）年62万2,000人、2016（平成28）年96万2,000人となっており、**知的障害者**の数は**増加傾向**にあるといえる。

5 × 精神障害者の数は392万4,000人（このうち92.0％が在宅精神障害者、8.0％が入院精神障害者）とされている。精神障害者保健福祉手帳の所持者は84万1,000人で、精神障害者の約２割である。

解 説　　正答 4　⇒速習 / 社会 L15

1 × **行動援護**は、知的障害または精神障害によって行動上著しい困難があり、常時介護を必要とする者に対して、外出時の移動中の介護などを提供するサービスである。

2 × **同行援護**は、視覚障害によって移動に著しい困難を伴う者に対し、外出時に同行して必要な援助を提供するサービスである。

3 × **自立訓練**（機能訓練）は、地域生活を営むうえで、身体機能・生活能力の維持向上のために一定の支援が必要な者に対して、一定期間、訓練等を行うサービスである。

4 ○ **自立生活援助**は、施設入所支援または共同生活援助（グループホーム）を利用していた者などを対象として、障害者からの相談に応じ、必要な情報提供や助言などを行うサービスなので、Ｅさんが利用するサービスとして適切である。

5 × **就労継続支援**は、一般企業等で雇用されることが困難な者を対象として、就労の機会や生産活動などの機会を提供し、知識・能力の向上に必要な訓練を行うサービスである。すでに特例子会社で働いているＥさんが利用するサービスとはいえない。

第34回◇問題13 ★よく出る

重度訪問介護に関する次の記述のうち、**適切なもの**を**1つ**選びなさい。

1　外出時における移動中の介護も含まれる。
2　知的障害者は対象にならない。
3　利用者が医療機関に入院した場合、医療機関で支援することはできない。
4　訪問看護の利用者は対象にならない。
5　障害が視覚障害のみの場合でも利用できる。

関連問題… 32-15

第34回◇問題14

「成年後見関係事件の概況（令和２年１月～12月）」（最高裁判所事務総局家庭局）における、成年後見人等として活動している人が最も多い職種として、**正しいもの**を**1つ**選びなさい。

1　行政書士
2　司法書士
3　社会保険労務士
4　精神保健福祉士
5　税理士

解説　正答 1　⇒速習 / 社会 L15

1　○　**重度訪問介護**は、重度の肢体不自由者や重度の知的障害または精神障害により行動上著しい困難を有する者であって、常時介護を必要とする者に対し、居宅等での入浴・排泄（はいせつ）・食事の介護、その他の便宜、**外出時の移動中の介護**を提供するサービスである。

2　×　１のとおり、重度の知的障害者は、重度訪問介護の対象となる。

3　×　2018（平成30）年度から、重度訪問介護を利用している**障害支援区分６**の者については、入院または入所中の病院、診療所、介護老人保健施設、介護医療院、助産所においても、重度訪問介護を利用できるようになった。

4　×　障害福祉サービスである重度訪問介護を受けていた人が65歳に到達すると、介護保険サービスの**訪問看護**へと切り替えるのが一般的であるが、介護保険サービスでは補えない支援や介護が必要な場合には、**重度訪問介護との併用**も認められる。

5　×　１のとおり、障害が視覚障害のみの場合は、重度訪問介護は利用できない。

解説　正答 2　⇒速習 / 社会 L17

1　×　「成年後見関係事件の概況（―令和２年１月～12月―）」によると、**成年後見人等**（成年後見人、保佐人、補助人）と本人との関係は、**親族**が成年後見人等に選任されたケースが全体の約20%、**親族以外の者**が選任されたケースが全体の約80%である。親族以外の者の内訳は、①司法書士（37.9%）、②弁護士（26.2%）、③社会福祉士（18.4%）、④社会福祉協議会（4.9%）、⑤行政書士（3.6%）、⑥市民後見人（1.1%）、⑦税理士（0.2%）、⑧精神保健福祉士（0.1%）の順になっている。

2　○　１のとおり、**司法書士**が最も多い。

3　×　社会保険労務士が成年後見人等に選任されるケースは、現在のところまれである。

4　×　１のとおり、精神保健福祉士が最も多いというのは誤りである。

5　×　１のとおり、税理士が最も多いというのは誤りである。

／ ／ ／

第34回◇問題15

保健所に関する次の記述のうち、**正しいものを１つ**選びなさい。

1　保健所の設置は、医療法によって定められている。

2　保健所は、全ての市町村に設置が義務づけられている。

3　保健所は、医療法人によって運営されている。

4　保健所の所長は、保健師でなければならない。

5　保健所は、結核（tuberculosis）などの感染症の予防や対策を行う。

関連問題… 32-16

／ ／ ／

第34回◇問題16　★よく出る

生活保護制度に関する次の記述のうち、**最も適切なものを１つ**選びなさい。

1　生活保護の給付方法には、金銭給付と現物給付がある。

2　生活保護の申請は、民生委員が行う。

3　生活保護法は、日本国憲法第13条にある幸福追求権の実現を目的としている。

4　生活保護を担当する職員は、社会福祉士の資格が必要である。

5　生活保護の費用は、国が全額を負担する。

解説 　正答 5 ⇒速習 / 介基 L8

1 × 保健所の設置は、地域保健法によって定められている。

2 × 保健所は、都道府県、指定都市、中核市、政令で定める市（令和４年４月現在、小樽（おたる）市、町田市、藤沢市、茅ヶ崎（ちがさき）市、四日市市の５市）および特別区（東京23区）に設置が義務づけられている。

3 × 保健所は、２に掲げた設置主体によって運営される。

4 × 保健所の所長は、原則、医師であって、かつ、２に掲げた地方公共団体の長の補助機関である職員のうち、一定の要件を満たす者でなければならないとされている。

5 ○ 結核などの感染症の予防や対策を行うことは、保健所の業務のひとつである。

解説 　正答 1 ⇒速習 / 生活 L20

1 ○ 生活保護法における８種類の扶助のうち、医療扶助と介護扶助が原則として現物給付であり、その他の扶助は原則として金銭給付（現金給付）とされている。

2 × 生活保護の申請は、要保護者、その扶養義務者、同居の親族が行う。

3 × 生活保護法は、日本国憲法第25条の生存権保障を受けて、国が生活に困窮するすべての国民の最低限度の生活を保障するとともに、その自立を助長することを目的としている。

4 × 生活保護の担当者（現業員）は、社会福祉主事の資格が必要である。

5 × 生活保護にかかる費用は、国が４分の３、地方自治体が４分の１を負担することとされている。

第34回◇問題17

Ｆさん（66歳、戸籍上の性別は男性、要介護３）は、性同一性障害であることを理由に施設利用を避けてきた。最近、数年前の脳卒中（stroke）の後遺症がひどくなり、一人暮らしが難しくなってきた。Ｆさんは、担当の訪問介護員（ホームヘルパー）に施設入所について、「性同一性障害でも施設に受け入れてもらえるでしょうか」と相談した。

訪問介護員（ホームヘルパー）の応答として、**最も適切なものを１つ**選びなさい。

1 「居室の表札は、通称名ではなく戸籍上の名前になります」
2 「多床室になる場合がありますよ」
3 「施設での生活で心配なことは何ですか」
4 「トイレや入浴については問題がありますね」
5 「同性による介護が原則です」

関連問題… 35-64

第34回◇問題18 ★よく出る

利用者主体の考えに基づいた介護福祉職の対応に関する次の記述のうち、**最も適切なものを１つ**選びなさい。

1 １人で衣服を選ぶことが難しい利用者には、毎日の衣服を自分で選べるような声かけをする。
2 食べこぼしが多い利用者には、こぼさないように全介助する。
3 認知症（dementia）の利用者には、排泄（はいせつ）の感覚があっても、定時に排泄（はいせつ）の介護を行う。
4 転倒しやすい利用者には、事故防止のため立ち上がらないように声をかける。
5 入浴が自立している利用者も、危険を避けるため個別浴ではなく集団での入浴とする。

解説　――――　正答　3　⇒速習／社会 L5

1　×　介護福祉職には、利用者の**個別性を理解する**姿勢が求められる。性同一性障害であるＦさんに対し、居室の表札が戸籍上の名前になるというのは、入所を思いとどまらせるような発言であり、Ｆさんの個別性に対する理解を欠いた応答である。

2　×　１と同様、施設入所を思いとどまらせるような発言であり、適切ではない。

3　○　施設によっては、Ｆさんに配慮し、柔軟な対応をとるところもあると考えられるので、まずは施設での生活について、Ｆさん自身から心配なことを聞き取っておくことは、訪問介護員の対応として最も適切といえる。

4　×　１と同様、施設入所を思いとどまらせるような発言であり、適切ではない。

5　×　１と同様、施設入所を思いとどまらせるような発言であり、適切ではない。

解説　――――　正答　1

1　○　**利用者主体**の介護を実現するためには、介護職が利用者の**意思を尊重**することが原則となる。衣服を選ぶことが難しい利用者に対し、衣服を自分で選べるような声かけをすることは、利用者自らの意思で決定することを支援する対応であり、適切である。

2　×　食べこぼしの多い利用者を全介助することは、利用者主体の介護とはいえない。

3　×　認知症がある利用者でも、本人に排泄の感覚がある場合は、それを尊重して介護を行う。時間を決めてしまい、排泄(はいせつ)の感覚があるときに排泄の介護を行わないのは、利用者主体の介護とはいえない。

4　×　事故防止のためでも、立ち上がらないように声をかけるのは行動制限にあたり、利用者主体の介護とはいえない。

5　×　危険を避けるために、入浴が自立している利用者を集団入浴に変えるのは、適切とはいえない。安全に入浴できるよう工夫して介護するべきである。

第34回◇問題19

利用者の自立支援に関する次の記述のうち、**最も適切なもの**を**1つ**選びなさい。

1　利用者の最期の迎え方を決めるのは、家族である。
2　利用者が話しやすいように、愛称で呼ぶ。
3　利用者が自分でできないことは、できるまで見守る。
4　利用者の生活のスケジュールを決めるのは、介護福祉職である。
5　利用者の意見や希望を取り入れて介護を提供する。

第34回◇問題20

Gさん（70歳、男性、要介護2）は、パーキンソン病（Parkinson disease）と診断されていて、外出するときは車いすを使用している。歩行が不安定なため、週2回通所リハビリテーションを利用している。Gさんは、1年前に妻が亡くなり、息子と二人暮らしである。Gさんは社交的な性格で地域住民との交流を望んでいるが、自宅周辺は坂道や段差が多くて移動が難しく、交流ができていない。

Gさんの状況をICF（International Classification of Functioning, Disability and Health：国際生活機能分類）で考えた場合、参加制約の原因になっている環境因子として、**最も適切なもの**を**1つ**選びなさい。

1　パーキンソン病（Parkinson disease）
2　不安定な歩行
3　息子と二人暮らし
4　自宅周辺の坂道や段差
5　車いす

解説 正答 5

1 × どこでどのように最期を迎えるかについて、**本人による意思決定**ができるよう、支援を行う。

2 × 愛称で呼ぶことによって話しやすくなるかどうかは不明であるし、敬意を欠く態度として受け取られることもある。特に利用者本人が希望する場合などを除き、愛称で呼ぶことは、適切な自立支援とはいえない。

3 × 利用者ができないことについて、助言も介助もせず、ただできるまで見守っているだけというのは、適切な自立支援とはいえない。

4 × 介護福祉職は、**利用者本位**で、利用者の自立支援を目指した介護を行う必要がある。利用者の生活のスケジュールを決めるのは、利用者自身であって、介護福祉職ではない。

5 ○ **利用者本人の意見や希望**を取り入れて介護を提供することは、利用者の自己決定による自立支援にあたる。

解説 正答 4 ⇒速習／介基 L3

1 × ＩＣＦ（国際生活機能分類）では生活機能（「心身機能・身体構造」「活動」「参加」）に影響し合うものとして「**健康状態**」を挙げている。パーキンソン病はこれに該当する。

2 × 不安定な歩行は、ＩＣＦの「**心身機能**」に問題が生じた状態で、「**機能障害**」に該当する。

3 × 息子と二人暮らしであることは、人的な「**環境因子**」にあたるが、地域住民との交流ができていないこと（**参加制約**）の原因とは考えにくく、適切ではない。

4 ○ 自宅周辺に坂道や段差が多いのは外出時に車いすを使うＧさんにとって、地域住民との交流に関する参加制約となり得る。ＩＣＦの「**環境因子**」にあたる。

5 × 車いすは、Ｇさんに必要な福祉用具であり、「**環境因子**」にあたるが、参加制約の原因とは考えにくい。

第34回◇問題21

Hさん（75歳、女性、要介護２）は、孫（17歳、男性、高校生）と自宅で二人暮らしをしている。Hさんは関節疾患（joint disease）があり、通所リハビリテーションの利用を開始した。介護福祉職が送迎時に孫から、「祖母は、日常生活が難しくなり、自分が食事を作るなどの機会が増え、家事や勉強への不安がある」と相談された。

介護福祉職の孫への対応として、**最も適切なもの**を**１つ**選びなさい。

1 「今までお世話になったのですから、今度はHさんを支えてください」
2 「家事が大変なら、Hさんに介護老人福祉施設の入所を勧めましょう」
3 「高校の先生や介護支援専門員（ケアマネジャー）に相談していきましょう」
4 「家でもリハビリテーションを一緒にしてください」
5 「近所の人に家事を手伝ってもらってください」

第34回◇問題22

介護保険制度のサービス担当者会議に関する次の記述のうち、**最も適切なもの**を**１つ**選びなさい。

1 会議の招集は介護支援専門員（ケアマネジャー）の職務である。
2 利用者の自宅で開催することが義務づけられている。
3 月１回以上の頻度で開催することが義務づけられている。
4 サービス提供者の実践力の向上を目的とする。
5 利用者の氏名は匿名化される。

解説 —— 正答 3

1 × 孫は、自分が食事を作るなどの機会が増え、家事や勉強への不安があることについて相談している。「Hさんを支えてください」と諭すのは、孫のニーズを理解した対応とはいえない。

2 × Hさんや孫が抱えている**生活課題**（ニーズ）**を把握**することもなく、施設への入所を提案するのは、介護福祉職として不適切である。

3 ○ **介護支援専門員**（ケアマネジャー）は、利用者とその家族が抱える複数のニーズと社会資源を結びつける専門職である。高校の先生や介護支援専門員への相談を勧めることは、孫への対応として適切である。

4 × 家でのリハビリテーションを勧めることは、孫のニーズを理解した対応とはいえず、不適切である。

5 × 近所の人に家事を手伝ってもらうよう勧めるのは、孫のニーズを理解した対応とはいえず、不適切である。

解説 —— 正答 1 ⇒速習／介基 L6

1 ○ サービス担当者会議は、介護支援専門員（ケアマネジャー）が居宅サービス計画（ケアプラン）を作成するために、さまざまな分野の専門職を招集して開催することとされている。

2 × サービス担当者会議は、利用者やその家族も参加するため、利用者の自宅で開催することが一般的ではあるが、法的に義務づけられているわけではない。

3 × サービス担当者会議を開催するのは、居宅サービス計画（ケアプラン）を新規に作成したり、変更を加えたりするときなどである。月１回以上の頻度での開催は義務づけられていない。

4 × サービス担当者会議は、居宅サービス計画（ケアプラン）の作成のために開催される。サービス提供者の実践力の向上が目的ではない。

5 × 利用者や家族の個人情報を開示する場合は、本人から事前に了解を得ておくことが必要であるが、氏名は匿名化されない。

第34回◇問題23

社会資源に関する次の記述のうち、フォーマルサービスに該当するものとして、**適切なもの**を**1つ**選びなさい。

1　一人暮らしの高齢者への見守りを行う地域住民
2　買物を手伝ってくれる家族
3　ゴミ拾いのボランティア活動を行う学生サークル
4　友人や知人と行う相互扶助の活動
5　介護の相談を受ける地域包括支援センター

関連問題…33-25　32-25

第34回◇問題24

介護福祉士の職業倫理に関する次の記述のうち、**最も適切なもの**を**1つ**選びなさい。

1　介護が必要な人を対象にしているため、地域住民との連携は不要である。
2　全ての人々が質の高い介護を受けることができるように、後継者を育成する。
3　利用者のためによいと考えた介護を画一的に実践する。
4　利用者に関する情報は、業務以外では公表してよい。
5　利用者の価値観よりも、介護福祉士の価値観を優先する。

解説 ―――― 正答 5 ⇒速習 / 介基 L6

1 × **フォーマルサービス**とは、介護保険法、老人福祉法などの法律や公的な制度に基づいたサービスをいう。これに対し、家族や友人、知人、地域住民による支援や、ボランティアなどによるサービスは、**インフォーマルサービス**と呼ばれる。

2 × 1のとおり、**家族**による支援は、インフォーマルサービスに該当する。

3 × 1のとおり、**ボランティア**の活動は、インフォーマルサービスに該当する。

4 × 1のとおり、**友人や知人**による支援は、インフォーマルサービスに該当する。

5 ○ **地域包括支援センター**による介護の相談は、フォーマルサービスに該当する。

解説 ―――― 正答 2 ⇒速習 / 介基 L9

1 × 介護福祉士は、利用者が住んでいる地域の住民が行っている社会福祉に関する活動に積極的に参加し、行政や地域住民活動などと連携・協働を図ることが重要である。

2 ○ 介護福祉士は、すべての人々が将来にわたり安心して質の高い介護を受けられるよう、**後継者の育成**にも力を注ぐ必要がある。

3 × 介護福祉士は、常に専門的な知識・技術の研鑽（けんさん）に励み、豊かな感性と的確な判断力、深い洞察力をもって、専門的サービスの提供に努める必要がある。たとえ利用者のためによいと考えた介護であっても、これを画一的に実践することは、適切でない。

4 × 介護福祉士は、**プライバシー保護**のため、職務上知り得た個人の情報を守らなければならない。正当な理由もなく、利用者に関する情報を業務以外で公表するということは、職業倫理上許されない。

5 × 介護福祉士は、**利用者本位**の立場から利用者の自己決定を最大限に尊重し、自立に向けた介護サービスを提供していかなければならない。利用者よりも介護福祉士の価値観を優先することは、不適切である。

／ ／ ／

第34回◇問題25

施設における利用者の個人情報の安全管理対策として、**最も適切なもの**を**1つ**選びなさい。

1　介護福祉職が個人所有するスマートフォンの居室への持込みは制限しない。

2　不要な個人情報を破棄する場合は、万が一に備えて復元できるようにしておく。

3　利用者からの照会に速やかに応じるために、整理用のインデックス（index）は使用しない。

4　個人情報に関する苦情対応体制について、施設の掲示板等で利用者に周知徹底する。

5　個人情報の盗難を防ぐために、職員の休憩室に監視カメラを設置する。

／ ／ ／

第34回◇問題26

訪問介護員（ホームヘルパー）が、利用者や家族からハラスメント（harassment）を受けたときの対応に関する次の記述のうち、**最も適切なもの**を**1つ**選びなさい。

1　利用者に後ろから急に抱きつかれたが、黙って耐えた。

2　利用者から暴力を受けたので、「やめてください」と伝え、上司に相談した。

3　利用者が繰り返す性的な話を、苦痛だが笑顔で聞いた。

4　家族から暴言を受けたが、担当なのでそのまま利用者宅に通った。

5　家族からサービス外のことを頼まれて、断ったら怒鳴られたので実施した。

解 説 ―――――――――――――――――― 正答 4

1 × 利用者の個人情報が不正に取得されないよう、介護福祉職が個人所有するスマートフォンの居室への持込みを制限する。

2 × 個人情報を破棄する場合は、復元不可能な形にする必要がある。

3 × 個人情報の保存に当たっては、本人からの照会等に迅速に対応できるよう、インデックスを使用するなど検索可能な状態にしておくことが求められる。

4 ○ 介護関係事業者は、利用者からの苦情対応にあたり、専用窓口の設置など、利用者が相談しやすい環境の整備に努めるとともに、施設の苦情対応体制について、事業所内での掲示やホームページへの掲載等により、利用者に周知を図ることが求められる。

5 × 監視カメラは、個人情報の盗難防止等のために有効ではあるが、職員の休憩室に設置することは、職員のプライバシー保護の観点から、適切ではない。

解 説 ―――――――――――――――――― 正答 2 ⇒速習／介基 L12

1 × 「介護現場におけるハラスメント対策マニュアル」(2019〔平成31〕年３月）では、利用者や家族等から理不尽な要求があった場合には、**適切に断る**必要があることや、ハラスメントを受けたと少しでも感じた場合は、速やかに**事業所等に報告・相談する**ことが示されている。利用者に抱きつかれた場合に黙って耐えるのは、適切ではない。

2 ○ １のとおり、利用者からの暴力に対し「やめてください」と伝えるとともに、上司に相談したことは、適切な対応である。

3 × 性的な話をすることは、抱きつきと同様、**セクシャルハラスメント**に該当する。これを笑顔で聞くことは、適切ではない。

4 × 家族からの暴言も、介護現場におけるハラスメントに含まれる。暴言を受けながらもそのまま利用者宅に通うことは、適切ではない。

5 × 怒鳴ること自体、**精神的暴力**に該当する。家族に怒鳴られてサービス外のことを実施したことは、適切ではない。

／ ／ ／

第34回◇問題27 ★よく出る

介護福祉職が利用者とコミュニケーションをとるときの基本的な態度として、**最も適切なものを1つ**選びなさい。

1　上半身を少し利用者のほうへ傾けた姿勢で話を聞く。
2　利用者の正面に立って話し続ける。
3　腕を組んで話を聞く。
4　利用者の目を見つめ続ける。
5　緊張感が伝わるように、背筋を伸ばす。

／ ／ ／

第34回◇問題28 ★よく出る

介護福祉職によるアサーティブ・コミュニケーション（assertive communication）として、**最も適切なものを1つ**選びなさい。

1　利用者の要求は、何も言わずにそのまま受け入れる。
2　利用者から苦情を言われたときは、沈黙して我慢する。
3　利用者を説得して介護福祉職の都合に合わせてもらう。
4　介護福祉職の提案に従うことが利用者の利益になると伝える。
5　利用者の思いを尊重しながら、介護福祉職の意見を率直に伝える。

解説　正答　1　⇒速習／人自 L3

1　○　アメリカの心理学者イーガンは、コミュニケーションをとるときの基本的な態度として、「私はあなたに十分関心をもっていますよ」と相手に伝える５つの身体の姿勢を示し、**ソーラー（SOLER）理論**と呼ばれている。上半身を少し傾けた**やや前傾姿勢**で話を聞くことも、ソーラーの５つの姿勢のひとつである。

2　×　１の理論では、相手の真正面に立つよりも、**斜め前に位置する**ほうが良いとしている。

3　×　１の理論では、相手に対し身体を開き、**腕や足を組まない**ことが良いとしている。

4　×　１の理論では、**適度に視線を外す**ことが良いとしている。

5　×　１の理論では、**自分の緊張を相手に伝えない**ことが良いとしている。

解説　正答　5

1　×　**アサーティブ・コミュニケーション**とは、相手の考えを尊重しながら、自分の意見や主張を伝えるコミュニケーションをいう。利用者の要求を何も言わずにそのまま受け入れるのは、**ノンアサーティブ・コミュニケーション**であり、アサーティブ・コミュニケーションではない。

2　×　苦情を言われて沈黙するのは、**ノンアサーティブ・コミュニケーション**である。

3　×　利用者を説得して介護福祉職の都合に合わせてもらうということは、利用者の意見を取り下げさせているため、アサーティブ・コミュニケーションとはいえない。

4　×　介護福祉職の意見を一方的に伝えるやり方は、**アグレッシブ・コミュニケーション**である。

5　○　アサーティブ・コミュニケーションとして、最も適切である。

◆事例問題◆

次の事例を読んで、**問題29**、**問題30**について答えなさい。

〔事　例〕

Ｊさん（75歳、男性）は先天性の全盲である。これまで自宅で自立した生活をしてきたが、最近、心身機能の衰えを感じて、有料老人ホームに入居した。

施設での生活にまだ慣れていないので、移動は介護福祉職に誘導してもらっている。

ある日、介護福祉職がＪさんを自室まで誘導したときに、「いつも手伝ってもらってすみません。なかなか場所を覚えられなくて。私はここでやっていけるでしょうか」と話してきた。

事例の解き方のポイント

◎視覚障害者への歩行の援助の基本

介護者は、利用者が白杖（はくじょう）を持つ手の反対側の半歩前に立ち、肘（ひじ）のすぐ上を、空いているほうの手でつかんでもらいます。介護者は肘を軽く自分の身体につけ、腕が横に開かないように歩きます。2人の位置関係は身体が平行になるようにし、それぞれの両肩を結ぶ線が身体の向きと直角になるようにします。

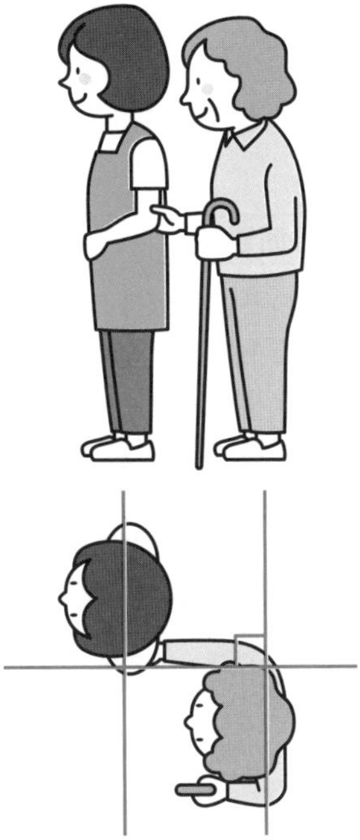

◎歩く速さと声かけ

歩行の援助の際は、利用者に歩く速さが適当かどうかを確認し、適切な速さで誘導します。歩いている場所や周辺の状況、危険箇所の説明など、利用者の不安を取り除くため、必要に応じて声かけを行いながら誘導することが大切です。歩きながら伝えるのが難しい場合には、そのつど立ち止まって伝えるようにします。「危ないですよ」といったあいまいな言い方では、何がどう危険なのかがわからないため、その場の状況を具体的に説明しなければなりません。また、周辺の状況についての情報は、利用者が再度その場所を通る際に活用できるということを意識しながら伝えます。

第34回◇問題29

Ｊさんの発言への介護福祉職の共感的理解を示す対応として、**最も適切なものを１つ**選びなさい。

1　Ｊさんの発言にうなずく。
2　Ｊさんの発言のあと沈黙する。
3　Ｊさんの話の内容を短くまとめて伝える。
4　Ｊさんの立場に立って感情を推し測り、言葉で表現して伝える。
5　Ｊさんの気持ちが前向きになるように、励ましの言葉を伝える。

第34回◇問題30

Ｊさんの不安な気持ちを軽くするための介護福祉職の対応として、**最も適切なものを１つ**選びなさい。

1　いきなり声をかけると驚くので、肩にふれてから挨拶をする。
2　誘導時の声かけは歩行の妨げになるので、最小限にする。
3　角を曲がるときには、「こちらに」と方向を伝える。
4　トイレや食堂などを、一緒に歩きながら確認する。
5　食堂の座席は、Ｊさんの好きなところに座るように伝える。

解説 ——— 正答 4 ⇒速習 / 認知 L2

1 × 共感的理解とは、相手の立場に立ってその気持ちを理解し、自分の気持ちとして感じることをいう。Ｊさんの発言に対してうなずくだけでは、共感的理解とはいえない。

2 × Ｊさんの発言に対して沈黙することは、共感的理解を示す対応とはいえない。

3 × Ｊさんの話の内容を短くまとめて伝えるだけでは、共感的理解を示す対応とはいえない。

4 ○ Ｊさんの立場に立ってその感情（気持ち）を推し量り、それを自分の言葉で表現して伝えることは、共感的理解を示す対応として適切である。

5 × Ｊさんの気持ちが前向きになるようにとの思いからであっても、励ましの言葉を伝えることは、共感的理解を示す対応とは異なる。

解説 ——— 正答 4

1 × 声をかけずに肩に触れると、かえって驚かせてしまう。いきなり身体に触れたり衣類を引っ張ったりするのではなく、先に声をかけることが大切である。

2 × 誘導時には、必要に応じて声かけをする。例えば、曲がり角や段差など道路状況が変わる場合には、その前に声かけを行う。

3 × 「こちら」「あちら」といった表現では伝わらないので、利用者から見て「右・左」「何歩くらい前」などと、具体的に説明する必要がある。

4 ○ トイレや食堂などを介護福祉職が一緒に歩きながら確認すると場所を覚えやすくなるため、Ｊさんの不安な気持ちを軽くする対応として、適切である。

5 × 好きなところに座るように伝えるだけでは、Ｊさんは戸惑(とまど)ってしまう。座席について希望があるかどうかを尋ねてから、座席まで誘導するようにする。

◆事例問題◆

次の事例を読んで、**問題31**、**問題32**について答えなさい。

〔事　例〕

Kさん（83歳、女性、要介護３）は、10年前の脳出血（cerebral hemorrhage）による後遺症で高次脳機能障害（higher brain dysfunction）がある。感情のコントロールが難しく、興奮すると大声をあげて怒りだす。現在は、訪問介護（ホームヘルプサービス）を利用しながら、自宅で長男（60歳）と二人暮らしをしている。

長男は、会社を３年前に早期退職し、Kさんの介護に専念してきた。顔色が悪く、介護による疲労を訴えているが、「介護を続けて、母を自宅で看取りたい」と強く希望している。別居している長女は、長男の様子を心配して、「母親の施設入所の手続きを進めたい」という意向を示している。

事例の解き方のポイント

◎高次脳機能障害にみられる主な症状

注意障害	対象への注意を持続させたり、複数の対象へ注意を向けていることが難しくなる。小さな刺激でも動作が中断され、気が散りやすい
記憶障害	比較的古い記憶は保たれているのに、新しいことを覚えるのが難しくなる。物の置き場所を忘れる、日時を間違えるなどがあり、日常生活が困難になる
社会的行動障害	感情を適切にコントロールすることができなくなり、不適切な行動をとってしまう。ちょっとした困難でも著しい不安を示したり、逆に興奮して衝動的になったり、一種のパニックのような状態に陥ってしまうことがある。反対に、自発性が低下して自分からは動こうとしない状態を示すこともある
半側空間無視	自分が意識して見ている空間の片側（多くは左側）を見落とす障害。左半側空間無視の場合、食事の際に左側の食べ物を残す、花などを模写すると右側は模写するが左側は模写できない、などの状態がみられる
遂行機能障害	物事を段取りよく進めるための一連の作業が難しくなり、生活上起こるさまざまな問題を解決していくのが困難になる
失語	読む、書く、話す、聞くなどの障害。他の人に意思を伝えたり、他の人に言われたことを理解したりすることが難しくなる
失認	感覚機能は損なわれていないにもかかわらず、視覚や聴覚などから得られる情報を正しく認識できない。例えば、鏡に映る自分を自分と認識できない（視覚失認）、物音や話し声が何の音か認知できない（聴覚失認）など
失行	手足の運動機能は損なわれていないにもかかわらず、意図した動作や指示された動作を行うことができない。例えば、衣服の着脱が上手くできない（着衣失行）、図形を描くことができない（構成失行）、歯ブラシを使うといった複雑な動作ができない（観念失行）など

体調や周囲の状況などによって症状の現れ方は変わるため、そのつど利用者の状態をよく観察することが大切です。

第34回◇問題31

訪問介護員（ホームヘルパー）が、興奮しているときのKさんとコミュニケーションをとるための方法として、**最も適切なもの**を**1つ**選びなさい。

1　興奮している理由を詳しく聞く。
2　興奮することはよくないと説明する。
3　冷静になるように説得する。
4　事前に作成しておいた日課表に沿って活動してもらう。
5　場所を移動して話題を変える。

第34回◇問題32

長男に対する訪問介護員（ホームヘルパー）の対応として、**最も適切なもの**を**1つ**選びなさい。

1　長男自身の意向を変える必要はないと励ます。
2　Kさん本人の意向が不明なため、長男の希望は通らないと伝える。
3　これまでの介護をねぎらい、自宅での看取りを希望する理由を尋ねる。
4　自宅での生活を継続するのは限界だと説明する。
5　長女の言うように、施設入所の手続きを進めることが正しいと伝える。

解説

正答 5 ⇒速習 / コ技 L1

1 × Kさんは、**高次脳機能障害**の症状として**感情のコントロール**が難しくなっているため、そのKさん本人に興奮している理由を聞くのは、適切ではない。

2 × 1と同様、Kさんに興奮することはよくないと説明しても、効果はない。

3 × 1と同様、Kさんに冷静になるように説得しても、効果はない。

4 × 感情のコントロールが難しく、興奮しているKさんに、日課表に沿った活動をしてもらうことは困難である。

5 ○ **場所や話題を変える**ことは、興奮しているときのKさんとコミュニケーションをとるための方法として、最も適切である。

解説

正答 3 ⇒速習 / コ技 L1

1 × 会社を早期退職してKさんの介護に専念してきた長男は、顔色が悪く、介護による疲労を訴えている。また、長女はそのような長男を心配して、Kさんの施設入所の手続きを進めたいとの意向を示しており、介護職にはこれらを総合的に踏まえた対応が求められる。

2 × Kさん本人の意向を最も尊重すべきことはもちろんであるが、その意向が不明であるという理由のみで、長男に希望が通らないと伝えるのは、不適切である。

3 ○ Kさんを適切に支援していくためには、**家族との協働**が必要である。そのためには、まず家族に対して**ねぎらいの言葉**をかけるなど、**信頼関係の構築**が必須である。

4 × 「介護を続けて、母を自宅で看取(みと)りたい」と強く希望する長男に対し、一方的に限界であると説明するのは、長男の意向に寄り添った対応とはいえず、不適切である。

5 × 長女の意向のみを正しいとして伝えることは、適切な対応といえない。

第34回◇問題33

利用者の家族から苦情があったときの上司への報告に関する次の記述のうち、**最も適切なもの**を**１つ**選びなさい。

1　苦情の内容について、時間をかけて詳しく口頭で報告した。
2　すぐに口頭で概要を報告してから、文書を作成して報告した。
3　結論を伝えることを重視して、「いつもの苦情です」とすぐに報告した。
4　上司が忙しそうだったので、同僚に伝えた。
5　自分の気持ちが落ち着いてから、翌日に報告した。

第34回◇問題34

利用者の自宅で行うケアカンファレンス（care conference）に関する次の記述のうち、**最も適切なもの**を**１つ**選びなさい。

1　検討する内容は、インフォーマルなサポートに限定する。
2　介護福祉職の行った介護に対する批判を中心に進める。
3　利用者本人の参加を促し、利用者の意向をケア方針に反映させる。
4　意見が分かれたときは、多数決で決定する。
5　対立を避けるために、他の専門職の意見には反論しない。

解説 ——— 正答 2 ⇒速習／コ技 L3

1 × 報告は、要点をまとめて、**簡潔明瞭**に行う必要がある。また、苦情の詳しい内容は、口頭ではなく、**文書**で報告すべきである。

2 ○ 利用者の家族からの苦情などは、**即座に報告**する必要があるので、すぐに口頭で概要を報告してから、文書を作成して報告したことは、適切である。

3 × 報告には、**5W1H**（Who「だれ（が）」、When「いつ」、Where「どこ（で）」、What「何（を）」、Why「なぜ」、How「どのように」）を盛り込むことが求められる。「いつもの苦情です」などという報告は、不適切である。

4 × 苦情などの報告は、即座に**適切な相手**に対して行う必要がある。たとえ上司が忙しそうであっても、同僚に伝えるのは適切ではない。

5 × ２で述べたとおり、利用者の家族からの苦情などは**即座に報告**する必要があるので、翌日に報告するというのは、不適切である。

解説 ——— 正答 3 ⇒速習／コ技 L3

1 × **ケアカンファレンス**（事例検討）は、利用者の援助にかかわる者が集まって、援助の方針や方法などを検討し、個別援助計画の立案・修正などを行う会議である。検討する内容は、インフォーマルなサポートに限定されるわけではない。

2 × ケアカンファレンスでは、介護福祉職が行った介護を批判したりしない。

3 ○ ケアカンファレンスは、関係者が**利用者の意思**をふまえた援助方針を話し合う場なので、利用者本人の参加を促し、その意向を反映させることは、適切である。

4 × ケアカンファレンスでは、論点の検討のあと、検討された内容を整理し、まとめるというプロセスはあるが、分かれた意見のどれを採るかを多数決で決めるようなことはしない。

5 × より良い援助の方針や方法を検討するためには、他の専門職の意見を傾聴（けいちょう）するとともに、ときには質問や反論を行って、議論を深めることが大切である。

第34回◇問題35

老化に伴う機能低下のある高齢者の住まいに関する次の記述のうち、**最も適切なもの**を**1つ**選びなさい。

1　寝室はトイレに近い場所が望ましい。
2　寝室は玄関と別の階にする。
3　夜間の騒音レベルは80dB 以下になるようにする。
4　ベッドは照明の真下に配置する。
5　壁紙と手すりは同色にするのが望ましい。

第34回◇問題36

Ｌさん（25歳、男性）は、第７胸髄節（Th7）を損傷したが、現在、状態は安定していて、車いすを利用すれば１人で日常生活ができるようになった。図はＬさんの自宅の浴室であり、必要な手すりは既に設置されている。

Ｌさんが１人で浴槽に入るための福祉用具として、**最も適切なもの**を**１つ**選びなさい。

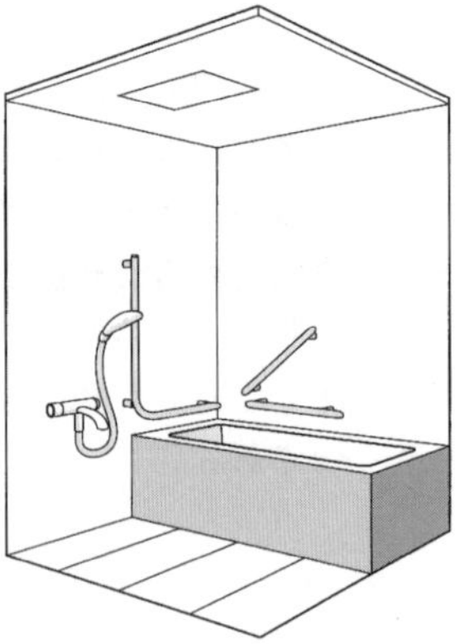

1　段差解消機
2　ストレッチャー
3　すべり止めマット
4　四点歩行器
5　移乗台

解説 ―― 正答 1

1 ○ 寝室がトイレに近い場所にあることは、老化に伴う機能低下のある高齢者の住まいとして、適切である。

2 × 国土交通省「高齢者が居住する住宅の設計に係る指針」（最終改正平成21年）では、**玄関**、**トイレ**、浴室、食事室、脱衣室、洗面所は、高齢者が利用する**寝室と同じ階**にあることを推奨している。

3 × 環境省「騒音に係る環境基準」では、夜間の基準値を、主として住居の用に供される地域では**45dB 以下**、療養施設・社会福祉施設等が集合して設置される地域など、特に静穏を要する地域では**40dB 以下**と定めている。

4 × ２の指針によると、住戸内の照明設備は、**安全上必要な箇所**に設置されていることが基本とされている。ベッドの真上に設置するのは、適切ではない。

5 × 手すりの色は、壁紙と異なるほうが、視力の低下した高齢者にとって認識しやすい。

解説 ―― 正答 5 ⇒速習 / 生活 L18

1 × **段差解消機**は、車いすに乗ったまま、段差を垂直移動するための介護用リフトである。浴槽に入るために使用するのは、不適切である。

2 × **ストレッチャー**は、寝たままの状態で入浴するための用具である。Ｌさんが１人で浴槽に入るための用具としては、不適切である。

3 × **すべり止めマット**は、転倒を防止するために浴槽や浴室の床に使用する用具である。第７胸髄節（きょうずいせつ）の損傷の場合、脚や胴体下部の麻痺（まひ）、胸郭（きょうかく）から下の感覚が失われるため、すべり止めマットの使用によって１人で浴槽に入るのは、適切ではない。

4 × **四点歩行器**は、４脚のフレーム構造をした歩行を補助するための用具であり、浴槽に入るために使用するのは、不適切である。

5 ○ **移乗台**は、浴槽に入る際に腰を掛けるための用具である。浴槽縁をまたぐことが困難なＬさんが、浴室内の手すりとあわせて使用する福祉用具として適切である。

第34回◇問題37

耳の清潔に関する介護福祉職の対応として、**最も適切なもの**を**1つ**選びなさい。

1　耳垢の状態を観察した。
2　綿棒を外耳道の入口から3cm程度挿入した。
3　耳介を上前方に軽く引きながら、耳垢を除去した。
4　蒸しタオルで耳垢塞栓を柔らかくして除去した。
5　耳かきを使用して、耳垢を毎日除去した。

関連問題… 33-38

第34回◇問題38

★よく出る

歯ブラシを使用した口腔ケアに関する次の記述のうち、**最も適切なもの**を**1つ**選びなさい。

1　歯ブラシの毛は硬いものを勧める。
2　強い力で磨く。
3　歯と歯肉の境目のブラッシングは避ける。
4　歯ブラシを小刻みに動かしながら磨く。
5　使用後の歯ブラシは、柄の部分を上にしてコップに入れて保管する。

解説　正答　1　⇒速習／生活L4

1　○　**耳垢の除去**は、厚生労働省の通知により「医行為に当たらないもの」とされており、介護福祉職でも行うことができる。耳垢を除去する前にその状態を確認することは、適切である。

2　×　耳垢は、その原因物質を分泌する**耳垢腺**（外耳道の入口から1～1.5cm程度のところにある）より奥にはできないといわれている。綿棒をそれより奥に挿入すると、耳垢を奥へと押し込んでしまう可能性がある。

3　×　耳垢を除去するときは、耳介を**上後方**に軽く引くようにする。耳介を前方に引くと、耳の穴を塞ぐことになる。

4　×　耳垢塞栓とは、耳垢がたまって外耳道を塞いだ状態をいう。**耳垢塞栓の除去**は**医行為**とされているため、介護福祉職が行うことはできない。

5　×　耳かきを使用しすぎると、耳の中を傷つけてしまい、外耳炎を引き起こすことがある。耳かきで耳垢を毎日除去することは、適切ではない。

解説　正答　4　⇒速習／生活L4

1　×　毛の硬い歯ブラシは、歯や歯茎を傷つけやすいので、「ふつう」「やわらかめ」のものを勧めるようにする。

2　×　強い力で磨くと、歯や歯茎を傷つけてしまう。歯ブラシは、**軽い力**で小刻みに動かすようにする。

3　×　**歯と歯肉の境目**（歯頸部）も、歯と歯の間（歯間部）や奥歯の溝と同様、磨き残しがないようにブラッシングする必要がある。

4　○　歯ブラシは、毛先を歯面に対して90度（スクラビング法）、歯肉溝に対しては45度（バス法）に当て、軽い力で**小刻みに**動かしながら磨く。

5　×　使用後の歯ブラシを、柄の部分を上（毛先が下）にしてコップに入れておくと、毛先が乾かず、雑菌が繁殖しやすくなるので、不適切である。歯ブラシは、風通しの良い場所で、**毛先を上にして**立てて保管し、しっかりと乾燥させる必要がある。

第34回◇問題39

Mさん（84歳、男性）は、10年前に脳梗塞（cerebral infarction）で右片麻痺になり、右上肢の屈曲拘縮がある。今までは自分で洋服を着ていたが、1週間ほど前から左肩関節の周囲に軽い痛みを感じるようになり、上着の着脱の介護が必要になった。

Mさんへの上着の着脱の介護に関する次の記述のうち、**最も適切なものを1つ**選びなさい。

1　服を脱ぐときは、右上肢から脱ぐ。
2　右手首に袖を通すときは、介護福祉職の指先に力を入れて手首をつかむ。
3　右肘関節を伸展するときは、素早く動かす。
4　右肘に袖を通すときは、前腕を下から支える。
5　衣類を準備するときは、かぶり式のものを選択する。

第34回◇問題40　★よく出る

経管栄養を行っている利用者への口腔ケアに関する次の記述のうち、**最も適切なものを1つ**選びなさい。

1　スポンジブラシは水を大量に含ませて使用する。
2　上顎部は、口腔の奥から手前に向かって清拭する。
3　栄養剤注入後すぐに実施する。
4　口腔内を乾燥させて終了する。
5　空腹時の口腔ケアは避ける。

解説 ―――――――――――――――――――――――――――――――― 正答 4 ⇒速習／生活 L4

1 × 上肢や下肢に麻痺(まひ)などがある場合は、**健側(けんそく)から脱がせ、患側(かんそく)から着せる**ことが原則である（**脱健着患の原則**）。Mさんは、右片麻痺で右上肢に屈曲拘縮(こうしゅく)があるため、患側の右上肢から脱ぐというのは、適切ではない。健側の左上肢から脱ぐようにする。

2 × 右上肢の屈曲拘縮のあるMさんの右手首を、介護福祉職が指先に力を入れてつかむと、皮膚や関節を傷めるおそれがある。

3 × 屈曲拘縮のある右肘関節(ちゅうかんせつ)を素早く動かすことは、2と同様、傷めるおそれがある。

4 ○ 患側の右肘(ひじ)に袖(そで)を通すときに、前腕を下から支えることは、着脱の介護として適切である。

5 × 麻痺や拘縮がある人にとって、首からかぶるタイプの衣類は、前開きの衣類と比べて着替えるときにかかる負荷が大きい。また、介護福祉職が衣類を選ぶのではなく、Mさんの希望を尊重する必要がある。

解説 ―――――――――――――――――――――――――――――――― 正答 2 ⇒速習／生活 L4

1 × スポンジブラシは、水に浸したあと、十分に絞ってから使用する。水を大量に含ませたまま使用すると、**誤嚥(ごえん)につながる**危険がある。

2 ○ 口腔(こうくう)内は、**奥から手前に向かって**拭(ぬぐ)い取るようにする。

3 × 経管栄養実施後には口腔ケアを行う必要があるが、刺激による嘔吐(おうと)や嘔吐物の誤嚥(ごえん)を避けるため、栄養剤の注入直後は避け、空腹時に実施する。

4 × 経管栄養を行っている場合は口で咀嚼(そしゃく)をしないので、唾液(だえき)の分泌が減少して口腔内が乾燥しやすい。口腔内乾燥は、誤嚥性肺炎(ごえんせいはいえん)を発症する要因のひとつとされているため、口腔内を乾燥させたまま口腔ケアを終了するのは、不適切である。

5 × 3のとおり、口腔ケアは、空腹時に実施する。

第34回◇問題41

スライディングボードを用いた、ベッドから車いすへの移乗の介護に関する次の記述のうち、**最も適切なもの**を**1つ**選びなさい。

1　アームサポートが固定された車いすを準備する。

2　ベッドから車いすへの移乗時には、ベッドを車いすの座面より少し高くする。

3　ベッドと車いすの間を大きくあけ、スライディングボードを設置する。

4　スライディングボード上では、臀部（でんぶ）を素早く移動させる。

5　車いすに座位を安定させ、からだを傾けずにスライディングボードを抜く。

第34回◇問題42

利用者を仰臥位（ぎょうがい）（背臥位（はいがい））から側臥位（そくがい）へ体位変換するとき、トルクの原理を応用した介護方法として、**最も適切なもの**を**1つ**選びなさい。

1　利用者とベッドの接地面を広くする。

2　利用者の下肢を交差させる。

3　利用者の膝を立てる。

4　滑りやすいシートを利用者の下に敷く。

5　利用者に近づく。

解説 ―――― 正答 2

1 × 車いすのアームサポートがあると、スライディングボードを乗せることができない。アームサポートは、**取り外す**か、**跳ね上げておく**必要があるので、アームサポートが固定された車いすを準備するのは、適切ではない。

2 ○ ベッドを車いすの座面より高くすることにより、その**高低差**を利用して、ベッドから車いすへの移乗がしやすくなる。

3 × ベッドと車いすの間をあけすぎると、移乗する際に利用者が設置したスライディングボードとともに転落してしまう危険がある。

4 × スライディングボード上では、２段階程度に分けて臀部（でんぶ）を移動させる。素早く一気に移動させると、勢いよく滑ってしまい、危険である。

5 × からだを傾けずにスライディングボードを抜こうとすると、安定した座位（ざい）になっていた利用者を不安定な姿勢にしてしまう。からだを傾けて臀部を浮かせてから引き抜くようにする。

解説 ―――― 正答 3

1 × **トルクの原理**とは、物体を回転させる力（トルク）を応用する原理をいう。物体は、できるだけコンパクトにまとまっているほうが回転しやすい。利用者も、上肢は**両腕を胸の前で交差**させ、下肢は**膝（ひざ）を立てて**踵（かかと）を尻（しり）に近づけることで、身体をコンパクトにまとめることができる。これにより、利用者とベッドとの接地面は狭くなる。

2 × １のとおり、下肢ではなく、上肢を交差させる。

3 ○ １のとおり、膝をできるだけ立てることにより、トルクの原理を応用した体位変換がしやすくなる。

4 × 滑りやすいシートを敷くことは、トルクの原理を応用した体位変換とは関係がない。

5 × **ボディメカニクス**（生体力学）の観点からは、利用者と介護者の重心を近づけることが基本となるが、トルクの原理を応用した体位変換では、近すぎると、利用者の膝を倒すことができない。

第34回◇問題43

視覚障害のある利用者の外出に同行するときの支援に関する次の記述のうち、**最も適切なもの**を**1つ**選びなさい。

1　トイレを使用するときは、トイレ内の情報を提供する。
2　階段を上るときは、利用者の手首を握って誘導する。
3　狭い場所を歩くときは、利用者の後ろに立って誘導する。
4　タクシーに乗るときは、支援者が先に乗って誘導する。
5　駅ではエレベーターよりエスカレーターの使用を勧める。

第34回◇問題44

Ａさん（78歳、男性、要介護２）は、脳梗塞（cerebral infarction）の後遺症で嚥下障害がある。自宅で妻と二人暮らしで、訪問介護（ホームヘルプサービス）を週１回利用している。訪問時、妻から、「飲み込みの難しいときがある。上手に食べさせるにはどうしたらよいか」と相談があった。

訪問介護員（ホームヘルパー）の助言として、**最も適切なもの**を**1つ**選びなさい。

1　食事のときは、いすに浅く座るように勧める。
2　会話をしながら食事をするように勧める。
3　食事の後に嚥下体操をするように勧める。
4　肉、野菜、魚などは軟らかく調理するように勧める。
5　おかずを細かく刻むように勧める。

解説 ―― 正答 1 ⇒速習 / 生活 L8

1 ○ トイレでは、ドアの鍵のかけ方や便座の向き、トイレットペーパーやレバーハンドル（洗浄ハンドル）、緊急時呼び出しボタンの位置などを、利用者に詳しく伝える。

2 × 階段を昇降するときは、平地で歩行する場合と同様、支援者は、利用者が白杖を持つ手の反対側の半歩前に位置するようにし、**肘のすぐ上**を、**空いているほうの手でつかんでもらう**ようにする。利用者の手首を握って誘導するのは、不適切である。

3 × 狭い場所を歩くときは、支援者は**利用者の前に立つ**。腕を背中に回して腰より少し上の真ん中にもっていき、利用者にその腕をつかんでもらい、声かけしながら誘導する。

4 × タクシーに乗るときは、車のドアフレームや屋根に利用者の手を導き、高さを確認してから、**利用者に先に乗ってもらう**。

5 × 駅のエスカレーターでは、急ぎの客がすぐ横を通り過ぎていくことがあり、危険性が高いため、勧めるのは適切ではない。

解説 ―― 正答 4 ⇒速習 / 生活 L9

1 × 食事の姿勢は、咀嚼や嚥下機能に影響する。**安定した姿勢**が保持できるよう、椅子には**深く座る**ように勧める。

2 × 食物が口腔内にあるときに会話をすると、**誤嚥を誘発**する。会話しながら食事をするように勧めるのは、適切ではない。

3 × **嚥下体操**（口の周囲・舌・首・肩の運動）は、**食事の前**に行う準備運動である。

4 ○ 肉、野菜、魚などを軟らかく調理し、飲み込みやすくすることは、**誤嚥予防**につながるため、適切である。

5 × おかずを細かく刻むだけでは、食塊形成が難しくなり誤嚥につながるおそれがある。嚥下障害があるＡさんには適切ではない。

第34回◇問題45

慢性腎不全（chronic renal failure）の利用者の食材や調理方法として、**最も適切なもの**を**1つ**選びなさい。

1　エネルギーの高い植物油を控える。
2　レモンや香辛料を利用し、塩分を控えた味付けにする。
3　肉や魚を多めにする。
4　砂糖を控えた味付けにする。
5　野菜は生でサラダにする。

第34回◇問題46

利用者の食事支援に関して、介護福祉職が連携する職種として、**最も適切なもの**を**1つ**選びなさい。

1　スプーンや箸がうまく使えないときは、食事動作の訓練を言語聴覚士に依頼する。
2　咀嚼障害（そしゃくしょうがい）があるときは、義歯の調整を作業療法士に依頼する。
3　座位の保持が困難なときは、体幹訓練を理学療法士に依頼する。
4　摂食・嚥下障害（えんげしょうがい）があるときは、嚥下訓練（えんげくんれん）を義肢装具士に依頼する。
5　食べ残しが目立つときは、献立や調理方法の変更を社会福祉士に依頼する。

解説　正答 2　⇒速習／発老L11

1　×　慢性腎不全（まんせいじんふぜん）の利用者の食事では、**塩分・たんぱく質・カリウムを制限するほかに、十分なエネルギー量を摂る**ことが基本とされる。たんぱく質を制限すると、その分のエネルギーは、たんぱく質を含まない**炭水化物**（糖質）と**脂質**で補うことになる。植物油は、十分なエネルギーを摂るのに適しており、控える必要はない。

2　○　レモンや香辛料を利用し、塩分を控えた味付けにすることは、適切である。

3　×　肉や魚を多めにすることは、たんぱく質の制限に反するため、不適切である。

4　×　糖質である砂糖は、十分なエネルギーを摂るのに適しており、控える必要はない（ただし、黒砂糖はカリウムを多く含むので注意する）。

5　×　生野菜や果物、芋類、豆類には、**カリウム**を多く含むものがある。野菜を生でサラダにするのは、適切ではない。

解説　正答 3　⇒速習／生活L9

1　×　食事動作の訓練は、**作業療法士**に依頼する。言語聴覚士は、言語訓練や聴覚検査等のほかに嚥下（えんげ）訓練も行うが、スプーンや箸（はし）を使う訓練を依頼するのは、不適切である。

2　×　義歯の調整は、**歯科医師**に依頼する。作業療法士は、障害者等に応用的な動作能力や社会適応能力の回復を図る療法を行う専門職である。

3　○　**理学療法士**は、障害者等に基本的な動作能力の回復を図る療法（リハビリテーション）を行う専門職である。

4　×　嚥下訓練は、**言語聴覚士**に依頼する（言語聴覚士は、医師または歯科医師の指示の下に、嚥下訓練を行う）。義肢装具士は、義肢および装具の採寸や採型、製作、身体への適合などを行う専門職である。

5　×　献立や調理方法の変更は、**栄養士**や**管理栄養士**に依頼する。社会福祉士は、専門的な知識と技術をもって、障害者や高齢者等の福祉に関する相談・助言・指導を行うとともに、福祉サービス関係者等との連絡調整その他の援助を行う専門職である。

第34回◇問題47 ★よく出る

入浴の介護に関する次の記述のうち、**最も適切なもの**を**1つ**選びなさい。

1　着替えの衣服は、介護福祉職が選択する。
2　空腹時の入浴は控える。
3　入浴前の水分摂取は控える。
4　食後1時間以内に入浴する。
5　入浴直前の浴槽の湯は、45℃で保温する。

第34回◇問題48

シャワー浴の介護に関する次の記述のうち、**最も適切なもの**を**1つ**選びなさい。

1　シャワーの湯温は、介護福祉職よりも先に利用者が確認する。
2　からだ全体にシャワーをかけるときは、上肢から先に行う。
3　利用者が寒さを訴えたときは、熱いシャワーをかける。
4　利用者が陰部を洗うときは、介護福祉職は背部に立って見守る。
5　脱衣室に移動してから、からだの水分を拭きとる。

解説 ―― 正答 2 ⇒速習／生活 L11

1 × 着替えの衣服は、利用者の希望を尊重して選ぶ。介護福祉職が選択するというのは、適切ではない。

2 ○ 空腹の状態で入浴すると、脱水や血糖値の低下によるめまい、貧血などを引き起こす危険があるため、**空腹時の入浴は控える**ようにする。

3 × 入浴により水分が失われるので、入浴前の水分摂取を控えることは、適切ではない。脱水症状を防ぐため、**入浴の前後には水分補給を行う**ようにする。

4 × 食後1時間以内に入浴するのは、適切ではない。入浴により皮膚の血管が拡張し、そのため内臓の血流量が減少して消化に影響を及ぼすため、**食事の直前・直後の入浴は避ける**ほうがよい。

5 × 湯の温度が**40～43℃**のとき、血液循環が活発になるとされている。ただし、42℃以上の高温では、入浴直後に一過性の著しい血圧上昇がみられ、高血圧や動脈硬化のある人には好ましくない。45℃で保温するというのは、不適切である。

解説 ―― 正答 4 ⇒速習／生活 L11

1 × シャワーの湯温は、利用者よりも先に介護福祉職が確認する必要がある。

2 × 浴槽での入浴の場合と同様、心臓に遠い部位から（**末梢(まっしょう)から中枢に向けて**）湯をかけるようにする。心臓に近い上肢からシャワーをかけるのは、不適切である。

3 × 利用者が寒さを訴えたときは、タオルを肩にかけ、湯を入れた洗面器に両足をつけてもらうと身体を温められる。熱いシャワーをかけるのは、不適切である。

4 ○ 利用者が陰部を洗うとき、その背部に立って見守ることは、**プライバシー**に配慮した介護として、適切である。

5 × 濡(ぬ)れたままで寒い脱衣室に出ることは不適切である。**水分は浴室内で拭(ふ)きとる**ようにする。

第34回◇問題49

左片麻痺(ひだりかたまひ)のある利用者が、浴槽内から一部介助で立ち上がる方法として、**最も適切なもの**を**1つ**選びなさい。

1　利用者の左膝を立てて、左の踵(かかと)を臀部(でんぶ)に引き寄せてもらう。
2　浴槽の底面に両手を置いてもらう。
3　右手で手すりをつかんで前傾姿勢をとり、臀部(でんぶ)を浮かしてもらう。
4　利用者の両腋窩に手を入れて支える。
5　素早く立ち上がるように促す。

第34回◇問題50　★よく出る

入浴関連用具の使用方法に関する次の記述のうち、**最も適切なもの**を**1つ**選びなさい。

1　シャワー用車いすは、段差に注意して移動する。
2　入浴の移乗台は、浴槽よりも高く設定する。
3　浴槽設置式リフトは、臥位(がい)の状態で使用する。
4　入浴用介助ベルトは、利用者の胸部に装着する。
5　ストレッチャーで機械浴槽に入るときは、ストレッチャーのベルトを外す。

解説　正答 3　⇒速習 / 生活 L12

1　×　左片麻痺（かたまひ）のある利用者には、**健側**（けんそく）である右膝（ひざ）を立てて、右の踵（かかと）を臀部（でんぶ）に引き寄せてもらう。

2　×　利用者の健側の手で、**手すり**または浴槽の縁をつかんでもらう。浴槽の底面に両手を置くというのは、不適切である。

3　○　健側の右手で手すりをつかみ、**前傾姿勢で臀部を浮かす**ようにしてもらう。

4　×　介助する場合、利用者の両腋窩（えきか）（腋（わき）の下のくぼんだところ）に手を入れて支えるよりも、腰を支えるほうが良い。

5　×　勢いよく立ち上がると、前傾姿勢になり過ぎて身体のバランスを崩し、倒れてしまう危険がある。素早く立ち上がるように促すのは、不適切である。

解説　正答 1

1　○　**シャワー用車いす**は、通常の車いすと比べてキャスター径が小さいため、段差を越えにくく、注意が必要である。

2　×　浴槽縁に固定する**移乗台**は、**浴槽縁とほぼ同じ高さ**に設定することによって、スムーズに浴槽に移動できる。浴槽よりも高く設定すると不安定になるため、適切ではない。

3　×　**浴槽設置式リフト**は、**座位**の状態で使用する。

4　×　**入浴用介助ベルト**は、利用者の**腰部**に装着する。

5　×　ストレッチャーで機械浴槽に入ると、浮力の影響を受けて身体が不安定となるので、利用者の安全確保のため、ストレッチャーのベルトは必ず着用する。

第34回◇問題51

便秘の傾向がある高齢者に自然排便を促すための介護として、**最も適切なものを１つ**選びなさい。

1　朝食を抜くように勧める。
2　油を控えるように勧める。
3　散歩をするように勧める。
4　腰部を冷やすように勧める。
5　就寝前にトイレに座るように勧める。

第34回◇問題52

認知機能の低下による機能性尿失禁で、夜間、トイレではない場所で排尿してしまう利用者への対応として、**最も適切なものを１つ**選びなさい。

1　日中、足上げ運動をする。
2　ズボンのゴムひもを緩いものに変える。
3　膀胱訓練（ぼうこうくんれん）を行う。
4　排泄（はいせつ）してしまう場所に入れないようにする。
5　トイレの照明をつけて、ドアを開けておく。

解説 ―――――――――― 正答 3 ⇒速習／生活 L14

1 × 朝は腸が活発にはたらく時間帯とされている。食事を摂ると、**腸の蠕動運動**によって排便が促される。朝食を抜くように勧めるのは、適切ではない。

2 × 不飽和脂肪酸を多く含んだ**油**は、便が大腸内をスムーズに移動するための潤滑剤として作用する。油を控えるように勧めるのは、適切ではない。

3 ○ 散歩など**身体を動かす**ことは、自然排便を促すことにつながる。

4 × 温熱効果を利用して腸管の運動を高める**腰背部温罨法**が、自然排便を促す方法として効果的とされている。腰部を冷やすことは逆効果であり、適切ではない。

5 × 朝食後にトイレに座るほうが自然排便のために効果がある。

解説 ―――――――――― 正答 5 ⇒速習／生活 L14

1 × **足上げ運動**とは、両足を上げることで脚に溜まった水分を血管に戻し、就寝前までに排尿を促すというもので、**夜間頻尿**の対策として行う。機能性尿失禁の利用者には効果はない。

2 × 上肢の筋力低下など、**運動機能の低下**による機能性尿失禁の場合は、ズボンのゴムひもを緩いものに変えることで排尿までの時間の短縮が図れるかもしれないが、認知機能の低下による機能性尿失禁には効果がない。

3 × 機能性尿失禁は、**膀胱や尿道には異常がない**にもかかわらず、運動機能や認知機能の低下が原因となって起こる尿失禁である。膀胱訓練を行っても、効果はない。

4 × 排泄してしまう場所に入れないようにしたところで、また別の場所で排泄することになるだけである。

5 ○ **認知機能の低下**によって、トイレの場所やドアの開け方がわからなくなっていると考えられるため、トイレの照明をつけ、ドアを開けておくことは、対応として適切である。

第34回◇問題53

次の記述のうち、排泄物（はいせつぶつ）で汚れた衣類をタンスに隠してしまう認知症（dementia）の利用者への対応として、**最も適切なもの**を**1つ**選びなさい。

1　タンスの中に汚れた衣類を入れられる場所を確保する。
2　「汚れた衣類は入れないように」とタンスに貼紙をする。
3　トイレに行くときには、同行して近くで監視する。
4　つなぎ服を勧める。
5　隠すところを見たら、毎回注意する。

第34回◇問題54

次亜塩素酸ナトリウムを主成分とする衣類用漂白剤に関する次の記述のうち、**最も適切なもの**を**1つ**選びなさい。

1　全ての白物の漂白に使用できる。
2　色柄物の漂白に適している。
3　熱湯で薄めて用いる。
4　手指の消毒に適している。
5　衣類の除菌効果がある。

解説 ――――――――――――――――――― 正答 1

1 ○ 認知症の利用者への対応の基本は、**受容**であり、相手をあるがままに受け入れることである。介護職は、利用者の困った行動のパターンをしっかりと観察し、できるだけ制止せず、冷静に収まるのを待つようにする。タンスの中に、汚れた衣類を入れられる場所を確保することは、こうした基本を踏まえた適切な対応といえる。

2 × 認知症の利用者に対しては、**禁止や否定的な言葉・態度・行動をとらないこと**が基本である。禁止の貼紙をするという対応は、適切ではない。

3 × トイレに同行して近くで監視するというのは、利用者のプライドや**人権を尊重した対応**といえず、不適切である。

4 × **つなぎ服**は、脱衣がしづらくなるが、「脱衣やおむつはずしを制限するために、介護衣（つなぎ服）を着せる」ことは、**身体拘束に該当する行為**として、原則禁止されている。

5 × ２のとおり、毎回注意するという対応は、適切ではない。

解説 ――――――――――――――――――― 正答 5 ⇒速習 / 生活 L15

1 × 綿や化学繊維（アクリル、ポリエステル等）の白物には使用できるが、**毛や絹**などの場合は生地を傷（いた）めるおそれがあるため、使用できない。

2 × 漂白力が強く、**色落ち**してしまうことがあるので、色柄物の漂白には適していない。

3 × 次亜塩素酸ナトリウムは、**温度上昇により分解が促進する**ので、熱湯で薄めて使用することは、不適切である。

4 × 次亜塩素酸ナトリウムは、強いアルカリ性なので、**皮膚を傷める**おそれがある。手指の消毒には、適切ではない。

5 ○ 無地白物衣料の漂白のほかに、**除菌・消臭**の効果もある。

第34回◇問題55

次の記述のうち、ズボンの裾上げの縫い目が表から目立たない手縫いの方法として、**最も適切なもの**を**1つ**選びなさい。

1　なみ縫い
2　半返し縫い
3　本返し縫い
4　コの字縫い（コの字とじ）
5　まつり縫い

第34回◇問題56

心地よい睡眠環境を整備するためのベッドメイキングに関する次の記述のうち、**最も適切なもの**を**1つ**選びなさい。

1　シーツを外すときは、汚れた面を外側に丸めながら外す。
2　しわを作らないために、シーツの角を対角線の方向に伸ばして整える。
3　袋状の枕カバーの端を入れ込んで使用するときは、布の折り込み側が上になるように置く。
4　掛け毛布はゆるみを作らずにシーツの足元に押し込む。
5　動かしたベッド上の利用者の物品は、使いやすいように位置を変えておく。

解説 ―――――――――――――――――――――――――――――――― 正答 5 ⇒速習／生活L15

1 × **なみ縫い**は、しつけや仮縫いの縫い合わせなどに用いる。

2 × **半返し縫い**は、なみ縫いよりも丈夫に縫い合わせたい場合に用いる。

3 × **本返し縫い**は、ミシン縫いの代わりなどに用いる。

4 × **コの字縫い**（コの字とじ）は、主に袋物の返し口を縫い閉じるときに用いる。

5 ○ **まつり縫い**は、ズボンの裾（すそ）上げなどに用いられ、縫い目が表から目立たない。

解説 ―――――――――――――――――――――――――――――――― 正答 2

1 × シーツを外すときは、汚れが他の箇所に付かないように、**汚れた面を内側にまるめていく**。

2 ○ シーツは、**対角線の方向**に伸ばすと、しわができにくくなる。

3 × 枕カバーの余った端は、利用者の頭部に違和感が生じないよう、枕の裏側（下側）に入れるようにする。つまり、**布の折り込み側が下になる**ように置く。

4 × ゆるみがないと、下肢が窮屈となり、寝返りがしにくくなる。ゆとりをもたせるため、掛け毛布はシーツの下に押し込まないようにする。

5 × ベッド上の利用者の物品は、利用者自身が使いやすいように置いている場合がある。介護福祉職の考える使いやすい位置に勝手に置き変えるのは、適切ではない。

第34回◇問題57

夜勤のある施設職員が良質な睡眠をとるための生活習慣に関する次の記述のうち、**最も適切なもの**を**1つ**選びなさい。

1　夜勤に入る前には仮眠をとらない。
2　寝る前にスマートフォンでメールをチェックする。
3　朝食と夕食の開始時間を日によって変える。
4　夜勤後の帰宅時にはサングラス（sunglasses）をかけるなど、日光を避けるようにする。
5　休日に寝だめをする。

第34回◇問題58

Ｂさん（102歳、女性）は、介護老人福祉施設に入所している。高齢による身体機能の衰えがあり、機能低下の状態が長く続いていた。１週間前から経口摂取が困難になった。１日の大半は目を閉じ、臥床状態が続いている。医師から、「老衰により死期が近い」と診断され、家族は施設で看取りたいと希望している。

死が極めて近い状態にあるＢさんの看取りに必要な情報として、**最も適切なもの**を**1つ**選びなさい。

1　体重の減少
2　夜間の睡眠時間
3　延命治療の意思
4　嚥下可能な食形態
5　呼吸の状態

解説 ―― 正答 4

1 × 夜勤のある施設職員のように、夜間の睡眠時間が物理的に不足する場合には、午後前半に15～30分以内の**仮眠**をとることが有効とされている。夜勤に入る前に仮眠をとらないというのは、適切ではない。

2 × スマートフォンやモバイル端末の**明るい画面**は、睡眠のリズムに狂いを生じさせるといわれている。寝る前にスマートフォンでメールをチェックすることは、適切ではない。

3 × 良質な睡眠をとるためには、**規則正しい生活リズム**にすることが大切である。朝食や夕食の開始時間を日によって変えることは、適切ではない。

4 ○ 睡眠と覚醒（かくせい）のリズムを調節する**メラトニン**というホルモンは、**光の刺激が低下**すると分泌され、体温を低下させて**眠気を生じさせる**。夜勤後の帰宅時にサングラスをかけて日光を避けるようにすることは、適切といえる。

5 × 休日に**寝だめ**をすると、規則正しい生活リズムが崩れやすくなるため、適切ではない。

解説 ―― 正答 5 ⇒速習 / こころL14

1 × 老衰（ろうすい）の場合は、少しずつ身体機能が低下して、経口摂取できる量が少なくなることに伴って**体重の減少**がみられる場合が多いが、これは看取（みと）り期であることを予見させるサインであり、死が極めて近い状態において必要な情報ではない。

2 × 夜間の睡眠時間は、看取りに必要な情報ではない。

3 × 本人や家族に対する**延命治療の意思**の確認は、看取り期に入った段階で行われる必要がある。死が極めて近い状態において必要となる情報ではない。

4 × **嚥下（えんげ）可能な食形態**は、誤嚥（ごえん）予防のために、ターミナルケアの中期までに必要とされる情報である。

5 ○ 死亡直前になると、下顎（かがく）を下方に動かして口を開けた状態で行われる呼吸（**下顎呼吸**）がみられる。**呼吸の状態**は、死が極めて近い状態での看取りに必要な情報である。

第34回◇問題59

介護老人福祉施設における終末期の利用者の家族支援に関する次の記述のうち、**最も適切なもの**を**1つ**選びなさい。

1　緊急連絡先を1つにすることを提案する。
2　面会を控えるように伝える。
3　死に至る過程で生じる身体的変化を説明する。
4　死後の衣服は浴衣がよいと提案する。
5　亡くなる瞬間に立ち会うことが一番重要だと伝える。

第34回◇問題60

死亡後の介護に関する次の記述のうち、**最も適切なもの**を**1つ**選びなさい。

1　死後硬直がみられてから実施する。
2　生前と同じように利用者に声をかけながら介護を行う。
3　義歯を外す。
4　髭剃り(ひげそ)後はクリーム塗布を控える。
5　両手を組むために手首を包帯でしばる。

解説 正答 3 ⇒速習／生活 L17

1 × 緊急連絡先は1つにするのではなく、**複数の連絡先**をまとめておくよう提案する。

2 × 利用者と家族の双方が悔いを残すことなく、心おきなく**最期のかかわり**ができるように配慮する必要がある。面会を控えるように伝えるのは、不適切である。

3 ○ 死に至る過程で生じる身体的変化などについて、家族に**具体的な経過を説明**し、看取り（みとり）への不安や迷いを解消するように支援することが重要である。

4 × 死後の衣服については、生前の**本人の意思**または**家族の希望**を尊重する必要がある。介護職のほうから提案するのは、適切ではない。

5 × 2のとおり、亡くなるまでのかかわりが大切である。亡くなる瞬間に立ち会うことが一番重要であるとはいえない。

解説 正答 2

1 × 死亡後の介護は、**死後硬直が始まる前**に実施する。

2 ○ 死亡した利用者を遺体として扱うのではなく、生前と同様、一人の人間として接することが大切である。利用者に声をかけながら介護を行うことは、適切である。

3 × 義歯を外すと、両頬（りょうほお）がくぼんでしまう。口腔清拭（こうくうせいしき）を行った後、忘れずに**義歯をはめる**ようにする。

4 × 顔や手など露出した部分は乾燥しやすい。クリームは髭剃り（ひげそ）前だけでなく、髭剃り後にも塗布して、乾燥から皮膚を保護するようにする。

5 × 手首を包帯で縛ると、圧迫した部分に跡が付いたり、変色してしまうことがあるので不適切である。両手を組ませるときに補助となるものが必要なときは、専用の合掌バンドやタオルを使用する。

／ ／ ／

第34回◇問題61

介護福祉職が介護過程を展開する意義に関する次の記述のうち、**最も適切なものを1つ**選びなさい。

1　チームアプローチ（team approach）による介護を提供することができる。
2　直感的な判断をもとに介護を考えることができる。
3　今までの生活から切り離した介護を提供する。
4　介護福祉職が生活を管理するための介護を考えることができる。
5　介護福祉職が実施したい介護を提供する。

／ ／ ／

第34回◇問題62　★よく出る

介護過程における情報収集に関する次の記述のうち、**最も適切なものを1つ**選びなさい。

1　利用者の日常生活の困難な部分を中心に収集する。
2　利用者との会話は解釈して記載する。
3　他の専門職が記載した記録は直接的な情報として扱う。
4　利用者の生活に対する思いを大切にしながら収集する。
5　情報収集はモニタリング（monitoring）を実施してから行う。

解説 正答 1 ⇒速習 / 介過 L3

1 ○ 介護過程を実践するうえで、**他職種協働**（チームアプローチ）によるケアは不可欠といえる。

2 × 介護過程を通して、利用者のニーズを**客観的・科学的**に判断できるようになり、これによって**根拠のある介護**の実践が可能となる。介護福祉職の経験則や直感的な判断に基づく介護を行うのであれば、介護過程を踏まえる意味がない。

3 × 介護過程の目的は、利用者やその家族の願いや思いにかなった生活を実現するために適切な介護サービスを提供することである。今までの生活から切り離した介護を提供するというのは、不適切である。

4 × 介護過程においては、利用者の**自己決定を尊重**し、個別性の高い介護を実践することが求められる。介護福祉職が生活を管理するための介護を考えることができるというのは、不適切である。

5 × 4のとおり、介護福祉職が実施したい介護を提供するのではない。

解説 正答 4 ⇒速習 / 介過 L2

1 × 介護過程における情報収集は、利用者の生活歴、趣味、性格、人間関係などのほか、家族や友人その他の関係者からの情報も含めて、**利用者の生活の全体**をとらえて行う必要がある。利用者の日常生活の困難な部分を中心に収集するのではない。

2 × 情報収集の段階では、収集した**情報の解釈**までは行わない。利用者との会話は、解釈などせずに、ありのままを記載するようにする。

3 × **関係職種が作成した記録**からも情報を収集することができるが、これは自ら収集した情報ではないので、直接的な情報として扱うことは、適切ではない。

4 ○ 利用者の生活に対する思いを大切にすること、すなわち、**共感する態度**をもちながら情報を収集することによって、利用者の**ニーズや心理状態をより正確に把握する**ことができる。

5 × **モニタリング**とは、適切な援助が実施されたかどうかを確認することである。これは情報の収集など一連のアセスメントのあとに、計画の立案、計画に基づく援助の実施という過程を経てから行うものである。

／　／　／

第34回◇問題63　★よく出る

介護過程における生活課題に関する次の記述のうち、**最も適切なものを１つ**選びなさい。

1　効率的な支援を提供するために解決するべきこと。
2　利用者が家族の望む生活を送るために解決するべきこと。
3　介護福祉職が実践困難な課題のこと。
4　利用者の生活を改善するために思いついたこと。
5　利用者が望む生活を実現するために解決するべきこと。

関連問題… 33-64

／　／　／

第34回◇問題64　★よく出る

介護過程における目標の設定に関する次の記述のうち、**適切なものを１つ**選びなさい。

1　長期目標の期間は、１か月程度に設定する。
2　長期目標は、短期目標ごとに設定する。
3　短期目標は、生活全般の課題が解決した状態を表現する。
4　短期目標は、抽象的な内容で表現する。
5　短期目標は、長期目標の達成につながるように設定する。

解説

正答 5 ⇒速習 / 介過 L1

1 × 介護過程における**生活課題**とは、**利用者が望む生活を実現する**ために解決しなければならない問題をいう。効率的な支援を提供するためというのは、不適切である。

2 × 1のとおり、利用者が家族の望む生活を送るためというのは、不適切である。

3 × 1のとおり、介護福祉職にとって実践が困難な課題のことをいうのではない。

4 × 利用者の生活課題は、アセスメントの中で、情報の収集、収集した情報の分析・解釈というプロセスを経て、明確化されていくものである。単なる思いついたことではない。

5 ○ 1のとおり、適切である。

解説

正答 5 ⇒速習 / 介過 L2

1 × 短期目標、長期目標ともに、**期間の長さ**について決まりがあるわけではない。なお、1か月程度に設定されるのは、一般的には短期目標であることが多い。

2 × 長期目標は、短期目標ごとに設定するように定められているわけではない。複数の短期目標が達成されて初めて、1つの長期目標が実現するという場合が多い。

3 × **短期目標**は、解決すべき生活課題や長期目標に対して、**段階的に対応**していくための具体的な活動目標である。生活全般の課題が解決した状態を表現するものではない。

4 × 短期目標、長期目標ともに、抽象的ではなく、**具体的**（数値化するなど）に記載し、利用者や家族にわかりやすいようにする。

5 ○ 3のとおり、短期目標は、長期目標の達成につながるように設定する。

第34回◇問題65

介護計画における介護内容に関する次の記述のうち、**最も適切なもの**を**1つ**選びなさい。

1　利用者の能力よりも介護の効率を重視して決める。
2　業務の都合に応じて介護できるように、時間の設定は省略する。
3　介護するときの注意点についても記載する。
4　利用者の意思よりも介護福祉職の考えを優先して決める。
5　介護福祉職だけが理解できる表現にする。

第34回◇問題66

Ｃさん(84歳、女性、要介護３)は、２か月前に自宅で倒れた。脳出血(cerebral hemorrhage) と診断され、後遺症で左片麻痺(ひだりかたまひ)になった。Ｃさんは自宅での生活を希望している。長男からは、「トイレが自分でできるようになってから自宅に戻ってほしい」との要望があった。そのため、病院から、リハビリテーションを目的に介護老人保健施設に入所した。

入所時、Ｃさんは、「孫と一緒に過ごしたいから、リハビリテーションを頑張りたい」と笑顔で話した。Ｃさんは、自力での歩行は困難だが、施設内では健側を使って車いすで移動することができる。また、手すりにつかまれば自分で立ち上がれるが、上半身が後ろに傾くため、移乗には介護が必要な状態である。

入所時に介護福祉職が行うアセスメント (assessment) に関する次の記述のうち、**最も優先すべきもの**を**１つ**選びなさい。

1　自力で歩行ができるのかを確認する。
2　排泄(はいせつ)に関連した動作について確認する。
3　孫と面会する頻度について希望を聞く。
4　リクライニング車いすの活用について尋ねる。
5　住宅改修に必要な資金があるのかを確認する。

解説 ———— 正答 3 ⇒速習 / 介過 L2

1 × 介護計画は、利用者の自己決定を尊重し、**残存機能を活かした自立支援**を内容とするものでなければならない。利用者の能力よりも介護の効率を重視するというのは、不適切である。

2 × 介護内容は、**利用者の心身の状態**や家族の介護負担の程度などを予測して、サービスの種類や提供時間などを設定する必要がある。業務の都合に応じられるように時間の設定を省略するというのは、不適切である。

3 ○ 介護内容には、「居室の床に危険なものを置かない」「浴槽から急に立ち上がらない」といった、介護するときの注意点についても記載する。

4 × 介護計画は、**利用者の主体性や自己決定を尊重**しながら、利用者が望む生活を実現するために介護福祉職が提供できるサービスや内容などを示すものである。利用者の意思よりも介護福祉職の考えを優先して介護内容を決めるというのは、不適切である。

5 × 介護内容は、専門職ではない利用者やその家族に援助の内容を正しく理解してもらうために、**誰（だれ）が読んでもわかりやすい表現**にする。

解説 ———— 正答 2

1 × 入所時において、Cさんは自力での歩行が困難であり、車いすで移動していることがすでに確認できている。

2 ○ Cさんは自宅での生活を希望しており、長男から「**トイレが自分でできるようになってから**」との要望があったため、介護老人保健施設に入所した。このため、**排泄（はいせつ）に関連した動作**について確認することは、アセスメントで最も優先すべきことである。

3 × 施設で孫と面会する頻度の希望を聞くことは、最も優先すべきことではない。

4 × Cさんは、立ち上がったときに上半身が後ろに傾くが、背もたれを後方に倒すことができるリクライニング車いすを活用する必要性は、事例からは読み取れない。

5 × 自宅での生活に戻ったとき、手すりやスロープの設置など、住宅改修に資金が必要となることが考えられるが、入所時のアセスメントで最も優先すべきことではない。

◆事例問題◆

次の事例を読んで、**問題67**、**問題68**について答えなさい。

〔事　例〕

Dさん（73歳、女性、要介護２）は、認知症対応型共同生活介護（認知症高齢者グループホーム）に入居した。

入居後、本人の同意のもとに短期目標を、「食事の準備に参加する」と設定し、順調に経過していた。ある日、Dさんが夕食の準備に来なかった。翌日、担当する介護福祉職が居室を訪ねて理由を聞くと、「盛り付けの見た目が･･･」と小声で言った。

当日のDさんの記録を見ると、「お茶を配ると席に座ったが、すぐに立ち上がり、料理を皿に盛り付けるEさんの手元を見ていた」「配膳された料理を見て、ため息をついた」とあった。その後、食事の準備には参加していないが、早く来て様子を見ている。また、食事中は談笑し、食事も完食している。

以上のことから再アセスメントを行うことになった。

事例の解き方のポイント

◎介護過程における評価の目的

介護過程は、個別援助計画に掲げた目標に沿って進められます。提供したサービスが生活課題の解決や目標達成に向けて効果を上げているかを確認し、計画の妥当性を測ることが評価の目的です。残された生活課題がある場合は、再アセスメントを行い、個別援助計画の修正につなげていきます。

◎評価の項目と手順

①プロセスの評価	実施されている援助が、当初の計画どおりに進んでいるかを評価する。この際、手順等が変更されている場合は実態を把握し、必要な場合は計画を修正する
②内容の評価	援助の内容・方法が、利用者のニーズ、状態に適しているかを評価する。現在の状況だけで判断するのではなく、予防や自立支援の視点からも内容を精査する
③効果の評価	援助の実践結果から援助方法の有効性を判断する。設定していた目標に対してどのくらい効果を上げたかを検証する
④新たな生活課題への評価	援助を実施する過程で、新たな生活課題が生じていないかを評価する。利用者の心身状況だけでなく、家族や援助者のかかわりなど介護環境の変化が生活課題に影響を及ぼすこともあるため、利用者を取り巻く環境にも注意を払う

◎評価の視点

短期目標が達成できた場合は、長期目標に向けた新たな生活課題を検討します。

短期目標が達成できなかった場合には、その原因を考え、新たな目標を考えます。

第34回◇問題67

Ｄさんの再アセスメントに関する次の記述のうち、**最も適切なもの**を**１つ**選びなさい。

1　お茶を配る能力について分析する。
2　ため息の意味を料理の味が悪いと解釈する。
3　早く来て様子を見ている理由を分析する。
4　安心して食事ができているかを分析する。
5　Ｅさんに料理の盛り付けを学びたいと解釈する。

第34回◇問題68

カンファレンス（conference）が開かれ、Ｄさんの支援について検討することになった。Ｄさんを担当する介護福祉職が提案する内容として、**最も優先すべきもの**を**１つ**選びなさい。

1　食器の満足度を調べること。
2　昼食時だけでも計画を継続すること。
3　居室での食事に変更すること。
4　食事の準備の役割を見直すこと。
5　食事以外の短期目標を設定すること。

解説 ―― 正答 3 ⇒速習／介過 L2

1 × Dさんは、「お茶を配ると席に座った」と記録されていることから、お茶を配る能力には、特に問題があるとは考えられない。

2 × 記録に「料理を皿に盛り付けるEさんの手元を見ていた」「配膳された料理を見て、ため息をついた」とあることや、夕食の準備に来なかった翌日に「盛り付けの見た目が…」と小声で言ったことなどから、ため息の意味は、料理の味ではなく、盛り付けが気に入らないことにあると解釈できる。

3 ○ Dさんは、短期目標である「食事の準備に参加する」ことをしないのに、早く来て様子を見ているのだから、その理由を分析することは、**再アセスメント**における重要なポイントと考えられる。

4 × Dさんは、食事中は談笑し、完食もしていることから、安心して食事ができていると解釈できる。

5 × 2のとおり、Dさんは、Eさんの盛り付けが気に入らないと考えられるので、Eさんに盛り付けを学びたいと解釈するのは、適切ではない。

解説 ―― 正答 4

1 × Dさんは、Eさんの盛り付けが気に入らないのであって、食器については特に問題はないと考えられる。食器の満足度を調べることは、最も優先すべきことではない。

2 × 食事の準備に参加する頻度や時間に問題があるわけではないので、昼食時に限定して計画を継続しても、結果は変わらないと考えられる。

3 × 食事中は談笑し、食事も完食していることから、食事をする場所に問題があるわけではない。居室での食事に変更しても、目標の達成から遠ざかるだけである。

4 ○ 調理をするのはEさん、盛り付けはDさんというように分担するなど、役割の見直しを提案することは、適切である。

5 × 役割の見直しによって、「食事の準備に参加する」という短期目標を達成できる可能性がある以上、食事以外の短期目標を設定することは、適切ではない。

／ ／ ／

第34回◇問題69 ★よく出る

愛着行動に関する次の記述のうち、ストレンジ・シチュエーション法における安定型の愛着行動として、**適切なもの**を**1つ**選びなさい。

1　養育者がいないと不安な様子になり、再会すると安心して再び遊び始める。
2　養育者がいないと不安な様子になり、再会すると接近して怒りを示す。
3　養育者がいないと不安な様子になり、再会すると関心を示さずに遊んでいる。
4　養育者がいなくても不安な様子にならず、再会すると関心を示さずに遊んでいる。
5　養育者がいなくても不安な様子にならず、再会すると喜んで遊び続ける。

／ ／ ／

第34回◇問題70 ★よく出る

乳幼児期の言語発達に関する次の記述のうち、**最も適切なもの**を**1つ**選びなさい。

1　生後6か月ごろに初語を発するようになる。
2　1歳ごろに喃語（なんご）を発するようになる。
3　1歳半ごろに語彙爆発が起きる。
4　2歳半ごろに一語文を話すようになる。
5　3歳ごろに二語文を話すようになる。

解説　正答 1　⇒速習／発老 L1

1 ○ ストレンジ・シチュエーション法では、養育者との分離の場面や再会の場面などにおける乳幼児の反応により、愛着行動のパターンを、①安定型、②葛藤型（アンビバレント型）、③回避型、④無秩序型の４つに分類している。養育者がいなくなると不安な様子になり、再会すると安心するというのは、安定型の愛着行動である。

2 × 養育者がいなくなると不安な様子になり、再会すると怒りを示すというのは、葛藤型（アンビバレント型）の愛着行動である。

3 × 養育者がいなくなると不安な様子になるにもかかわらず、再会しても関心を示さないのは、無秩序型の愛着行動に分類される。

4 × 養育者がいなくても不安な様子にならず、再会しても関心を示さないのは、回避型の愛着行動である。

5 × 養育者がいなくても不安な様子にならないにもかかわらず、再会すると喜ぶのは、無秩序型の愛着行動に分類される。

解説　正答 3　⇒速習／発老 L1

1 × 初めて発せられる意味のある言葉を初語（しょご）といい、１歳前後でみられる。生後６か月頃というのは、適切ではない。

2 × 「あうー」「ばぶばぶ」といった、まだ言葉にならない段階の声を喃語（なんご）といい、生後６か月頃にみられる。１歳頃に発するというのは、適切ではない。

3 ○ １歳半頃になると、自発的に表現できる単語が約50語に達し、急激に語彙（ごい）が増える。これを語彙爆発という。

4 × 初語の多くは、「だっこ」「まんま」など、１単語だけで意思を伝えようとするものであり、一語文とも呼ばれる。１歳前後でみられる。

5 × 「わんわん・きた」「まんま・ちょうだい」など、２つの単語をつなげた二語文は、１歳半から２歳程度で話すようになる。

／ ／ ／

第34回◇問題71

2019年（平成31年、令和元年）における、我が国の寿命と死因に関する次の記述のうち、**正しいものを１つ**選びなさい。

1　健康寿命は、平均寿命よりも長い。

2　人口全体の死因順位では、老衰が悪性新生物より上位である。

3　人口全体の死因で最も多いのは、脳血管障害（cerebrovascular disorder）である。

4　平均寿命は、男女とも75歳未満である。

5　90歳女性の平均余命は、５年以上である。

／ ／ ／

第34回◇問題72

Ａさん（87歳、女性、要介護３）は、２週間前に介護老人福祉施設に入所した。Ａさんにはパーキンソン病（Parkinson disease）があり、入所後に転倒したことがあった。介護職員は頻繁に、「危ないから車いすに座っていてくださいね」と声をかけていた。Ａさんは徐々に自分でできることも介護職員に依存し、着替えも手伝ってほしいと訴えるようになった。

Ａさんに生じている適応（防衛）機制として、**最も適切なものを１つ**選びなさい。

1　投影

2　退行

3　攻撃

4　抑圧

5　昇華

解説　正答 5　⇒速習／発老 L5

1 × 2019（令和元）年の**平均寿命**（0歳児が平均して何年生きられるかを表した統計値）は、男性81.41年、女性87.45年であり、**健康寿命**（介護を要せず、自立して暮らすことができる期間）は、男性72.68年、女性75.38年である。

2 × 2019（令和元）年の人口全体の死因順位は、1位「**悪性新生物**（腫瘍〈しゅよう〉）」376,425人、2位「**心疾患**」207,714人、3位「**老衰**〈ろうすい〉」121,863人、4位「**脳血管疾患**」106,552人となっている。

3 × 2のとおり、人口全体の死因で最も多いのは、**悪性新生物**（腫瘍）である。

4 × 1のとおり、日本人の平均寿命は、男女ともに**80歳以上**である。

5 ○ 2019（令和元）年の90歳の女性の**平均余命**（ある年齢の人があと何年生きられるかを表した期待値）は、5.71年となっている。

解説　正答 2　⇒速習／こころ L1

1 × Aさんは、自分でできることも介護職員に依存し、着替えまで手伝ってほしいと訴えるようになっている。このように、年齢よりも**未熟な行動**をとり、周囲の人の気を引くことで欲求の充足を図ろうとする適応（防衛）機制のことを、**退行**という。これに対して、**投影**とは、自分の中の認めたくない欲求を、他者の中にあるようにみなすことをいう。

2 ○ 1のとおり、**退行**が最も適切である。

3 × **攻撃**とは、自分の欲求を満足させるために、じゃまだと思われる人や状況に対して、「やつあたり」や「弱い者いじめ」などの行動をとる適応（防衛）機制をいう。

4 × **抑圧**とは、自分のもっている欲求を、意識の表面に上らないように無意識に抑えつける適応（防衛）機制をいう。

5 × **昇華**とは、社会的に容認されない欲求を、芸術やスポーツなど社会的・文化的価値の高い行動に振り替える適応（防衛）機制をいう。

関連問題…32-72

第34回◇問題73 ★よく出る

記憶に関する次の記述のうち、**適切なもの**を**1つ**選びなさい。

1　エピソード記憶は、短期記憶に分類される。
2　意味記憶は、言葉の意味などに関する記憶である。
3　手続き記憶は、過去の出来事に関する記憶である。
4　エピソード記憶は、老化に影響されにくい。
5　意味記憶は、老化に影響されやすい。

第34回◇問題74 ★よく出る

老化に伴う感覚機能や認知機能の変化に関する次の記述のうち、**最も適切なもの**を**1つ**選びなさい。

1　大きな声で話しかけられても、かえって聞こえにくいことがある。
2　会話をしながら運転するほうが、安全に運転できるようになる。
3　白と黄色よりも、白と赤の区別がつきにくくなる。
4　低い声よりも、高い声のほうが聞き取りやすくなる。
5　薄暗い部屋のほうが、細かい作業をしやすくなる。

解説　正答 2　⇒速習 / 発老 L4

1　×　エピソード記憶とは、「昨日の夕食は何を食べたか」といった、過去の出来事や経験を時間と結びつけて記憶したものをいい、長期記憶に分類される。

2　○　言葉のもつ意味や概念を知識として記憶したものを、意味記憶という。

3　×　手続き記憶とは、自転車の乗り方など、身体で覚えているような記憶をいう。

4　×　エピソード記憶は、日々変化する内容であることから、老化による影響を受けやすいとされている。

5　×　意味記憶は、加齢とともに思い出すのに時間を要するようにはなるが、内容の正確さは保持されるので、老化に影響されやすいというのは、不適切である。

解説　正答 1　⇒速習 / 発老 L4

1　○　老化に伴う聴覚の変化により、大声で話しかけられると、耳に響いて、かえって聞こえにくいことがある。

2　×　老化に伴う感覚機能の低下により、対象物の認識が困難になり**脳の処理速度が遅くなる**。会話をしながら運転すると、注意が分散されるため、処理速度の低下をさらに助長することになる。

3　×　高齢者は、白と黄色のような、**明暗の差**があまりない色の区別がつきにくい。区別がつきやすいのは、白と赤のような明暗の差が大きい組み合わせである。

4　×　高齢者にみられる感音性難聴は、**高音域ほど聞こえが悪くなる**ため、低い声よりも、高い声のほうが聞き取りにくくなる。

5　×　老化に伴う視力の低下により、暗い場所では、色の認識がしにくいほか、**物そのものが見えにくくなる**。細かい作業には十分な明るさが必要である。

関連問題…33-106 32-106

第34回◇問題75

高齢者の睡眠に関する次の記述のうち、**適切なものを１つ**選びなさい。

1　午前中の遅い時間まで眠ることが多い。
2　刺激を与えても起きないような深い睡眠が多い。
3　睡眠障害を自覚することは少ない。
4　不眠の原因の１つはメラトニン（melatonin）の減少である。
5　高齢者の睡眠時無呼吸症候群（sleep apnea syndrome）の発生頻度は、若年者よりも低い。

第34回◇問題76

高齢者の肺炎（pneumonia）に関する次の記述のうち、**最も適切なもの**を**１つ**選びなさい。

1　意識障害になることはない。
2　体温が37.5℃未満であれば肺炎（pneumonia）ではない。
3　頻呼吸になることは、まれである。
4　誤嚥（ごえん）による肺炎（pneumonia）を起こしやすい。
5　咳（せき）・痰（たん）などを伴うことは、まれである。

解説 ——— 正答 4 ⇒速習 / こころL13

1 × 老化に伴う体内時計の変化により、睡眠にかかわるホルモン分泌や体温などの生体機能リズムが早い時間にずれるため、高齢者は**早寝早起き**になりやすい。

2 × 高齢者は、浅い眠りの**レム睡眠の時間が増えて**、深い眠りのノンレム睡眠の時間が減り、睡眠中の**途中覚醒**(かくせい)も多くなることから、**浅い睡眠が多い**。

3 × 高齢者は、退職、死別といった環境の変化や精神的なストレスを抱えることが多く、また、活動性が低下して心身の病気にかかり、その疾患と治療薬の影響などにより、不眠症などの**睡眠障害**を自覚することが多くなる。

4 ○ メラトニンは、睡眠と覚醒のリズムを調節するホルモンであり、光の刺激が低下すると分泌され、眠気を生じさせる。加齢により**メラトニンの分泌量が減少**することで、不眠が引き起こされやすくなる。

5 × **睡眠時無呼吸症候群**は、高齢者がかかりやすい睡眠障害のひとつである。若年者よりも発生頻度が低いというのは、不適切である。

解説 ——— 正答 4 ⇒速習 / 発老L9

1 × 高齢者の肺炎では、**意識障害**やショックなど、症状の急変がみられることがある。

2 × 高齢者の場合、典型的な肺炎の症状が出ないことがしばしばある。特に**高熱が出ない**（平熱である）ことが多いので、37.5℃未満であれば肺炎ではないというのは、不適切である。

3 × 高齢者の肺炎の特徴として、初期に**呼吸数の増加**や、呼吸パターンの変化がみられることが挙げられる。頻(ひん)呼吸になることがまれであるというのは、適切ではない。

4 ○ 高齢者には、誤嚥(ごえん)（飲食物の一部などが気管に入ること）がしばしばみられ、これにより肺炎（**誤嚥性肺炎**(ごえんせいはいえん)）を起こしやすい。

5 × 誤嚥性肺炎の場合は、気管や肺に入り込んだ食物から細菌が増殖しているため、それを体外へ出すために、**咳**(せき)をしたり、**痰**(たん)を出したりする。高齢者の肺炎で咳・痰などを伴うことがまれであるというのは、不適切である。

／ ／ ／

第34回◇問題77

認知症ケアにおける「ひもときシート」に関する次の記述のうち、**最も適切なもの**を**1つ**選びなさい。

1　「ひもときシート」では、最初に分析的理解を行う。
2　認知症（dementia）の人の言動を介護者側の視点でとらえる。
3　言動の背景要因を分析して認知症（dementia）の人を理解するためのツールである。
4　評価的理解では、潜在的なニーズを重視する。
5　共感的理解では、8つの要因で言動を分析する。

／ ／ ／

第34回◇問題78

レビー小体型認知症（dementia with Lewy bodies）の幻視の特徴に関する次の記述のうち、**最も適切なもの**を**1つ**選びなさい。

1　幻視の内容はあいまいではっきりしない。
2　睡眠中でも幻視が生じる。
3　本人は説明されても幻視という認識ができない。
4　薄暗い部屋を明るくすると幻視が消えることがある。
5　抗精神病薬による治療が行われることが多い。

解説 正答 3 ⇒速習 / 認知 L2

1 × 「ひもときシート」は、①**評価的理解**、②**分析的理解**、③**共感的理解**の３ステップを順にたどるように構成されている。最初に分析的理解を行うのは、不適切である。

2 × 「ひもときシート」には、**思考の転換**という意義があり、認知症の人の言動を、介護者側からではなく、**認知症の人の側**からとらえるように、視点を切り替える（リフレーミング）。

3 ○ 「ひもときシート」には、２で述べた思考の転換のために、認知症の人の言動の背景要因を分析する（**思考の展開**）という意義もある。

4 × **評価的理解**では、介護者が、感じている課題と考えている対応方法を、介護者自身がシートに記入することによって、介護者が自分の気持ちと向き合うことが重視される。認知症の人の潜在的なニーズを重視するのではない。

5 × 「ひもときシート」には、事実の確認や情報を整理するための８つの視点が示されており、介護者がその各項目に記入することを通して、認知症の利用者の言動を分析し、その背景要因を理解するようになっている。しかし、それは**分析的理解**のステップで行うことであり、共感的理解のステップではない。

解説 正答 4 ⇒速習 / 認知 L4

1 × レビー小体型認知症にみられる幻視（げんし）は、そこに実際に存在しているかのように見える**現実的な幻視**である。内容があいまいではっきりしないというのは、適切ではない。

2 × レビー小体型認知症では、睡眠中に大声で叫んだり手足を大きく動かすなど、夢の中での言動が異常行動として現れることがあるが、これは**レム睡眠行動障害**という症状である。睡眠中に幻視が生じるわけではない。

3 × 現実に存在していないということを説明すると、納得して安心する場合もある。説明されても幻視という認識ができないというのは、不適切である。

4 ○ 幻視は薄暗いところで見える場合が多いため、**部屋を明るくする**とよい。

5 × レビー小体型認知症の幻視に対しては、漢方薬の抑肝散が有効とされている。抗精神病薬による治療が多いというのは、適切ではない。

第34回◇問題79　★よく出る

軽度認知障害（mild cognitive impairment）に関する次の記述のうち、**最も適切なもの**を**1つ**選びなさい。

1　本人や家族から記憶低下の訴えがあることが多い。
2　診断された人の約半数がその後１年の間に認知症（dementia）になる。
3　ＣＤＲ（Clinical Dementia Rating）のスコアが２である。
4　日常生活能力が低下している。
5　治療には、主に抗認知症薬が用いられる。

関連問題…36-43

第34回◇問題80

若年性認知症（dementia with early onset）に関する次の記述のうち、**最も適切なもの**を**1つ**選びなさい。

1　75歳未満に発症する認知症（dementia）である。
2　高齢者の認知症（dementia）よりも進行は緩やかである。
3　早期発見・早期対応しやすい。
4　原因で最も多いのはレビー小体型認知症（dementia with Lewy bodies）である。
5　不安や抑うつを伴うことが多い。

解説 正答 1 ⇒速習 / 認知 L3

1 ○ 軽度認知障害は、本人や家族から**記憶低下の訴え**があることが多い。

2 × 軽度認知障害から認知症へと移行する人の割合は、年平均で**10%程度**といわれている。診断の1年後に約半数の人が認知症になるというのは、不適切である。

3 × **CDR**（臨床的認知症尺度）は認知症の重症度を判定する評価基準であり、軽度認知障害のCDRスコアは**0.5**（認知症の疑いがある程度）とされている。CDRスコアが2の場合は、中等度認知症と評価されるので、不適切である。

4 × 軽度認知障害の人は、物忘れなどがみられるものの、日常生活動作への影響はほとんどない。日常生活能力が低下しているというのは、適切ではない。

5 × 軽度認知障害は、食習慣の見直し、定期的な運動習慣、人とのコミュニケーション等によって、**認知機能の改善や維持**が図られる。主に抗認知症薬による治療を行うというのは、不適切である。

解説 正答 5 ⇒速習 / 認知 L4

1 × 若年性認知症とは、**65歳未満**で発症する認知症をいう。

2 × 若年性認知症は、高齢での発症と比べて、**進行が比較的速い**ことが特徴である。

3 × 若年性認知症は、うつ状態や更年期障害などの症状と誤解されやすく、**発見されにくい**といわれている。早期発見・早期対応しやすいというのは、不適切である。

4 × 若年性認知症の原因となる主な疾患は、**血管性認知症**と**アルツハイマー型認知症**である。レビー小体型認知症ではない。

5 ○ 若年性認知症では、作業効率の低下など遂行機能障害が引き起こす症状のほか、不安や**抑鬱**（よくうつ）、**意欲低下**などを伴うことが多い。

／	／	／

第34回◇問題81

認知症（dementia）の行動・心理症状（ＢＰＳＤ）に対する抗精神病薬を用いた薬物療法でよくみられる副作用として、**最も適切なものを１つ**選びなさい。

1　歩幅が広くなる。
2　誤嚥（ごえん）のリスクが高くなる。
3　過剰に活動的になる。
4　筋肉の緊張が緩む。
5　怒りっぽくなる。

／	／	／

第34回◇問題82

軽度の認知症（dementia）の人に、日付、季節、天気、場所などの情報をふだんの会話の中で伝えて認識してもらう認知症ケアとして、**正しいものを１つ**選びなさい。

1　ライフレビュー（life review）
2　リアリティ・オリエンテーション（reality orientation）
3　バリデーション（validation）
4　アクティビティ・ケア（activity care）
5　タッチング（touching）

解説　　正答 2

1　×　抗精神病薬の副作用のひとつとして、**歩きにくくなる**ことがある、歩幅が広くなるというのは、適切ではない。

2　○　抗精神病薬には、運動障害や**嚥下障害**のリスクを高めるものがあり、**誤嚥**につながりやすい。

3　×　抗精神病薬には、**鎮静作用**の強いものや、催眠効果の高いものが多い。過剰に活動的になるというのは、適切ではない。

4　×　抗精神病薬には、錐体外路症状（からだの震えや**こわばり**のような症状）がみられるものがある。筋肉の緊張が緩むというのは、適切ではない。

5　×　3のとおり、抗精神病薬には、攻撃性や衝動性を抑えて、興奮を落ち着かせる鎮静作用の強いものが多い。怒りっぽくなるというのは、適切ではない。

解説　　正答 2　⇒速習 / 認知 L6

1　×　**ライフレビュー**とは、利用者が自分の人生を回想し、それを再評価するという認知症ケアである。

2　○　**リアリティ・オリエンテーション**は、介護者が利用者との日常のコミュニケーションの中で、日付・季節・天気・場所などを繰り返し説明して案内・指導する認知症ケアである。

3　×　**バリデーション**とは、利用者の言葉や行動（たとえ支離滅裂に思えるものであっても）を意味あるものとして受け止めることにより、利用者の感情表出を促し、問題解決につなげていこうとする認知症ケアである。

4　×　**アクティビティ・ケア**とは、趣味、運動、音楽、ゲームなど、さまざまな活動を通して、活き活きとした日常生活を取り戻そうという認知症ケアである。

5　×　認知症ケアにおける**タッチング**（タッチケア）とは、介護者が利用者の身体に触れることによって、利用者の不安や苦痛を軽減したり、励ましたりすることをいう。

／ ／ ／

第34回◇問題83

Bさん（86歳、女性）は、中等度のアルツハイマー型認知症（dementia of the Alzheimer's type）である。短期入所生活介護（ショートステイ）の利用を始めた日の翌朝、両手に便が付着した状態でベッドに座っていた。

Bさんへの声かけとして、**適切なものを１つ**選びなさい。

1 「臭いからきれいにします」
2 「汚い便が手についています」
3 「ここはトイレではありません」
4 「手を洗いましょう」
5 「こんなに汚れて困ります」

／ ／ ／

第34回◇問題84

Cさん（80歳、女性）は夫（85歳）と二人暮らしである。1年ほど前から記憶障害があり、最近、アルツハイマー型認知症（dementia of the Alzheimer's type）と診断された。探し物が増え、財布や保険証を見つけられないと、「泥棒が入った、警察に連絡して」と訴えるようになった。「泥棒なんて入っていない」と警察を呼ばずにいると、Cさんがますます興奮するので、夫は対応に困っている。

夫から相談を受けた介護福祉職の助言として、**最も適切なものを１つ**選びなさい。

1 「主治医に興奮を抑える薬の相談をしてみてはどうですか」
2 「施設入所を検討してはどうですか」
3 「Cさんと一緒に探してみてはどうですか」
4 「Cさんの希望通り、警察に通報してはどうですか」
5 「Cさんに認知症（dementia）であることを説明してはどうですか」

解説 ―― 正答 4

1 × 認知症高齢者に対する介護において、相手をあるがままに受け入れることや、本人の**プライドを尊重**することは、基本的な姿勢である。「臭いからきれいにします」という言い方は、Bさんのプライドを傷つける声かけであり、不適切である。

2 × 「汚い便」というのは、1と同様、Bさんのプライドを傷つける言い方である。

3 × 中等度のアルツハイマー型認知症であるBさんに対して、ベッドがトイレでないことを納得させようとしても、効果はない。

4 ○ **失敗行動があっても叱(しか)ったりせず**、トイレで排便したときと同じように、「手を洗いましょう」というのは、Bさんへの声かけとして、適切である。

5 × 認知症高齢者の失敗行動に対して、叱ったり、非難したりするような声かけは、適切ではない。

解説 ―― 正答 3

1 × 「泥棒が入った」などという**物盗(と)られ妄想**は、アルツハイマー型認知症の主な症状のひとつである。認知症高齢者へのかかわり方では、本人の人格を尊重しながら、困った行動の原因を考え、それを取り除くように援助することが大切である。いきなり薬によってCさんの興奮を抑えることを助言するのは、不適切である。

2 × 1のとおり、この段階で施設入所の検討を勧めるのは、適切ではない。

3 ○ Cさんの人格を尊重し、**本人のペースに合わせて**、夫に、「Cさんと一緒に探してみてはどうですか」というのは、介護福祉職の助言として、適切である。

4 × 実際には何も盗られていないのだから、警察に通報するのは、不適切である。

5 × 認知症の症状であるという事実を説明した場合、Cさんがそれを受け止めて、気持ちが楽になるということも考えられるが、その反対に**不安を募らせ**、状態を悪化させてしまう可能性もあるので、介護福祉職の助言として、最も適切とはいえない。

第34回◇問題85

認知症（dementia）の人に配慮した施設の生活環境として、**最も適切なものを1つ**選びなさい。

1　いつも安心感をもってもらえるように接する。
2　私物は本人の見えないところに片付ける。
3　毎日新しい生活体験をしてもらう。
4　壁の色と同系色の表示を使用する。
5　日中は１人で過ごしてもらう。

関連問題… 33-80

第34回◇問題86

認知症初期集中支援チームに関する次の記述のうち、**最も適切なものを1つ**選びなさい。

1　自宅ではない場所で家族から生活の様子を聞く。
2　チーム員には医師が含まれる。
3　初回の訪問時にアセスメント（assessment）は不要である。
4　介護福祉士は、認知症初期集中支援チーム員研修を受講しなくてもチームに参加できる。
5　認知症疾患医療センター受診後に、チームが対応方法を決定する。

解説

正答 1 ⇒速習 / 認知 L7

1 ○ 施設は、**利用者が安心して過ごせる環境づくり**に努めることが大切である。いつも安心感をもってもらえるように施設の職員が接することも、人的な面での生活環境づくりといえる。

2 × 認知症の人にとって、**なじみの環境**が、安心感につながる。私物を本人の見えないところに片付けるのは、適切ではない。

3 × 一般に、高齢者は**環境変化に対する適応能力が低下する**傾向がみられるが、認知症の人であればなおさらである。毎日新しい生活体験をしてもらうというのは、適切ではない。

4 × 認知症の人は認知機能の低下により、壁の色と同系色の表示は認識しづらいため、不適切である。

5 × 施設には、**他者との交流**や社会参加を施設内で行えるという特徴があり、認知症の人にとっても、こうした生活環境は大切である。個人で過ごせる空間の確保も必要ではあるが、日中を１人で過ごしてもらうというのは、適切ではない。

解説

正答 2 ⇒速習 / 認知 L8

1 × **認知症初期集中支援チーム**は、認知症が疑われる人や認知症のある人、その家族を医療や介護の専門職が**訪問する**ことによって、初期の支援を包括的・集中的に行うものである。

2 ○ チーム員は、一定の要件を満たす医療・介護の専門職２名以上と、認知症サポート医である**医師**１名で構成される。

3 × 初回訪問後に行うチーム員会議において、**アセスメント**の内容の総合チェックを行い、どのような医療・介護が必要であるかをマネジメントするとされている。

4 × チーム員の要件として、原則として**認知症初期集中支援チーム員研修**を受講し、必要な知識・技能を修得することが定められている。介護福祉士であればこの研修の受講を不要とするといった定めはない。

5 × **認知症疾患(しっかん)医療センター**を受診することは、認知症初期集中支援チームが対応方法を決定するための要件とはされていない。

関連問題… 33-14

第34回◇問題87

障害者の法的定義に関する次の記述のうち、**正しいもの**を**1つ**選びなさい。

1　身体障害者福祉法における身体障害者は、身体障害者手帳の交付を受けた18歳以上のものをいう。

2　知的障害者は、知的障害者福祉法に定義されている。

3　「精神保健福祉法」における精神障害者には、知的障害者が含まれていない。

4　障害者基本法において発達障害者は、精神障害者に含まれていない。

5　障害児は、障害者基本法に定義されている。

（注）「精神保健福祉法」とは、「精神保健及び精神障害者福祉に関する法律」のことである。

第34回◇問題88

半側空間無視に関する次の記述のうち、**最も適切なもの**を**1つ**選びなさい。

1　食事のとき、認識できない片側に食べ残しがみられる。

2　半盲に対するものと介護方法は同じである。

3　失行の1つである。

4　本人は半側空間無視に気づいている。

5　認識できない片側へ向かってまっすぐに歩ける。

解説 ―――――――――――――――――――― **正答** 1 ⇒速習／障害 L1

1 ○ 身体障害者福祉法では、**身体障害者**を、「身体上の障害がある18歳以上の者であって、都道府県知事から身体障害者手帳の交付を受けたもの」と定義している。

2 × 知的障害者福祉法には、知的障害者を定義した規定がない。

3 × 精神保健福祉法では、**精神障害者**を、「統合失調症、精神作用物質による急性中毒又はその依存症、**知的障害**その他の精神疾患を有する者」と定義している。知的障害者が含まれていないというのは、正しくない。

4 × 障害者基本法では、**障害者**を、「身体障害、知的障害、**精神障害**（**発達障害を含む**）その他の心身の機能の障害（以下「障害」と総称する）がある者であって、障害及び社会的障壁により継続的に日常生活又は社会生活に相当な制限を受ける状態にあるもの」と定義している。発達障害者が精神障害者に含まれていないというのは、正しくない。

5 × **障害児**の定義は、障害者基本法ではなく、**児童福祉法**に規定されている。

解説 ―――――――――――――――――――― **正答** 1 ⇒速習／障害 L5

1 ○ **半側空間無視**とは、自分で意識して見ている空間の、片側にある人や物を見落としてしまう障害をいう。例えば、左半側空間無視の人は、左側の認識が不十分な状態であることから、容器の左側に食べ残しがみられる。

2 × **半盲**は、視野の片側が見えなくなる障害で、片側が見えないことを本人は自覚している。これに対し、半側空間無視の場合は、目では見えているのに片側を見落としてしまう。このため、半盲の場合とは介護方法が異なる。

3 × **失行**とは、手足の運動機能は損なわれていないのに、意図した動作や指示された動作ができない状態をいう。半側空間無視は、失行とは別の障害である。

4 × 半側空間無視は、症状を自覚しにくい（病識が薄い）という特徴がある。

5 × 半側空間無視の人は、認識できない片側へ向かってまっすぐ歩けるということはない。

第34回◇問題89

Dさん（35歳、男性）は重度の知的障害があり、地元の施設入所支援を利用している。Dさんの友人Eさんは、以前に同じ施設入所支援を利用していて、現在は共同生活援助（グループホーム）で暮らしている。Dさんは、共同生活援助（グループホーム）で生活するEさんの様子を見て、その生活に関心をもったようである。施設の職員は、Dさんの共同生活援助（グループホーム）での生活は、適切な援助を受ければ可能であると考えている。一方、Dさんの母親は、親亡き後の不安から施設入所支援を継続させたいと思っている。

介護福祉職が現時点で行うDさんへの意思決定支援として、**最も適切なものを１つ**選びなさい。

1　母親の意思を、本人に伝える。
2　共同生活援助（グループホーム）の生活について話し合う。
3　介護福祉職の考えを、本人に伝える。
4　具体的な選択肢を用意し、選んでもらう。
5　地域生活のリスクについて説明する。

関連問題…36-54　32-93

第34回◇問題90　よく出る

筋萎縮性側索硬化症（amyotrophic lateral sclerosis：ALS）では出現しにくい症状として、**適切なものを１つ**選びなさい。

1　四肢の運動障害
2　構音障害
3　嚥下障害（えんげしょうがい）
4　感覚障害
5　呼吸障害

解説　正答 2　⇒速習 / 障害 L6

1　×　どこで生活するのかについて**意思決定**するのは、Dさん本人であり、母親ではない。母親の意思を伝えることは、現時点で行う意思決定支援として、適切ではない。

2　○　共同生活援助（グループホーム）での生活に関心をもったDさんと、そのことについて話し合うのは、現時点で行うDさんの意思決定支援として、最も適切である。

3　×　介護福祉職が支援を行う際は、利用者の**自己決定を尊重**することが大切である。Dさんが関心をもったことについて話し合う前に、介護福祉職が自らの考えを伝えるというのは、現時点で行うDさんの意思決定支援として、適切ではない。

4　×　Dさんは、共同生活援助（グループホーム）での生活に関心をもっているのだから、それ以外の選択肢を用意して選んでもらうのは、現時点では適切ではない。

5　×　地域生活のリスクについて説明することは、共同生活援助（グループホーム）の利用を思いとどまらせる方向に作用しやすい。Dさんに現時点で行う意思決定支援として、適切ではない。

解説　正答 4　⇒速習 / 発老 L6

1　×　筋萎縮性側索硬化症（ALS）は、全身の筋力が低下していく疾患で、**筋肉が徐々に萎縮**して**四肢の運動障害**が現れる。

2　×　喉の筋肉にも力が入らなくなるため、声が出しにくくなって、**構音障害**が現れる。

3　×　2と同様に、水や食べ物を飲み込みにくくなり、**嚥下障害**が現れる。

4　○　全身の筋肉が萎縮して、やがて四肢麻痺や呼吸障害などによって自立困難となるが、**感覚**（視力、聴力など）や内臓機能などは保たれるのが普通である。感覚障害は、ALSでは出現しにくい症状といえる。

5　×　呼吸に必要な筋肉も動かしにくくなり、**呼吸障害**が現れる。

関連問題… 36-91 35-52

第34回◇問題91

Fさん（21歳、男性）は、交通事故による頸髄損傷（cervical cord injury）で重度の四肢麻痺になった。最近はリハビリテーションに取り組まず、周囲の人に感情をぶつけ強くあたるようになった。

介護福祉職の対応に関する次の記述のうち、**最も適切なものを１つ**選びなさい。

1　歩けるようになるために、諦めずに機能訓練をするように支援する。
2　トラブルが起きないように、Fさんには近寄らないようにする。
3　生活態度を改めるように、Fさんに厳しく注意する。
4　自分でできることに目を向けられるように、Fさんを支援する。
5　障害が重いので、Fさんのできることも手伝うようにする。

第34回◇問題92

Gさんはパーキンソン病（Parkinson disease）と診断され、薬物療法が開始されている。立位で重心が傾き、歩行中に停止することや向きを変えることが困難である。

Gさんのこの症状を表現するものとして、**最も適切なものを１つ**選びなさい。

1　安静時振戦
2　筋固縮
3　無動
4　寡動
5　姿勢保持障害

解説　　正答 4　⇒速習 / 障害 L8

1 × 中途障害者は、障害を受容できるようになるまでに、心理的に混乱する時期がみられる。現在、この混乱期にあるとみられるＦさんに対し、機能訓練を勧める対応は、適切ではない。

2 × トラブルが起きないように利用者に近寄らないというのは、介護福祉職の対応として、適切ではない。

3 × １のとおり、混乱期にあるＦさんに厳しく注意するのは、適切ではない。

4 ○ 混乱期から立ち直るためには自らの努力が必要であると気づく時期（努力期）がくる。介護福祉職としては、Ｆさんが自分自身の強み（ストレングス）や可能性に目を向け、現実的展望をもてるように支援することが求められる。

5 × 障害が重いからといって、本人のできることまで手伝ってしまうと、Ｆさんが自分の可能性に目を向けることができなくなる。

解説　　正答 5　⇒速習 / 発老 L6

1 × 安静時振戦（しんせん）とは、安静時にみられる手足の震えのことである。

2 × 筋固縮とは、身体の筋肉がこわばることをいう。

3 × 無動とは、身体が動かなくなることをいう。

4 × 寡動（かどう）とは、動作の開始に時間がかかり、動いたあとも動作の幅が小さく緩やかであることをいう。

5 ○ 姿勢保持障害とは、前傾姿勢となり、小刻みに歩く（小刻み歩行）、歩いているうちに速度が上がって止まるのが難しくなる（突進歩行）といった症状をいう。Ｇさんが立位で重心が傾き、歩行中に停止することや向きを変えることが困難であるというのは、姿勢保持障害の症状であると考えられる。

第34回◇問題93 よく出る

障害者への理解を深めるために有効なアセスメントツールの1つであるエコマップが表すものとして、**最も適切なものを1つ**選びなさい。

1　家族との関係
2　社会との相関関係
3　認知機能
4　機能の自立度
5　日常生活動作

第34回◇問題94

「障害者総合支援法」で定める協議会に関する次の記述のうち、**最も適切なものを1つ**選びなさい。

1　当事者・家族以外の専門家で構成する。
2　療育手帳を交付する。
3　相談支援専門員を配置しなければならない。
4　国が設置する。
5　地域の実情に応じた支援体制の整備について協議を行う。

(注)「障害者総合支援法」とは、「障害者の日常生活及び社会生活を総合的に支援するための法律」のことである。

解説 ―――― 正答 2

1 × エコマップは、利用者とその家族を中心として、関係者や機関を含むさまざまな社会資源とのつながり、相関関係などを図式化したものである。家族との関係だけを表すものではない。

2 ○ 1のとおり、利用者およびその家族と、社会との相関関係を表すものといえる。

3 × 利用者の認知機能を表すものではない。

4 × 利用者の機能の自立度を表すものではない。

5 × 利用者の日常生活動作を表すものではない。

解説 ―――― 正答 5

1 × 障害者総合支援法において、協議会は関係機関、関係団体、障害者等（障害者・障害児）とその家族、障害者等の福祉・医療・教育・雇用に関連する職務の従事者その他の関係者（「関係機関等」という）によって構成するものとされている。

2 × 療育手帳は、知的障害と判定された人に対し、都道府県知事・指定都市市長から交付される。

3 × 障害者等の相談に応じる相談支援専門員は、都道府県知事や市町村長の指定を受けた相談支援事業所などに配置される。

4 × 同法によると、地方公共団体（都道府県、市町村など）が、単独または共同して、協議会を置くように努めなければならないとされている。

5 ○ 同法では、協議会は、関係機関等が相互の連絡を図ることにより、地域における障害者等への支援体制に関する課題について情報を共有し、関係機関等の連携の緊密化を図るとともに、地域の実情に応じた支援体制の整備について協議を行うものとしている。

第34回◇問題95 よく出る

障害者が障害福祉サービスを利用するために相談支援専門員が作成する計画として、**正しいものを1つ**選びなさい。

1　地域福祉計画
2　個別支援計画
3　サービス等利用計画
4　障害福祉計画
5　介護サービス計画

第34回◇問題96

Hさん（45歳、男性）は、脳梗塞（cerebral infarction）を発症して半年間入院した。退院してからは、障害者支援施設に入所して自立訓練を受けている。2か月ほど過ぎたが、右片麻痺（みぎかたまひ）と言語障害が残っている。妻のJさん(35歳）はパート勤務で、小学3年生の子どもがいて、将来が見えずに不安な気持ちである。

家族に対する介護福祉職の支援として、**最も適切なものを1つ**選びなさい。

1　家族の不安な気持ちに寄り添い、今の課題を一緒に整理し考えていく。
2　Jさんの気持ちを最優先して方向性を決める。
3　訓練の様子を伝えるために、頻繁にJさんに施設に来てもらう。
4　家族が困っているので専門職主導で方向性を決める。
5　レスパイトケアを勧める。

解説 —— 正答 3 ⇒速習／障害 L9

1 × **地域福祉計画**は、社会福祉法により、**市町村および都道府県**が策定に努めるものと規定されている。

2 × **個別支援計画**は、障害福祉サービス事業所に配置されている**サービス管理責任者**が作成する。

3 ○ **サービス等利用計画**は、都道府県知事や市町村長の指定を受けた相談支援事業所などに配置されている**相談支援専門員**が作成する。

4 × **障害福祉計画**は、障害者総合支援法により、**市町村**および**都道府県**が策定するものと規定されている。

5 × **介護サービス計画**（ケアプラン）は、**介護支援専門員**（ケアマネジャー）が作成する。

解説 —— 正答 1 ⇒速習／障害 L10

1 ○ Ｊさんは、夫に障害が残っていることや、小学３年生の子どもがいることなどから、将来に不安を感じている。介護福祉職には、Ｊさんの気持ちに寄り添いながら、その不安を軽減できるよう、今の**課題を一緒に整理し考えていく**という家族支援が求められる。

2 × 介護福祉職としては、Ｈさん本人の気持ちを最優先して、支援の方向を考えなければならない。妻のＪさんの気持ちを最優先するというのは、適切ではない。

3 × Ｊさんは、まだ幼い子どもを抱えながら、家計を支えるためにパート勤務している。頻繁に施設に来てもらうのはＪさんにとって負担となるため、適切ではない。

4 × １のとおり、介護福祉職には、今の課題を家族と一緒に考えていくという支援が求められる。専門職主導で方向性を決めるというのは、適切ではない。

5 × **レスパイトケア**とは、障害者や高齢者の介護を担っている家族に対し、一時的な負担軽減や休息の機会を提供することをいう。Ｈさんは、障害者支援施設に入所しているため、レスパイトケアを勧めるのは、不適切である。

第34回◇問題97

Ｋさん（83歳、女性、要介護１）は、３年前にアルツハイマー型認知症（dementia of the Alzheimer's type）と診断された。一人暮らしで訪問介護（ホームヘルプサービス）を利用している。金銭管理は困難であり、長男が行っている。

最近、認知症（dementia）の症状がさらに進み、訪問介護員（ホームヘルパー）がＫさんの自宅を訪問すると、「通帳を長男の嫁が持っていってしまった」と繰り返し訴えるようになった。

考えられるＫさんの症状として、**適切なものを１つ**選びなさい。

1　もの盗られ妄想
2　心気妄想
3　貧困妄想
4　罪業妄想
5　嫉妬妄想

第34回◇問題98

Ｌさん（87歳、男性、要介護１）は、冷房が嫌いで、部屋にエアコンはない。ある夏の日の午後、訪問介護員（ホームヘルパー）が訪問すると、厚手の布団を掛けて眠っていた。布団を取ると大量の発汗があり、体温を測定すると38.5℃であった。朝から水分しか摂取していないという。前から不眠があり、この５日間便秘が続いていたが、食欲はあったとのことである。

次のうち、体温が上昇した原因として、**最も適切なものを１つ**選びなさい。

1　布団
2　発汗
3　空腹
4　不眠
5　便秘

解説

正答　1　⇒速習／認知 L4

1　○　**もの盗(と)られ妄想**とは、大事にしているものを誰かに盗られてしまったと思い込む妄想をいう。「通帳を長男の嫁が持っていってしまった」と繰り返し訴えるＫさんの症状は、これに該当する。

2　×　**心気(しんき)妄想**は、重い病気や不治の病にかかってしまったと思い込む妄想であり、鬱(うつ)病で特徴的にみられる。

3　×　**貧困妄想**は、自分はとても貧しいと思い込む妄想であり、鬱病で特徴的にみられる。

4　×　**罪業(ざいごう)妄想**は、自分は大変な過ちを犯してしまった、皆に迷惑をかけて取り返しがつかないと思い込む妄想であり、鬱病で特徴的にみられる。

5　×　**嫉妬(しっと)妄想**とは、配偶者や恋人が浮気をしているなどと思い込む妄想をいう。認知症などにみられる。

解説

正答　1

1　○　Ｌさんは、夏の日の午後、エアコンのない部屋で、厚手の布団を掛けて眠っていたというのだから、体温が上昇した原因は、その厚手の布団であると考えられる。

2　×　**発汗**すると、汗が蒸発して**体から熱を奪う**ため、体温上昇は抑えられる。

3　×　食事を摂ると、体内に吸収された栄養素が分解され、消化・代謝などに使われる熱を発生するため、食事をした後は、体温が上昇する。これを**食事誘発性熱産生**という。空腹ではこれが起こらない。

4　×　**不眠による寝不足**の場合、血行が悪くなり、体が冷えて基礎体温（生命維持のために必要最小限のエネルギーしか消費していない安静時における体温）が下がるといわれている。

5　×　**便秘**によって、37℃を少し超える程度の**発熱**がみられるといわれている。しかし、Ｌさんの体温は38.5℃なので、便秘以外の原因を考えるべきである。

／ ／ ／

第34回◇問題99 ★よく出る

老化に伴う視覚機能の変化に関する次の記述のうち、**正しいもの**を**1つ**選びなさい。

1　水晶体が茶色になる。
2　遠くのものが見えやすくなる。
3　明暗に順応する時間が長くなる。
4　ピントの調節が速くなる。
5　涙の量が増える。

／ ／ ／

第34回◇問題100 ★よく出る

言葉の発音が不明瞭になる原因として、**最も適切なもの**を**1つ**選びなさい。

1　唾液の分泌が増加すること
2　舌運動が活発化すること
3　口角が上がること
4　調整された義歯を使用すること
5　口唇が閉じにくくなること

解説　正答 3　⇒速習／発老 L4

1　×　高齢者に多くみられる白内障（はくないしょう）の場合、水晶体（すいしょうたい）は白濁する。

2　×　加齢に伴ってピントの調節機能が低下する。遠くのものが見えやすくなるわけではない。

3　○　加齢に伴い、明暗順応（明暗の変化への対応）に時間を要するようになる。

4　×　老眼（老視）になると、近くのものを見たとき、うまくピントを合わせられないために、手元が見えづらくなる。ピントの調節が速くなるというのは、不適切である。

5　×　加齢に伴い、分泌される涙の量は少なくなるとともに、蒸発しやすくなる。このため高齢者はドライアイになりやすい。

解説　正答 5

1　×　言葉を発音するときは、舌を動かし、口の形を変えることによって、発する音を変えていく。また、舌を動かすと、唾液の分泌が促される。このことから、唾液の分泌が増加するのは、舌が活発に動いている場合であり、言葉の発音は明瞭になる。

2　×　1のとおり、舌運動の活発化は、言葉の発音が明瞭になることにつながる。

3　×　口角が上がるのは、口の形を変える表情筋が発達しているためであることから、明瞭な発音につながる。

4　×　合っていなかったり、不慣れな義歯を使用している場合、言葉の発音が不明瞭になることがあるが、調整された義歯を使用すると明瞭になる。

5　○　口唇（こうしん）が閉じにくいと、言葉の発音は不明瞭になる。例えば、「ぱ、ぴ、ぷ、ぺ、ぽ」の発音は、口唇を閉じないと、「は、ひ、ふ、へ、ほ」になってしまう。

／　／　／

第34回◇問題101

骨に関する次の記述のうち、**正しいもの**を**1つ**選びなさい。

1　骨にはたんぱく質が含まれている。
2　骨のカルシウム（Ca）は老化に伴い増える。
3　骨は負荷がかかるほうが弱くなる。
4　骨は骨芽細胞によって壊される。
5　骨のカルシウム（Ca）はビタミンA（vitamin A）によって吸収が促進される。

／　／　／

第34回◇問題102

介護者が効率的かつ安全に介護を行うためのボディメカニクスの原則に関する次の記述のうち、**適切なもの**を**1つ**選びなさい。

1　支持基底面を広くする。
2　利用者の重心を遠ざける。
3　腰がねじれた姿勢をとる。
4　重心を高くする。
5　移動時の摩擦面を大きくする。

解説 ―――――――――――――――― 正答 1

1 ○ 骨は、カルシウムのほか、**たんぱく質**の一種である**コラーゲン**からできており、カルシウムなどのミネラルがコラーゲンに付着することによって骨に強度が与えられる。

2 × 老化に伴い、カルシウムの吸収量が減るため、身体全体の**骨量が減少**する。

3 × 骨は、**負荷がかかる**ほど骨をつくる細胞が活発になり、強くなるという性質がある。

4 × **骨芽細胞**（こつがさいぼう）は、骨を形成する細胞である。これに対し、骨を破壊するのは、**破骨細胞**（はこつさいぼう）である。破骨細胞による骨の破壊と骨芽細胞による骨の形成によって、骨の新陳代謝が繰り返される。

5 × **カルシウムの吸収**を促進するはたらきをするのは、**ビタミンD**である。ビタミンAは、視力の調節や、成長を促進するはたらきをする。

解説 ―――――――――――――――― 正答 1 ⇒速習 / こころL7

1 ○ 身体の重心線が**支持基底面**（しじきていめん）（身体を支える面積）の内側にあれば、身体は安定する。支持基底面を広くすると、支持基底面の内側に身体の重心線が入りやすくなるため、身体が安定しやすい。これに対し、重心線が支持基底面の外側に出てしまうと、身体のバランスがくずれて、ふらつくことになる。

2 × 介護者は利用者に近づいて、**互いの重心を近づける**ようにする。

3 × 身体はねじらず、**腰と肩を平行**に保つようにする。

4 × **重心を低く**することによって、身体を安定させることができる。

5 × 移動時は、利用者の身体を小さくまとめ、**摩擦面を小さく**することによって、摩擦による抵抗を少なくできる。

関連問題… 33-101

第34回◇問題103

次のうち、三大栄養素に該当する成分として、**正しいものを１つ**選びなさい。

1　水分
2　炭水化物
3　ビタミン（vitamin）
4　ナトリウム（Na）
5　カルシウム（Ca）

第34回◇問題104　★よく出る

コントロール不良の糖尿病（diabetes mellitus）で高血糖時にみられる症状として、**適切なものを１つ**選びなさい。

1　振戦
2　発汗
3　口渇
4　乏尿
5　動悸（どうき）

解説 ―――― 正答 2 ⇒速習 / こころ L10

1 × 三大栄養素とは、炭水化物、脂質、たんぱく質の3つをいう。なお、水分は、栄養素ではないが、栄養素の運搬や老廃物の排泄(はいせつ)その他の重要な役割をする。

2 ○ 1のとおり、炭水化物は三大栄養素のひとつである。

3 × ビタミンは、微量で体内の代謝を調節し、生理機能を正常に維持する有機化合物であり、油脂に溶けやすい脂溶性ビタミン（ビタミンA･D･E･K）と、水溶性ビタミン（ビタミンB群・Cなど）に分かれる。

4 × ナトリウムは、体液浸透圧の調節などのはたらきをする無機質（ミネラル）である。

5 × カルシウムは、骨や歯の形成、精神の安定などのはたらきをする無機質（ミネラル）である。

解説 ―――― 正答 3 ⇒速習 / 発老 L13

1 × 振戦(しんせん)（手足が震える）は、パーキンソン病の主な症状である。

2 × 糖尿病により、低血糖の状態になった場合の症状で、冷や汗、動悸(どうき)、手指の震え、顔面蒼白(そうはく)、頭痛、倦怠感(けんたいかん)などがみられる。糖尿病性神経障害では、自律神経の障害により、発汗障害がみられる場合があるが、この場合は、皮膚の一部分だけ汗が出なくなったり、逆に異常に汗をかいたりする。

3 ○ 糖尿病で高血糖の状態が続くと、口渇(こうかつ)、多飲、多尿、体重減少、易疲労感(いひろうかん)などの症状が現れる。

4 × 3のとおり、高血糖時には多尿がみられる。乏尿(ぼうにょう)というのは、不適切である。

5 × 2のとおり、低血糖の状態になった場合の症状で、動悸がみられる。

第34回◇問題105

Ｍさん（85歳、男性）は、通所介護（デイサービス）での入浴を楽しみにしていて、いつも時間をかけて湯につかっている。ある時、介護福祉職が、「そろそろあがりましょうか」と声をかけると、浴槽から急に立ち上がりふらついてしまった。

Ｍさんがふらついた原因として、**最も適切なもの**を**１つ**選びなさい。

1　体温の上昇
2　呼吸数の増加
3　心拍数の増加
4　動脈血酸素飽和度の低下
5　血圧の低下

第34回◇問題106

次のうち、ブリストル便性状スケールの普通便に該当するものとして、**最も適切なもの**を**１つ**選びなさい。

1　水様便
2　硬い便
3　泥状便
4　コロコロ便
5　やや軟らかい便

解説 ——— 正答 5

1 × 浴槽から急に立ち上がると、浴槽内でお湯から受けていた圧力（静水圧）がなくなるため、静脈還流量（静脈を通って心臓に戻る血液の量）が減少する。これによって、**血圧が低下**し、脳血流量の低下を招くことから、ふらつきが起こる。体温の上昇は、この場合のふらつきの原因ではない。

2 × **呼吸数**の増加は、この場合のふらつきの原因ではない。なお、胸腔（きょうくう）内への静脈還流が減少すると、呼吸数は増加する。

3 × **心拍数**の増加は、この場合のふらつきの原因ではない。なお、心拍数が減少すると、脳への血流量が減って意識を失うこと（失神）がある。

4 × **動脈血酸素飽和度**の低下は、この場合のふらつきの原因ではない。動脈血酸素飽和度とは、動脈血中の総ヘモグロビンのうち、酸素と結合したヘモグロビンが占める割合のことであり、これが低下すると、**十分な酸素を全身に送れていない**ことになる。

5 ○ 1のとおり、Mさんがふらついた原因として、適切である。

解説 ——— 正答 5

1 × **水様便**は、軟らかすぎて、**下痢**（げり）と判断される。

2 × **硬い便**は、腸内の停滞時間が長く、**便秘**と判断される。

3 × **泥状便**（でいじょう）は、水様便と同様、軟らかすぎて、**下痢**と判断される。

4 × **コロコロ便**は、硬い便と同様、腸内の停滞時間が長く、**便秘**と判断される。

5 ○ **やや軟らかい便**は、**普通便**とされている。

／ ／ ／

第34回◇問題107

Aさん（65歳、女性）は、最近、熟睡できないと訴えている。Aさんの日常生活は、毎日6時に起床し、午前中は家事を行い、14時から20分の昼寝をし、16時から30分の散歩をしている。食事は朝食7時、昼食12時、夕食18時にとり、朝食のときはコーヒーを1杯飲む。21時に好きな音楽を聞きながら、夜食を満腹になる程度に食べ、21時30分に就寝している。

Aさんの訴えに対して、日常生活で改善する必要があるものとして、**最も適切なもの**を**1つ**選びなさい。

1　朝食のコーヒー
2　昼寝
3　散歩
4　音楽を聞くこと
5　就寝前の夜食

／ ／ ／

第34回◇問題108

Bさん（76歳、女性）は、病気はなく散歩が日課である。肺がん（lung cancer）の夫を長年介護し、数か月前に自宅で看取った。その体験から、死期の迫った段階では延命を目的とした治療は受けずに、自然な最期を迎えたいと願っている。

Bさんが希望する死を表す用語として、**最も適切なもの**を**1つ**選びなさい。

1　脳死
2　突然死
3　尊厳死
4　積極的安楽死
5　心臓死

解説　　正答 5　⇒速習／生活 L16

1　×　７時の朝食のときにコーヒー１杯を飲むことは、夜間の睡眠には影響しない。

2　×　14時から**20分程度の昼寝**をしても、夜間の睡眠にはほとんど影響しない。

3　×　16時からの30分の散歩は、**適度な疲労を感じる程度の運動**であり、むしろ夜間の安眠につながるものといえる。

4　×　就寝30分前の21時に、興奮をもたらすような音楽を聴くことは、安眠の妨げとなる可能性もあるが、精神的に落ち着くような音楽であれば、特に問題ないといえる。

5　○　夜間ぐっすりと眠るためには、就寝の２～３時間前までには食事を済ませ、就寝前の満腹状態を避けなければならない。Ａさんは、18時に夕食をとり、さらに就寝30分前の21時に、満腹になる程度に夜食を食べている。Ａさんにとって改善する必要があるのは、この**就寝前の夜食**である。

解説　　正答 3　⇒速習／こころ L14

1　×　**脳死**とは、脳幹（のうかん）を含む脳全体の機能が不可逆的に停止するに至ることをいう。

2　×　**突然死**とは、瞬間的な死亡、または原因となる病気を発症してから24時間以内に死亡することをいう。

3　○　**尊厳死**とは、回復の見込みのない終末期（ターミナル期）にある人が**延命のためだけの医療を拒み**、人としての尊厳を保ちながら自然な死を迎えることをいう。Ｂさんが希望する死を表す用語として、最も適切である。

4　×　**積極的安楽死**とは、苦痛から免れさせるために、意図的かつ積極的に死を招く措置がとられたことによって死亡することをいう。

5　×　**心臓死**とは、心臓の不可逆的な機能停止によってもたらされる死をいう。

／ ／ ／

第34回◇問題109

社会福祉士及び介護福祉士法で規定されている介護福祉士が実施できる経管栄養の行為として、**正しいもの**を**1つ**選びなさい。

1　栄養剤の種類の変更
2　栄養剤の注入速度の決定
3　経鼻経管栄養チューブの胃内への留置
4　栄養剤の注入
5　胃ろうカテーテルの定期交換

／ ／ ／

第34回◇問題110　★よく出る

気管カニューレ内部の喀痰吸引（かくたんきゅういん）で、指示された吸引時間よりも長くなった場合、吸引後に注意すべき項目として、**最も適切なもの**を**1つ**選びなさい。

1　体温
2　血糖値
3　動脈血酸素飽和度
4　痰（たん）の色
5　唾液の量

解説　正答　4　⇒速習／医療L3

1　×　社会福祉士及び介護福祉士法では、経管栄養を**医行為**としたまま、**医師の指示**の下に介護福祉士等に行わせることとしている。栄養剤の**種類**や**量**、**注入方法**等については医師が決定し、介護福祉士等は、医師の介護職員等喀痰吸引等**指示書**に従って栄養剤を**注入**する。栄養剤の種類の変更は、医師が行うことであり、介護福祉士が実施できる行為ではない。

2　×　１で述べたとおり、栄養剤の注入方法（**注入速度**、注入時間など）については、医師が決定する。

3　×　経鼻経管栄養チューブの胃内への留置は、医師または看護職員（保健師、助産師、看護師、准看護師）が行う。

4　○　**栄養剤の注入**は、介護福祉士が実施できる行為である。

5　×　胃瘻カテーテルの定期交換は、医師または看護職員（保健師、助産師、看護師、准看護師）が行う。

解説　正答　3　⇒速習／医療L2

1　×　喀痰吸引の際は、気管カニューレと人工呼吸器回路をつなぐコネクターを外しているので、酸素が入ってこない。このため、吸引時間が長くなりすぎると、利用者の体内の酸素量をさらに低下させてしまうので、利用者の顔色や**動脈血酸素飽和度の低下**がないかを確認する必要がある。体温は、注意すべき項目として適切ではない。

2　×　１と同様、血糖値は、注意すべき項目として適切ではない。

3　○　１のとおり、**動脈血酸素飽和度**は、吸引後に注意すべき項目として適切である。

4　×　吸引中に気管の粘膜を傷つけた場合には、**痰の色**から出血が疑われることがあるが、本問の場合、吸引後に注意すべき項目として最も適切とはいえない。

5　×　気管カニューレ内部の喀痰吸引の場合は、気管カニューレの構造上、吸引時間が長くなっても、**唾液の量**が減少することはない。

第34回◇問題111 ★よく出る

呼吸器官の換気とガス交換に関する次の記述のうち、**最も適切なものを1つ**選びなさい。

1　換気とは、体外から二酸化炭素を取り込み、体外に酸素を排出する働きをいう。
2　呼吸運動は、主として大胸筋によって行われる。
3　1回に吸い込める空気の量は、年齢とともに増加する。
4　ガス交換は、肺胞内の空気と血液の間で行われる。
5　筋萎縮性側索硬化症（amyotrophic lateral sclerosis：ALS）では、主にガス交換の働きが低下する。

第34回◇問題112 ★よく出る

経管栄養で用いる半固形タイプの栄養剤の特徴に関する次の記述のうち、**最も適切なものを1つ**選びなさい。

1　経鼻経管栄養法に適している。
2　液状タイプと同じ粘稠度（ねんちゅうど）である。
3　食道への逆流を改善することが期待できる。
4　仰臥位（ぎょうがい）（背臥位（はいがい））で注入する。
5　注入時間は、液状タイプより長い。

解説　正答　4　⇒速習／こころL5

1　×　換気とは、体外から**酸素**を取り込み、体外に**二酸化炭素**を排出するはたらきをいう。

2　×　呼吸運動は、主として**横隔膜**（おうかくまく）によって行われる。

3　×　1回の呼吸で入れ換わる空気の量（**1回換気量**）は、若年者と高齢者の間でほとんど差がないといわれている。1回に吸い込める空気の量が年齢とともに増加するというのは、適切ではない。

4　○　**ガス交換**とは、酸素と二酸化炭素を交換することをいう。肺胞（はいほう）に送られてきた血液は二酸化炭素を多く含む静脈血であるが、肺胞膜を通してその二酸化炭素を放出するとともに、肺胞内の空気から酸素を取り入れて、酸素を多く含んだ動脈血となる。

5　×　**筋萎縮性側索硬化症**（きんいしゅくせいそくさくこうかしょう）（ALS）の場合は、横隔膜などの呼吸に必要な筋肉を動かすことが十分にできず、呼吸運動が低下することによって換気がしにくくなる。これに対し、ガス交換のはたらきが低下するのは、**慢性閉塞性肺疾患**（まんせいへいそくせいはいしっかん）（COPD）により肺胞が壊れてしまった場合や、**心不全**により肺うっ血症状が出た場合などである。

解説　正答　3　⇒速習／医療L3

1　×　胃瘻（いろう）経管栄養や腸瘻（ちょうろう）経管栄養のチューブと比べると、**経鼻経管栄養のチューブは細い**ため、栄養剤が詰まりやすい。半固形タイプの栄養剤は、経鼻経管栄養に適しているとはいえない。

2　×　液状タイプの栄養剤は、さらさらとした液体である。半固形タイプの栄養剤は、これよりも**粘稠度**（ねんちゅうど）（ねばりけ）が高い。

3　○　半固形タイプの栄養剤は、粘稠度が高いため、胃から食道への**逆流が起こりにくい**。

4　×　経管栄養を実施する場合は、逆流が起こらないように、**半座位**（はんざい）の姿勢で栄養剤を注入する。半固形タイプの栄養剤であっても、仰臥位（ぎょうがい）（背臥位（はいがい））は不適切である。

5　×　液状タイプの栄養剤は、注入に時間がかかる。これに対して、半固形タイプの栄養剤は、**注入時間が短い**。

第34回（午後）　医療的ケア

第34回◇問題113 ★よく出る

経管栄養で、栄養剤の注入後に白湯を経管栄養チューブに注入する理由として、**最も適切なもの**を**1つ**選びなさい。

1　チューブ内を消毒する。
2　チューブ内の栄養剤を洗い流す。
3　水分を補給する。
4　胃内を温める。
5　栄養剤の濃度を調節する。

解 説 ―――― 正答 2 ⇒速習 / 医療 L3

1 × 経管栄養チューブ内に栄養剤が残っていると、**チューブの閉塞**(へいそく)や、**雑菌による汚染**を引き起こす原因となる。このため、白湯(さゆ)を注入して、チューブ内の栄養剤を洗い流すことが必要となる。白湯で消毒をするわけではない。

2 ○ 1のとおり、白湯を注入する理由は、**栄養剤を洗い流す**ためである。

3 × 水分を補給するためではない。

4 × 胃内を温めるためではない。

5 × 栄養剤の濃度を調節するためではない。

◆総合問題１◆

次の事例を読んで、**問題114から問題116まで**について答えなさい。

〔事　例〕

Ｃさん（83歳、女性）は、一人暮らしで、近所に買い物に行く以外はテレビを見て過ごしている。近県に息子がいるが、仕事が忙しく、会いに来ることはあまりなかった。

ある日、息子が久しぶりに訪問すると、部屋の中がごみや衣類などで散らかっていた。病院を受診するとＣさんはアルツハイマー型認知症（dementia of the Alzheimer's type）と診断され、要介護１と認定された。

Ｃさんは、時々、電気湯沸しポットの使い方がわからなくなって湯が出せなかったり、お茶を入れる順番がわからずに混乱する様子が見られた。

心配した息子は、介護保険サービスを利用することにした。後日、介護支援専門員（ケアマネジャー）が訪問し、介護保険サービスの利用についてＣさんや息子と話し合った。週２回、訪問介護（ホームヘルプサービス）を利用することになり、介護支援専門員（ケアマネジャー）は、「自宅で、衛生的な生活ができる」をケアプランの長期目標とした。

事例の解き方のポイント

◎介護保険制度上、訪問介護で行える生活援助に含まれない行為

①商品の販売や農作業など生業の援助的な行為
②「直接本人の援助」に該当しない行為 主として家族の利便に供する行為または家族が行うことが適当であると判断される行為 ○ 利用者以外のものに係る洗濯、調理、買物、布団干し ○ 主に利用者が使用する居室等以外の掃除 ○ 来客の応接（お茶、食事の手配等） ○ 自家用車の洗車・清掃　　など
③「日常生活の援助」に該当しない行為 訪問介護員が行わなくても日常生活を営むのに支障が生じないと判断される行為 ○ 草むしり ○ 花木の水やり ○ 犬の散歩等ペットの世話　　など 日常的に行われる家事の範囲を超える行為 ○ 家具・電気器具等の移動、修繕、模様替え ○ 大掃除、窓のガラス磨き、床のワックスがけ ○ 室内外家屋の修理、ペンキ塗り ○ 植木の剪定等の園芸 ○ 正月、節句等のために特別な手間をかけて行う調理　　など

第34回◇問題114

Ｃさんを担当する訪問介護員（ホームヘルパー）は、サービス提供責任者と共に訪問介護計画書を作成することになった。

次の記述の中で、短期目標として、**最も適切なもの**を**１つ**選びなさい。

1　掃除機を利用して、１人で掃除をすることができるようになる。

2　電気湯沸しポットを使い、１人でお茶を入れることができるようになる。

3　Ｃさんの残存機能に着目して支援する。

4　週２回、息子にＣさんの自宅を訪問してもらう。

5　訪問介護員（ホームヘルパー）と一緒に掃除をすることができるようになる。

第34回◇問題115

Ｃさんは、たびたび息子に電気湯沸しポットが壊れていると訴えるようになった。

Ｃさんのこのような状態に該当するものとして、**適切なもの**を**１つ**選びなさい。

1　空間認知障害

2　視覚認知障害

3　遂行機能障害

4　失認

5　観念運動失行

解説 ――― 正答 5

1 × Ｃさんは、電気湯沸かしポットの使い方やお茶を入れる順番がわからなくなっていることから、アルツハイマー型認知症の症状である**遂行機能障害**が疑われる。掃除機を利用して１人で掃除をすることは、Ｃさんにとっては困難である。

2 × １人でお茶を入れられることは、ケアプランの「自宅で、衛生的な生活ができる」という**長期目標に沿った内容**とはいえず、短期目標として適切ではない。

3 × 目標は、**具体的**に設定する必要がある。「残存能力に着目して支援する」というのは、介護職の姿勢としてはともかく、短期目標としては**抽象的**であり、適切ではない。

4 × 仕事が忙しく、会いに来ることがあまりなかった息子に、週２回の自宅訪問は困難である。課題の解決に向けた**達成可能な目標**とはいえず、適切ではない。

5 ○ 訪問介護員（ホームヘルパー）と一緒に掃除をすることができるようになるというのは、現在のＣさんの状態に合った達成可能な目標であり、短期目標として適切である。

解説 ――― 正答 3

1 × **空間認知障害**とは、三次元空間の中で、自分の身体や周囲の物の位置を正確にとらえることができなくなることをいう。

2 × **視覚認知障害**とは、実際に存在するものを別のものに見間違えたり、実際には存在しないものが見えたりすることをいう。

3 ○ Ｃさんの状態は、**遂行機能障害**に該当すると考えるのが最も適切である。遂行機能障害では、生活していくうえで物事を段取りよく進めるための一連の作業が難しくなる。

4 × **失認**とは、感覚機能は損なわれていないにもかかわらず、視覚や聴覚などから得られる情報を正しく認識できない状態をいう。

5 × **観念運動失行**とは、例えば歯磨きなど、習慣的な動作を自発的にすることはできるのに、「歯を磨くまねをしてください」などと指示されるとできなくなる状態をいう。

第34回◇問題116

Ｃさんの家に訪問介護員（ホームヘルパー）が通い始めて数か月が経過した頃、Ｃさんの息子から訪問介護員（ホームヘルパー）に以下の希望が挙げられた。

介護保険で対応可能な支援として、**適切なもの**を**1つ**選びなさい。

1　Ｃさんと息子が出かけている間に洗濯物を取り込む。
2　Ｃさんの処方薬を薬局で受け取る。
3　地域のお祭りにＣさんと一緒に行く。
4　Ｃさんの部屋の壁紙を張り替える。
5　訪ねて来た親戚にお茶を入れる。

解 説 ―― 正答 2

1 × 訪問介護では、日常生活上の世話のうち、調理、洗濯、掃除等の家事（生活援助）については、本人または家族が自ら行うことが困難な場合に利用することとされている。Ｃさんと息子が出かけている間に洗濯物を取り込むことは、これに該当しない。

2 ○ 処方薬を薬局で受け取ることは、対応可能とされている。

3 × 地域のお祭りに一緒に行くことは、日常生活の援助に該当しない行為であるため、生活援助に含まれない。

4 × 部屋の壁紙を張り替えることも、３と同様、生活援助に含まれない。

5 × 訪ねて来た親戚（しんせき）にお茶を入れることは、直接本人の援助に該当しない行為であるため、生活援助に含まれない。

◆総合問題２◆

次の事例を読んで、**問題117から問題119まで**について答えなさい。

〔事　例〕

Ｄさん（70歳、男性）は、19歳のときに統合失調症（schizophrenia）を発症し、入退院を繰り返しながら両親と一緒に生活してきた。両親が亡くなったことをきっかけとして不安に襲われ、妄想や幻聴の症状が強く現れるようになった。そのため、兄に付き添われて精神科病院を受診し、医療保護入院となった。

現在は、入院から３年が経過し、陽性症状はほとんどなく、病棟で日中はレクリエーションに参加するなど落ち着いて生活している。

事例の解き方のポイント

◎介護保険制度における「介護保険施設」と「特定施設」

(1) 介護保険施設 ⇒ それぞれにおいて施設サービスが提供される

指定介護老人福祉施設	身体上または精神上著しい障害があるため、常時介護を必要としている者で、居宅で介護を受けることが困難な要介護者（原則として要介護３以上）を対象とする。老人福祉法上の老人福祉施設である「特別養護老人ホーム」のうち一定のものが指定される　⇒介護福祉施設サービスを提供
介護老人保健施設	病状が安定し入院治療の必要はないものの、リハビリテーションや看護、介護を必要とする要介護者を対象とする ⇒ 介護保健施設サービスを提供
介護医療院	日常的な医学管理や看取り・ターミナルなどの医療機能と、生活施設としての機能を兼ね備えた介護保険施設。主として長期にわたり療養が必要である要介護者を対象とする ⇒ 介護医療院サービスを提供

＊指定介護医療型医療施設は2024年3月末で完全廃止予定（以後は介護医療院などが受け皿となる）

(2) 特定施設 ⇒ 居宅サービスである特定施設入居者生活介護が提供される（介護付のものが対象）

養護老人ホーム	環境上および経済的理由により、自宅で養護を受けることが困難な高齢者を措置によって入所させる施設。老人福祉法上の老人福祉施設のひとつ
軽費老人ホーム（ケアハウス）	低額な料金で高齢者（原則として60歳以上）を入所させ、日常生活上必要な便宜を供与する施設。老人福祉法上の老人福祉施設のひとつ
有料老人ホーム	高齢者を入所させ、介護等の供与を行う。入所費用は全額利用者負担。自立度や経済的状況の異なる高齢者が利用できるよう、さまざまな形態がある。老人福祉法で定められているが、老人福祉施設には含まれていない

◎生活保護制度における「保護施設」のうち入所を目的とした施設

救護施設	身体上または精神上著しい障害があるために日常生活を営むことが困難な要保護者を入所させ、生活扶助を行う施設
更生施設	身体上または精神上の理由で養護および生活指導を必要とする要保護者を入所させ、生活扶助を行う施設

＊「生活扶助」：衣食など日常生活に必要な扶助

関連問題…32-120

第34回◇問題117

Dさんが3年前に入院した医療保護入院の制度に関する次の記述のうち、**正しいものを1つ**選びなさい。

1　Dさんの同意による入院
2　精神保健指定医2名以上の診察の結果が、入院させなければ自傷他害の恐れがあると一致した場合の入院
3　精神保健指定医1名が診察し、入院させなければ自傷他害の恐れがあると判断した場合、72時間以内に制限した入院
4　精神保健指定医1名が診察し、Dさんの同意が得られず、家族等1名の同意がある入院
5　精神保健指定医1名が診察し、Dさんの同意が得られず、さらに家族等の同意が得られないため72時間以内に制限した入院

第34回◇問題118

1年前からDさんの退院について検討が行われてきた。Dさんは退院後の生活に対する不安があり、「帰る家がない」、「顔見知りの患者や職員がいるのでここを離れたくない」と退院には消極的であった。しかし、Dさんと仲のよい患者が、退院し施設入所したことをきっかけに退院を考えるようになった。

Dさんは、整容、入浴、排泄（はいせつ）、食事、移動は見守りがあればできる。また、介護福祉職の助言を受ければ、日用品などを買うことはできる。経済状況は、障害基礎年金2級と生活保護を受給している。要介護認定を受けたところ、要介護1と認定された。

Dさんの退院先の候補になる施設として、**最も適切なものを1つ**選びなさい。

1　養護老人ホーム
2　老人福祉センター
3　更生施設
4　地域生活定着支援センター
5　介護老人福祉施設

解説 ―――――――――――― 正答 4

1 × 精神保健福祉法では、**精神科病院への入院形態**として、①任意入院、②措置入院、③緊急措置入院、④医療保護入院、⑤応急入院の5種類を規定している。**本人の同意**に基づいて入院する場合は、**任意入院**に該当する。

2 × **2名以上**の指定医の診察結果により、**自傷他害**（自身を傷つけ、または他人に危害を及ぼすこと）の恐れありと判断された場合に入院させるのは、**措置入院**である。

3 × 急速を要し、指定医**1名**の診察結果により、**自傷他害**の恐れありと判断された場合、入院期間を**72時間以内**に制限して入院させるのは、**緊急措置入院**である。

4 ○ 本人の同意が得られず、指定医**1名**の診察結果により、**家族等の同意**に基づいて入院させる場合を、**医療保護入院**という。

5 × 急速を要し、指定医**1名**の診察結果により、入院期間を**72時間以内**に制限して入院させるのは、**応急入院**である。

解説 ―――――――――――― 正答 1

1 ○ **養護老人ホーム**は、環境上および経済的理由により、自宅で養護を受けることが困難な高齢者（原則として65歳以上）を、**措置**によって入所させる施設である。Dさんの現在の経済状況などから、退院先の候補として最も適切な施設といえる。

2 × **老人福祉センター**は、無料または低額な料金で、老人に関する相談に応じたり、健康の増進や教養の向上、レクリエーションのための便宜を提供する施設である。

3 × **更生施設**は、生活保護法に基づく**保護施設**であり、困窮のため最低限度の生活を維持できない者に対して、衣食など日常生活に必要なものを扶助すること（生活扶助）を目的とした入所施設である。

4 × **地域生活定着支援センター**は、刑務所等の矯正施設を退所した障害者や高齢者を支援するための施設である。

5 × **介護老人福祉施設**は、身体上・精神上の著しい障害のために**常時介護**を必要とする者であって、居宅で介護を受けることが困難な要介護者（要介護3以上が原則）を対象とした入所施設である。

第34回◇問題119

Dさんは施設への入所が決まり、うれしそうに退院の準備をするようになった。ある夜、1人で荷物の整理をしていたときに転んでしまい、顔を強打して大きなあざができた。後遺症はないことがわかったが、Dさんは自信をなくし、介護福祉職に、「これでは施設も自分を受け入れてくれないだろう」と言い、「施設入所がうれしくて早く準備がしたかった」と話した。

そばに寄り添い、Dさんの話を聴き終えた介護福祉職が、「施設入所がうれしくて、早く準備をしたかったのですね」と言うと、Dさんは、「退院を諦めていたけど、自分にも暮らせる場所があると思った」とやりたいことや夢を語り出した。

介護福祉職が行ったコミュニケーション技術として、**最も適切なものを1つ**選びなさい。

1　あいづち
2　言い換え
3　要約
4　繰り返し
5　閉じられた質問

解説 ——— 正答 4

1　×　**あいづち**とは、相手の話にうなずいたり、短い言葉をはさんだりして、調子を合わせることをいう。

2　×　介護福祉職は、Dさんの「施設入所がうれしくて早く準備がしたかった」という発言を、ほぼそのまま繰り返しており、言い換えてはいない。

3　×　**要約**とは、話の要点を短くまとめることをいう。

4　○　2のとおり、介護福祉職は、Dさんの発言の**繰り返し**を行っている。これは、意識的に相手と波長を合わせるための技法であり、相手が伝えようとしていることを**傾聴**（けいちょう）する際のポイントのひとつである。

5　×　**閉じられた質問**とは、「はい」「いいえ」といった短い言葉で相手が答えられるようにした質問方法をいう。

◆総合問題３◆

次の事例を読んで、**問題120から問題122まで**について答えなさい。

〔事　例〕

Ｅさん（35歳、男性）は、１年前に筋萎縮性側索硬化症（amyotrophic lateral sclerosis：ALS）と診断された。当初の症状としては、ろれつが回らず、食べ物の飲み込みが悪くなり、体重の減少がみられた。

その後、Ｅさんの症状は進行し、同居している両親から介護を受けて生活をしていたが、両親の介護負担が大きくなったため、障害福祉サービスを利用することになった。障害支援区分の認定を受けたところ、障害支援区分３になった。Ｅさんは訪問介護員（ホームヘルパー）から食事や入浴の介護を受けて自宅で生活をしている。

事例の解き方のポイント

障害者総合支援法の自立支援給付は、障害福祉サービス（介護給付、訓練等給付）のほか、自立支援医療、相談支援、補装具などがあります。障害福祉サービスのうち、介護給付としては、次の9種類のサービスが定められています。

■介護給付で利用できる障害福祉サービス

居宅介護	障害者等（障害者・障害児）に対し、居宅において介護や家事などの援助を行う
重度訪問介護	重度の肢体不自由者その他の障害者であって常時介護を要するものに対し、居宅等における介護や家事などの援助のほか、外出時における移動中の介護を行う
同行援護	視覚障害により移動に著しい困難を有する障害者等に対し、外出時において、必要な情報の提供や移動の援護などの便宜を供与する
行動援護	常時介護を必要とする知的障害または精神障害の障害者等を対象として、行動の際に生じ得る危険を回避するための援護などを行う
療養介護	医療と常時介護を必要とする障害者に対し、主に昼間、病院等において機能訓練、療養上の管理、看護、医学的管理下での介護および日常生活上の世話を行う
生活介護	常時介護を必要とする障害者に対し、主に昼間、障害者支援施設などで介護を行うほか、創作的活動・生産活動の機会などを提供する
短期入所	家族介護者が病気などで在宅介護できなくなった場合に、障害者等を障害者支援施設や児童福祉施設などに短期間入所させる
重度障害者等包括支援	常時介護が必要で、その必要の程度が著しく高い障害者等に対し、訪問系サービスその他の障害福祉サービスを包括的に提供する
施設入所支援	施設入所者に対し、主に夜間において、介護など必要な日常生活上の支援を行う

訓練等給付には、自立訓練、就労移行支援、就労継続支援、就労定着支援、自立生活援助および共同生活援助（グループホーム）の6種類のサービスが定められています。

第34回◇問題120

Ｅさんが病院を受診するきっかけになった症状に該当するものとして、**最も適切なものを１つ**選びなさい。

1　対麻痺（ついまひ）
2　単麻痺（たんまひ）
3　球麻痺（きゅうまひ）
4　安静時振戦
5　間欠性跛行（かんけつせいはこう）

第34回◇問題121

ある日、Ｅさんの自宅を訪問した訪問介護員（ホームヘルパー）は、Ｅさんの両親から、「これまでＥは話をするのが難しく、筆談で意思を聞いてきたが、ペンを持つのが難しくなってきた」と聞いた。確かにＥさんは、発話や字を書くことは困難な様子だが、目はよく動いている。

次のうち、今後、Ｅさんが家族とコミュニケーションをとるときに使うことのできる道具として、**最も適切なものを１つ**選びなさい。

1　ホワイトボード
2　絵や写真
3　透明文字盤
4　拡声器
5　補聴器

解説 ―――――――――――――――― 正答 3

1 × **対麻痺**は、両下肢の麻痺であり、両足を自分の意思で動かすことができなくなる。

2 × **単麻痺**とは、四肢のうち一肢の麻痺をいい、麻痺した片手または片足を自分の意思で動かせなくなる。

3 ○ **球麻痺**とは、口・舌・喉の運動障害によって起こる麻痺であり、構音障害（ろれつが回らない）、嚥下障害（食べ物の飲み込みが悪くなる）のほか、呼吸や循環の障害などが現れる。Ｅさんの当初の症状としてみられたものである。

4 × **安静時振戦**では、自分の意思と関係なく手足が細かく震える。パーキンソン病の主な症状のひとつである。

5 × **間欠性跛行**とは、少し歩くと足が痛くなったりしびれたりして歩けなくなるが、休憩すれば再び歩けるようになる状態をいう。脊柱管狭窄症などでみられる症状である。

解説 ―――――――――――――――― 正答 3

1 × 家族がホワイトボードに文字を書くなどして意思疎通を図ることは可能ではあるが、Ｅさんの意思を聞くためのコミュニケーション手段として、最も適切とはいえない。

2 × 絵や写真を使って意思疎通を図ることは可能ではあるが、Ｅさんの意思を聞くためのコミュニケーション手段として、適切とはいえない。

3 ○ **透明文字盤**は、透明な板に**五十音表**を記入しておいて、利用者と家族などがその文字盤を挟んで向かい合い、利用者が１文字ずつ視線で伝えていくメッセージを家族などが読みとるものである。Ｅさんは、発話や字を書くことは困難となっているが、目はよく動いているため、家族とのコミュニケーション手段として、最も適切といえる。

4 × 発話が困難なＥさんにとって、拡声器の使用は意味がない。

5 × 筋萎縮性側索硬化症（ALS）では、視力、**聴力**といった感覚は保たれるので、Ｅさんにとって、補聴器の使用は意味がない。

第34回◇問題122

３年後、Ｅさんの症状はさらに進行し、障害支援区分６になった。Ｅさんはこれまでどおり、自宅での生活を希望し、Ｅさんの両親は障害福祉サービスを利用しながら最期まで自宅でＥさんの介護を行うことを希望している。

Ｅさんと両親の希望の実現に向けて、現在の状態からＥさんが利用するサービスとして、**最も適切なもの**を**１つ**選びなさい。

1　育成医療
2　就労定着支援
3　共同生活援助（グループホーム）
4　行動援護
5　重度訪問介護

解説　　　　　　　　　　　　　　　　　　　正答　5

1　×　育成医療は、障害者総合支援法が定める自立支援医療のうち、障害児を対象とするものである。

2　×　就労定着支援は、就労に向けた支援を受けて通常の事業所に新たに雇用された障害者を対象として、就労の定着を図るための便宜を供与するものである。

3　×　共同生活援助（グループホーム）とは、共同生活住居に入居している障害者を対象として、日常生活上の援助を行うものである。

4　×　行動援護は、常時介護を必要とする知的障害または精神障害のある者（児）を対象として、行動の際に生じ得る危険を回避するための援護などを行うものである。

5　○　重度訪問介護は、常時介護を必要とする重度の肢体不自由者その他の障害者を対象として介護などを提供するものなので、Ｅさんが利用するサービスとして最も適切である。

◆総合問題４◆

次の事例を読んで、**問題123から問題125まで**について答えなさい。

〔事　例〕

Ｆさん（50歳、女性、障害支援区分５）は、アテトーゼ型（athetosis）の脳性麻痺（cerebral palsy）による四肢・体幹機能障害がある。居宅介護を利用し、入浴の支援を受けながら母親（79歳）と暮らしていた。Ｆさんは障害基礎年金１級を受給していて、Ｆさん名義の貯蓄がある。金銭管理は母親が行っていた。

Ｆさんは、３年前に誤嚥性肺炎（aspiration pneumonia）で入院したことがある。言語障害があり、慣れた人でないと言葉が聞き取りにくい。自宅では車いすに乗り、足で床を蹴って移動し、屋外は母親が車いすを押していた。Ｆさんは自宅内の移動以外の日常生活については、母親から全面的に介護を受けて生活していた。

最近、日中活動の場と短期入所（ショートステイ）の利用について、市の障害福祉課に相談するようになった。

ところが、母親が持病の心疾患（heart disease）で亡くなり、市の障害福祉課がＦさんと当面の生活について検討することになった。

Ｆさんは１人で生活することは難しいと思い、施設入所を希望している。

事例の解き方のポイント

◎日常生活自立支援事業

⑴対象者　：認知症、知的障害、精神障害などのために判断能力が不十分な人

＊ただし、本事業のサービスは利用者本人との契約によって提供されるため、契約内容を理解する程度の能力は必要

⑵実施主体：都道府県・指定都市社会福祉協議会

（委託を受けた市町村社会福祉協議会が窓口業務を行っている）

⑶提供されるサービス

①福祉サービスの利用援助

・利用に関する相談や情報の提供

・苦情解決制度の利用援助

・利用料の支払い手続き等

②日常的金銭管理サービス

・預金の預け入れ、払い戻し、解約の手続き

・公共料金の支払いなど、利用者の日常生活費の管理

③書類等の預かりサービス

・預貯金通帳や権利証等の預かり

☐ ☐ ☐

第34回◇問題123

Ｆさんの脳性麻痺（cerebral palsy）の特徴に関する次の記述のうち、**最も適切なもの**を**１つ**選びなさい。

1　強い筋緊張から、四肢の突っ張りが強い。
2　不随意運動が生じて、運動コントロールが困難になる。
3　文字の読みの不正確さがあり、読んだ内容を理解しにくい。
4　動作は緩慢で、表情が乏しくなる。
5　着衣失行が生じる。

☐ ☐ ☐

第34回◇問題124

Ｆさんは、障害者支援施設に入所できることになり、アセスメント（assessment）が行われた。

相談支援専門員は、Ｆさんの希望をもとに、これまでの生活状況と身体の様子等から、もう少し本人にできることがあるのではないかと考え、「障害者支援施設で施設入所支援と生活介護を利用しながら、将来の生活を考える」という方針を立てた。また、長期目標を、「自分に適した介護を受けながら、様々な生活経験を積む」とした。

Ｆさんの短期目標として、**最も適切なもの**を**１つ**選びなさい。

1　入浴時に自分でからだを洗えるようになる。
2　毎日字を書く練習を行い、筆談で会話ができるようになる。
3　施設内は、車いす介助を受けながら安全に移動する。
4　経管栄養で食事がとれるようになる。
5　日中活動として外出や興味のあるグループ活動に参加する。

解説　正答　2

1　×　脳性麻痺には、痙直型、アテトーゼ型、失調型、固縮型、混合型といったタイプがある。強い筋緊張から、四肢の突っ張りが強いのは、**痙直型**の特徴である。

2　○　Ｆさんは、**アテトーゼ型**の脳性麻痺である。このタイプでは、自分の意思と関係なく身体のある部分が動いてしまう**不随意運動**が生じ、運動コントロールが困難になる。

3　×　文字の読みが不正確、読んだ内容を理解しにくいのは、学習障害にみられる特徴である。

4　×　動作が緩慢で、表情が乏しくなるというのは、**パーキンソン病**の四大症状のひとつである「寡動・無表情」の症状である。

5　×　衣服を正しく着られない**着衣失行**は、**認知症**や**高次脳機能障害**などでみられる症状である。

解説　正答　5

1　×　Ｆさんは、施設入所前には居宅介護を利用して、入浴の支援を受けていたが、入所後も**施設入所支援**を利用することになっている。長期目標では、「自分に適した介護を受けながら」とされているので、今後も入浴については支援を受けつつ、それよりも他のさまざまな生活経験を積むことを短期目標にすべきであると思われる。

2　×　アテトーゼ型脳性麻痺であるＦさんにとって、筆談で会話ができるほどの字を書くことは困難といえる。短期目標は、短期間に**達成可能**なものでなければ意味がない。

3　×　車いす介助を受けながら安全に移動することは、Ｆさんがこれまでにも行ってきたことなので、さまざまな生活経験を積むという長期目標に沿った短記目標とはいえない。

4　×　誤嚥性肺炎で入院したことはあるが、経管栄養が必要な状態かどうかは、事例からは判断できず、適切ではない。

5　○　**生活介護**においては、介護のほかに、主に昼間、**創作的活動・生産活動**の機会などが提供される。日中活動として外出や興味のあるグループ活動に参加することは、Ｆさんの短期目標として最も適切である。

／　／　／

第34回◇問題125

入所してから３か月が経ち、支援の見直しが行われた。

Ｆさんは施設生活にも慣れ、相談できる人も増えている。また、「自分でお小遣いを使えるようになりたい」と言い、外出時に必要なお金を介護福祉職と一緒に考えるようになった。将来の地域生活を考えて、社会福祉協議会の金銭管理に切り替えることが検討された。

Ｆさんが活用できる社会福祉協議会が行う金銭管理として、**最も適切なものを１つ**選びなさい。

1　日常生活自立支援事業
2　生活福祉資金
3　自立訓練
4　生活困窮者家計改善支援事業
5　自発的活動支援事業

解説　正答　1

1　○　**日常生活自立支援事業**は、社会福祉協議会が実施主体となって提供されるサービスであり、このなかに**日常的金銭管理サービス**が含まれている。Ｆさんが活用できる社会福祉協議会が行う金銭管理として、最も適切である。

2　×　**生活福祉資金**は、社会福祉協議会が実施主体となって、低所得者・障害者・高齢者の世帯を対象として、無利子または低利子で**貸付け**を行う制度である。

3　×　**自立訓練**は、障害者総合支援法による**訓練等給付**のひとつであり、障害者に対して、身体機能または生活能力の向上のために必要な訓練などを行うサービスである。

4　×　**生活困窮（こんきゅう）者家計改善支援事業**とは、生活困窮者を対象として、家計状況を適切に把握することなどを支援したり、生活に必要な資金の貸付けをあっせんしたりする事業をいう。実施主体は、都道府県、市および福祉事務所を設置する町村とされている。

5　×　**自発的活動支援事業**は、障害者等やその家族、地域住民等が自発的に行う活動を支援する事業であり、市町村が実施する**地域生活支援事業**のひとつである。

◎介護福祉士国家試験◎

第33回
（令和３年）
試験問題

目　次

●人間の尊厳と自立●

問題1

人権や福祉の考え方に影響を与えた人物に関する次の記述のうち、**正しいものを1つ**選びなさい。

1　リッチモンド（Richmond,M.）は、『ソーシャル・ケース・ワークとは何か』をまとめ、現在の社会福祉、介護福祉に影響を及ぼした。

2　フロイト（Freud,S.）がまとめた『種の起源』の考え方は、後の「優生思想」につながった。

3　マルサス（Malthus,T.）は、人間の無意識の研究を行って、『精神分析学入門』をまとめた。

4　ヘレン・ケラー（Keller,H.）は、『看護覚え書』の中で「療養上の世話」を看護の役割として示した。

5　ダーウィン（Darwin,C.）は、『人口論』の中で貧困原因を個人の人格の問題とした。

問題2

自宅で生活しているＡさん（87歳、男性、要介護３）は、７年前に脳梗塞（cerebral infarction）で左片麻痺となり、訪問介護（ホームヘルプサービス）を利用していた。Ａさんは食べることを楽しみにしていたが、最近、食事中にむせることが多くなり、誤嚥を繰り返していた。誤嚥による緊急搬送の後、医師は妻に、「今後も自宅で生活を続けるならば、胃ろうを勧める」と話した。妻は仕方がないと諦めていたが、別に暮らしている長男は胃ろうの造設について納得していなかった。長男が実家を訪れるたびに、Ａさんの今後の生活をめぐって口論が繰り返されていた。妻は訪問介護員（ホームヘルパー）にどうしたらよいか相談した。

介護福祉職の職業倫理に基づく対応として、**最も適切なものを1つ**選びなさい。

1「医療的なことについては発言できません」

2「医師の判断なら、それに従うのが良いと思います」

3「Ａさん自身は、どのようにお考えなのでしょうか」

4「息子さんの気持ちより、一緒に暮らす奥さんの気持ちが優先されますよ」

5「息子さんと一緒に、医師の話を聞きに行ってみてください」

●人間関係とコミュニケーション●

問題3

人間関係における役割葛藤の例として、**適切なものを1つ**選びなさい。

1　就労継続支援Ｂ型の利用者が、生活支援員の期待に応えようとして作業態度をまねる。
2　家族介護者が、仕事と介護の両立への期待に応えられるかどうか悩む。
3　通所介護（デイサービス）の利用者が、レクリエーションを楽しんでいる利用者の役を演じる。
4　就労移行支援の利用者が、採用面接の模擬訓練中にふざけて冗談を言ってしまう。
5　高齢者が、家事を行う家族に代わり、孫の遊び相手の役割を担う。

問題４

Ｂさん（80歳、男性）は、訪問介護（ホームヘルプサービス）を利用しながら自宅で一人暮らしをしている。最近、自宅で転倒してから、一人で生活をしていくことに不安を持つこともある。訪問介護員（ホームヘルパー）がＢさんに、「お一人での生活は大丈夫ですか。何か困っていることはありませんか」と尋ねたところ、Ｂさんは、「大丈夫」と不安そうな表情で答えた。

Ｂさんが伝えようとしたメッセージに関する次の記述のうち、**最も適切なもの**を**１つ**選びなさい。

1　言語メッセージと同じ内容を非言語メッセージで強調している。
2　言語で伝えた内容を非言語メッセージで補強している。
3　言語の代わりに非言語だけを用いてメッセージを伝えている。
4　言語メッセージと矛盾する内容を非言語メッセージで伝えている。
5　非言語メッセージを用いて言葉の流れを調整している。

●社会の理解●

問題５

家族の変容に関する2015年（平成27年）以降の動向として、**最も適切なもの**を**１つ**選びなさい。

1　１世帯当たりの人数は、全国平均で3.5人を超えている。
2　核家族の中で、「ひとり親と未婚の子」の世帯が増加している。
3　50歳時の未婚割合は、男性よりも女性のほうが高い。
4　65歳以上の人がいる世帯では、単独世帯が最も多い。
5　結婚して20年以上の夫婦の離婚は、減少している。

（注）「50歳時の未婚割合」とは、45～49歳の未婚率と50～54歳の未婚率の平均であり、「生涯未婚率」とも呼ばれる。

問題6

次のうち、セルフヘルプグループ（self-help group）に該当するものとして、**最も適切なもの**を**1つ**選びなさい。

1　町内会

2　学生自治会

3　患者会

4　専門職団体

5　ボランティア団体

問題7

次のうち、福祉三法に続いて制定され、福祉六法に含まれるようになった法律として、**正しいもの**を**1つ**選びなさい。

1　社会福祉法

2　地域保健法

3　介護保険法

4　老人福祉法

5　障害者基本法

問題8

2017年度（平成29年度）の社会保障給付費に関する次の記述のうち、**正しいもの**を**1つ**選びなさい。

1　国の一般会計当初予算は、社会保障給付費を上回っている。

2　介護対策の給付費は、全体の30%を超えている。

3　年金関係の給付費は、全体の40%を超えている。

4　医療関係の給付費は、前年度より減少している。

5　福祉その他の給付費は、前年度より減少している。

問題9

介護保険法の保険者として、**正しいもの**を**1つ**選びなさい。

1　社会保険診療報酬支払基金

2　市町村及び特別区

3　国民健康保険団体連合会

4　厚生労働省

5　日本年金機構

問題10

介護保険制度の利用に関する次の記述のうち、**最も適切なものを１つ**選びなさい。

1　要介護認定は、介護保険被保険者証の交付の前に行う。

2　要介護認定には、主治医の意見書は不要である。

3　要介護認定の審査・判定は、市町村の委託を受けた医療機関が行う。

4　居宅サービス計画の作成は、原則として要介護認定の後に行う。

5　要介護者の施設サービス計画の作成は、地域包括支援センターが行う。

問題11

Ｃさん（75歳、男性、要支援２）は、訪問介護（ホームヘルプサービス）を利用して一人暮らしをしていた。最近、脳梗塞（cerebral infarction）を起こして入院した。入院中に認知症（dementia）と診断された。退院時の要介護度は２で、自宅での生活継続に不安があったため、Ｕグループホームに入居することになった。

Ｕグループホームの介護支援専門員（ケアマネジャー）が行うこととして、**最も適切なものを１つ**選びなさい。

1　訪問介護（ホームヘルプサービス）を継続して受けるために、Ｃさんを担当していた地域包括支援センターに連絡する。

2　Ｕグループホームに入居するときに、認知症対応型共同生活介護計画を作成する。

3　地域の居宅介護支援事業所に、Ｃさんのケアプランを作成するように依頼する。

4　認知症対応型共同生活介護計画の作成をするときに、認知症（dementia）があるＣさんへの説明と同意を省略する。

5　日中の活動を充実するために、地域の通所介護（デイサービス）の利用をケアプランに入れる。

(注) ここでいう「グループホーム」とは、「認知症対応型共同生活介護事業所」のことである。

問題12

ノーマライゼーション（normalization）を説明する次の記述のうち、**最も適切なものを１つ**選びなさい。

1　福祉、保健、医療などのサービスを総合的に利用できるように計画すること。

2　家族、近隣、ボランティアなどによる支援のネットワークのこと。

3　利用者自身が問題を解決していく力を獲得していくこと。

4　障害があっても地域社会の一員として生活が送れるように条件整備をすること。

5　利用者の心身の状態やニーズを把握すること。

問題13

Ｄさん（64歳、女性、障害支援区分４、身体障害者手帳２級）は、「障害者総合支援法」の居宅介護を利用して生活している。この居宅介護事業所は共生型サービスの対象となっている。

Ｄさんは65歳になった後のサービスについて心配になり、担当の居宅介護職員に、「65歳になっても今利用しているサービスは使えるのか」と尋ねてきた。

居宅介護事業所の対応として、**最も適切なものを１つ**選びなさい。

1　Ｄさんは障害者なので介護保険サービスを利用することはないと伝える。
2　障害者の場合は75歳になると介護保険サービスに移行すると伝える。
3　現在利用しているサービスを継続して利用することができると伝える。
4　継続して利用できるかどうか65歳になった後で検討すると伝える。
5　介護予防のための通所介護（デイサービス）を利用することになると伝える。

(注)「障害者総合支援法」とは、「障害者の日常生活及び社会生活を総合的に支援するための法律」のことである。

問題14

「障害者総合支援法」の障害者の定義に関する次の記述のうち、**適切なものを１つ**選びなさい。

1　18歳以上の者である。
2　65歳未満の者である。
3　難病患者は除外されている。
4　発達障害者は除外されている。
5　精神作用物質による依存症の者は除外されている。

(注)「障害者総合支援法」とは、「障害者の日常生活及び社会生活を総合的に支援するための法律」のことである。

問題15

「障害者総合支援法」のサービスを利用するための障害支援区分を判定する組織として、**正しいものを１つ**選びなさい。

1　身体障害者更生相談所
2　協議会
3　基幹相談支援センター
4　居宅介護事業所
5　市町村審査会

（注）「障害者総合支援法」とは、「障害者の日常生活及び社会生活を総合的に支援するための法律」のことである。

問題16

「高齢者虐待防止法」に関する次の記述のうち、**適切なものを１つ**選びなさい。

1　養護者及び養介護施設従事者等が行う行為が対象である。
2　虐待の類型は、身体的虐待、心理的虐待、経済的虐待の三つである。
3　虐待を発見した場合は、施設長に通報しなければならない。
4　立ち入り調査を行うときは、警察官の同行が義務づけられている。
5　通報には、虐待の事実確認が必要である。

（注）「高齢者虐待防止法」とは、「高齢者虐待の防止、高齢者の養護者に対する支援等に関する法律」のことである。

●介護の基本●

問題17

「2016年（平成28年）国民生活基礎調査」（厚生労働省）における、同居の主な介護者の悩みやストレスの原因として、**最も多いものを１つ**選びなさい。

1　家族の病気や介護
2　自分の病気や介護
3　家族との人間関係
4　収入・家計・借金等
5　自由にできる時間がない

問題18

「価値のある社会的役割の獲得」を目指すソーシャルロール・バロリゼーション（Social Role Valorization）を提唱した人物として、**正しいものを１つ**選びなさい。

1　バンク－ミケルセン（Bank-Mikkelsen,N.）
2　ヴォルフェンスベルガー（Wolfensberger,W.）
3　メイヤロフ（Mayeroff,M.）
4　キットウッド（Kitwood,T.）
5　ニィリエ（Nirje,B.）

問題19

ICF（International Classification of Functioning, Disability and Health：国際生活機

能分類）における環境因子を表す記述として、**最も適切なもの**を**1つ**選びなさい。

1　アルツハイマー型認知症（dementia of the Alzheimer's type）である。
2　糖尿病（diabetes mellitus）があるため服薬をしている。
3　医者嫌いである。
4　町内会の会長を務めていた。
5　娘が近隣に住み、毎日訪問している。

問題20

利用者の自立生活支援・重度化防止のための見守り的援助に関する次の記述のうち、**最も適切なもの**を**1つ**選びなさい。

1　ごみの分別がわからない利用者だったので、その場でごみを分別した。
2　利用者の自宅の冷蔵庫の中が片づいていないので、整理整頓した。
3　トイレ誘導した利用者の尿パッドを、本人に配慮して無言で取り替えた。
4　服薬時に、薬を飲むように促して、そばで確認した。
5　利用者が居間でテレビを見ているそばで、洗濯物を畳んだ。

問題21

高齢者のリハビリテーションに関する次の記述のうち、**最も適切なもの**を**1つ**選びなさい。

1　機能訓練は、1回の量を少なくして複数回に分けて行う。
2　基本的な動作を行う訓練は、物理療法である。
3　関節障害のある人の筋力訓練は、関節を積極的に動かすことが効果的である。
4　パーキンソン病（Parkinson disease）の人の訓練では、体幹をひねることは避ける。
5　関節リウマチ（rheumatoid arthritis）の人の訓練は、朝に行うことが効果的である。

問題22

施設利用者の多様な生活に配慮した介護福祉職の対応として、**最も適切なもの**を**1つ**選びなさい。

1　夜型の生活習慣がある人に、施設の就寝時刻に合わせてもらった。
2　化粧を毎日していた人に、シーツが汚れるため、化粧をやめてもらった。
3　本に囲まれた生活をしてきた人に、散乱している本を捨ててもらった。
4　自宅で畳に布団を敷いて寝ていた人に、ベッドで寝てもらった。
5　自宅で夜間に入浴をしていた人に、夕食後に入浴してもらった。

問題23

介護医療院に関する次の記述のうち、**最も適切なもの**を**1つ**選びなさい。

1　入所できるのは要介護３以上である。

2　介護医療院の開設は市町村から許可を受けなければならない。

3　入所者のためのレクリエーション行事を行うように努める。

4　入所者一人当たりの床面積は、介護老人福祉施設と同じ基準である。

5　サービス管理責任者を１名以上置かなければならない。

問題24

Ｅさん（女性、82歳、要介護１）は、夫（80歳）と二人暮らしである。膝の痛みがあるが、夫の介助があれば外出は可能である。最近Ｅさん宅は、玄関、トイレ、浴室に手すりを設置している。Ｅさんは料理が趣味で、近所のスーパーで食材を自分で選び、購入し、食事の用意をしたいと思っている。こうした中、Ｅさん宅で介護支援専門員（ケアマネジャー）が関係職種を招集してサービス担当者会議を開くことになった。

Ｅさんの思いに添ったサービスの提案として、**最も適切なもの**を**1つ**選びなさい。

1　訪問介護員（ホームヘルパー）による調理の生活援助の利用

2　介護支援専門員（ケアマネジャー）の手配による配食サービスの利用

3　社会福祉協議会の生活支援員による日常生活自立支援事業の活用

4　福祉用具専門相談員の助言による四輪歩行車の利用

5　通所介護（デイサービス）の職員による入浴サービスの利用

問題25

介護施設におけるプライバシーの保護として、**最も適切なもの**を**1つ**選びなさい。

1　ユニット型施設は個室化が推進されているため、各居室で食事をしてもらった。

2　個々の利用者の生活歴の情報を、ルールに従って介護職員間で共有した。

3　個人情報記録のファイルを、閲覧しやすいように机の上に置いたままにした。

4　着衣失行があるため、トイレのドアを開けたままで排泄（はいせつ）の介護を行った。

5　家庭内の出来事や会話の内容は、情報に含まれないため記録しなかった。

問題26

ハインリッヒ（Heinrich,H.）の法則に関する記述として、**最も適切なもの**を**1つ**選びなさい。

1　機能障害、能力障害、社会的不利という障害をとらえるための分類である。

2　人間の自己実現に向けた欲求を５つの階層で示したものである。

3　一つの重大事故の背景には、多くの軽微な事故とヒヤリハットが存在する。
4　患者が余命を知らされてから死を受容するまでの心理的プロセスである。
5　生活課題を抱えた人の支援をする上で必要な７つの原則である。

●コミュニケーション技術●

問題27

介護福祉職が利用者と信頼関係を形成するためのコミュニケーション技術として、**最も適切なもの**を**１つ**選びなさい。

1　利用者の意見に賛成できなくても同意する。
2　「○○ちゃん」と親しみを込めてお互いを呼び合う。
3　介護福祉職からは質問をせずに受け身の姿勢で聞く。
4　介護福祉職の価値判断に従ってもらう。
5　介護福祉職自身の感情の動きも意識しながら関わる。

◆事例問題◆

次の事例を読んで、**問題28、問題29**について答えなさい。

〔事　例〕

Ｆさん（85歳、女性）は、中等度の認知症（dementia）がある。同居していた娘の支援を受けて生活してきたが、症状が進行してきたために、介護老人福祉施設への入所が決まった。

入所当日、介護福祉職はＦさんの付き添いで来た娘に初めて会った。介護福祉職が、「はじめまして。よろしくお願いします」と挨拶をすると、娘は少し緊張した様子で、「お願いします」とだけ答えた。娘は、介護福祉職の問いかけに応えるまで時間がかかり、また、あまり多くを語ることはなかった。

持参した荷物の整理を終えて帰宅するとき、娘が寂しそうに、「これから離れて暮らすんですね」とつぶやいた。

問題28

初対面の娘と関係を構築するために介護福祉職がとる対応として、**最も適切なもの**を**１つ**選びなさい。

1　友人のような口調で話す。
2　相手のペースに合わせて、表情を確認しながら話す。
3　会話が途切れないように積極的に話す。
4　密接距離を確保してから話す。

5　スキンシップを用いながら話す。

問題29

帰宅するときの娘の発言に対する、介護福祉職の共感的な言葉かけとして、**最も適切なものを１つ**選びなさい。

1　「心配しなくても大丈夫ですよ」
2　「私も寂しい気持ちは一緒です」
3　「元気を出して、お母さんの前では明るく笑顔でいましょう」
4　「お母さんに毎日会いに来てください」
5　「お母さんと離れて暮らすと寂しくなりますね」

問題30

Ｇさん（55歳、男性）は父親と二人で暮らしている。父親は週２回通所介護（デイサービス）を利用している。Ｇさんは、父親が夜に何度も起きるために睡眠不足となり、仕事でミスが続き退職を決意した。

ある日、Ｇさんが介護福祉職に、「今後の生活が不安だ。通所介護（デイサービス）の利用をやめたいと考えている」と話した。

Ｇさんが、「利用をやめたい」と言った背景にある理由を知るためのコミュニケーションとして、**最も適切なものを１つ**選びなさい。

1　開かれた質問をする。
2　「はい」「いいえ」で答えられる質問をする。
3　介護福祉職のペースに合わせて話してもらう。
4　事実と異なることは、訂正しながら聞く。
5　相手が話したくないことは、推測して判断する。

問題31

利用者と家族の意向が対立する場面で、介護福祉職が両者の意向を調整するときの留意点として、**最も適切なものを１つ**選びなさい。

1　両者が話し合いを始めるまで発言しない。
2　利用者に従うように家族を説得する。
3　利用者と家族のそれぞれの意見を聞く。
4　家族の介護負担の軽減を目的にして調整する。
5　他職種には相談せずに解決する。

問題32

運動性失語症（motor aphasia）のある人とコミュニケーションを図るときの留意点として、**最も適切なもの**を**1つ**選びなさい。

1　絵や写真を使って反応を引き出す。
2　大きな声で1音ずつ区切って話す。
3　手話を使うようにする。
4　五十音表でひらがなを指してもらう。
5　閉ざされた質問は控える。

問題33

介護記録を書くときの留意点として、**最も適切なもの**を**1つ**選びなさい。

1　数日後に書く。
2　客観的事実と主観的情報は区別せずに書く。
3　ほかから得た情報は情報源も書く。
4　利用者の気持ちだけを推測して書く。
5　介護福祉職の意見を中心に書く。

問題34

報告者と聞き手の理解の相違をなくすための聞き手の留意点として、**最も適切なもの**を**1つ**選びなさい。

1　受け身の姿勢で聞く。
2　腕組みをしながら聞く。
3　同調しながら聞く。
4　不明な点を確認しながら聞く。
5　ほかの業務をしながら聞く。

●生活支援技術●

問題35

次の記述のうち、古い住宅で暮らす高齢者が、ヒートショックを防ぐために必要な環境整備の方法として、**最も適切なもの**を**1つ**選びなさい。

1　居室の室温を低くする。
2　脱衣室の照明を明るくする。
3　トイレに床置き式の小型のパネルヒーターを置く。
4　入浴直前に浴槽の湯温を60℃にし、蒸気を立てる。

5　24時間換気システムを導入する。

問題36

高齢者にとって安全で使いやすい扉の工夫として、**最も適切なものを１つ**選びなさい。

1　トイレの扉は内開きにする。
2　開き戸は杖の使用者が移動しやすい。
3　引き戸は開閉の速度が速くなる。
4　アコーディオンドアは気密性が高い。
5　引き戸の取っ手は棒型にする。

問題37

下肢の筋力が低下して、つまずきやすくなった高齢者に適した靴として、**最も適切なものを１つ**選びなさい。

1　靴底の溝が浅い靴
2　靴底が薄く硬い靴
3　足の指が固定される靴
4　足背をしっかり覆う靴
5　重い靴

問題38

介護が必要な利用者の口腔ケアに関する次の記述のうち、**最も適切なものを１つ**選びなさい。

1　うがいができる場合には、ブラッシング前にうがいをする。
2　歯磨きは、頭部を後屈させて行う。
3　部分床義歯のクラスプ部分は、流水で軽く洗う。
4　全部の歯がない利用者には、硬い毛の歯ブラシを使用する。
5　舌の清拭は、手前から奥に向かって行う。

問題39

口腔内が乾燥している人への助言に関する次の記述のうち、**最も適切なものを１つ**選びなさい。

1　苦みの強い食べ物を勧める。
2　臥床時は仰臥位（背臥位）で枕を使用しないように勧める。
3　水分は控えるように勧める。

4　唾液腺マッサージをするように勧める。
5　ジェルタイプの保湿剤は、前回塗った上に重ねて塗るように勧める。

問題40

介護福祉職が利用者を仰臥位（背臥位）から側臥位へ体位変換するとき、図に示された力点の部位として、**適切なもの**を**1つ**選びなさい。

1　AとC
2　AとD
3　BとC
4　BとD
5　BとE

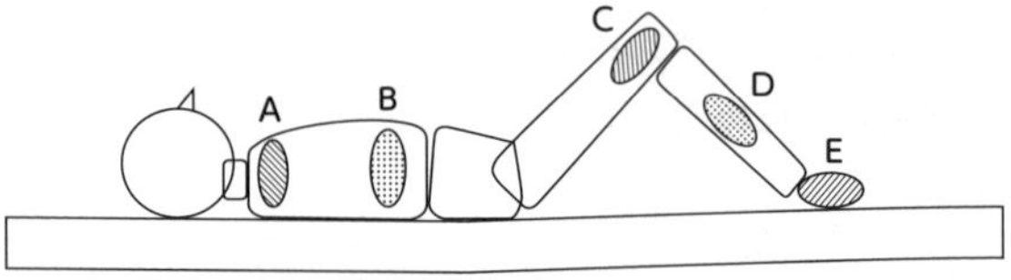

問題41

標準型車いすを用いた移動の介護に関する次の記述のうち、**最も適切なもの**を**1つ**選びなさい。

1　急な上り坂は、すばやく進む。
2　急な下り坂は、前向きで進む。
3　踏切を渡るときは、前輪を上げて駆動輪でレールを越えて進む。
4　段差を上がるときは、前輪を上げて進み駆動輪が段差に接する前に前輪を下ろす。
5　砂利道では、駆動輪を持ち上げて進む。

問題42

Hさん（35歳、男性）は6か月前、高所作業中に転落し、第6胸髄節（Th6）を損傷した。リハビリテーション後、車いすを利用すれば日常生活を送ることができる状態になっている。

Hさんの身体機能に応じた車いすの特徴として、**最も適切なもの**を**1つ**選びなさい。

1　ヘッドサポートを装着している。
2　ハンドリムがないタイヤを装着している。
3　レバーが長いブレーキを装着している。
4　片手で駆動できるハンドリムを装着している。
5　腰部までのバックサポートを装着している。

問題43

Jさん（80歳、女性、要介護3）は、介護老人福祉施設に入所している。食事の後、

Ｊさんから、「最近、飲み込みにくくなって時間がかかる」と相談された。受診の結果、加齢による機能低下が疑われると診断された。

次の記述のうち、Ｊさんが食事をするときの介護福祉職の対応として、**最も適切なものを１つ**選びなさい。

1　リクライニングのいすを用意する。
2　栄養価の高い食事を準備する。
3　食前に嚥下体操（えんげたいそう）を勧める。
4　自力で全量を摂取できるように促す。
5　細かく刻んだ食事を提供する。

問題44

慢性閉塞性肺疾患（まんせいへいそくせいはいしっかん）（chronic obstructive pulmonary disease）のある利用者の食事に関する次の記述のうち、**最も適切なものを１つ**選びなさい。

1　繊維質の多い芋類を食事に取り入れる。
2　炭酸飲料で水分補給をする。
3　たんぱく質の多い食事は控える。
4　高カロリーの食事は控える。
5　１回の食事量を減らし、回数を増やす。

問題45

入浴の身体への作用を踏まえた介護福祉職の対応として、**最も適切なものを１つ**選びなさい。

1　浮力作用があるため、食後すぐの入浴は避ける。
2　浮力作用があるため、入浴中に関節運動を促す。
3　静水圧作用があるため、入浴後に水分補給をする。
4　静水圧作用があるため、入浴前にトイレに誘導する。
5　温熱作用があるため、お湯につかる時間を短くする。

問題46

四肢麻痺（ししまひ）の利用者の手浴に関する次の記述のうち、**最も適切なものを１つ**選びなさい。

1　仰臥位（ぎょうがい）（背臥位（はいがい））で行う。
2　手指は、30分以上お湯に浸す。
3　手関節を支えながら洗う。
4　指間は、強く洗う。

5　指間は、自然乾燥させる。

問題47

利用者の状態に応じた清潔の介護に関する次の記述のうち、**最も適切なもの**を**1つ**選びなさい。

1　乾燥性皮膚疾患がある場合、弱アルカリ性の石鹸で洗う。
2　人工透析をしている場合、柔らかいタオルでからだを洗う。
3　褥瘡がある場合、石鹸をつけた指で褥瘡部をこすって洗う。
4　糖尿病性神経障害（diabetic neuropathy）がある場合、足の指の間はナイロンたわしで洗う。
5　浮腫のある部位は、タオルを強く押し当てて洗う。

問題48

Kさん（72歳、女性、要介護２）は、脳梗塞（cerebral infarction）で入院したが回復し、自宅への退院に向けてリハビリテーションに取り組んでいる。トイレへは手すりを使って移動し、トイレ動作は自立している。退院後も自宅のトイレでの排泄を希望している。

Kさんが自宅のトイレで排泄を実現するために必要な情報として、**最も優先されるもの**を**1つ**選びなさい。

1　便意・尿意の有無
2　飲食の状況
3　衣服の着脱の様子
4　家族介護者の有無
5　トイレまでの通路の状況

問題49

自己導尿を行っている利用者に対する介護福祉職の対応として、**最も適切なもの**を**1つ**選びなさい。

1　座位が不安定な場合は、体を支える。
2　利用者が自己導尿を行っている間は、そばで見守る。
3　利用者と一緒にカテーテルを持ち、挿入する。
4　再利用のカテーテルは水道水で洗い、乾燥させる。
5　尿の観察は利用者自身で行うように伝える。

問題50

下肢筋力の低下により立位に一部介助が必要な車いすの利用者が、トイレで排泄(はいせつ)をするときの介護として、**最も適切なもの**を**1つ**選びなさい。

1　便座の高さは、利用者の膝よりも低くなるように調整する。
2　便座に移乗する前に、車いすのバックサポートに寄りかかってもらう。
3　車いすから便座に移乗するときは、利用者の上腕を支える。
4　利用者が便座に移乗したら、座位が安定していることを確認する。
5　立ち上がる前に、下着とズボンを下腿部(かたいぶ)まで下げておく。E

問題51

図の洗濯表示の記号の意味として、**正しいもの**を**1つ**選びなさい。

1　液温は30℃以上とし、洗濯機で洗濯ができる。
2　液温は30℃以上とし、洗濯機で弱い洗濯ができる。
3　液温は30℃以上とし、洗濯機で非常に弱い洗濯ができる。
4　液温は30℃を上限とし、洗濯機で弱い洗濯ができる。
5　液温は30℃を上限とし、洗濯機で非常に弱い洗濯ができる。

問題52

衣服についたバターのしみを取るための処理方法に関する次の記述のうち、**適切なもの**を**1つ**選びなさい。

1　水で洗い流す。
2　しみに洗剤を浸み込ませて、布の上に置いて叩(たた)く。
3　乾かした後、ブラッシングする。
4　氷で冷やしてもむ。
5　歯磨き粉をつけてもむ。

問題53

食中毒の予防に関する次の記述のうち、**最も適切なもの**を**1つ**選びなさい。

1　鮮魚や精肉は、買物の最初に購入する。
2　冷蔵庫の食品は、隙間(すきま)なく詰める。
3　作って保存しておく食品は、広く浅い容器に入れてすばやく冷ます。
4　再加熱するときは、中心部温度が60℃で1分間行う。
5　使い終わった器具は、微温湯をかけて消毒する。

問題54

喘息のある利用者の自宅の掃除に関する次の記述のうち、**適切なもの**を**1つ**選びなさい。

1　掃除機をかける前に吸着率の高いモップで床を拭く。
2　掃除は低い所から高い所へ進める。
3　拭き掃除は往復拭きをする。
4　掃除機の吸い込み口はすばやく動かす。
5　掃除は部屋の出入口から奥へ向かって進める。

問題55

ベッドに比べて畳の部屋に布団を敷いて寝る場合の利点について、**最も適切なもの**を**1つ**選びなさい。

1　布団に湿気がこもらない。
2　立ち上がりの動作がしやすい。
3　介護者の負担が少ない。
4　床からの音や振動が伝わりにくい。
5　転落の不安がない。

問題56

睡眠の環境を整える介護として、**最も適切なもの**を**1つ**選びなさい。

1　寝具を選ぶときは、保湿性を最優先する。
2　湯たんぽを使用するときは、皮膚に直接触れないようにする。
3　寝室の温度は、1年を通して15℃前後が望ましい。
4　枕は、顎が頸部につくぐらいの高さにする。
5　就寝中の電気毛布は、スイッチを切る必要がない。

問題57

Lさん（78歳、男性）は、脳梗塞後遺症による右片麻痺がある。妻の介護疲れで、3日前から介護老人保健施設の短期入所療養介護（ショートステイ）を利用している。入所以降、Lさんは日中もベッドで横になっていることが多かったため、介護福祉職がLさんに話を聞くと、「夜、眠れなくて困っている」と訴えた。

介護福祉職のLさんへの対応として、**最も適切なもの**を**1つ**選びなさい。

1　施設の起床時間や消灯時間をわかりやすく伝える。
2　眠ろうとする意志が大切だと説明する。

3　自宅での睡眠の状況について詳しく尋ねる。

4　日中の睡眠の必要性を伝える。

5　睡眠薬の服用について提案する。

問題58

「人生の最終段階における医療・ケアの決定プロセスに関するガイドライン」（2018年（平成30年）改訂（厚生労働省））において、アドバンス・ケア・プランニング（ACP）が重要視されている。このアドバンス・ケア・プランニング（ACP）を踏まえた、人生の最終段階を迎えようとする人への介護福祉職の言葉かけとして、**最も適切なもの**を**1つ**選びなさい。

1　「生活上の悩みごとは、近くの地域包括支援センターに相談できます」

2　「今後の医療とケアについては、家族が代わりに決めるので安心です」

3　「今後の生活について、家族や医療・介護職員と一緒に、その都度話し合っていきましょう」

4　「口から食べることができなくなったら、介護職員に相談してください」

5　「意思を伝えられなくなったら、成年後見制度を利用しましょう」

問題59

死期が近づいたときの介護に関する次の記述のうち、**最も適切なもの**を**1つ**選びなさい。

1　食事量が減少したときは、高カロリーの食事を用意する。

2　チアノーゼ（cyanosis）が出現したときは、冷罨法を行う。

3　全身倦怠感が強いときは、全身清拭から部分清拭に切り替える。

4　傾眠傾向があるときは、話しかけないようにする。

5　口腔内乾燥があるときは、アイスマッサージを行う。

問題60

高齢者施設で利用者の死後に行うデスカンファレンス（death conference）に関する次の記述のうち、**最も適切なもの**を**1つ**選びなさい。

1　ボランティアに参加を求める。

2　ケアを振り返り、悲しみを共有する。

3　利用者の死亡直後に行う。

4　個人の責任や反省点を追及する。

5　自分の感情は抑える。

●介護過程●

問題61

介護過程の目的に関する次の記述のうち、**最も適切なもの**を**1つ**選びなさい。

1　利用者の健康状態の改善
2　介護福祉職の介護観の変容
3　他職種との役割の分化
4　家族の介護負担の軽減
5　利用者の生活の質の向上

問題62

介護福祉職の情報収集に関する次の記述のうち、**最も適切なもの**を**1つ**選びなさい。

1　五感を活用した観察を通して情報を集める。
2　一つの場面に限定して得られる情報を集める。
3　初対面のときから踏み込んで情報を集める。
4　興味のある個人情報を集める。
5　実践したい支援に沿った情報を集める。

問題63

次の記述のうち、介護過程の展開におけるアセスメント（assessment）の説明として、**最も適切なもの**を**1つ**選びなさい。

1　支援内容を説明して同意を得ること。
2　具体的な支援計画を検討すること。
3　達成できる目標を設定すること。
4　支援の経過を評価すること。
5　利用者の生活課題を明確にすること。

問題64

短期目標の設定に関する次の記述のうち、**最も適切なもの**を**1つ**選びなさい。

1　介護福祉職の視点で目標を設定する。
2　多様な解釈ができる言葉を用いて設定する。
3　実現可能な目標を段階的に設定する。
4　長期目標とは切り離して設定する。
5　最終的に実現したい生活像を設定する。

◆事例問題◆

次の事例を読んで、**問題65、問題66**について答えなさい。

〔事　例〕

Mさん（78歳、女性、要介護２）は、認知症対応型共同生活介護（グループホーム）に入居している。

楽しみは、お風呂に入って肩までつかることである。身体機能に問題はない。短期目標を、「見守りのもと、一人で入浴する（３か月）」と設定し、順調に経過していた。

１か月が過ぎた頃、朝の申し送りで、「Mさんが昨日浴室を出ようとしたときに足を滑らせたが、転倒はしなかった。念のため受診したが問題はなかった」と報告があった。その日の夕方、介護福祉職が入浴に誘うと、「行きたくない」と強い口調で断った。それから１週間入浴していないことを心配した介護福祉職が居室を訪ねて、安全に入浴できるように浴室内を整えたことを伝えた。しかし、Mさんは、「怖いから」と小声で言った。

問題65

Mさんの再アセスメントに関する次の記述のうち、**最も適切なもの**を**１つ**選びなさい。

1　順調に経過していたときの状況を分析する。
2　「怖いから」という思いを解釈する。
3　入浴を断られた介護福祉職の思いを理解する。
4　入浴時間の変更を検討する必要があると判断する。
5　入浴を面倒に思っていると判断する。

問題66

再アセスメントによって見直した支援の方向性として、**最も適切なもの**を**１つ**選びなさい。

1　湯船につかる自信を取り戻す支援
2　浴室内の移動の不安を取り除く支援
3　浴室まで安全に移動できる支援
4　足浴で満足感を得ることができる支援
5　身体機能を改善する支援

◆事例問題◆

次の事例を読んで、**問題67、問題68**について答えなさい。

〔事　例〕

Aさん（80歳、女性、要介護３）は、パーキンソン病（Parkinson disease）と診断されている。診断後も家業を手伝いながら、地域の活動に参加していた。

半年前からパーキンソン病（Parkinson disease）が悪化し、動作は不安定となったが、「家族に迷惑をかけたくない」と、できることは自分で取り組んでいた。また、主となる介護者である娘に服薬を管理してもらいながら、通所介護（デイサービス）を週3回利用し、なじみの友人と話すことを楽しみにしていた。

最近、通所介護（デイサービス）の職員から娘に、昼食時にむせることが多く食事を残していること、午後になると、「レクリエーションには参加したくない」と落ち着かない様子になることが報告された。

問題67

介護福祉職がAさんについて、**主観的に記録したもの**を**1つ**選びなさい。

1 パーキンソン病（Parkinson disease）と診断されている。
2 帰宅願望から、レクリエーションの参加を拒否した。
3 「家族に迷惑をかけたくない」と話し、できることは自分で行っていた。
4 週3回、通所介護（デイサービス）を利用している。
5 昼食時にむせることが多く、食事を残していることを娘に報告した。

問題68

その後、娘が腰痛を発症し、Aさんは短期入所生活介護（ショートステイ）を利用することになった。

次の記述のうち、短期入所生活介護（ショートステイ）におけるAさんの生活課題として、**最も優先すべきもの**を**1つ**選びなさい。

1 食事を安全に摂取できること。
2 服薬の管理ができること。
3 通所介護（デイサービス）の利用を再開できること。
4 なじみの友人ができること。
5 地域の活動に参加できること。

●発達と老化の理解●

問題69

Aさん（小学4年生、男性）は、思いやりがあり友人も多い。図画工作や音楽が得意で落ち着いて熱心に取り組むが、苦手な科目がある。特に国語の授業のノートを見ると、黒板を書き写そうとしているが、文字の大きさもふぞろいで、一部の漢字で左右が入れ替わっているなどの誤りが多く見られ、途中で諦めた様子である。親子関係や家庭生活、身体機能、就学時健康診断などには問題がない。

Aさんに当てはまる状態として、**最も適切なもの**を**1つ**選びなさい。

1　自閉症スペクトラム障害（autism spectrum disorder）
2　愛着障害
3　注意欠陥多動性障害
4　学習障害
5　知的障害

問題70

医療や福祉の法律での年齢に関する次の記述のうち、**正しいもの**を**1つ**選びなさい。

1　35歳の人は、老人福祉施設に入所できる。
2　50歳の人は、介護保険の第一号被保険者である。
3　60歳の人は、医療保険の前期高齢者である。
4　70歳の人は、介護保険の第二号被保険者である。
5　75歳の人は、後期高齢者医療の被保険者である。

問題71

高齢期の喪失体験と悲嘆に関する次の記述のうち、**最も適切なもの**を**1つ**選びなさい。

1　喪失体験とは、加齢に伴う身体機能の低下のことである。
2　悲嘆過程とは、病的な心のプロセスのことである。
3　死別後の悲嘆からの回復には、喪失に対する心理的対処だけでなく生活の立て直しへの対処も必要である。
4　ボウルビィ（Bowlby,J.）によれば、悲嘆過程には順序性はない。
5　身近の人との死別後に生じる病的悲嘆への支援では、亡くなった人への愛着をほかに向けることを目標にする。

問題72

加齢による味覚の変化に関する次の記述のうち、**最も適切なもの**を**1つ**選びなさい。

1　味蕾（みらい）の数に年齢による違いはない。
2　服用する薬剤で味覚が変化することはない。
3　唾液が増加して味覚が敏感になる。
4　濃い味を好むようになる。
5　口腔（こうくう）ケアは関係ない。

問題73

意欲が低下した高齢者の動機づけに関する次の記述のうち、**最も適切なものを１つ**選びなさい。

1　高い目標を他者が掲げると、動機づけが強まる。

2　本人が具体的に何をすべきかがわかると、動機づけが強まる。

3　本人にとって興味がある目標を掲げると、動機づけが弱まる。

4　小さな目標の達成を積み重ねていくと、動機づけが弱まる。

5　本人が自分にもできそうだと思う目標を掲げると、動機づけが弱まる。

問題74

高齢者の便秘に関する次の記述のうち、**適切なものを１つ**選びなさい。

1　大腸がん（colorectal cancer）は、器質性便秘の原因になる。

2　弛緩性便秘（しかんせいべんぴ）はまれである。

3　けいれん性便秘では、大きく柔らかい便がでる。

4　直腸性便秘は、便が直腸に送られてこないために起こる。

5　薬剤で、便秘になることはまれである。

問題75

高齢者の転倒に関する次の記述のうち、**正しいものを１つ**選びなさい。

1　介護が必要になる原因は、転倒による骨折（fracture）が最も多い。

2　服用する薬剤と転倒は、関連がある。

3　転倒による骨折（fracture）の部位は、足首が最も多い。

4　転倒の場所は、屋内では浴室が最も多い。

5　過去に転倒したことがあると、再度の転倒の危険性は低くなる。

問題76

高齢者の糖尿病（diabetes mellitus）に関する次の記述のうち、**適切なものを１つ**選びなさい。

1　アミラーゼ（amylase）の作用不足が原因である。

2　ヘモグロビンA1c（HbA1c）の目標値は、若年者に比べて低めが推奨される。

3　若年者に比べて高血糖の持続による口渇感が強い。

4　運動療法は避けたほうがよい。

5　若年者に比べて低血糖の自覚症状に乏しい。

●認知症の理解●

問題77

うつ病（depression）による仮性認知症（pseudodementia）と比べて認知症（dementia）に特徴的な事柄として、**適切なものを１つ**選びなさい。

1　判断障害がみられることが多い。

2　不眠を訴えることが多い。

3　誇張して訴えることが多い。

4　希死念慮がみられることが多い。

5　抗うつ薬が効果的であることが多い。

問題78

日本における認知症（dementia）の原因のうち、アルツハイマー型認知症（dementia of the Alzheimer's type）の次に多い疾患として、**正しいものを１つ**選びなさい。

1　血管性認知症（vascular dementia）

2　前頭側頭型認知症（frontotemporal dementia）

3　混合型認知症（mixed type dementia）

4　レビー小体型認知症（dementia with Lewy bodies）

5　アルコール性認知症（alcoholic dementia）

問題79

日本での認知症（dementia）に関する次の記述のうち、**適切なものを１つ**選びなさい。

1　アルツハイマー型認知症（dementia of the Alzheimer's type）以外の認知症（dementia）の患者数が増加している。

2　アルツハイマー型認知症（dementia of the Alzheimer's type）の有病率は、男性より女性が高い。

3　年齢が若いほど、認知症発症のリスクが高い。

4　生活習慣病（life-style related disease）と認知症発症には関連がない。

5　運動は認知症予防に無効である。

問題80

認知症初期集中支援チームに関する次の記述のうち、**適切なものを１つ**選びなさい。

1　認知症（dementia）の人は病院への入院や施設への入所をするべきであるという考えに基づいている。

2　既に認知症（dementia）の診断を受けている人への支援は含まれない。

3　家族への支援は含まれない。

4　支援期間は２～３年である。

5　チーム員会議を開催してケア方針を決定する。

問題81

クロイツフェルト・ヤコブ病（Creutzfeldt-Jakob disease）に関する次の記述のうち、**適切なもの**を**１つ**選びなさい。

1　有病率は１万人に１人である。

2　プリオン病である。

3　認知症（dementia）の症状は緩やかに進行する場合が多い。

4　致死率は低い。

5　不随意運動は伴わない。

問題82

レビー小体型認知症（dementia with Lewy bodies）に関する次の記述のうち、**適切なもの**を**１つ**選びなさい。

1　脳梗塞（cerebral infarction）が原因である。

2　初発症状は記憶障害である。

3　けいれんがみられる。

4　人格変化がみられる。

5　誤嚥性肺炎（aspiration pneumonia）の合併が多い。

問題83

Ｂさん（80歳、女性、要介護２）は、１年前にアルツハイマー型認知症（dementia of the Alzheimer's type）の診断を受け、服薬を継続している。同居の息子は日中不在のため、週に３回、訪問介護（ホームヘルプサービス）を利用し、訪問介護員（ホームヘルパー）と共に活発に会話や家事をしていた。不眠を強く訴えることが増えたため、１週間前に病院を受診したときに息子が主治医に相談した。その後、午前中うとうとしていることが多くなり、飲水時にむせることがあった。歩くとき、ふらつくようになったが、麻痺はみられない。バイタルサイン（vital signs）に変化はなく、食欲・水分摂取量も保たれている。

訪問介護員（ホームヘルパー）のＢさんと息子への言葉かけとして、**最も適切なもの**を**１つ**選びなさい。

1　「日中は横になって過ごしたほうがよいでしょう」

2 「歩行機能を保つためにリハビリを始めませんか」
3 「嚥下障害が起きてますね」
4 「処方薬が変更されていませんか」
5 「認知症（dementia）が進行したのでしょう」

問題84

認知症（dementia）の原因疾患を鑑別するときに、慢性硬膜下血腫（chronic subdural hematoma）の診断に有用な検査として、**最も適切なものを１つ**選びなさい。

1 血液検査
2 脳血流検査
3 頭部CT検査
4 脳波検査
5 認知機能検査

問題85

認知症（dementia）に伴う注意障害に関する次の記述のうち、**最も適切なものを１つ**選びなさい。

1 周囲から物音が聞こえてくると、食事を中断したままになる。
2 毎日、同じ時間に同じ行動をする。
3 旅行の計画を立てることが難しい。
4 話そうとすることを言い間違える。
5 介護職員から説明を受けたことを覚えていない。

問題86

Ｃさん（87歳、男性、要介護５）は、重度のアルツハイマー型認知症（dementia of the Alzheimer's type）である。現在、介護老人福祉施設に入所しているが終末期の状態にある。できる限り経口摂取を続けてきたが、誤嚥性肺炎（aspiration pneumonia）を繰り返し、経口摂取が困難となった。臥床状態が続き、声かけに対する反応も少なくなっている。医師から、「死が極めて近い状態である」と伝えられた。

施設で看取ることになっているＣさんへの介護福祉職の対応として、**最も適切なものを１つ**選びなさい。

1 離床している時間をつくる。
2 会話によって本人の希望を聞く。
3 事前指示書を作成する。

4　苦痛があるかないか、状態を観察する。

5　本人の好きな食事を用意する。

●障害の理解●

問題87

ICF（International Classification of Functioning, Disability and Health: 国際生活機能分類）の社会モデルに基づく障害のとらえ方に関する記述として、**最も適切なもの**を**1つ**選びなさい。

1　個人の問題としてとらえる。

2　病気・外傷から直接的に生じる。

3　さまざまな環境との相互作用によって生じる。

4　治療してできるだけ回復させることを目的とする。

5　医療などによる援助を必要とする。

問題88

リハビリテーションに関する次の記述のうち、**適切なもの**を**1つ**選びなさい。

1　語源は、「再び適したものにすること」である。

2　ニィリエ（Nirje,B.）によって定義された。

3　医療の領域に限定されている。

4　自立生活運動とは関係がない。

5　機能回復訓練は社会的リハビリテーションである。

問題89

「Nothing about us without us（私たち抜きに私たちのことを決めるな）」の考え方のもとに、障害者が作成の段階から関わり、その意見が反映されて成立したものとして、**最も適切なもの**を**1つ**選びなさい。

1　優生保護法

2　国際障害者年

3　知的障害者福祉法

4　身体障害者福祉法

5　障害者の権利に関する条約

問題90

Dさん（31歳、男性）は、脊髄損傷（spinal cord injury）による対麻痺（ついまひ）で、リハビリテーションのため入院中である。車いすでの日常生活動作（Activities of Daily Living：ADL）は自立したが、退院後自宅で生活するときに、褥瘡が生じないか心配している。

Dさんの褥瘡が発生しやすい部位として、**最も適切なものを１つ**選びなさい。

1　頭部
2　上腕部
3　背部
4　腹部
5　坐骨結節部

問題91

脊髄の完全損傷で、プッシュアップが可能となる最上位のレベルとして、**最も適切なものを１つ**選びなさい。

1　頸髄（C１～C３）
2　頸髄（C７）
3　胸髄
4　腰髄
5　仙髄

問題92

筋ジストロフィー（muscular dystrophy）の病態について、**適切なものを１つ**選びなさい。

1　網膜が変性する。
2　運動神経が変性する。
3　自己免疫が原因である。
4　中脳の黒質が病変部位となる。
5　筋線維に変性が生じる。

問題93

「障害者虐待防止法」の心理的虐待に関する次の記述のうち、**適切なものを１つ**選びなさい。

1　身体に外傷が生じるおそれのある暴行を加えること。
2　わいせつな行為をすること。
3　著しい暴言、または著しく拒絶的な対応を行うこと。
4　衰弱させるような著しい減食、または長時間の放置を行うこと。

5　財産を不当に処分すること。

(注)「障害者虐待防止法」とは、「障害者虐待の防止、障害者の養護者に対する支援等に関する法律」のことである。

問題94

心臓機能障害のある人に関する記述として、**最も適切なもの**を**1つ**選びなさい。

1　塩分の制限は必要としない。
2　呼吸困難や息切れなどの症状がみられることが多い。
3　日常生活で外出を避けるべきである。
4　ペースメーカーの装着者は、身体障害者手帳の交付対象から除外される。
5　精神的なストレスの影響は少ない。

問題95

発達障害のＥさん（５歳、男性）の母親（28歳）は、Ｅさんのことを一生懸命に理解しようと頑張っている。しかし、うまくいかないことも多く、子育てに自信をなくし、どうしたらよいのかわからずに一人で悩んでいる様子が見られる。

母親への支援に関する次の記述のうち、**最も適切なもの**を**1つ**選びなさい。

1　現状を受け入れるように説得する。
2　一時的な息抜きのために、レスパイトケアを紹介する。
3　同じ立場にあるペアレント・メンターを紹介する。
4　Ｅさんへの発達支援を強化するように勧める。
5　介護支援専門員（ケアマネジャー）を紹介する。

問題96

「2016年（平成28年）生活のしづらさなどに関する調査（全国在宅障害児・者等実態調査）」（厚生労働省）における身体障害者手帳所持者の日常的な情報入手手段として、**最も割合が高いもの**を**1つ**選びなさい。

1　家族・友人・介助者
2　パソコン
3　携帯電話
4　テレビ
5　ラジオ

●こころとからだのしくみ●

問題97

心的外傷後ストレス障害（posttraumatic stress disorder : PTSD）に関する次の記述のうち、**最も適切なもの**を**1つ**選びなさい。

1　原因となった体験が繰り返し思い起こされる。
2　１か月以内で症状は治まる。
3　小さな出来事が原因となる。
4　被害妄想を生じる。
5　気分が高ぶる。

問題98

健康な人の体温に関する次の記述のうち、**適切なもの**を**1つ**選びなさい。

1　高齢者の体温は小児より高い。
2　早朝の体温が最も高い。
3　腋窩温（えきかおん）は口腔温（こうくうおん）より高い。
4　体温調節中枢は視床下部にある。
5　環境の影響を受けない。

問題99

義歯を使用したときの影響として、**適切なもの**を**1つ**選びなさい。

1　唾液分泌量が増加する。
2　話す言葉が明瞭になる。
3　舌の動きが悪くなる。
4　口のまわりのしわが増える。
5　味覚が低下する。

問題100

１週間の安静臥床（あんせいがしょう）で筋力は何％程度低下するか、次のうちから**最も適切なもの**を**1つ**選びなさい。

1　１％
2　５％
3　15％
4　30％
5　50％

問題101

栄養素の働きに関する次の記述のうち、**正しいものを１つ**選びなさい。

1　たんぱく質は、最大のエネルギー源となる。

2　ビタミンＤ（vitamin D）は、糖質をエネルギーに変える。

3　カリウム（Ｋ）は、骨の形成に関わる。

4　ビタミンＢ１（vitamin B 1）は、カルシウム（Ca）の吸収に関わる。

5　ナトリウム（Na）は、血圧の調節に関わる。

問題102

Ｆさん（80歳、女性）は、普段の食事は自立している。日常生活では眼鏡がないと不自由である。ある日、いつもより食事に時間がかかっていた。介護福祉職が確認したところ、Ｆさんは、「眼鏡が壊れて使えなくなってしまった」と答えた。

食事をとるプロセスで、Ｆさんが最も影響を受ける段階として、**正しいものを１つ**選びなさい。

1　先行期

2　準備期

3　口腔期

4　咽頭期

5　食道期

問題103

入浴（中温浴、38～41℃）の効果に関する次の記述のうち、**正しいものを１つ**選びなさい。

1　脳が興奮する。

2　筋肉が収縮する。

3　血圧が上昇する。

4　腎臓の働きを促進する。

5　腸の動きを抑制する。

問題104

Ｇさん（83歳、女性）は、認知機能は正常で、日常生活は杖歩行で自立し外出もしていた。最近、外出が減ったため理由を尋ねたところ、咳やくしゃみで尿が漏れることが多いため外出を控えていると言った。

Ｇさんの尿失禁として、**適切なものを１つ**選びなさい。

1　機能性尿失禁

2　腹圧性尿失禁

3　溢流性尿失禁

4　反射性尿失禁

5　切迫性尿失禁

問題105

次のうち、便秘の原因として、**最も適切なもの**を**1つ**選びなさい。

1　炎症性腸疾患（inflammatory bowel disease）

2　経管栄養

3　消化管切除

4　感染性腸炎（infectious enteritis）

5　長期臥床

問題106

高齢者の睡眠の特徴に関する次の記述のうち、**適切なもの**を**1つ**選びなさい。

1　熟睡感が増加する。

2　深睡眠が増加する。

3　夜間の睡眠時間が増加する。

4　睡眠周期が不規則になる。

5　入眠までの時間が短縮する。

問題107

睡眠に関する次の記述のうち、**適切なもの**を**1つ**選びなさい。

1　レム睡眠のときに夢を見る。

2　レム睡眠から入眠は始まる。

3　ノンレム睡眠では筋緊張が消失する。

4　ノンレム睡眠では速い眼球運動がみられる。

5　高齢者ではレム睡眠の時間が増加する。

問題108

死斑が出現し始める時間として、**正しいもの**を**1つ**選びなさい。

1　死後5分以内

2　死後20～30分

3　死後３時間
4　死後８～12時間
5　死後48時間

●医療的ケア●

問題109

介護福祉職が経管栄養を実施するときに、注入量を指示する者として、**適切なもの**を**１つ**選びなさい。

1　医師
2　看護師
3　訪問看護事業所の管理者
4　訪問介護事業所の管理者
5　介護支援専門員（ケアマネジャー）

問題110

気管粘膜のせん毛運動に関する次の記述のうち、**最も適切なもの**を**１つ**選びなさい。

1　痰の粘度が高いほうが動きがよい。
2　空気中の異物をとらえる運動である。
3　反射的に咳を誘発する。
4　気管内部が乾燥しているほうが動きがよい。
5　痰を口腔の方へ移動させる。

問題111

介護福祉職が実施する喀痰吸引で、口腔内と気管カニューレ内部の吸引に関する次の記述のうち、**最も適切なもの**を**１つ**選びなさい。

1　気管カニューレ内部の吸引では、カニューレの内径の３分の２程度の太さの吸引チューブを使用する。
2　気管カニューレ内部の吸引では、滅菌された洗浄水を使用する。
3　気管カニューレ内部の吸引では、頸部を前屈した姿勢にして行う。
4　吸引時間は、口腔内より気管カニューレ内部のほうを長くする。
5　吸引圧は、口腔内より気管カニューレ内部のほうを高くする。

問題112

Ｈさん（80歳、男性）は嚥下機能の低下があり、胃ろうを１か月前に造設して、自宅に退院した。現在、胃ろう周囲の皮膚のトラブルはなく、１日３回の経管栄養は妻と介護福祉職が分担して行っている。経管栄養を始めてから下肢の筋力が低下して、妻の介助を受けながらトイレへは歩いて行っている。最近、「便が硬くて出にくい」との訴えがある。

Ｈさんに対して介護福祉職が行う日常生活支援に関する次の記述のうち、**最も適切なものを１つ**選びなさい。

1 入浴時は、胃ろう部を湯につけないように注意する。
2 排泄時（はいせつじ）は、胃ろう部を圧迫するように促す。
3 排便は、ベッド上で行うように勧める。
4 経管栄養を行っていないときの歩行運動を勧める。
5 栄養剤の注入量を増やすように促す。

問題113

経管栄養の実施に関する次の記述のうち、**最も適切なものを１つ**選びなさい。

1 経管栄養の準備は、石鹸（せっけん）と流水で丁寧に手を洗ってから行う。
2 栄養剤は、消費期限の新しいものから使用する。
3 胃ろうや腸ろう周囲の皮膚は、注入開始前にアルコール消毒を行う。
4 カテーテルチップシリンジは、１回使用したら廃棄する。
5 口腔（こうくう）ケアは、数日に１回行う。

◆総合問題１◆

次の事例を読んで、**問題114から問題116まで**について答えなさい。

〔事　例〕

Ｊさん（83歳、女性）は一人暮らしである。人と付き合うのが苦手で、近所付き合いもあまりなく、一人で静かに生活していた。

80歳を過ぎた頃から右膝に痛みが出て、変形性膝関節症（へんけいせいしつかんせつしょう）（knee osteoarthritis）と診断されたが、近くのスーパーへの買物や、近所の散歩には出かけていた。

１か月ほど前から膝の痛みが悪化し、散歩にも行かなくなった。食事量が減って痩せてきてしまい、一日中、座ってテレビを見て過ごしている。

問題114

現在のＪさんに心配される病態として、**最も適切なものを１つ**選びなさい。

1 フレイル（frailty）
2 不定愁訴

3　寛解
4　不穏
5　せん妄（delirium）

問題115

Ｊさんは、食事量は回復したが、膝に痛みがあり、家の中ではつかまり歩きをしていた。要介護認定を受けたところ要支援２と判定され、家の近くの第一号通所事業（通所型サービス）を利用することになった。

通所初日、車で迎えに行くと、Ｊさんは、「心配だからやっぱり行くのはやめようかしら」と介護福祉職に言い、玄関の前からなかなか動かなかった。

このときの介護福祉職の言葉かけとして、**最も適切なもの**を**１つ**選びなさい。

1「急ぎましょう。すぐに車に乗ってください」
2「心配なようですから、お休みにしましょう」
3「歩けないようでしたら、車いすを用意しましょうか」
4「初めてだから心配ですね。私もそばにいるので一緒に行きませんか」
5「Ｊさんが行かないと、皆さん困ってしまいますよ」

問題116改

その後、Ｊさんは少しずつ回復し、膝の痛みもなく、家の中では何もつかまらずに歩くことができている。一人で散歩に出ようという意欲も出てきた。

Ｊさんは、介護福祉職にもっと安定して歩けるように練習をしていきたいことや、外出するときは膝の負担を減らすために杖（つえ）を使用したいと思っていることを話した。

Ｊさんに合った、杖（つえ）を使った歩き方として、**適切なもの**を**２つ**選びなさい。

1　杖（つえ）（左手で持つ）を出す→右足を出す→左足を出す
2　杖（つえ）（右手で持つ）を出す→左足を出す→右足を出す
3　杖（つえ）（左手で持つ）と右足を出す→左足を出す
4　杖（つえ）（右手で持つ）と左足を出す→右足を出す
5　杖（つえ）（左手で持つ）と左足を出す→右足を出す

◆総合問題２◆

次の事例を読んで、**問題117から問題119まで**について答えなさい。

〔事　例〕

Ｋさん（80歳、女性）は夫が亡くなった後、自宅で一人暮らしをしていた。ある日、一人娘のＬさんが訪ねると、ごみが散乱しており、冷蔵庫の中には古くなった食材がたくさん入っていた。

変化に驚いたＬさんはＫさんと病院を受診したところ、認知症（dementia）と診断された。Ｌさんは、Ｋさんに家庭的な雰囲気の中で生活をしてほしいと考えた。その結果、Ｋさんは認知症対応型共同生活介護（グループホーム）を利用することになった。

入居して1週間が経過し、Ｋさんと関わったＭ介護福祉職は、Ｋさんは短期記憶の低下により、最近の出来事については話すことは難しいが、自分が学校に通っていた頃の話や、子どもの頃に歌っていた歌については生き生きと話すことを確認した。

問題117

Ｍ介護福祉職は、Ｋさんが今持っている認知能力を活用して、ほかの利用者と交流する機会を作りたいと考え、Ｋさんとほかの利用者に参加してもらう活動を企画することにした。

Ｍ介護福祉職が企画した活動の手法として、**最も適切なもの**を**１つ**選びなさい。

1　リアリティ・オリエンテーション（reality orientation）
2　ピアカウンセリング（peer counseling）
3　スーパービジョン（supervision）
4　回想法
5　社会生活技能訓練

問題118

ある日、Ｍ介護福祉職がＫさんの入浴介護を行っていたところ、手のひらや指の間に赤い丘疹を確認した。Ｍ介護福祉職がＫさんに、「かゆくないですか」と聞くと、「かゆい」と答えた。そのため、病院を受診したところ、角化型疥癬（hyperkeratotic scabies）と診断された。

Ｋさんへの介護福祉職の対応として、**最も適切なもの**を**１つ**選びなさい。

1　入浴後の洗濯物は、ビニール袋に入れて運ぶ。
2　マスクを着けてもらう。
3　個室に隔離する必要はない。
4　介護は素手で行う。
5　ほかの利用者よりも先に入浴してもらう。

問題119

認知症対応型共同生活介護（グループホーム）を利用するＫさんの要介護度に変更があった場合に影響があるものとして、**適切なもの**を**１つ**選びなさい。

1　介護保険料

2　認知症対応型共同生活介護費

3　介護サービスの利用者負担割合

4　食費

5　居住費

◆総合問題３◆

次の事例を読んで、**問題120から問題122まで**について答えなさい。

〔事　例〕

Ａさん（10歳、男性）は、自閉症スペクトラム障害（autism spectrum disorder）であり、多動で発語は少ない。毎日のように道路に飛び出してしまったり、高い所に登ったりするなど、危険の判断ができない。また、感情の起伏が激しく、パニックになると止めても壁に頭を打ちつけ、気持ちが高ぶると騒ぎ出す。お金の使い方がわからないため好きなものをたくさん買おうとする。

現在は、特別支援学校に通っており、普段の介護は母親が一人で担っている。

問題120

Ｂさんが19歳で精神科病院に入院したときの入院形態として、**正しいものを１つ**選び

Ａさんのこのような状態に該当するものとして、**最も適切なものを１つ**選びなさい。

1　注意障害

2　遂行機能障害

3　強度行動障害

4　記憶障害

5　気分障害

問題121

Ａさんの将来を考え、家族以外の支援者と行動できるようにすることを目標に障害福祉サービスを利用することになった。介護福祉職と一緒に散歩に行き、外出時のルールを覚えたり、移動中の危機回避などの支援を受けている。

Ａさんが利用しているサービスとして、**適切なものを１つ**選びなさい。

1　同行援護

2　自立生活援助

3　自立訓練

4　生活介護

5　行動援護

問題122

Ａさんのサービス利用開始から６か月が経ち、支援の見直しをすることになった。Ａさんの現状は、散歩では周囲を気にせず走り出すなど、まだ危険認知ができていない。介護福祉職はルールを守ることや周りに注意するように声かけをするが、注意されるとイライラし、パニックになることがある。

一方で、スーパーではお菓子のパッケージを見て、硬貨を出し、長時間その場から動こうとしない。介護福祉職は、Ａさんがお菓子とお金に注目している様子から、その力を引き出す支援を特別支援学校に提案した。

介護福祉職が特別支援学校に提案した支援の背景となる考え方として、**最も適切なものを１つ**選びなさい。

1　エンパワメント（empowerment）
2　アドボカシー（advocacy）
3　ピアサポート（peer support）
4　ノーマライゼーション（normalization）
5　インクルージョン（inclusion）

◆総合問題４◆

次の事例を読んで、**問題123から問題125まで**について答えなさい。

〔事　例〕

Ｂさん（45歳、女性）はアパートで一人暮らしをしていた。家族や親戚との付き合いはなかったが、趣味も多く、充実した生活を送っていた。

ある日、車で買物に行く途中、交通事故を起こし、Ｕ病院に救急搬送され手術を受けた。

手術の数日後、医師から、頸髄損傷（cervical cord injury）があり、第５頸髄節まで機能残存するための手術をしたこと、今後の治療方針、リハビリテーションによって今後の生活がどこまで可能になるかについて、丁寧に説明を受けた。

問題123

Ｂさんの今後の生活に関する次の記述のうち、**最も適切なものを１つ**選びなさい。

1　自力歩行ができる。
2　自走式標準型車いすを自分で操作して、一人で外出することができる。
3　自発呼吸が困難になり、人工呼吸器が必要な生活になる。
4　電動車いすを自分で操作することが可能になる。

5　指を使った細かい作業が可能になる。

問題124

Bさんは、入院当初は落ち込んでいたが、徐々に表情が明るくなり、U病院でのリハビリテーションにも積極的に取り組むようになった。現在はVリハビリテーション病院に転院して、退院後の生活に向けて身体障害者手帳を取得し、準備を進めている。Bさんは、以前のようなアパートでの一人暮らしはすぐには難しいと考え、障害者支援施設への入所を考えている。

障害者支援施設に入所するために、Bさんがこの時期に行う手続きとして、**最も適切なものを1つ**選びなさい。

1　居宅サービス計画を作成するために、介護支援専門員（ケアマネジャー）に相談する。
2　要介護認定を受けるために、市町村の窓口に申請する。
3　施設サービス計画を作成するために、介護支援専門員（ケアマネジャー）に相談する。
4　サービス等利用計画を作成するために、相談支援専門員に相談する。
5　障害支援区分の認定を受けるために、市町村の窓口に申請する。

問題125

その後、Bさんは希望どおり障害者支援施設に入所した。入所した施設では、C介護福祉職がBさんの担当になった。C介護福祉職は、Bさんから、「日常生活で、もっと自分でできることを増やし、いずれは地域で生活したい」と言われた。そこでC介護福祉職は、施設内の他職種と連携して支援を行う必要があると考えた。

C介護福祉職が連携する他職種とその業務内容に関する次の記述のうち、**最も適切なものを1つ**選びなさい。

1　工作などの作業を行いながら身体機能の回復を図るために、看護師と連携する。
2　運動機能の維持・改善を図るために、理学療法士と連携する。
3　趣味活動を増やすことを目的に、管理栄養士と連携する。
4　活用できる地域のインフォーマルサービスを検討するために、義肢装具士と連携する。
5　栄養状態の面から健康増進を図るために、社会福祉士と連携する。

〈解答解説〉

●人間の尊厳と自立●

問題 1 ——————— 正答 1

1 ○ リッチモンド（Richmond,M.E.）は「ケースワークの母」とよばれ、アメリカでケースワークを広めた人物である。

2 × 『種の起源』を著したのは、ダーウィン（Darwin,C.）である。『種の起源』の考え方を人間社会にあてはめて、悪質の遺伝的形質を淘汰し、優良なものを保存するという「優生思想」が広まった。

3 × 『精神分析学入門』を著したのは、フロイト（Freud,S.）である。フロイトは、人間の無意識の研究を行って、心の構造にはイド・自我・超自我の３つの要素があるとした。

4 × 『看護覚え書』を著したのは、ナイチンゲールである。「近代看護の母」とよばれ、診療の補助と療養上の世話が看護の２つの柱とした。

5 × 『人口論』を著したのは、マルサス（Malthus,T.R.）である。貧困者を安易に救済すれば、貧困はもっと大きくなるとし、必要なのは道徳的な助言であるとした。

問題 2 ——————— 正答 3

1 × 介護福祉職の役割として、専門的な知識に基づいた助言がある。医療的な指示を行うことはできないが、Ａさんの今後の生活を考えて助言をすることはできる。

2 × Ａさんの妻と長男の意見が食い違っている状況で「医師の判断なら、それに従うのが良いと思います」と答えるのは、妻の立場に立った意見である。長男の考えも考慮して中立の立場から助言することが必要である。

3 ○ 事例のような場合、妻や長男の考えも取り入れるが、まずＡさん本人の意思を尊重することが大切である。

4 × 妻の気持ち、長男の気持ち、どちらが優先されるという順位はない。Ａさんの意思を確認した上で、妻、長男の気持ちも考慮して決定することが必要である。

5 × 医師の話を聞きに行っても、医師は胃瘻（いろう）を勧めると考えられる。妻と長男の意見の食い違いを修正することはできない。

●人間関係とコミュニケーション●

問題 3 ——————— 正答 2

1 × 役割葛藤とは、一つの役割の中で葛藤することをいう。利用者が生活支援員の期待に応えようとして作業態度をまねることは役割葛藤ではない。

2 ○ 家族介護者が、介護者という役割の中で、仕事と介護の両立への期待に応えられるかどうかを悩むのは、役割葛藤である。

3 × レクリエーションを楽しんでいる利用者の役を演じるのはロールプレイであって、役割葛藤ではない。

4 × 模擬訓練中にふざけて冗談を言うことは、役割葛藤ではない。

5 × 孫の遊び相手の役割を担うことは、遊び相手というひとつの役割であるが、葛藤がなければ役割葛藤には該当しない。

問題 4 ―――――――――― 正答 4

1 × 「大丈夫」という言葉が言語メッセージである。一方、非言語メッセージは「不安そうな表情」である。「不安そうな表情」によって「大丈夫」という言葉が打ち消されている。強調していない。

2 × 「不安そうな表情」は、「大丈夫」という言葉を弱め、補強していない。

3 × 「大丈夫」という言語メッセージを発している。非言語だけを用いてメッセージを伝えているとするのは、適切ではない。

4 ○ 「大丈夫」という言語メッセージに対して、「不安そうな表情」は矛盾している。

5 × Bさんの「不安そうな表情」は、言葉の流れの調整にはなっていない。

●社会の理解●

問題 5 ―――――――――― 正答 2

1 × 2021（令和３）年の平均世帯人員は、2.37人である（2022〔令和４〕年は2.25人）。2015（平成27）年の平均世帯人員は2.49人で、それ以降減少し続けている。

2 ○ 核家族のうち「ひとり親と未婚の子」の世帯は、2015年には3,624,000世帯であった。2019年単年をみると3,616,000世帯と減少しているものの、増加傾向が続いている（2022年は3,666,000世帯）。

3 × 国立社会保障・人口問題研究所の発表によると、50歳時の未婚割合（生涯未婚率）は、男性が28.25％、女性が17.81％とされ、男性のほうが高い。生涯未婚率は、国勢調査に基づいて算出されるため、この数値は2020年の国勢調査に基づいている。

4 × 65歳以上の者のいる世帯で最も多いのは、2015年には、夫婦のみの世帯の7,469,000世帯が最も多く、単独世帯は6,243,000世帯で第２位であった。以降その順番は変わらず、2021年の夫婦のみの世帯は8,251,000世帯（2022年は8,821,000世帯）、単独世帯は7,427,000世帯（同8,731,000世帯）であった。

5 × 2021年人口動態統計によると、結婚して20年以上の夫婦の離婚件数は、2015年には38,648件で、以降増加傾向にあり、2021年は38,968

件（2022年は38,991件）であった。

問題6 ―――――――――――― 正答3

1 × **セルフヘルプグループ**は、**患者会**や**家族会**、**自助グループ**などをいい、障害や疾病、何らかの問題や悩みを抱えている人や家族が集まってお互いの話を聞いたりすることで問題を解決する方法を見つけたり、悩みなどを共有していく活動をいう。町内会は該当しない。

2 × 学生自治会は、セルフヘルプグループに該当しない。

3 ○ 患者会は、障害や疾病を抱えている**当事者**が参加するセルフヘルプグループである。

4 × 専門職団体は、セルフヘルプグループに該当しない。

5 × ボランティア団体は、セルフヘルプグループに該当しない。

問題7 ―――――――――――― 正答4

1 × **福祉三法**は、「**生活保護法**（1946〔昭和21〕年制定、1950〔昭和25〕年に改正）」「**児童福祉法**（1947〔昭和22〕年制定）」「**身体障害者福祉法**（1949〔昭和24〕年制定）」をいう。「社会福祉法」は1951（昭和26）年に制定された「社会福祉事業法」が2000（平成12）年に改正・改称された法律で、福祉六法には含まれていない。**福祉六法**は、福祉三法に、「**精神薄弱**（はくじゃく）**者福祉法**（現：知的障害者福祉法）」「**老人福祉法**」「**母子福祉法**（現：母子及び父子並びに寡婦（かふ）福祉法）」を加えた6つの法律をいう。

2 × 「地域保健法」は、1947年に制定された「保健所法」が1994（平成6）年の改正時に「地域保健法」に改称された。地域保健対策や保健所等について規定する法律で、福祉六法には含まれていない。

3 × 「介護保険法」は、1997（平成9）年に制定され、2000（平成12）年に施行された法律である。福祉六法には含まれていない。

4 ○ 「老人福祉法」は、1963（昭和38）年に制定された法律で、福祉六法に含まれている。

5 × 「障害者基本法」は、1970（昭和45）年に制定された「心身障害者対策基本法」が、1993（平成5）年に「障害者基本法」に改正・改称されたもので、福祉六法には含まれていない。

問題8 ―――――――――――― 正答3

1 × 財務省によると、2017（平成29）年度の国の一般会計当初予算は、97兆4,547億円である。一方、同年度の社会保障給付費は、120兆677億円である。一般会計当初予算は、社会保障給付費を**下回っている**。

2 × 社会保障給付費に占める介護対策の給付費は、福祉その他の給付費の8.4％である。福祉その他の給付費が社会保障給付費に占める割合は21.5%のため、介護給付費は全体の30%を超えていない。

3 ○ 年金関係給付費は、社会保障給付費全体の45.7%を占めている。40%を超えている。

4 × 医療関係給付費は、社会保障給付費全体の32.8%を占め、対前年度の伸び率は1.6%であった。

5 × 福祉その地の給付費は、社会保障給付費全体の21.5%を占め、対前年度の伸び率は2.8%であった。

問題 9 —— 正答 2

1 × 社会保険診療報酬支払基金は、医療機関などから請求された医療保険の給付の費用について審査・支払いを行う機関である。介護保険においては、医療保険者を通じて第２号保険料を徴収し、介護給付費交付金、地域支援事業交付金として市町村に支払う役割を担っている。

2 ○ 介護保険法の保険者は、利用者にとって最も身近な地方公共団体である市町村及び特別区である。

3 × 国民健康保険団体連合会は国保連とよばれ、主に保険請求に関する審査・支払い事務を行っている。介護保険については、市町村から委託を受けて介護給付費の審査・支払い、介護予防・日常生活支援総合事業の審査・支払い、介護給付費審査委員会の設置、第三者行為求償事務を行うほか、独立した業務として苦情処理などを行っている。

4 × 厚生労働省は、国の行政機関として社会保障政策や介護に関する基準づくりなどを行っているが、介護保険の保険者ではない。

5 × 日本年金機構は、公的年金事業の運営業務を行っている。介護保険の保険者ではない。

問題 10 —— 正答 4

1 × 要介護認定を受けるためには、介護保険被保険者証が必要である。要介護認定は、介護保険被保険者証が交付された後に行われる。

2 × 要介護認定の際には、主治医意見書が必要である。主治医がいない場合には、市町村及び特別区が指定する医師または市町村職員である医師が意見書を作成する。

3 × 要介護認定の審査・判定は、市町村が実施する認定調査、主治医意見書に基づいて市町村に設置される介護認定審査会が行う。

4 ○ 居宅サービス計画の作成は、原則として要介護認定を受けた後、設定された支給限度基準額の範囲で行われる。

5 × 要介護者の施設サービス計画の作成は、施設の介護支援専門員が行う。地域包括支援センターでは、介護予防サービス計画の作成を行う。

問題 11 ―――――――― 正答 2

1 × Cさんは、退院時に要介護２に認定されている。**介護予防支援**を担当する地域包括支援センターに連絡するのは適切ではない。また、Cさんはグループホームに入所するため、訪問介護は利用できない。

2 ○ 地域密着型サービスであるグループホームへの入所の際には、グループホームの**介護支援専門員**が認知症対応型共同生活介護計画を作成する。

3 × 居宅介護支援事業所で作成するのは、居宅サービスを利用する利用者に対する居宅介護サービス計画である。グループホームがCさんのケアプラン（居宅介護サービス計画）の作成を依頼することはできない。

4 × 認知症がある利用者であっても、**書面による説明**を行い、**同意**を得なければならない。

5 × Cさんはグループホームに入所するため、**通所介護**は利用できない。

問題 12 ―――――――― 正答 4

1 × **ノーマライゼーション**は、「障害がある人もない人も、住み慣れた地域で、同じようにともに生き、普通に生活する」という考え方である。福祉、保健、医療などのサービスを総合的に利用できるように計画することではない。

2 × 家族、近隣、ボランティアなどによる支援のネットワークは、**ソーシャルサポートネットワーク**とよばれる。

3 × 利用者自身が問題を解決していく力を獲得していくことは、**エンパワメント**という。

4 ○ 障害があっても地域社会の一員として生活が送れるように条件整備することは、ノーマライゼーションの考え方に含まれる。

5 × 利用者の心身の状態やニーズを把握することは、社会福祉における**アセスメント**である。

問題 13 ―――――――― 正答 3

1 × **共生型サービス**対象の居宅介護事業所であれば、65歳になっても介護保険サービスの訪問介護を利用することができる。

2 × 障害者が65歳になった場合、共生型サービスの対象事業所であれば、対応する「**介護保険法**」のサービスを利用することができる。

3 ○ 「障害者総合支援法」のサービスを利用していた場合、65歳になってもそれを**継続して利用**することができる。

4 × 共生型サービスの対象事業所であるため、継続利用について、検討の必要はない。

5 × Dさんが利用している居宅介護事業所が対応する介護保険サービスは通所介護ではないため、適切ではない。

問題 14 ―――― 正答 1

1 ○ 「障害者総合支援法」第4条では、障害者について「身体障害者福祉法第4条に規定する身体障害者、知的障害者福祉法にいう知的障害者のうち**18**歳以上である者及び精神保健及び精神障害者福祉に関する法律第5条に規定する精神障害者（発達障害者支援法第2条第2項に規定する発達障害者を含み、知的障害者福祉法にいう知的障害者を除く。以下「精神障害者」という）のうち**18**歳以上である者並びに治療方法が確立していない疾病その他の特殊の疾病であって政令で定めるものによる障害の程度が厚生労働大臣が定める程度である者であって**18**歳以上であるものをいう」と規定している。

2 × 65歳未満の者という規定はない。

3 × 第4条の規定のうち、「治療方法が確立していない疾病その他の特殊の疾病」が、難病に該当する。難病患者も**含まれている**。

4 × 発達障害者も**含まれている**。

5 × 「精神保健福祉法」第5条では、精神障害者について「統合失調症、**精神作用物質**による急性中毒又はその依存症、知的障害その他の精神疾患（しっかん）を有する者をいう」と規定している。**精神作用物質**による依存症の者も含まれている。

問題 15 ―――― 正答 5

1 × **身体障害者更生相談所**は「身体障害者福祉法」第11条に規定される機関で、都道府県が設置しなければならないとされている。市町村の援護の実施に関し、市町村相互間の連絡調整、市町村に対する情報提供や必要な援助、身体障害者に関する専門的な相談・指導、身体障害者の**医学的・心理学的・職能的**判定、補装具の処方・適合判定などを行う。

2 × 協議会は、「障害者総合支援法」第89条の3に規定されている機関で、障害者等への**支援の体制の整備**を図ることを目的としている。

3 × 基幹相談支援センターは、障害者総合支援制度において、地域における相談支援の**中核的な役割**を担う機関で、市町村に設置することができるとされている。

4 × 居宅介護事業所は、居宅介護を実施する事業所である。

5 ○ 「障害者総合支援法」第15条において、**障害支援区分の審査判定業務**を行わせるために、市町村に介護給付費等の支給に関する審査会を置くことが規定されている。介護給付費等の支給に関する審査会が、市町村審査会である。

問題 16 ―――― 正答 1

1 ○ 「高齢者虐待防止法」第2条第3項では、高齢者虐待を「**養護者**による高齢者虐待及び**養介護施設従事者等**による高齢者虐待をいう」と規定している。

2 × 「高齢者虐待防止法」第２条第４項、第５項において、高齢者虐待の種類を**身体的**虐待、**ネグレクト**（介護の怠慢・放棄）、**心理的**虐待、**性的**虐待、**経済的**虐待の５つとしている。

3 × 養護者、養介護施設従事者等による虐待を発見した場合には、**市町村**に通報しなければならない。ただし、虐待者が養護者である場合や、養介護施設従事者等による虐待で発見者が養介護施設従事者等以外の場合は、生命、身体に重大な危険が生じていないケースでは、通報するように努めなければならないとされている。

4 × 立ち入り調査の際の警察官の同行は義務づけられていない。

5 × 虐待を通報する際に、虐待の事実確認を必要とする規定はない。

●介護の基本●

問題 17 ―――――――――― 正答 1

1 ○ 「2016年（平成28年）国民生活基礎調査」（厚生労働省）によると、同居の主な介護者の悩みやストレスの原因として最も多いのは、「**家族の病気や介護**」で、性別にみた場合、男性では73.6％、女性では76.8％を占めている。

2 × **自分の病気や介護**は第２位で、性別にみた場合、男性では33.0％、女性では27.1％である。

3 × **家族との人間関係**は第４位で、性別にみた場合、男性では12.1％、女性では22.4％である。

4 × **収入・家計・借金等**は第３位で、性別にみた場合、男性では23.9％、女性では18.7％である。

5 × **自由にできる時間がない**は第５位で、性別にみた場合、男性では14.9％、女性では20.6％である。

問題 18 ―――――――――― 正答 2

1 × **バンク＝ミケルセン**（Bank-Mikkelsen,N.）は、1950年代にノーマライゼーションの考えを最初に提唱した人物である。**「ノーマライゼーションの父」**とよばれている。

2 ○ **ヴォルフェンスベルガー**（Wolfensberger,W.）は、「どれだけ優れた教育や指導が行われても、それが隔離された場所で行われたのでは知的障害児（者）の社会的役割を引き下げてしまう」という考え方を提唱した人物である。この考え方を「**社会的役割の価値付与**（ソーシャル・ロール・バロリゼーション）」という。

3 × メイヤロフ（Mayeroff,M.）は、**ケアリング論**を提唱した人物である。ケアの主な要素として、知識、リズムを変えること、忍耐、正直、信頼、謙遜、希望、勇気をあげている。

4 × **キットウッド**（Kitwood,T.）は、**パーソン・センタード・ケア**を提唱した人物である。認知症の人について、症状から人を見るのではなく、今の状態がベストであるとしてその人らしさを尊重しながら人間らしい生き方を支援していく考え方である。

5 × **ニィリエ**（Nirje,B.）は、バンク＝ミケルセンのノーマライゼーションの考えをさらに深め、**ノーマライゼーションの８つの原理**をまとめた人物である。

問題 19 ―――― 正答 5

1 × ICF（国際生活機能分類）において、アルツハイマー型認知症であることは、**心身機能・身体構造**のレベルに問題が起こった状態である。この状態は**機能障害・構造障害**である。

2 × ICF において、糖尿病があるため服薬をしているのは、**活動**のレベルである。

3 × 医者嫌いは、人とのかかわりが困難な状態と考えられる。ICF においてこの状態は、活動のレベルに困難が生じている**活動制限**である。また、単に好みであれば、個人因子にあたる。

4 × ICF において、町内会の会長を務めていたことは、**参加**のレベルである。

5 ○ ICF において、娘が近隣に住み、毎日訪問しているのは、**環境因子**（いんし）である。家族は**人的環境**に含まれる。

問題 20 ―――― 正答 4

1 × ごみの分別がわからない利用者であっても、利用者の自立生活支援・重度化防止のための見守り的援助としては、援助者が分別するのではなく、利用者に**説明**しながら一緒に分別するようにする。

2 × 利用者の自宅の冷蔵庫の中が片づいていない場合、見守り的援助としては、利用者に**助言**しながら、一緒に片づけるようにする。

3 × 援助者が尿パッドを取り替えるのではなく、新しい尿パッドを渡すなど、自分で取り替えられるよう、手助けをする。

4 ○ 記述のとおり。服薬時には、服用する薬の内容に間違いがないか確認することは必要だが、服薬そのものは利用者が行う。援助者は**そばで見守る**ようにする。

5 × 利用者がテレビを見ているのであれば、テレビを見ながらでも、援助者が手伝って**一緒**に洗濯物を畳（たた）む。

問題 21 ―――― 正答 1

1 ○ 高齢者の場合、長時間継続して機能訓練を行うことは、体力的にも無理があり、関節や筋肉への負担も大きくなる。このため、１回の量を少なくして複数回に分けて行う。

2 × 基本的な動作を行う訓練は、運動療法である。物理療法も運動療法と同じく理学療法に含まれるが、電気、光線、温熱、温水、冷水などを使用する治療法を指す。

3 × 関節障害がある場合、関節を積極的に動かすことは関節に負荷がかかり障害を悪化させることもある。

4 × パーキンソン病の場合、急に体の向きを変えると転倒することがあるが、体幹をひねること自体を避ける必要はない。

5 × 関節リウマチの場合、朝のこわばりが特徴的症状である。このため、朝の訓練は避けたほうがよい。

問題 22 ―――――――― 正答 5

1 × 施設の就寝時刻に合わせてもらうことは、施設利用者の多様な生活に配慮した対応とはいえない。昼間の活動に参加してもらうなどしながら、少しずつ夜型の生活習慣を変えていくことも対応の一つである。

2 × 化粧をすることで生活にメリハリがつき、利用者の生きがいにつながる場合がある。シーツが汚れるという理由でやめてもらうことは、利用者の生活に配慮した対応とはいえない。

3 × 本に囲まれて生活してきた人に対して、散乱しているからといって捨ててもらうのではなく、まず整理整頓してもらうことなどが、利用者の生活に配慮した対応といえる。

4 × 畳に布団を敷いて寝ていた人に対しては、できるだけ布団を敷いて寝てもらうようにするのが配慮した対応である。ベッドで寝てもらうことは、利用者の生活に配慮した対応とはいえない。

5 ○ 通常、施設では昼間に入浴することが多いが、自宅で夜間に入浴していたことから、入浴を夕食後にすることは、その人の生活に配慮した対応といえる。

問題 23 ―――――――― 正答 3

1 × 介護医療院に入所できるのは、主として、長期にわたって療養が必要な要介護者である。入所の基準が、原則として要介護３以上とされているのは、指定介護老人福祉施設である。

2 × 介護医療院は、介護保険施設のひとつである。「介護保険法」第107条において「介護医療院を開設しようとする者は、厚生労働省令で定めるところにより、都道府県知事の許可を受けなければならない」と規定されている。

3 ○ 「介護医療院の人員、施設及び設備並びに運営に関する基準」第24条において「介護医療院は、適宜入所者のためのレクリエーション行事を行うよう**努める**ものとする」と規定されている。

4 × 「介護医療院の人員、施設及び設備並びに運営に関する基準」第5条において、入所者一人当たりの床面積は**8平方メートル**以上とすることが規定されている。介護老人福祉施設の入所者一人当たりの床面積は、**10.65平方メートル**以上とされているため、同じではない。

5 × 介護医療院について、**サービス管理責任者**の配置は規定されていない。

問題24 ―――― 正答4

1 × Eさんは、食材を**自分で選び**、**購入し**、**食事の用意をしたい**と思っている。訪問介護員による調理の生活援助を利用することは適切ではない。

2 × 食材選び、購入、食事の用意をしたいと思っているEさんに対する提案として、配食サービスの利用は適切ではない。

3 × 日常生活自立支援事業は、**認知症**、**知的障害**、**精神障害**などにより**判断能力**が不十分な人が**社会福祉協議会**と契約して、福祉サービス利用手続きや金銭管理などを行ってもらうものである。Eさんは膝の痛みはあるが、認知能力の低下はない。日常生活自立支援事業の活用を提案するのは適切ではない。

4 ○ Eさんが近所のスーパーに行くには、膝の負担を軽減し、**安全に歩行できる**ことが重要である。福祉用具専門相談員の助言による**四輪歩行車**利用の提案は適切である。

5 × Eさん宅は、浴室には**手すりを設置**し、自宅で入浴するための環境整備が行われている。入浴サービスを利用するための通所介護利用の提案は適切ではない。

問題25 ―――― 正答2

1 × ユニット型施設では、原則として個室があるが、**食事は可能な限り離床**して、**食堂でとることを支援**しなければならないとされている。

2 ○ 個々の利用者の生活歴の情報を、**ルールに従って介護職員間で共有**することは適切である。プライバシー保護に注意したルールを設定し、共有することが必要である。

3 × 個人情報記録は、**管理責任者が適切に保管**し、必要に応じて閲覧することが必要である。机の上に置いたままにするのは、介護職員以外の第三者が見てしまうことにもつながり、適切ではない。

4 × トイレのドアを開けたままで排泄(はいせつ)の介護を行うことはプライバシーが保護されていないため、適切ではない。

5 × 家庭内での出来事や会話の内容も、介護を行っていくうえで重要な手がかりになることがある。プライバシー保護に配慮したとしても、記録しなかったとするのは適切ではない。

問題 26 ―――――――――― 正答 3

1 × 機能障害、能力障害、社会的不利という障害をとらえるための分類は、1980（昭和55）年にWHOで制定されたICIDH（**国際障害分類**）である。ICIDHでは、障害の**マイナス**面に着目していた。

2 × 人間の自己実現に向けた欲求を5つの階層で示したのは、マズローである。マズローは、動機づけが形成されるときには、欲求による階層的な序列があるとし、欲求の階層を**生理的**欲求、**安全と安定**の欲求、**愛情**と**所属**の欲求、**自尊**の欲求、**自己実現**の欲求に分類した。

3 ○ **ハインリッヒの法則**は、ハインリッヒが労働災害に関する統計を分析して発表したもので、1件の重大な労働災害発生の背景には、同種の軽い労働災害が29件、傷害事故には至らなかった同種の事故が300件あり、さらに数千から数万の危険行為があるとしている。これに則った労働災害対策として「**ヒヤリハット運動**」がある。

4 × 患者が余命を知らされてから死を受容するまでの**心理**的プロセスを唱えたのは、**キューブラー・ロス**である。第1段階「**否認**」、第2段階「**怒り**」、第3段階「**取り引き**」、第4段階「**抑鬱**（よくうつ）」、第5段階「**受容**」としている。

5 × 生活課題を抱えた人の支援をする上で必要な7つの原則を唱えたのは、**バイステック**である。**個別**化、**意図的**な感情表現、**統制**された情緒関与、**受容**、**非審判的**態度、**自己決定**、**秘密保持**の7つである。

●コミュニケーション技術●

問題 27 ―――――――――― 正答 5

1 × 利用者をありのままに受け入れて**受容**する姿勢は必要である。ただし、利用者の意見に賛成できない場合には、それを受け入れるものの、**同意**をしてはならない。賛成できない意見に同意することは、信頼関係が崩れることにつながる。

2 × 利用者に親しみをもつことは必要だが、「○○ちゃん」という呼び方は、利用者に対して失礼になる場合もある。「○○さん」というように、**丁寧に呼び合う**ことが信頼関係を形成するためには必要である。

3 × 質問することは、よりよい介護のために大切な情報を得る手段である。利用者の話を聞くだけでなく、介護福祉職からも質問し、**お互いをよく知る**ことが信頼関係の形成につながる。

4 × バイステックの7原則のひとつに、**非審判的**態度がある。介護福祉職の価値観で一方的に利用者を判断することは避けなければならない。

5 ○ 介護福祉職自身が、自分の感情の動きを**客観的**に意識し理解することを**自己覚知**という。

問題 28 ―――――――――― 正答 2

1 × 初対面のＦさんの娘にいきなり友人のような口調で話すことは、控えなければならない。**丁寧に声をかける**ことが大切である。

2 ○ 相手のペースに合わせることは、Ｆさんの娘が話しやすくなることにつながる。また、**表情**によって**気持ちを推察**することもできるため、表情を確認しながら話すことは大切である。

3 × 母親を施設に入れること、初対面の介護福祉職とどのように話せばよいのかというとまどいなどから、Ｆさんの娘が緊張しているとも考えられる。会話が途切れないように話すことが負担になることも考えられるので、**Ｆさんの娘**のペースに合わせて話すことが大切である。

4 × **密接距離**になると、さらに**緊張**したり、**警戒**したりすることが考えられる。**一定の距離**を保って話すことが必要である。

5 × 初対面の人にスキンシップを用いて話すのは適切ではない。スキンシップを会話に用いるのは、**信頼関係**が形成されてからがよい。

問題 29 ―――――――――― 正答 5

1 × Ｆさんの娘は寂しそうに「これから離れて暮らすんですね」とつぶやいている。「心配しなくても大丈夫ですよ」とは、相手の気持ちに共感しているのではなく、**安心させる**ための言葉かけといえる。

2 × 初対面の相手に対して、「気持ちは一緒」という言葉かけは適切ではない。私の気持ちが本当にわかるのかと思わせてしまう可能性がある。

3 × 寂しい気持ちを隠して「明るく笑顔でいましょう」という言葉かけは、介護福祉職の気持ちである。共感的な言葉かけではない。

4 × 相手の日常を知らない状態で「毎日会いに来てください」というのは適切ではない。一方的に**介護福祉職の考え**を押しつけることになってはならない。

5 ○ 相手の言葉に対して、**内容**と、そこに含まれている**感情**の両方をふまえて応答しており、**共感**の姿勢を示す言葉かけとなっている。

問題 30 ―――――――――― 正答 1

1 ○ Ｇさんが利用をやめたいと言った背景にある理由を知るためには、**自由に話してもらう**ことが適切である。そのためには「どうしてそう思われるのですか」というような**開かれた**質問をすることが必要である。

2 × 「はい」「いいえ」で答えられる質問は、**閉じられた**質問で、背景にある理由を聞くことはできない。

3 × 相手の話を聞く際に大切なことは、**相手**のペースに合わせることである。コミュニケーションの主体になるのは、Gさんである。

4 × Gさんの言うことが事実と異なっていても、まず、否定も肯定もせずに受け入れる**受容の姿勢**が必要である。訂正しながら聞くことで、Gさんが話しても無駄というようにとらえる可能性がある。

5 × 推測で判断することは適切ではない。質問の方法を変えたりしながら、Gさんの**思いを聞く**ことが必要である。

問題 31 ―――――――――― 正答 3

1 × 介護福祉職には、利用者と家族の**話し合いのきっかけ**となるような発言をすることが求められる。

2 × 利用者の意向を尊重することは大切であるが、両者の意見が対立している場面では、介護福祉職は**中立**の立場をとる必要がある。利用者に従うように家族を説得するのは適切ではない。

3 ○ 中立の立場をとる介護福祉職として、**それぞれの意見**を聴くことは適切といえる。両者の意見を聴き、利用者、家族それぞれの生活が常に安定するように支援をする必要がある。

4 × 家族の介護負担軽減を目的に調整すると、利用者の意向が反映されないこともある。両者の意見を取り入れながら、**最善の方法に導いていく**ことが介護福祉職には求められる。

5 × 介護福祉職一人の考えで解決するのではなく、**他職種**の意見も聴きながら解決していく姿勢が求められる。

問題 32 ―――――――――― 正答 1

1 ○ 運動性失語（ブローカ失語）は、言語の理解はできるが、発語が困難な失語症である。また、相手が話すことを理解できても、**限られた単語しか言えない**ため、会話が成立しない。**絵**や**写真**を使って、うなずいたり首を横に振るなどの反応を引き出すことで、コミュニケーションを図ることができる。

2 × 言葉は理解できるので、1音ずつ区切るのではなく、**短く**、**わかりやすい言葉**で**ゆっくり**と話すようにする。

3 × **手話**は、聴覚障害者が用いるコミュニケーション手段である。

4 × 読み書きが困難なため、ひらがなや五十音表でのコミュニケーションは有効ではない。

5 × 「はい」「いいえ」で答えることは可能なため、**閉じられた**質問(クローズドクエスチョン）は有効である。

問題33 ―――――――――― 正答3

1 × 介護記録は、正確に書くことが大切なため、その日のうちに書くようにする。数日後に書くと、記憶があいまいになり、正確な記録にすることが難しい。

2 × 客観的事実は、観察や物証等によって確認された普遍的な事実をいう。一方、主観的情報は、当事者が個人的に解釈した情報である。どちらも記録しておくことが必要であるが、区別して書くことが大切である。

3 ○ 記録を書くうえで誰から得た情報なのかを明確にすることが必要である。情報源は、書いておかなければならない。

4 × 記録は、事実をありのままに書くことが必要である。利用者の気持ちだけを推測して書くことは避けなければならない。

5 × 介護福祉職の意見だけでなく、利用者にかかわっている全員の意見を記録に反映させることが必要である。

問題34 ―――――――――― 正答4

1 × 報告者の話を受け身の姿勢で聞くのではなく、共通理解ができるようにわからない点、疑問点は質問するなど積極的な姿勢が必要である。

2 × 報告者が話しているときに腕を組んだり足を組んだりすることは、相手を拒否している態度にも受け取られる。お互いを認め合うことが大切である。相手の話を聞く際には、腕や足を組まないようにする。

3 × 報告については、まず、そのまま受け入れ、疑問点がある場合には報告が一区切りついたところで質問するようにする。受け入れることと同調することは異なる。

4 ○ 報告の内容に不明な点があれば、それをはっきりとさせるために確認し、納得していくことが必要である。

5 × ほかの業務をしながら報告を聞くのは、報告に集中できず、報告者との間に理解の相違が生じる可能性がある。報告は、それだけに集中して聞くことが大切である。

●生活支援技術●

問題35 ―――――――――― 正答3

1 × 高齢者が居室とほかの部屋との温度差でヒートショックを起こしやすい。居室の室温は適温にしておく。

2 × ヒートショックは急激な温度変化で起こる。脱衣室の照明を明るくしても温度は上がらないので、暖房器具を置くなどして温度差を小さくする。

3 ○ トイレの場合、床面積が狭いことが多いので、ガスストーブや石油ストーブはそれに触れてやけどをするなど**事故の危険性**が高くなる。床置き式の小型のパネルヒーターを置くことは適切である。

4 × 入浴直前に浴槽の湯温を60℃にすると蒸気は立つが、入浴する際に湯温を40℃程度まで下げなければならない。浴室の温度が急激に**下がり**、ヒートショックにつながる可能性がある。

5 × 24時間換気システムを導入して換気を行うことはヒートショックの予防にはつながらない。

問題 36 ―――――――――― 正答 5

1 × トイレの扉は開き戸であれば、**外開き**にする。内開きだと、使用中に倒れた場合などに身体がつかえてしまい、外から開けられないおそれがある。

2 × 開き戸は、開閉する際の、前後の動きが大きく、杖を使用している高齢者にとっては**使いにくい**。車いす使用者にとっても同様である。

3 × 引き戸は、軽い力で開け閉めできるとよいが、安全のためには、勢いがつきすぎないよう、ドアクローザーを付けるなどの工夫をすることが望ましい。

4 × アコーディオンドアは、簡易な間仕切りとして使用され、**気密性**は低い。また、高齢者や障害者には、開閉操作が難しい。

5 ○ **棒型**の取っ手は、つかみやすく力を入れやすいため、高齢者にとって使いやすいといえる。

問題 37 ―――――――――― 正答 4

1 × 靴底の溝が浅い靴は、**滑りやすい**ため、高齢者には適していない。

2 × 靴底が薄く硬い靴は、足裏に痛みを感じやすく、足の蹴りだしがしにくい。**しっかりと踏みだせない**ため、高齢者には適していない。

3 × つま先が窮屈で、**足の指が開ける状態**でない場合、しっかりとふんばることができない。

4 ○ 足背は足の甲のことである。靴でしっかりと足背を覆うことで**足が固定**され、上げやすくなる。

5 × 靴が重いと**足を上げにくくなる**。足が上がらないとつまずきやすくなる。

問題 38 ―――――――――― 正答 1

1 ○ うがいをすることで口腔内の食物残渣などが取れるため、うがいができる場合にはブラッシング前に少量の水を口に含んで唇を閉じ、**15～30**秒うがいをする。

2 × 歯磨き介助を行う場合、頭部は**前屈**させ、**顎を引いた**状態で行う。後屈した姿勢で行うと、唾液などを誤嚥する可能性がある。

3 × 部分床義歯のクラスプ部分は汚れがつきやすく、細菌が繁殖しやすいため流水ではなく、**専用**の歯ブラシや植毛部分が**小さい**歯ブラシで力を入れすぎないように注意して洗う。

4 × 全部の歯がない利用者の場合、硬い毛の歯ブラシではなく、粘膜用ブラシなどで粘膜の汚れを落とす。

5 × 舌の清拭(せいしき)は、奥から手前に向かって行う。手前から奥に向かって行うと、汚れや唾液を誤嚥する可能性がある。

問題 39 ―――― 正答 4

1 × 口腔(こうくう)内が乾燥している場合、唾液の分泌が低下し、味覚も低下している。また、常に苦味や渋味を感じていることがある。苦味の強い食べ物を勧めることは、さらに口腔内が苦くなることにつながり、適切ではない。

2 × 唾液の分泌が低下すると、誤嚥(ごえん)につながりやすくなる。誤嚥を予防するためには、やや前傾の姿勢が適切なため、仰臥位(ぎょうがい)では枕を使用する。

3 × 唾液の分泌が低下しているため、口腔内を清潔に保ち、乾燥を防ぐために水分を摂取してもらうようにすることが必要である。控えるように勧めるのは適切ではない。

4 ○ 唾液腺マッサージによって唾液腺を刺激することで唾液の分泌を促すことは、口腔内の乾燥を防ぐために適切である。

5 × ジェルタイプの保湿剤を使用する場合、前回塗った保湿剤は拭き取り、新たに塗るようにする。重ねて塗るのは適切ではない。

問題 40 ―――― 正答 1

1 ○ 利用者を仰臥位(ぎょうがい)から側臥位(そくがい)に体位変換する際には、Cの膝頭とAの肩峰(けんぽう)を力点として、てこの原理を応用するとよい。

2 × Dのふくらはぎを力点とすると力が伝わりにくく、脚と体幹がよじれてしまう。

3 × Bの腹部は力点に適さない。

4 × Bの腹部、Dのふくらはぎ、ともに力点に適さない。

5 × Bの腹部、Eの足部、ともに力点に適さない。

問題 41 ―――― 正答 3

1 × 急な上り坂では、ゆっくりと進む。

2 × 急な下り坂を前向きで進むと、利用者が恐怖心を抱きやすいため、後ろ向きで介助する。

3 ○ 踏切を渡るときには、前輪（キャスター）を上げて、駆動輪（後輪）でレールを越えて進む。

4 × 段差を上がるときには、前輪を上げて進み、駆動輪が段差に接してから前輪を下ろすことで車いすが安定し、駆動輪を押し上げやすくなる。

5 × 砂利道では、駆動輪ではなく前輪を上げて進む。

問題 42 ―――― 正答 5

1 × 第6胸髄節(きょうずいせつ)（Th6）損傷の場合、

脚と胴体下部の麻痺、胸郭から下の感覚と運動機能が失われているために**体幹の保持が困難**になる。**頭部、体幹上部には麻痺（まひ）がない**ため、ヘッドサポートの装着は必要ない。

2 × 上肢の麻痺はないため、ハンドリムの操作ができる。ハンドリムがないタイヤを装着している車いすは適切ではない。

3 × 上肢を動かすことができるため、レバーの長いブレーキを装着する必要はない。

4 × 上肢の片麻痺はないため、片手で駆動できるハンドリムを装着する必要はない。

5 ○ Hさんは、座位バランスがやや安定する程度であるため、**腰部**までのバックサポートを装着する必要がある。

問題43 ―――― 正答3

1 × 食事の際にいすの背もたれをたおすと、**誤嚥（ごえん）のリスク**が高くなる。嚥下（えんげ）機能が低下していると考えられるＪさんに、リクライニングのいすの使用は適切ではない。

2 × 栄養価の高い食事ではなく、**飲み込みやすい食事**を準備することが必要である。

3 ○ 食事前に**嚥下体操**を行うことは誤嚥を予防する意味で適切である。

4 × 全量を摂取することが重要なのではなく、介護福祉職が見守りながら、Ｊさんが自分のペースで**食べられる**ように促すことが大切である。

5 × Ｊさんは咀（そ）しゃく機能ではなく、嚥下機能が低下していると考えられるため、**とろみ**をつけるなどの配慮が必要である。

問題44 ―――― 正答5

1 × 慢性閉塞性肺疾患（まんせいへいそくせいはいしっかん）の場合、胃が膨れて**横隔膜を圧迫**すると息苦しくなる。このため、繊維質が多く、ガスを発生させる原因にもなる芋類は控えることが必要である。

2 × 炭酸飲料は**ガスを発生**させる原因になるため、控えることが必要である。

3 × 排痰により、痰に含まれる**たんぱく質**と**水分**を失うため、食事で補う必要がある。

4 × 慢性閉塞性肺疾患の場合、排痰のため咳をするのに体力を使う。**高カロリー食**を摂取する必要がある。

5 ○ 食事をすると**胃が膨らんで横隔膜を圧迫**する。横隔膜を圧迫しないように、１回の食事量を減らして回数を増やすようにする。

問題45 ―――― 正答2

1 × 浮力作用とは、水の中で浮力を受けて身体が軽くなることをいう。食後すぐの入浴を避けるのは、**温熱作用**、**静水圧作用**によって全身の血流が良くなって胃に血液が集まらなくなり、消化が悪くなるためである。

2 ○ 水中では**浮力作用**によって、筋肉がほぐれ、関節運動を行うのに適している。

3 × **温熱作用**によって身体が温まり、発汗を促すため、入浴後に水分補給を行う。

4 × **温熱作用**によって血流が良くなるため、腎臓への血流も増加する。このため、入浴前にトイレに誘導し、排泄をすませておく。

5 × 温熱作用を利用するためには、38～40℃の**ぬるめの湯にゆっくり**とつかる。

問題 46 ———— **正答 3**

1 × 四肢麻痺の利用者に手浴を行う場合、**側臥位**にする。左側臥位で右手、右側臥位で左手を手浴する。

2 × 手浴では、**5～10**分程度、手を湯につける。

3 ○ 麻痺しているため、自力で手を支えることができない。介護者が利用者の手関節を支えながら手浴を行う。

4 × 指の間の皮膚は薄いため、**やさしく丁寧に洗う**。

5 × 手浴が終わった後は、指の間の水気を**タオルで丁寧に拭き取る**。

問題 47 ———— **正答 2**

1 × 乾燥性皮膚疾患がある場合には、弱アルカリ性ではなく**弱酸性**の石鹸で洗う。

2 ○ 人工透析患者の場合、多くの人に皮膚の乾燥がみられ、皮膚が弱っていることが多い。柔らかいタオルで身体を洗う。

3 × 褥瘡がある場合、褥瘡部をこすってはいけない。**褥瘡部の周囲**を洗うようにする。

4 × 糖尿病性神経障害がある場合、足指の間に傷がついても気づかないことが多く、**壊疽**につながることがある。皮膚に傷がつくおそれのあるナイロンたわしを使うことは避けなければならない。

5 × 浮腫は、皮下組織に組織間液がたまっている状態である。皮膚は薄くなり、外からの力によって**損傷を受けやすい**。タオルを強く押し当てて洗うことは避けなければならない。

問題 48 ———— **正答 5**

1 × Kさんは、トイレまで移動し、トイレ動作は自立している。**便意・尿意の有無**はトイレでの排泄を実現させるために必要な情報として最も優先されるものではない。

2 × **飲食の状況**によって、尿量などは変化する。ただし、トイレでの排泄を実現するために必要な情報として最も優先されるものではない。

3 × トイレでの動作が自立しているKさんの場合、**衣服の着脱の様子**は、トイレでの排泄を実現させるために必要な情報ではない。

4 × Kさんは、手すりを使ってトイレまで移動し、トイレ動作は自立している。**家族介護者の有無**は、トイレでの排泄を実現させるために必要な情報ではない。

5 ○ Kさんが過ごす部屋から、トイレまでの通路につかまるものがあるかなどを確認することは、自宅のトイレでの排泄を希望している場合、最も優先される。

問題 49 ―――――――― 正答 1

1 ○ 自己導尿は、医師の指導に基づいて定期的に自分で尿道から膀胱内にカテーテルを挿入し、尿を体外に排出する方法である。介護福祉職は、**体位が保持**できるように支援する。

2 × 自己導尿の準備は手伝うが、利用者が自己導尿を行っている間はプライバシーに配慮して**そばを離れる**。

3 × カテーテルの挿入は、**利用者本人に認められている行為**である。介護福祉職が挿入することは認められていない。

4 × 再利用のカテーテルは水道水で内側まで洗った後、**消毒液の入ったケース**に入れて保存する。

5 × 尿の観察は、利用者本人に任せるのではなく、**介護福祉職が行って記録**し、異常があれば医師に伝えることが必要である。

問題 50 ―――――――― 正答 4

1 × 下肢筋力が低下している利用者の場合、便座の高さが低いと膝折れして尻もちをつくことがあるため、便座の高さは利用者の**膝より少し高く**なるようにする。

2 × 便座に移乗する前には、車いすに**浅く座って**もらい、前傾姿勢になって立ち上がってもらう。

3 × 車いすから便座に移乗する際には、介護者は利用者の**腰を支える**。

4 ○ 利用者が便座に移乗したら座位が安定していることを確認し、前傾姿勢をとってもらう。

5 × **車いすから立ち上がってから**下着とズボンを下腿部まで下げ、便座に座ってもらう。

問題 51 ―――――――― 正答 4

1 × 洗濯表示マークでは、液温の**上限を示しているが**、下限は示していない。

2 × 選択肢１と同様、液温の下限の表示はない。

3 × 選択肢１と同様、液温の下限の表示はない。非常に弱い洗濯の場合、下の線は２本である。

4 ○ 30は、**液温が30℃を上限**としていることを示している。また、下の線が１本の場合は、**弱い洗濯**ということを示している。

5 × 非常に弱い洗濯の場合、下の線は２本である。

問題 52 ―――――――――――――― 正答 2

1 × 水で洗い流すしみ抜きは、しょうゆやソース、紅茶、コーヒー、お茶、血液などの**水溶性のしみ**に用いる。

2 ○ バターなどの油性のしみは、**ベンジン**で叩いてから**洗剤**をつけて叩く。

3 × 乾かしたあと、ブラッシングして落とすのは**泥汚れ**などである。

4 × 氷で冷やしてもむのは、**ガム**などである。

5 × 歯磨き粉をつけてもむのは、**墨汁**である。

問題 53 ―――――――――――――― 正答 3

1 × 鮮魚や精肉は傷みやすいので、常温で持ち歩く時間をなるべく短くする。

2 × 冷蔵庫の食品は隙間なく詰めると冷気が行き渡らず、傷みやすくなる。冷蔵庫の容量の70%程度とし、**隙間をあけて**入れる。

3 ○ 作って保存しておく食品は、早く冷めるように広く浅い容器に入れてすばやく冷やすことで、**食中毒菌の増殖をおさえる**ことができる。

4 × 調理した食品を再加熱する場合、中心部温度計を使用するなどして中心部が**75℃**で**1**分間以上加熱する。ノロウイルスによる汚染がある食品の場合には、**85～90℃**で**90**秒間以上加熱する。

5 × 使用後の器具、容器等は、全面を流水で洗浄した後、**80℃**で**5**分間以上殺菌し、乾燥させる。

問題 54 ―――――――――――――― 正答 1

1 ○ ほこりが舞い上がらないようにするため、吸着率の高いモップで床を拭いてから、掃除機をかける。

2 × 高い所にあるほこりが落ちるため、**高い**所から**低い**所へ掃除を進める。

3 × 往復拭きにすると、最初に拭いて雑巾についたほこりが拭いたところにつく可能性があるため、**一方向**に拭く。

4 × ほこりをしっかりと吸わせるため、掃除機の吸い込み口は**ゆっくりと**動かす。

5 × 出入り口から進めると、掃除をした箇所に、またほこりが落ちる可能性がある。**奥**から**出入り口**に向かって進める。

問題 55 ―――――――――――――― 正答 5

1 × 畳の上に布団を敷くと、畳と布団の間に空間がないため、寝ている間に身体から出た**湿気**や床の**湿気**が布団にこもる。

2 × 畳と布団の**高さ**にほとんど差がないため、ベッドに比べて立ち上がりの動作がしにくい。

3 × 介護者は、畳の上にしゃがんで介護をしなければならないため、ベッドに比べて**介護者の負担が大きい**。

4 × ベッドに比べて、床からの音や振動が**伝わりやすい**。

5 ○ 畳と布団とでは高さにほとんど差がないため、ベッドのように転落の不安がない。

問題 56 ―――――――――― 正答 2

1 × 寝具を選ぶ場合には、保温性と吸湿性を最優先する。

2 ○ 湯たんぽを使用する場合、直接皮膚に触れると低温やけどをするおそれがあるため、直接皮膚に触れないようにタオルなどで包み、体から少し離れたところに置くようにする。

3 × 寝室の温度は、20℃前後、湿度40～60％、寝具内温度は30℃前後がよいとされている。

4 × 枕は、首の角度が15度くらいになるものが寝返りに影響せず、首に負担がかかりにくい。

5 × 就寝する前に電気毛布のスイッチを入れ、タイマーなどを使用して就寝中に切れるようにする。つけたままにしておくと、脱水症状を起こしたり、低温やけどのおそれがある。

問題 57 ―――――――――― 正答 3

1 × Ｌさんは、起床時間や消灯時間がわからないために、ベッドに横になっているわけではない。

2 × ３日前から利用しているＬさんは、まだ施設での生活に慣れていないことも考えられる。意志が大切と説明するのは適切ではない。

3 ○ 何時に寝ていたのか、ベッドで寝ていたのかなど、自宅での睡眠の状況について尋ね、できる限りその状況に近づける配慮をすることが必要である。

4 × 日中眠ることで、さらに夜間眠れなくなる可能性がある。日中はできるだけ起きて、夜眠れるように対応していくことが必要である。

5 × 睡眠薬の服用については、医師が判断することである。睡眠薬の服用を提案するのではなく、どのようにすれば夜眠れるようになるのかを考えていくことが必要である。

問題 58 ―――――――――― 正答 3

1 × アドバンス・ケア・プランニングとは、将来の変化に備えて、将来の医療・ケアについて、利用者が主体になって、家族など近しい人、医療・ケアチームが繰り返し話し合い、利用者の意思決定を支援していく過程をいう。今抱えている悩みごとについての言葉かけは適切ではない。

2 × 家族が代わりに決めるので安心、という言葉かけは適切ではない。利用者が主体となるのが、アドバンス・ケア・プランニングである。

3 ○ 一緒に話し合う、その都度話し合うというのは、アドバンス・ケア・プランニングの考え方として適切である。

4 × 口から食べることができなくなっ

てから介護職員に相談するのではなく、**口から食べられなくなったときのことを想定**して話し合っていくのがアドバンス・ケア・プランニングである。

5 × アドバンス・ケア・プランニングの考え方として、成年後見制度の利用を進めることは適切ではない。

問題 59 ―――――― 正答 3

1 × 死期が近づいている場合、食事量が減少しても無理に高カロリーの食事を摂取してもらう必要はない。自然な流れとして受けとめることが大切である。

2 × チアノーゼが出現したときは、末梢や粘膜の血流が悪くなっている。冷罨法ではなく、**温罨法**(おんあんぽう)で温めることが必要である。

3 ○ 清拭(せいしき)は体力を消耗するため、全身(ぜんしん)倦怠感(けんたいかん)が強いときには、全身清拭から部分清拭に切り替えて、**負担がかからないように**する。

4 × 傾眠傾向があっても、**家族や介護職が話しかけて**、意識が混濁(こんだく)しないようにする。

5 × **アイス・マッサージ**は、凍らせた綿棒で口腔(こうくう)内を刺激して、嚥下(えんげ)反射を起こしやすくする方法である。舌の動きを刺激するための方法で、死期が近づいたときにはむせたりして苦痛を与えることがあるため行わない。

問題 60 ―――――― 正答 2

1 × デスカンファレンスは、利用者が亡くなった後に、ケアにかかわったメンバーが**ケアの内容を振り返り、悲しみを共有しつつ、次のケアに活かしていく**ことをいう。ケアに関わったメンバーなどに参加を呼びかけて実施する。ボランティアが自主的に参加するのはいいが参加を求めるのは適切ではない。

2 ○ 記述のとおり。選択肢1の解説にあるように、ケアの内容を振り返り、悲しみを共有しつつ、次のケアに活かしていく。

3 × 利用者の死亡直後ではなく、メンバー一人ひとりが自分のケアでよかったこと、十分にできなかったことなどを**振り返った後**に実施される。

4 × デスカンファレンスは、個人の責任や反省点を追及する場ではない。**ケアの内容を振り返る場**であることを認識しなければならない。

5 × 悲しみの感情などを言葉で表し、それを**メンバー全員で共有**していくことが必要である。

●介護過程●

問題 61 ―――――― 正答 5

1 × 介護過程とは、利用者が生活するなかで直面している問題の解決に向けて、検討・計画の立案・実施・評価するという一連のプロセスをいう。最終的な目的は、利用者やその家族の尊厳を守り、願いや思いにかなった生活を実現するために適切な介護サービスを提供することである。利用者の健康状態の改善は、**介護過程の目的**ではない。

2 × 介護福祉職の介護観の変容は、目的を達成するための過程で現れるものである。目的ではない。

3 × 他職種との役割の分化は、**適切な介護サービスを提供していく**ためのもので、目的ではない。

4 × 家族の介護負担の軽減は、目的ではなく、**目的を達成する**ための手段である。

5 ○ 利用者の**生活の質の向上**は、介護過程の目的のひとつである。

問題 62 ―――――― 正答 1

1 ○ 介護過程の情報収集には、**直接的情報収集**と**間接的情報収集**がある。直接的情報収集は、利用者と直接かかわりながら介護福祉職の**五感**を活用して観察し、情報を集めることである。

2 × 情報収集は、**利用者の生活の全体**をとらえて行うことが必要である。一つの場面に限定して得られる情報を集めるのは適切ではない。

3 × 情報収集にあたっては、利用者と**信頼関係を築く**ことが必要である。信頼関係を築いていない初対面の段階で踏み込んだ情報を集めることは適切ではない。

4 × 情報収集は、利用者の問題や状況把握に**必要十分な範囲**に**限定**するよう配慮すべきである。

5 × 情報収集は、利用者の**生活全体を把握**するために行われる。計画の立案も行われていない段階で、実践したい支援に沿った情報を集めるのは適切ではない。

問題 63 ―――――― 正答 5

1 × アセスメントは、援助の初期段階で行われる**事前評価**である。支援内容を説明して同意を得るのは、**計画の立案の段階**である。

2 × 具体的な支援計画を検討するのは、**計画の立案の段階**である。

3 × 達成できる目標を設定するのは、**計画の立案の段階**である。

4 × 支援の経過を評価するのは、**評価の段階**である。

5 ○ 利用者の生活課題を明確にするのが、**アセスメント**である。そして、アセスメントで明確にされた生活課題について、援助目標に沿って緊急度の高い順に優先順位を決定し、介護計画の目標を設定していく。

問題 64 ―――――― 正答 3

1 × 介護計画の目標には、**長期目標**と**短期目標**がある。短期目標は、達成期限を設定して、段階的に対応し解決に結びつける具体的な活動の目標である。介護目標の設定の際には、介護福祉職の視点で設定するのではなく、利用者の視点で取り組める内容にすることが必要である。

2 × 利用者や家族、介護を実施するメンバー全員が**同じ目標**に取り組むため、わかりやすく、的確に受け取れる言葉で表さなければならない。

3 ○ 利用者が目標を達成し、達成感を感じることができるよう、努力目標ではなく、実現可能な目標を設定する。最終的な目標まで、**段階的に難易度を上げていく**。

4 × 利用者が抱えている生活課題を、いつまでに、どのレベルまで解決するのかという、最終的な状況や結果となる目標が長期目標であり、それに対する段階的な目標が短期目標である。長期目標と短期目標は**連動**している。

5 × 最終的に実現したい生活像を設定するのは、**長期目標**である。

問題 65 ———— 正答 2

1 × 再アセスメントは、評価を行い、新たな**問題が見つかった場合など**に行われる。順調に経過していたときの状況分析ではない。

2 ○ 「怖いから（入浴したくない）」という、Mさんの主観的情報の**解釈**は適切である。

3 × Mさんへの援助の再アセスメントに、入浴を断られた介護福祉職の思いを理解することは含まれない。

4 × Mさんは、足を滑らせたときの**恐怖感**から、入浴を断り続けていると考えられる。入浴時間の変更を検討するのは適切とはいえない。

5 × Mさんは、足を滑らせたときの**恐怖感**から、入浴を断り続けていると考えられる。面倒に思っているとの判断は適切とはいえない。

問題 66 ———— 正答 2

1 × Mさんは、短期目標として「**見守りのもと、一人で入浴する**」を設定し、順調に経過していた。見直した支援の方向性としては適切ではない。

2 ○ 浴室内で足を滑らせたことで恐怖感を覚えていると思われるMさんに対する支援の方向性として、**浴室内の移動の不安を取り除く**支援は適切である。

3 × Mさんの**身体機能**に問題はない。浴室まで安全に移動できる支援は最も適切ではない。

4 × Mさんの楽しみは、**お風呂に入って肩までつかる**ことである。支援の方向性として、足浴で満足感を得るとするのは適切ではない。

5 × Mさんの**身体機能**に問題はない。身体機能を改善する支援は、方向性として適切ではない。

問題 67 ———— 正答 2

1 × Aさんがパーキンソン病と診断さ

れていることは客観的事実である。介護福祉職の主観的な解釈ではない。

2 ○ Aさんは、「帰宅したい」とは言っていない。帰宅願望から、レクリエーションの参加を拒否したとするのは、介護福祉職の主観的な記録である。

3 × Aさんが「家族に迷惑をかけたくない」と話し、できることは自分で行っていたというのは、客観的事実である。

4 × 週3回、通所介護（デイサービス）を利用していることは、客観的事実である。

5 × 昼食時にむせることが多く、食事を残していることを娘に報告したというのは、客観的事実である。

問題68 ―――――――――― 正答1

1 ○ Aさんが、現在、問題として抱えているのは昼食中にむせ、食事量が減っていることである。短期入所生活介護を利用するにあたって最も優先すべき生活課題は、日々の食事を安全に摂取できることである。

2 × 服薬管理は、在宅時から娘に行ってもらっている。短期入所生活介護では、介護職員や看護職員が行うべきである。

3 × 通所介護の利用は、自宅に帰ることができてからとなる。短期入所生活介護におけるAさんの生活課題ではない。

4 × 短期入所生活介護の利用中になじみの友人ができるのは、Aさんにとっていいことだが、自宅に帰ってからもその友人と付き合えるかどうかはわからない。最優先する生活課題とはいえない。

5 × 地域の活動に参加していたのは、パーキンソン病が悪化する前のことである。短期入所生活介護において最優先する生活課題ではない。

●発達と老化の理解●

問題69 ―――――――――― 正答4

1 × 自閉症スペクトラム障害の場合、他者と関係を築くことが苦手であるという特徴がみられる。Aさんは、思いやりがあり、友人も多いことなどから、当てはまらない。

2 × 愛着障害は、愛着が形成される時期に保護者と愛着関係を築くことができなかった場合に生じる。Aさんの場合、親子関係や家庭生活に問題がなく、当てはまらない。

3 × 注意欠陥多動性障害（ちゅういけっかん）では、話を最後まで聞けない、物事に集中できない、物をよくなくす、教室にじっとしていられないなどの様子がみられる。Aさんは、得意な図画工作や音楽では、落ち着いて熱心に取り組んでいるため、当てはまらない。

4 ○ 学習障害は、知的発達に問題はないが、聞く、話す、読む、書く、計算する、推論するなど特定のものの習得と使用に著しい困難を示す障害である。文字を書く能力が極端に劣っているAさんに当てはまる。

5 × 知的障害では、18歳までの発達期に知的機能に障害がみられ、IQ（知能指数）が低いほか、自立機能や運動機能、意思交換などの日常生活力の発達に支障が生じる。Aさんは、文字を書くこと以外、身体機能や就学時健康診断にも問題はないため、当てはまらない。

問題 70 ―――――――――― 正答 5

1 × 老人福祉施設のうち、養護老人ホームと特別養護老人ホームに入所できるのは、原則として65歳以上の人であり、軽費老人ホームに入所できるのは、原則として60歳以上の人である。

2 × 介護保険の第一号被保険者は、65歳以上の人である。50歳の人は、第二号被保険者である。

3 × 医療保険の前期高齢者は、65歳以上74歳以下の人である。60歳の人は、前期高齢者ではない。

4 × 70歳の人は、第一号被保険者である。介護保険の第二号被保険者は、40歳以上65歳未満の医療保険加入者である。

5 ○ 後期高齢者医療の被保険者は、75歳以上の人と、65歳以上75歳未満で、後期高齢者医療広域連合の障害認定を受けた人である。

問題 71 ―――――――――― 正答 3

1 × 喪失体験は、人生の過程で大切な人や事物を失う人生の危機になるような体験をいう。加齢に伴う身体機能の低下のことではない。

2 × 悲嘆過程は、フロイトが提唱した理論である。フロイトは、死別した後の心理状態を悲哀とよび、悲哀が癒やされて平穏な心の状態に戻っていくことを悲嘆過程とした。

3 ○ 愛着の対象を失ったことにより、生活が大きく変化し、ストレスになることも考えられる。回復に向けたコーピングとして、生活面での支援も重要である。

4 × ボウルビィは、近親者を失ったときの成人の反応には、順序性があることを明らかにした。

5 × 病的悲嘆への支援では、亡くなった人への愛着をほかに向けることではなく、これからの生活の中でも、亡くなった人に向けた愛着が価値あるものと考えられるようにすることを目標とする。

問題 72 ―――――――――― 正答 4

1 × 味蕾（みらい）は、舌の表面にある細かい突起の中にあり、味を感知する。加齢によって味蕾の数は減少する。

2 × 薬剤の副作用により、食べ物の味がわかりにくくなることがある。

3 × 加齢によって、唾液の分泌量は減少し、味覚が低下する。

4 ○ 高齢になると、味蕾の数の減少や、唾液の分泌減少による乾燥、薬剤の副作用による味覚の変化などによって、濃い味を好むようになる。

5 × 口腔内が清潔かどうかは、味覚に影響する。口腔ケアを適切に行うことが大切である。

問題 73 ―― 正答 2

1 × 動機づけは、目標に向かって行動を起こし、達成するまで行動を持続させる過程である。本人の意欲が低下している場合に、他者が高い目標を掲げても、動機づけが強まることにはつながらない。

2 ○ 本人が具体的に何をすればよいのかがわかると、動機づけは強まる。

3 × 本人が目標に強い魅力を感じられると、強い動機が引き起こされるため、動機づけは強まる。

4 × あえて目標を小さくして達成し、自己効力感を得ることが意欲の向上につながり、次の目標への動機づけが強まるといえる。

5 × 本人が自分にもできそうだと思うことで、目標に対する意欲が向上し、動機づけは強まる。

問題 74 ―― 正答 1

1 ○ 器質性便秘は、大腸の疾患によって腸管が部分的に狭くなり、便が通過しにくくなった状態をいう。大腸がんやクローン病でよくみられる。

2 × 弛緩性便秘は、大腸の蠕動運動が低下して起こる。食物繊維の摂取不足、運動不足、加齢による腹筋の衰え、大腸の弛緩などが原因で、高齢者ではよくみられる。

3 × 痙攣性便秘は、大腸が痙攣を起こして部分的に狭くなり、便の通過が妨げられて起こる。ストレス、鬱病などが原因となる。便は細く、硬くなる。

4 × 直腸性便秘は、直腸まで便が送られているものの、便意を感じないために起こる。便意があるのに排便を我慢することの習慣化、下剤・浣腸の乱用などが原因となる。

5 × モルヒネなどの麻薬性鎮痛剤を使用している場合は、副作用で便秘が起こることが多い。

問題 75 ―― 正答 2

1 × 「2019年国民生活基礎調査」によると、介護が必要となった原因で最も多いのは認知症の17.6%である。次いで脳血管疾患の16.1%、高齢による衰弱の12.8%、骨折・転倒の12.5%である。2022年の調査では、多い順に認知症16.6%、脳血管疾患16.1%、骨折・転倒13.9%、高齢による衰弱13.2%となっている。

2 ○ 睡眠薬、降圧剤などを服用していると、めまいやふらつきなどが起こり、転倒することがある。

3 × 転倒による骨折部位で最も多いのは、**大腿骨頸部**である。

4 × 転倒が起こった場所で最も多いのは、**階段**である。

5 × 転倒したことがあるということは、足が上がらなくなってつまずきやすくなっているなど何らかの原因があることが多い。このため、再度転倒する危険性は**高く**なる。

問題 76 ―――――――――― 正答 5

1 × 高齢者の糖尿病では２型糖尿病が多く、ホルモンの一種である**インスリンの作用不足**が原因となって発症する。アミラーゼは、唾液や膵液に含まれる消化酵素である。

2 × ヘモグロビン A1c の正常値は 6.5% 以下、成人の糖尿病患者の目標値は７%未満とされている。高齢者の場合、個別の状態や健康状態、行われている治療内容などによって細かな目標値が設定されているが、いずれも成人の目標値と同じか**高め**である。若年者に比べて低めが推奨されるとするのは適切ではない。

3 × 高齢者の場合、自覚症状を**感じにくい**ため、口渇感が弱い。

4 × 高齢者であっても、**食事療法**や**運動療法**は取り入れることが望ましい。

5 ○ 高齢者の場合、低血糖を起こしやすいが、**自覚症状に乏しい**。

●**認知症の理解**●

問題 77 ―――――――――― 正答 1

1 ○ 認知症では、脳の認知機能が低下し、日常生活に支障をきたす。認知機能とは記憶、思考、理解、計算、学習、言語、判断などの知的機能をいう。このため、**判断障害**がみられることが多い。

2 × 鬱病では、眠れないと訴えることが多いが、認知症では**二次的症状**であり特徴的な事柄ではない。

3 × 認知症では**物盗られ妄想**、**嫉妬妄想**などはみられるが、誇張して訴えることは少ない。

4 × 認知症でも死にたいと言うことはあるが、鬱病でみられる**希死念慮**がみられることは少ない。

5 × 認知症の治療に抗鬱薬が使用されることもあるが、現在、薬物による根治的治療は困難で、効果的とはいえない。

問題 78 ―――――――――― 正答 1

1 ○ 日本における認知症の原因は、アルツハイマー型認知症が67.6% を占めている。次いで**血管性認知症**の19.5% になっている。

2 × **前頭側頭型認知症**は**ピック病**ともよばれる認知症で、1.0%となっている。

3 × **混合型認知症**は、アルツハイマー型認知症と血管性認知症の両方が原因となっている認知症をいう。3.3%となっている。

4 × **レビー小体型認知症**は、4.3％となっている。

5 × **アルコール性認知症**は、0.4％となっている。

※資料「都市部における認知症有病率と認知症の生活機能障害への対応」（平成25年３月）

問題 79 ―――――――――― 正答 2

1 × 認知症の患者は**増加**しているが、アルツハイマー型認知症以外の認知症の患者数が増加しているとするのは適切ではない。

2 ○ アルツハイマー型認知症の有病率は、65歳以上では女性が男性の**1.4倍**とされている。

3 × 認知症は、脳の後天的な器質的障害によって引き起こされるため、高齢者ほど認知症の発症リスクが**高い**。

4 × 高血圧や糖尿病、脂質異常症などの**生活習慣病**は、認知症発症のリスクを**高める**とされている。

5 × 運動によって、脳の**海馬**のホルモン分泌量が増加して記憶力が向上したり、血管の**老化**が抑えられるなど、認知症予防に効果があるという事例がある。

問題 80 ―――――――――― 正答 5

1 × **認知症初期集中支援チーム**は、**認知症が疑われる人**や**認知症の人**、およびその**家族**を訪問し、必要な医療や介護の導入・調整、家族支援などを行う。その方向性は、認知症になっても、在宅で自立した生活を送れるように、である。

2 × **認知症の診断を受けている人**への支援も含まれている。

3 × **家族への支援**も含まれている。

4 × 認知症初期集中チームは、**初期**の支援を**包括的・集中的**に行う。２～３年という長期間ではない。

5 ○ 一定の条件を満たした**専門職**２名以上、**認知症サポート医**である専門医１名の計３名以上で構成される支援チームが、**チーム員会議**を開催してケア方針を決定する。

問題 81 ―――――――――― 正答 2

1 × クロイツフェルト・ヤコブ病の有病率は、日本では、年間で人口**100万人**に１人前後とされている。

2 ○ クロイツフェルト・ヤコブ病は、**プリオンたんぱく質**が脳内に侵入することで発症すると考えられている。

3 × クロイツフェルト・ヤコブ病では、脳がスポンジ様になり、**急速に進行**する。

4 × 発症から急速に進行し、初発症状から短時間の間に寝たきりとなり、１～２年で死亡する。致死率は高い。

5 × **ハンチントン病様運動**とよばれる不随意運動が特徴的症状としてあげられる。

問題 82 ―― 正答 5

1 × レビー小体型認知症は、レビー小体とよばれる物質が脳のさまざまな場所に蓄積して起こる。脳梗塞が原因になるのは、血管性認知症である。

2 × 初発症状として、記憶障害は目立たないことが多い。パーキンソニズムや幻視、自律神経症状がみられる。

3 × 痙攣（けいれん）ではなく、パーキンソニズムがみられる。このため、固縮、小刻み歩行などがみられる。

4 × 人格の変化は、アルツハイマー型認知症で特徴的にみられる。

5 ○ 嚥下（えんげ）機能の低下に伴い、誤嚥性肺炎（ごえんせいはいえん）を合併することが多い。

問題 83 ―― 正答 4

1 × Bさんの様子に、主治医への相談の前後で明らかな変化がみられることから、午前中の眠気などの原因を確認する必要がある。活発に会話や家事をしていたBさんに安易に、日中横になって過ごすことを勧めるような言葉かけは、適切ではない。

2 × ふらつきがみられるようになった原因が、歩行機能の低下とは限らない。歩行機能を保つためのリハビリ開始は、適切とはいえない。

3 × 食欲・水分摂取量は保たれており、バイタルサインに変化はないため、嚥下障害（えんげしょうがい）が起きているかどうかはわからない。

4 ○ １週間前の受診時に、不眠を訴えていることについて相談をしたことから、処方薬に変更があって、その影響が出ている可能性も十分に考えられる。

5 × 認知症が進行していると診断するのは、主治医である。訪問介護員の言葉かけとして、適切ではない。

問題 84 ―― 正答 3

1 × 慢性硬膜下血腫は、脳の硬膜の下にできた血腫が原因であるため、血液検査は有用ではない。

2 × 脳血流検査は、硬膜の下にある血腫の発見には有用ではない。

3 ○ 頭部CTや、MRIの検査を行って脳の内部を見ることで、硬膜の下の血腫を発見することができる。

4 × 脳波検査は、硬膜の下にある血腫の発見には有用ではない。

5 × 認知機能検査は、硬膜の下にある血腫の発見には有用ではない。

問題 85 ―― 正答 1

1 ○ 注意障害では、複数の対象へ注意を向けていることなどが難しくなる。周囲からの物音に注意が向き、食事には注意が向けられなくなるため中断したままになる。

2 × 毎日、同じ時間に同じ行動をするのは、注意障害ではない。

3 × 旅行の計画を立てることが難しくなるのは、遂行機能障害である。

遂行機能障害では、生活していくうえで物事を段取りよく進めるための一連の作業が難しくなる。

4 × 話そうとすることを**言い間違える**のは、注意障害ではない。

5 × 介護職員から説明を受けたことを覚えていないのは、**記憶障害**である。記憶障害では、比較的古い記憶は保たれているのに、新しいことを覚えるのが難しくなる。

問題 86 ―――――――――― 正答 4

1 × 医師より、死が極めて近い状態であるとされ、声かけに対する反応も少なくなっているCさんに、離床している時間をつくることは適切な対応といえない。

2 × 声かけに対する反応も少なくなっているCさんに、会話で希望を聞くことは難しいといえる。Cさんの**表情**から**推察する**ことが必要である。

3 × 重度のアルツハイマー型認知症で死の直前にあるCさんの**事前指示書**（判断能力を失った場合に行われる医療行為について、あらかじめ文書によって意思表示したもの）を作成することはできない。

4 ○ 終末期にある認知症のCさんに苦痛があるかどうかは、**苦痛があるかもしれない**という視点で状態を観察することが適切である。

5 × **誤嚥性肺炎**（ごえんせいはいえん）を繰り返し、経口摂取が困難となっているCさんに好きな食事を用意することは適切ではない。

●障害の理解●

問題 87 ―――――――――― 正答 3

1 × **社会モデル**とは、障害は周囲の環境によってつくりだされるというとらえ方である。障害を個人の問題としてとらえるのは、ICIDH（国際障害分類）である。

2 × 病気・外傷から障害が直接的に生じるとするのは、ICIDHである。ICFでは、病気や外傷があっても、環境因子（いんし）などを活用することで社会への参加は可能であり、環境因子などを利用することができない状態で障害が生じるとしている。

3 ○ ICFの社会モデルでは、障害は、**社会環境**の問題であるとしている。

4 × ICFでは、治療してできるだけ回復させるのではなく、**社会資源**、制度や施策への働きかけなど**社会環境**の改善を目的としている。

5 × ICFでは、医療などによる援助ではなく、社会環境の改善が必要としている。

問題 88 ―――――――――― 正答 1

1 ○ リハビリテーションは、rehabilitationと書く。reは「**再び**」、habilitationは「**適したものにする**」という意味である。

2 × ニィリエは、デンマークのバンク＝ミケルセンが提唱したノーマライゼーションの考え方をさらに進めて、ノーマライゼーションの8つの原理を提唱した人物である。

3 × WHOは、リハビリテーションを「医学的、社会的、教育的、職業的手段を組み合わせ、かつ、相互に調整して、訓練あるいは再訓練することによって、障害者の機能的能力を可能な限り最高レベルに達せしめることである」と定義している。

4 × 自立生活運動はアメリカで始まり、重度の障害があっても、自分の人生を自立して生きるという考えに基づいて、障害者が自己決定できるような社会サービスを築いていくことを目指した。この運動によって、リハビリテーションの主体が障害者にあることが掲げられた。

5 × 機能回復訓練は、医学的リハビリテーションである。社会的リハビリテーションは、社会の中で生活する力を身につけることを目的としたリハビリテーションである。

問題 89 ―――――――― 正答 5

1 × 「優生保護法」は、障害児、成人の知的障害者、精神障害者の同意なく、強制的に不妊手術することを認める法律である。1996年に「母体保護法」に改正され、不妊手術・人工妊娠中絶について規定した条文から、「優生」という言葉が削除された。

2 × 1981年は、国際連合により「国際障害者年」とされた。これは、日本の障害者福祉の大きな転換点となった。スローガンは「完全参加と平等」である。

3 × 「知的障害者福祉法」は、「障害者の日常生活及び社会生活を総合的に支援するための法律と相まつて、知的障害者の自立と社会経済活動への参加を促進するため、知的障害者を援助するとともに必要な保護を行い、もつて知的障害者の福祉を図ることを目的とする」として制定された。

4 × 「身体障害者福祉法」は、「障害者の日常生活及び社会生活を総合的に支援するための法律と相まつて、身体障害者の自立と社会経済活動への参加を促進するため、身体障害者を援助し、及び必要に応じて保護し、もつて身体障害者の福祉の増進を図ることを目的とする」として制定された。

5 ○ 「障害者の権利に関する条約」は、障害者が自身がかかわる問題に主体的に関与するという考え方を反映して作成された。

問題 90 ―――――――― 正答 5

1 × 対麻痺（ついまひ）とは、腰から下の麻痺をいう。このため、頭部は動かすことが可能で、褥瘡が発生しやすい部位として適切ではない。

2 × 対麻痺では、上腕部を動かすことが可能で、褥瘡が発生しやすい部位として適切ではない。

3 × Dさんの場合、車いすの生活で背部は圧迫されやすい。しかし、背部は**体重がかかりにくい**ため、褥瘡が発生しやすい部位として適切ではない。

4 × 腹部は麻痺している部分であるが、車いすの生活で圧迫されることはない。このため、褥瘡が発生しやすい部位として適切ではない。

5 ○ **坐骨結節部**は、車いすの生活の場合、上半身の体重がかかる。また、麻痺している部位のため**痛みがわかりにくく**、褥瘡が発生しやすい部位である。

問題 91 ―――― 正答 2

1 × プッシュアップとは、手で車いすや床を押し、身体を持ち上げる動きをいう。損傷レベルがC１～３の場合、呼吸障害、四肢麻痺など重度の障害であり、プッシュアップは**不可能**である。

2 ○ 損傷レベルC７は、プッシュアップが可能な最上位のレベルで、**寝返り**、**起き上がり**、**座位での移動**が可能である。

3 × 胸髄損傷では、**体幹**、**下肢の麻痺**がみられる。プッシュアップは可能であるが、最上位のレベルではない。

4 × 腰髄損傷では、**下肢の麻痺**がみられる。プッシュアップは可能であるが、最上位のレベルではない。

5 × 仙髄損傷では、足の関節の動きが悪いものの、ほとんど**介助を必要としない**状態である。プッシュアップは可能であるが、最上位のレベルではない。

問題 92 ―――― 正答 5

1 × 筋ジストロフィーは、慢性・進行性に骨格筋の変性・壊死と筋力低下を主徴とする遺伝性疾患である。種類により眼病変が現れる場合もあるが、選択肢５の筋線維の変性のほうが正答として適切である。

2 × **筋力の低下**によって運動機能に障害が起きるが、**運動神経**は変性しない。

3 × 筋ジストロフィーは、自己免疫の疾患ではない。

4 × 中脳の黒質が病変部位となる疾患は、**パーキンソン病**である。

5 ○ **筋線維**が**変性**・**壊死し**、筋力低下により**運動機能**が低下していく。

問題 93 ―――― 正答 3

1 × 身体に外傷が生じるおそれのある暴行を加えることは、**身体的**虐待に当たる。

2 × わいせつな行為をすることは、**性的**虐待に当たる。

3 ○ 著しい暴言、または著しく拒絶的な対応を行うことは、**心理的**虐待に当たる。暴言や拒絶的な対応により、障害者の心に傷を負わせることになる。

4 × 衰弱させるような著しい減食、または長時間の放置を行うことは**ネグレクト**に当たる。

5 × 財産を不当に処分することは、**経済的虐待**に当たる。

問題 94 ―――――――――― 正答 2

1 × 塩分の過剰摂取は、体内を循環する血液量を増やし、心臓に負担をかける。このため、心臓機能障害がある人は、**塩分の制限**が必要な場合がある。

2 ○ 心臓機能障害者は、**慢性心不全**を起こしている場合が多い。自覚症状として、呼吸困難や動悸、息切れ、胸痛、下肢や顔の浮腫、倦怠感などがみられる。

3 × 外出を避けることはストレスになり、脈が速くなったり血圧が上昇することで、胸痛や不整脈につながる。**感染症に注意**しながら、心臓に負担がかからないような外出も必要である。

4 × ペースメーカー装着者は、身体障害者手帳の障害等級**1、3、4級**に該当する。身体障害者手帳の交付対象である。

5 × 精神的なストレスの影響によって、脈が速くなったり血圧が上昇することがあり、胸痛や不整脈にもつながる。

問題 95 ―――――――――― 正答 3

1 × Ｅさんの母親は、Ｅさんのことを一生懸命に理解しようとがんばっている。その母親に対して現状を受け入れるように説得するのは適切ではない。母親の悩みを聞き、それを受け入れるとともに、どうすればよいのかを**一緒に考える姿勢**が必要である。

2 × **レスパイトケア**は、介護を担っている家族に一時的な負担軽減や休息の機会を提供することである。レスパイトケアを紹介しても、悩みの解消にはつながらず、母親への支援として適切ではない。

3 ○ 同じ立場にある**ペアレント・メンター**を紹介することは、Ｅさんの母親にとって、悩みの相談や共感してもらう機会を得ることにつながる。

4 × Ｅさんへの発達支援を強化しても、母親の悩みを解決することにはつながらない。

5 × Ｅさんは５歳であり、**介護保険の利用対象者**ではない。介護支援専門員を紹介するのは適切ではない。

問題 96 ―――――――――― 正答 4

「2016年（平成28年）生活のしづらさなどに関する調査（全国在宅障害児・者等実態調査）結果」（厚生労働省）によると、日常的な情報入手手段として割合が高いものは、**テレビ**、家族・友人・介助者、一般図書・新聞・雑誌である。

1 ×
2 ×
3 ×
4 ○
5 ×

●こころとからだのしくみ●

問題 97 ―――――――――― 正答 1

1 ○ 心的外傷後ストレス障害では、原因となった体験が繰り返し思い起こされるフラッシュバックなどがみられる。

2 × １か月以内で症状が治まるものは、**急性ストレス反応**とされている。心的外傷後ストレス障害は、症状が**長期間持続**するものをいう。

3 × 心的外傷後ストレス障害は、生命や身体に脅威を及ぼす体験により精神的外傷を負ったことが原因で起こる。小さな出来事が原因となるとするのは適切ではない。

4 × 心的外傷後ストレス障害によって被害妄想は生じない。

5 × 原因となった体験が繰り返し思い起こされたり、睡眠障害などの症状が現れ、**気分は落ち込む**。

問題 98 ―――――――――― 正答 4

1 × 小児の体温は、37℃前後である。成人になると36.5℃が平熱とされている。高齢者になると、さらに**低く**なる。高齢者の体温が小児より高いとするのは適切ではない。

2 × 体温は、**早朝**が最も低く、午後になると高くなる。

3 × 腋窩温（えきかおん）はわきの下の温度をいい、口腔温（こうくうおん）より低い。

4 ○ **視床下部**（ししょうかぶ）は**間脳**（かんのう）にあり、自律神経の中枢である。

5 × 外気温など、**環境の影響**を受ける。

問題 99 ―――――――――― 正答 2

1 × 唾液の減少は、**口腔**（こうくう）**内の老化**による生理的変化のひとつである。義歯を使用しても増加はしない。

2 ○ 歯がないと**発音がうまくできなくなる**が、義歯を使用することで、ある程度**解消する**。ただし、義歯が合わないために歯茎と義歯の間に隙間ができたりすると言葉は不明瞭になる。

3 × 歯の数が減少することにより、**舌の動き**も悪くなる。義歯を使用することで**改善**される。

4 × 歯の数が減少することで、**口のまわりのしわ**が増える。義歯を使用することで**目立たなくなる**ことがある。

5 × 老化とともに、**味覚は低下**する。義歯を使用した影響ではない。

問題 100 ―――――――――― 正答 3

1 × 心身ともに安定した状態で横たわっている安静臥床（あんせいがしょう）が続き、筋肉の伸縮が行われないと、筋肉が衰（おとろ）えて、筋力は１日１～３％低下するといわれている。

2 × ５％は適切ではない。

3 ○ 10～15％減少するといわれている。

4 × 30％は適切ではない。

5 × 50％は適切ではない。

問題 101 ―――――――――― 正答 5

1 × 栄養素のうち、最大のエネルギー源になるのは、１ｇ当たり９kcal の熱量を発生させる**脂質**である。たんぱく質と糖質は、１ｇ当たり４kcal のエネルギーを発生させる。

2 × 糖質をエネルギーに変えるのは、**ビタミンB_1**である。ビタミンＤは、骨の形成とはたらきに関係している。

3 × ミネラルのうち、骨の形成にかかわっているのは**カルシウム**や**リン**である。カリウムには、神経や筋肉の機能を正常に保つなどのはたらきがある。

4 × カルシウムの吸収にかかわっているのは、**ビタミンD**である。

5 ○ ナトリウムは、血圧の調節にかかわっている。過剰に摂取すると、**血圧を上昇させる**原因になる。

問題 102 ―――――――――― 正答 1

1 ○ 先行期は、摂食・嚥下の５分類の最初の段階で、**視覚**や**嗅覚**などで食物を認知し、食べる準備を整えて口に運ぶ。Ｆさんは眼鏡が壊れてしまったため使えず、食事に出されたものを見分けることができにくくなり、食事に時間がかかったと考えられる。

2 × 準備期では、食物を口に入れ、**咀しゃく**して**食塊**にする。

3 × 口腔期では、準備期につくられた食塊を**咽頭**に送り込んで**嚥下**する。

4 × 咽頭期では、食塊が**咽頭**から食道に送られる。

5 × 食道期では、食塊が**食道**の蠕動運動と重力により、**胃**に送られる。

問題 103 ―――――――――― 正答 4

1 × 中温浴には、**鎮静**、リラックスする効果があり、脳は**落ち着いた状態**になる。高温浴では、興奮した状態になる。

2 × 中温浴では、筋肉は**弛緩**する。高温浴で収縮する。

3 × 中温浴では、血圧は**低下**する。高温浴で上昇する。

4 ○ 腎臓のはたらきは、中温浴で**促進**される。また膀胱のはたらきも促進されるため排尿が促される。

5 × 中温浴では、腸のはたらきが**活性化**し、高温浴で鈍る。

問題 104 ―――――――――― 正答 2

1 × 機能性尿失禁は、**認知機能**や**運動機能の低下**により排泄動作や判断ができなくなって起こる。認知機能が正常であり、杖歩行で自立しているＧさんには当てはまらない。

2 ○ Ｇさんは、咳やくしゃみをしたときに尿が漏れることが多いと言っていることから、**腹圧**がかかったときに漏れる腹圧性尿失禁と考えられる。

3 × 溢流性尿失禁（いつりゅうせいにょうしっきん）では、神経を障害されるなどして、排尿できず、少しずつ漏れてしまう。事例からは、Gさんに当てはまるとは考えづらい。

4 × 反射性尿失禁は、尿意が感じられないのに、膀胱にある程度尿が溜まると**膀胱が反射的に収縮**して尿が漏れるものをいう。Gさんには当てはまらない。

5 × 切迫性尿失禁は、**突然強い尿意**を感じ、トイレまで我慢できずに漏れてしまうものをいう。Gさんの訴えとは異なる。

問題 105 ―――― 正答 5

1 × 潰瘍性大腸炎などの炎症性腸疾患（しっかん）の場合、便秘ではなく**下痢**になる。

2 × 経管栄養の場合、栄養剤の温度が低すぎたり、注入速度が速すぎたりすると、便秘ではなく、**下痢**になる。

3 × 食道や胃を切除すると、**下痢**をしがちになる。回腸を切除してストーマを造設した場合には、水様便となる。

4 × 感染性腸炎は、ウイルスや細菌に感染した際に起きるもので、便秘ではなく**下痢**になる。

5 ○ 長期臥床（ちょうきがしょう）によって身体を動かさなくなると、腸の動きも悪くなり**弛緩性便秘**になる。便を長時間排出できないため、腸管内で便に含まれている水分が吸収されて硬くなり、排便が困難になる。

問題 106 ―――― 正答 4

1 × 高齢になるとメラトニン（睡眠ホルモン）が減少するため、浅い**ノンレム睡眠が増える**。

2 × メラトニンの分泌が減少するため、**深いノンレム睡眠が減少**する。

3 × 高齢者の場合、**日中の運動量が減少**するため消費エネルギーも減り、必要な**睡眠量も減少**するとされている。このため、夜間の睡眠時間は短くなる。

4 ○ 通常、健康な成人の睡眠では、約90分の周期でレム睡眠とノンレム睡眠が繰り返されるが、高齢になると、この周期が不規則になる。

5 × 寝つきが悪くなり、**入眠するまでの時間は長く**なる。

問題 107 ―――― 正答 1

1 ○ 夢を見るのは、大脳が活発に活動している**レム睡眠**のときが多い。

2 × 通常は、**ノンレム睡眠**から入眠は始まる。

3 × 筋緊張が消失して身体の力が抜けるのは、**レム睡眠**である。

4 × 速い眼球運動がみられるのは、レム睡眠である。

5 × 高齢者の場合、メラトニンが減少するため、**浅いノンレム睡眠**が増加する。

問題 108 ―――――― 正答 2

1 × 死斑（しはん）は、死亡して血流が止まり、下になった部分に溜まった血液の色が皮膚を通して見えるようになった暗褐色（あんかっしょく）の斑をいう。死後5分以内ではみられない。

2 ○ 通常、死斑は死後20～30分で出現し始める。

3 × 死後3時間では、死斑はすでに出現している。

4 × 死後8～12時間では、死斑の現れ方が最も強くなる。

5 × 死後48時間では、死後硬直も解けている状態である。

●医療的ケア●

問題 109 ―――――― 正答 1

1 ○ 経管栄養は医行為であるため、注入量、注入時間、栄養剤の種類、滴下速度などすべて医師の指示どおりに行う。医師は、「介護職員等喀痰吸引（かくたんきゅういん）等指示書」（有効期間6か月）による指示を行う。

2 × 看護師は、「施設サービス計画」や「居宅サービス計画」ならびに医師の「介護職員等喀痰吸引等指示書」の指示内容を介護福祉職と共有し連携する。気道や胃瘻、栄養チューブの状況確認を行い、「喀痰吸引等」の業務を分担して行う。

3 × 訪問看護事業所の管理者は、「居宅サービス計画」や「訪問看護指示書」（医師の指示）をもとに「訪問看護計画」を作成する。

4 × 訪問介護事業所の管理者は「登録喀痰吸引等事業者」として、「居宅サービス計画」との整合性を図り、「介護職員等喀痰吸引等指示書」（医師の指示）を受けて「喀痰吸引等業務計画書」を作成する。

5 × 介護支援専門員（ケアマネジャー）は、施設においては「施設サービス計画」、在宅においては「居宅サービス計画」を作成する際に、登録喀痰吸引等事業者の登録を確認したうえで、「喀痰吸引等」を実施できる場合に計画に位置づける。

問題 110 ―――――― 正答 5

1 × 痰（たん）の粘度が高くなると、線毛（せんもう）運動は抑制される。

2 × 空気中の異物（ちり、微生物など）を吸い込んだり、炎症が起きると、脱落した気管粘膜上皮、白血球などが粘膜からの分泌物に混ざりながら痰となり、気管の奥深くに異物が入らないようにしている。線毛運動は異物をとらえる運動ではない。

3 × 咳（せき）は、異物や分泌物を体外に排出するための防衛本能のひとつ。のどや気管に溜まった痰が刺激となり、迷走神経を介して咳や咳払いが誘発され、体外に押し出されるしくみになっている。線毛運動と咳は関与していない。

4 × 気管内部の乾燥により粘液の粘稠（ねんちょう）

度が増すと、線毛運動は抑制され、咽頭のほうに押し上げにくくなる。

5 ○ 気管粘膜の分泌物（粘液）は吸い込んだ異物をとらえ、**線毛運動**により気管の奥に入らないように、のど・口のほうに押し上げている。気管からのどの部分まで押し上げられた分泌物は、通常、無意識のうちに食道のほうに飲み込まれている。

問題 111 ―――― 正答 2

1 × 吸引チューブは、医師の「介護職員等喀痰吸引（かくたんきゅういん）等指示書」に指示されたサイズ（太さ）のものを使用する。気管カニューレの内径の**2分の1**以下の太さが目安とされている。

2 ○ 気管カニューレは、下気道である気管に挿入されていることから、**無菌**操作で吸引を実施しなければならないため、滅菌された洗浄水（滅菌精製水）を使用する。

3 × 頸部（けいぶ）が前屈していると、吸引チューブを挿入しづらく、効果的な吸引ができない。気管カニューレ内部の吸引の場合は、**半座位**（ファーラー位、セミファーラー位）など安楽な姿勢で行う。

4 × 吸引時間は医師の「介護職員等喀痰吸引等指示書」に指示された時間で実施する。気管カニューレ内部の吸引は、気道内容物と一緒に気道内の空気も吸引されるため、吸引時間が長いと肺胞虚脱や低酸素血症を招く可能性があるのでできるだけ**短時間**で行う。

5 × 吸引圧は、「介護職員等喀痰吸引等指示書」（医師の指示）どおりの圧で実施する。介護福祉職の判断で吸引圧を**変更**してはならない。

問題 112 ―――― 正答 4

1 × 胃瘻（いろう）造設をした場合、胃瘻部に**異常**がなければ特に保護する必要はなく、そのまま浴槽につかっても大丈夫である。胃瘻部周囲をきれいに洗い、こすらないようにやさしく水気を拭き取り自然乾燥させる。

2 × 排泄（はいせつ）時は、胃瘻部を圧迫するのではなく、**前傾姿勢**で自然な排便を促す。便秘傾向がある場合は、大腸の走行に沿って下腹部を「の」の字を書くようにマッサージするとよい。

3 × 平らなベッド上での排便は、腹圧がかかりにくく排泄がしにくい。自然な排便を促すには、座位で前傾姿勢をとると、恥骨直腸筋が緩んで直腸と肛門の角度が広がり、便が出やすくなる。

4 ○ Hさんは下肢の筋力低下がみられるので、歩行運動を勧めることは有効である。歩行運動は、全身運動であるため**血液循環**がよくなり腸の動きを促進することにつながる。食後1時間以上経過した後に行うとよい。

5 × 栄養剤の量は、「介護職員等喀痰吸引等指示書」（医師の指示）に基づくため、介護福祉職の判断で量を増やすよう促してはならない。

問題 113 ―― 正答 1

1 ○ 感染予防のため、経管栄養の準備を行う場合は、石鹸（せっけん）と流水で丁寧に手を洗ってから行う。

2 × 栄養剤は、無駄にしないために消費期限の古いものから使用し、消費期限の切れたものは使用しない。

3 × 胃瘻（いろう）や腸瘻（ちょうろう）周囲の皮膚が栄養剤の漏（も）れなどにより汚れている場合は、ぬるま湯に浸したガーゼなどを使用し、やさしく丁寧に汚れを拭き取る。異変があれば、医療職に連絡する。

4 × カテーテルチップシリンジは、分解して中性洗剤で洗いよくすすいだ後、0.0125 ～ 0.02％の次亜塩素酸ナトリウム液に1時間以上浸し消毒をする。消毒後、流水でよくすすぎ、風通しのよいところに干して乾燥させる。

5 × 経口摂取を行っていない場合、唾液による自浄作用が低下し口腔（こうくう）内の細菌が繁殖しやすくなる。口腔ケアを怠ると、誤嚥（ごえん）性肺炎や上気道感染を引き起こす場合がある。口腔の清潔保持のためには、口腔ケアを毎食後に行う。

◆総合問題 1◆

問題 114 ―― 正答 1

1 ○ 膝の痛みの悪化により活動量および食事量が減り痩せてきたＪさんは、筋力や活力が低下したフレイルの病態が心配される。

2 × 不定愁訴は、何となく体調が悪いという感覚やさまざまな自覚症状を訴えるものの、検査結果などでは、原因となる病気が見つからない状態である。現在のＪさんの状態には当てはまらない。

3 × 寛解（かんかい）は、病気による症状や検査結果に異常がみられなくなった状態である。膝の痛みが悪化しているＪさんには当てはまらない。

4 × 不穏（ふおん）とは、落ち着きがなくなったり、暴れたりする状態をいう。現在のＪさんの状態には、当てはまらない。

5 × せん妄（もう）とは、意識障害の一種で、軽い意識混濁（こんだく）とともに幻覚・妄想、興奮が伴うものである。現在のＪさんの状態には、当てはまらない。

問題 115 ―― 正答 4

1 × Ｊさんの心配な気持ちを無視した言葉かけである。強引に車に乗るよう促すのは、Ｊさんの気持ちに配慮した言葉かけではない。

2 × 安易に休むことを促すのではなく、Ｊさんの心配な気持ちを軽減する言葉かけが必要である。

3 × 家の中ではつかまり歩きができて

いる。動かないのは不安な気持ちからと考えられるJさんに車いすの使用を提案するのは適切ではない。

4 ○ Jさんの心配を**軽減**するための、適切な言葉かけである。

5 × Jさんの行為が周囲を困らせるという表現は、Jさんに**精神的な負担**となる言葉かけであるため適切ではない。

問題116改 ――――――― 正答1、3

1 ○ 杖(つえ)は**健側**(けんそく)の手で持つのが基本である。Jさんは、右膝に痛みがあるため、杖は左手で持つ。まず左手に持った杖を一歩分前について右足を出し、次に左足を出す、**3動作歩行**で練習を始めるのが適切である。

2 × Jさんは右膝に痛みがあるため、右膝にかかる**負担軽減**には、杖は左手で持つ。

3 ○ 杖歩行に慣れてきた場合に行う**2動作歩行**である。

4 × Jさんは右膝に痛みがあるため、杖は左手で持つ。

5 × 杖を左手で持って左足を出すと、右膝に体重がのり大きな負担がかかってしまうので不適切である。

―――― おことわり ――――

問題116は「最も適切なものを１つ選びなさい。」という問題でしたが、次の理由により全員に得点する措置がとられました。

問題文からは、選択肢１と３のいずれも正答となる余地があり、「最も適切なものを１つ」選ぶことができないため、問題として成立しない。

◆総合問題２◆

問題117 ――――――― 正答4

1 × **リアリティ・オリエンテーション**（RO）は、記憶や思考に混乱をきたしている高齢者に対して、曜日・時間・場所・氏名などを繰り返し説明して案内・指導する方法である。Kさんとほかの利用者と交流する機会をつくる方法としては、最適とはいえない。

2 × **ピアカウンセリング**は、同じ障害や悩みを抱える仲間（ピア）同士が、対等な立場で話し合い（セッション）を繰り返し、自身の抑圧された感情を解放することで、問題の解決を図る方法のことである。

3 × スーパービジョンは、**スーパーバイザー**（熟練した援助の専門家）が、受け手である**スーパーバイジー**（経験の浅い援助者）に対して専門的能力を発揮できるよう指導・援助することである。

4 ○ Kさんが、積極的に生き生きと話すことで、ほかの利用者との交流を行うことができると考えられるため、**回想法**を取り入れるのは適切だといえる。

5 × **社会生活技能訓練**は、認知行動療

法に基づいたリハビリテーション技法である。精神に障害を持つ人が社会で生活していくために、対人関係を良好に維持する技能を身につけ、自信を回復しストレス対処や問題解決ができるスキルの習得が目的である。

問題 118 ——— 正答 1

1 ○ 洗濯物は、落屑（らくせつ）が飛び散らないようにビニールの袋に入れ、**ピレスロイド**系殺虫剤を噴霧（ふんむ）し24時間密閉する。また、衣類や寝具は毎日交換し、**熱処理**（ヒゼンダニは50℃、10分間で死滅）、乾熱滅菌などを徹底する。

2 × 疥癬（かいせん）の感染経路は、飛沫感染ではないので、Ｋさんにマスクを着用してもらう必要はない。

3 × 感染力が非常に強いため、一定期間（治療開始後１～２週間が目安）個室に隔離する必要がある。

4 × **角化型疥癬**（かくかがたかいせん）の患者に直接触れないようにする。介護をする場合は、使い捨てのガウン（予防衣）や手袋を使用する。使用後のガウン・手袋は落屑が飛び散らないようにビニール袋などに入れて処分する。

5 × Ｋさんの入浴は**最後**とし、入浴後は浴槽や浴室の床・壁を洗い流す。脱衣所には電気掃除機をかける。

問題 119 ——— 正答 2

1 × 第１号被保険者であるＫさんが納付する保険料は、市町村が**給付費**の見込み額などに応じて決める。要介護度の変更による影響はない。

2 ○ 認知症対応型共同生活介護費は、**要介護度**によって１日ごとの金額が決められている。要介護度に変更があれば、サービス費に影響する。

3 × 利用者負担割合は、**所得**に応じて決定される（１割または２割（または３割））。要介護度の変更は影響しない。

4 × **食費**は、介護保険給付の**対象外**であるため、要介護度の変更は影響しない。

5 × **居住費**は、介護保険給付の**対象外**であるため、要介護度の変更は影響しない。

◆総合問題３◆

問題 120 ——— 正答 3

1 × **注意障害**とは、高次脳機能障害の症状のひとつである。注意散漫で他の刺激に気が移りやすく、１つのことに集中できなくなる障害のことで、Ａさんに当てはまらない。

2 × **遂行機能障害**とは、高次脳機能障害の症状のひとつである。物事や行動を計画し、順序立てて行うことができなくなる障害のことで、Ａさんに当てはまらない。

3 ○ **強度行動障害**とは、自傷行為や物を壊すなど周囲の人に影響を及ぼす行動が多く、家庭でかなり努力をして養育しても難しい状態が続き、特別な支援が必要な状態をいう。重度の知的障害や自閉症スペクトラム障害のある人などにみられる。

4 × **記憶障害**とは、自分の体験した出来事や過去についての記憶が抜け落ちてしまう障害のことで、Aさんには当てはまらない。

5 × **気分障害**とは、気分が沈んだり、あるいは高ぶったりする感情の起伏の疾患のことで、Aさんには当てはまらない。

問題 121 ―――――――――― 正答 5

1 × **同行援護**は、視覚障害によって移動に著しい困難を伴う者に対し、外出時に同行して視覚的情報を提供するとともに、移動の援助、排泄および食事等の介護などの必要な援助を適切かつ効果的に提供するものである。Aさんには当てはまらない。

2 × **自立生活援助**は、定期的な巡回訪問または随時通報により、障害者からの相談に応じて必要な情報の提供および助言などを行うサービスである。Aさんには当てはまらない。

3 × **自立訓練**は、自立した日常生活または社会生活を営むことができるよう、一定期間、身体機能または生活能力の向上のための訓練などを行うもので、この場合のAさんには、当てはまらない。

4 × **生活介護**は、常時介護を必要とする者に、主に昼間、障害者支援施設などで、入浴、排泄、食事などの介護を行うとともに、創作的活動、生産活動の機会などを提供するもので、この場合のAさんには当てはまらない。

5 ○ **行動援護**は、知的障害または精神障害によって行動上著しい困難があり、常時介護を必要とする者に対して、行動する際に生じる危険を回避するために必要な援護や、外出時の移動中の介護などを提供するものである。

問題 122 ―――――――――― 正答 1

1 ○ **エンパワメント**とは、利用者が自らの問題を**主体**的に解決しようとする力を引き出すことを意味する。お菓子とお金に注目しているAさんの力を引き出す支援は、エンパワメントの考え方が背景になっている。

2 × 介護福祉職などが、利用者の意向をくみ、意思の疎通を図ったうえ、それらを代弁することを**アドボカシー**（権利擁護）という。

3 × **ピアサポート**とは、同じような経験や体験をしている仲間（ピア）同士の支え合いを表す。

4 × **ノーマライゼーション**とは、障害がある人もない人も、住み慣れた地域で、同じようにともに生き、普通に生活をするという考え方である。

5 × **インクルージョン**とは、障害児をはじめ、さまざまな状態にあるそれぞれの児童・生徒のニーズに応じた援助を行いながら、ともに成長・発達していく教育のあり方である。

◆総合問題4◆

問題123 ―――――― 正答4

1 × Bさんの損傷レベル第5頸髄節までの機能残存（C5）の場合、運動機能が残っているのは、肩や肘、前腕の一部である。**下肢**と**体幹**は麻痺しているため、自力歩行はできない。

2 × 車いす駆動を自立して行えるのは第8頸髄節（けいずいせつ）まで機能が残存（C8）している場合である。

3 × **呼吸障害**が起こり、人工呼吸器が必要になるのは、損傷レベルC1～3である。

4 ○ 第5頸髄節まで機能が残存（C5）すれば、前腕の一部を動かせるため、電動車いすの操作が可能である。

5 × 頸髄損傷の場合、C8であっても、リハビリテーションによる回復はフォークを持って食事をすることが可能になるレベルまでであり、指を使った細かい作業は**難しい**。

問題124 ―――――― 正答5

1 × Bさんが考えている障害者支援施設への入所支援は、障害者総合支援法に基づく**自立支援給付**の中の介護給付である。介護支援専門員に相談して居宅サービス計画を作成するのは介護保険制度による介護給付を受ける場合であり、Bさんには該当しない。

2 × Bさんが受けるのは、要介護認定ではなく、**障害支援区分**の認定である。6段階ある区分は、区分の数字が大きい程必要とされる支援の度合いが高くなる。

3 × 選択肢は、介護保険による介護給付を受ける場合である。Bさんには該当しない。

4 × サービス等利用計画の作成は、Bさんの依頼により、**指定特定相談支援事業者**が行う。

5 ○ 障害福祉サービスを利用するには、障害支援区分の認定を受ける必要がある。Bさんは、**市町村**の窓口に申請し、**認定調査**を受ける。

問題125 ―――――― 正答2

1 × 工作などの作業を行いながら身体機能の回復を図るためには、**作業療法士**と連携する。看護師は、医師の指示・管理下で療養上の世話または診療の補助などを行う職種である。

2 ○ **理学療法士**は、医師の指示を受け、障害者等に対して基本的な動作能力の回復を図るリハビリテーションを行う。

3 × **管理栄養士**は、栄養状態の面から健康増進を図る職種である。専門的な知識と技術をもって栄養指導や給食管理、栄養管理を行う。

4 × **義肢装具士**（ぎしそうぐし）は、医師の指示の下、義肢や装具の採寸、採型、製作、身体への適合などを行う職種である。

5 × **社会福祉士**は、専門知識および技術をもって、身体上もしくは精神上の障害があること、または環境上の理由によって日常生活を営むのに支障のある人の福祉に関する相談に応じ、助言や指導をし、さらには福祉サービスや保健医療サービスを提供する関係者との連絡や調整などの援助を行う職種である。

◎ 介護福祉士国家試験 ◎

第32回
（令和２年）
試験問題

目　次

●人間の尊厳と自立●

問題１

Ａさん（78歳、女性、要介護３）は、訪問介護（ホームヘルプサービス）を利用している。72歳から人工透析を受けている。透析を始めた頃から死を意識するようになり、延命治療を選択する意思決定の計画書を作成していた。しかし、最近では、最期の時を自宅で静かに過ごしたいと思い、以前の計画のままでよいか気持ちに迷いが出てきたので、訪問介護（ホームヘルプサービス）のサービス提供責任者に相談した。

サービス提供責任者の対応として、**最も適切なもの**を**１つ**選びなさい。

1　「この計画書は、医療職が作成するものですよ」
2　「一度作成した計画書は、個人の意向で変更するのは難しいですよ」
3　「意思確認のための話合いは、何度でもできますよ」
4　「そんなに心配なら、特別養護老人ホームに入所できますよ」
5　「この計画書は、在宅ではなく病院での治療を想定したものですよ」

問題２

利用者の意思を代弁することを表す用語として、**最も適切なもの**を**１つ**選びなさい。

1　インフォームドコンセント（informed consent）
2　ストレングス（strength）
3　パターナリズム（paternalism）
4　エンパワメント（empowerment）
5　アドボカシー（advocacy）

●人間関係とコミュニケーション●

問題３

他者とのコミュニケーションを通した自己覚知として、**最も適切なもの**を**１つ**選びなさい。

1　自己の弱みより強みを重視する。
2　自己の感情の動きとその背景を洞察する。
3　自己の行動を主観的に分析する。
4　自己の私生活を打ち明ける。
5　自己の価値観を他者に合わせる。

問題４

高齢者とのコミュニケーションにおける配慮として、**最も適切なもの**を**１つ**選びなさい。
1　相手と視線が合わせられる位置で話す。
2　相手には座ってもらい、自分は立ったまま話す。
3　初対面のときから相手と密着した距離で話す。
4　相手の表情があまり見えない薄暗い場所で話す。
5　たくさんの人がいる、にぎやかな場所で話す。

●社会の理解●

問題5

地域包括ケアシステムでの自助・互助・共助・公助に関する次の記述のうち、**最も適切なもの**を**1つ**選びなさい。
1　自助は、公的扶助を利用して、自ら生活を維持することをいう。
2　互助は、社会保険のように制度化された相互扶助をいう。
3　共助は、社会保障制度に含まれない。
4　共助は、近隣住民同士の支え合いをいう。
5　公助は、自助・互助・共助では対応できない生活困窮等に対応する。

問題6

「働き方改革」の考え方に関する記述として、**適切なもの**を**1つ**選びなさい。
1　長時間労働は日本社会の特質で、時間外労働の限度の設定は困難である。
2　有給休暇の取得よりも、働くことが優先される。
3　働く人々のニーズに応じた、多様な働き方を選択できる社会の実現を図る。
4　正規雇用労働者と非正規雇用労働者の待遇の格差が存在することは、当然である。
5　「働き方改革」は、中小企業は対象でない。
(注) ここでいう「働き方改革」とは、「働き方改革を推進するための関係法律の整備に関する法律」に基づく諸施策の実施のことである。

問題7

Bさん（80歳、女性、要介護1）は、身寄りがなく一人暮らしをしている。老齢基礎年金で暮らしてきたが、貯金が少なくなり、生活が苦しくなってきた。このため2万円の家賃支払いも困難になり、通所介護事業所のC生活相談員に、費用がかかる通所介護（デイサービス）の利用をやめたいと言ってきた。

C生活相談員の対応として、**最も適切なもの**を**1つ**選びなさい。
1　介護支援専門員（ケアマネジャー）に、通所介護（デイサービス）の利用中止を依頼する。

2　介護支援専門員（ケアマネジャー）に、サービス担当者会議で利用中止の検討を依頼する。

3　福祉事務所に相談するように助言する。

4　これまでどおりの利用を説得する。

5　無料で利用できる地域の通所型サービスを探す。

問題８

2015年度（平成27年度）以降の社会保障の財政に関する次の記述のうち、**最も適切なものを１つ**選びなさい。

1　後期高齢者医療制度の財源で最も割合が大きいものは、後期高齢者の保険料である。

2　社会保障給付費の財源では、税の占める割合が最も大きい。

3　生活保護費の財源内訳は、社会保険料と税である。

4　国の一般会計予算に占める社会保障関係費の割合は、30％を超えている。

5　社会保障給付費の給付額では、医療費の構成割合が最も大きい。

問題９

介護保険制度の被保険者に関する次の記述のうち、**正しいものを１つ**選びなさい。

1　加入は任意である。

2　第一号被保険者は、65歳以上の者である。

3　第二号被保険者は、20歳以上65歳未満の医療保険加入者である。

4　第一号被保険者の保険料は、都道府県が徴収する。

5　第二号被保険者の保険料は、国が徴収する。

問題10

介護予防・日常生活支援総合事業に含まれる事業として、**適切なものを１つ**選びなさい。

1　家族介護支援事業

2　予防給付

3　介護給付

4　権利擁護事業

5　第一号訪問事業（訪問型サービス）

問題11

障害福祉計画に関する次の記述のうち、**正しいものを１つ**選びなさい。

1　厚生労働大臣は基本的な指針を定めなければならない。
2　都道府県による策定は努力義務である。
3　市町村による策定は努力義務である。
4　障害児福祉計画とは計画期間が異なっている。
5　文化芸術活動・スポーツの振興についての目標設定をしなければならない。

問題12

Ｄさん（60歳、女性）は、交通事故で下肢に障害が生じた。現在、入院中のＤさんは退院後、在宅での生活を続けるために、「障害者総合支援法」の障害福祉サービス（居宅介護）の利用を希望している。

Ｄさんが障害福祉サービス（居宅介護）を利用するための最初の手続きとして、**最も適切なもの**を**１つ**選びなさい。

1　地域包括支援センターに相談する。
2　医師の診断書を居住する市町村に提出する。
3　障害福祉サービス（居宅介護）を提供している事業所と契約する。
4　居住する市町村の審査会に、障害福祉サービス（居宅介護）の利用を申し出る。
5　居住する市町村の担当窓口に、障害福祉サービス（居宅介護）の支給申請をする。

（注）「障害者総合支援法」とは、「障害者の日常生活及び社会生活を総合的に支援するための法律」のことである。

問題13

2018年度（平成30年度）に創設された共生型サービスの対象となるサービスとして、**正しいもの**を**１つ**選びなさい。

1　訪問看護
2　共同生活援助（グループホーム）
3　同行援護
4　通所介護（デイサービス）
5　通所リハビリテーション

問題14

自閉症（autism）のＥさん（22歳、男性、障害支援区分５）は、就労支援施設に通所している。こだわりが強く、毎月購入している雑誌を処分するとパニックになってしまう。

「障害者虐待防止法」の視点を踏まえて、Ｅさんの気持ちが安定するように、施設の介護福祉職がＥさんにかける言葉として、**最も適切なもの**を**１つ**選びなさい。

1　「決まりですから捨てますよ」
2　「読みたい雑誌はとっておきましょう」
3　「古紙として再生利用しますからね」
4　「Ｅさんにこの雑誌をあげるわけにはいかないんですよ」
5　「次の新しい雑誌がきますよ」
(注)「障害者虐待防止法」とは、「障害者虐待の防止、障害者の養護者に対する支援等に関する法律」のことである。

問題15

成年後見制度に関する次の記述のうち、**適切なもの**を**１つ**選びなさい。
1　「2018年（平成30年）の全国統計」によれば、補助、保佐、後見のうち、最も多い申立ては後見である。
2　「2018年（平成30年）の全国統計」によれば、親族後見人が７割を占めている。
3　成年後見人は、施設入所の契約だけでなく介護も行う。
4　任意後見制度では、候補者の中から家庭裁判所が成年後見人を選任する。
5　成年後見制度利用支援事業では、成年後見人への報酬は支払えない。
(注)「2018年（平成30年）の全国統計」とは、「成年後見関係事件の概況－平成30年１月～12月－」(平成31年３月最高裁判所事務総局家庭局）のことである。

問題16

生活保護法における補足性の原理の説明として、**適切なもの**を**１つ**選びなさい。
1　国の責任において保護を行う。
2　全ての国民に無差別平等な保護を行う。
3　健康で文化的な生活を維持できる保護を行う。
4　資産・能力等を活用した上で保護を行う。
5　個人または世帯の必要に応じて保護を行う。

●介護の基本●

問題17

Ｆさん（72歳、女性、要介護２）は、中等度の認知症（dementia）があり、自宅で夫と生活している。ある日、訪問介護員（ホームヘルパー）が訪問すると、夫が散乱したコーヒー豆を片づけていた。Ｆさんは、「わからなくなっちゃった」と言っていた。訪問介護員（ホームヘルパー）が夫に事情を聞くと、「今も日課でコーヒーを豆から挽(ひ)いて入れてくれるんだが、最近は失敗することが多くなって、失敗すると自信を失ってしまうしね。でも、毎朝、『コーヒーを入れなくちゃ』と言うんだ」と寂しそうに話した。

訪問介護員（ホームヘルパー）の夫への助言として、**最も適切なものを１つ**選びなさい。

1 「そばにいて、Ｆさんと一緒にコーヒーを入れてはどうですか」

2 「Ｆさんと一緒に、喫茶店にコーヒーを飲みに行ってはどうですか」

3 「おいしいコーヒーを買ってきて二人で飲んではどうですか」

4 「私がＦさんからコーヒーの入れ方を教えてもらいましょうか」

5 「新しいコーヒーメーカーを買ってはどうですか」

問題18

Ｇさん（80歳、女性、要介護３）は、脳卒中（stroke）の後遺症により左片麻痺があり、からだを思うようにコントロールができず、ふらつきが見られる。以前は、２週間に一度は美容院で長い髪をセットしてもらい、俳句教室に行くのを楽しみにしていた。病気になってからは落ち込むことが増え、介護が必要になったため、介護老人福祉施設に入所した。

ノーマライゼーション（normalization）の考え方を踏まえた、Ｇさんへの生活支援として、**最も適切なものを１つ**選びなさい。

1 洗髪しやすいように、長い髪のカットを勧める。

2 共同生活のため、夕食は施設の時間に合わせてもらう。

3 落ち込んでいるため、居室での生活を中心に過ごしてもらう。

4 おしゃれをして、施設の俳句クラブに参加するように勧める。

5 転倒予防のため、車いすを使用してもらう。

問題19

ＩＣＦ（International Classification of Functioning, Disability and Health: 国際生活機能分類）の視点に基づく環境因子と心身機能の関連を表す記述として、**最も適切なものを１つ**選びなさい。

1 電気スタンドをつけて、読書を楽しむ。

2 車いすを使用して、美術館に行く。

3 聴力が低下すると、コミュニケーションがうまくとれない。

4 ストレスが溜（た）まると、活力が低下する。

5 床面の性状が柔らかいと、バランスを崩す。

問題20

Ｈさん（80歳、女性、要介護１）は、アルツハイマー型認知症（dementia of the

Alzheimer's type）である。20年前に夫が亡くなった後は、ずっと一人暮らしをしている。これまでの生活を続けていきたいので、訪問介護（ホームヘルプサービス）を利用することにした。

訪問介護員（ホームヘルパー）のＨさんへの対応として、**最も適切なもの**を**１つ**選びなさい。

1　Ｈさんの意向を確認して、今までどおり畳で布団の使用を継続した。
2　入浴後、手ぬぐいで体を拭いていたが、バスタオルに変更した。
3　訪問介護員（ホームヘルパー）の判断で、食事の前にエプロンをつけた。
4　整理整頓のために、壁に立てかけてあった掃除機を押し入れに片づけた。
5　Ｈさんの気持ちを切り替えるために、家具の配置を換えた。

問題21

「平成30年版高齢社会白書」（内閣府）で示された65歳以上の者の家庭内事故の発生割合が最も高い場所（屋内）として、**正しいもの**を**１つ**選びなさい。

1　階段
2　台所・食堂
3　風呂場
4　トイレ
5　居室

問題22

認知症対応型共同生活介護（グループホーム）での介護に関する次の記述のうち、**最も適切なもの**を**１つ**選びなさい。

1　テレビのニュースを見て、新しい出来事を覚えてもらう。
2　利用者それぞれの要求には応えられないので、同じ日課で過ごしてもらう。
3　利用者の、現在よりも過去の身体的・精神的状態の把握が優先される。
4　利用者の、なじみのある人や店との関係は継続していく。
5　環境に慣れるまでは、車いすでの移動を勧める。

問題23

訪問介護事業所のサービス提供責任者の役割に関する次の記述のうち、**最も適切なもの**を**１つ**選びなさい。

1　利用者の生活課題に沿って、居宅サービス計画書を作成する。
2　具体的な援助目標及び援助内容を記載した訪問介護計画書を作成する。

3　利用者の要望に応じて、他の事業所との利用調整を行う。
4　判断能力が十分でない人に対して、日常的な金銭管理を行う。
5　居宅サービス事業者を招集して、サービス担当者会議を開催する。

問題24

介護の実践における多職種連携に関する次の記述のうち、**最も適切なもの**を**1つ**選びなさい。

1　医師が多職種連携の中心となる介護実践のことである。
2　民生委員やボランティアは、多職種連携のチームから除かれる。
3　医療と介護の連携とは、利用者の体調不良時に医療機関を受診させることを指す。
4　要介護度の改善を優先して、多職種連携によるケアプランを作成する。
5　利用者のケアの方向性に関する情報を共有して、課題の解決に取り組む。

問題25

介護福祉職の倫理に関する次の記述のうち、**最も適切なもの**を**1つ**選びなさい。

1　介護の技術が伴わなくても、利用者の要望を最優先に実施した。
2　利用者が求めた医行為は、実施が可能である。
3　個人情報の取扱いについて、利用者に説明して同意を得た。
4　暴力をふるう利用者を自室から出られないようにした。
5　業務が忙しかったので、施設の廊下で職員同士の打合せを行った。

問題26

高齢者介護施設で、ＭＲＳＡ（メチシリン耐性黄色ブドウ球菌）の保菌者が確認されたときの対応に関する次の記述のうち、**最も適切なもの**を**1つ**選びなさい。

1　入所者全員の保菌の有無を調べる。
2　接触感染予防策を実施する。
3　保菌者のレクリエーションへの参加を制限する。
4　保菌者は最初に入浴する。
5　通常用いられる消毒薬は無効である。

●コミュニケーション技術●

問題27

直面化の技法に関する次の記述のうち、**最も適切なもの**を**1つ**選びなさい。

1　利用者の感情と行動の矛盾点を指摘する。

2　うなずきやあいづちを用いて、利用者の話を促す。
3　利用者が話した内容を、整理して伝える。
4　利用者が話した内容を、別の言葉を使って簡潔に返す。
5　「はい」や「いいえ」だけで答えられる質問をする。

問題28

意欲が低下した人とのコミュニケーションの基本として、**最も優先すべきもの**を**1つ**選びなさい。

1　考え方を変えるように促す。
2　早く元気を出すように励ます。
3　意欲が自然に回復するまで待つ。
4　意欲低下の背景を考える。
5　自己決定してもらうのは避ける。

問題29

構音障害のある利用者とのコミュニケーションに関する次の記述のうち、**最も適切なもの**を**1つ**選びなさい。

1　閉じられた質問の活用を控える。
2　聞き取れないところは、再度言ってもらう。
3　はっきりと発音するように促す。
4　耳元で大きな声で話しかける。
5　筆談の活用を控える。

問題30

視覚障害者とのコミュニケーションに関する次の記述のうち、**最も適切なもの**を**1つ**選びなさい。

1　挨拶するときは後ろから声をかける。
2　話しかけることは最小限にとどめる。
3　聴覚、触覚、嗅覚を活用する。
4　声の強弱などの準言語の活用は控える。
5　方向を示すときは「あちら」「そちら」と表現する。

◆事例問題◆

次の事例を読んで、**問題31**、**問題32**について答えなさい。

〔事　例〕

Ｊさん（20歳、男性）は、中度の知的障害を伴う自閉症（autism）があり、２か月前から就労継続支援Ｂ型事業所を利用している。Ｊさんは、日常生活に関することは自分の感情を伝えることができるが、他者の感情を読み取ることや抽象的な言葉の理解は苦手である。また、社会的な善悪に照らして自分の言動を判断することが難しい。

ある日、事業所で作業中にＪさんが興奮して他の利用者を叩いた。介護福祉職は二人を引き離し、Ｊさんを個室に連れて行って対応した。

作業終了後、同居している家族にＪさんの出来事を伝えた。家族はＪさんに、「どうしてそんなことをするの。いつもだめなことばかりして」とイライラした口調で叱った。

問題31

Ｊさんを個室に連れて行ったときの、介護福祉職のＪさんに対する最初の言葉かけとして、**最も適切なもの**を**１つ**選びなさい。

1　「人を叩くのは許されません」
2　「相手の気持ちを想像しましょう」
3　「自分のしたことを反省しましょう」
4　「ここで話をしましょう」
5　「なぜ叩いてしまったのですか」

問題32

Ｊさんを叱った家族への介護福祉職の対応として、**最も適切なもの**を**１つ**選びなさい。

1　叱ることは正しいと支持する。
2　家族の対応は間違っていると否定する。
3　Ｊさんへのこれまでの対応や思いを聴く。
4　家族の対応には介入せずに黙認する。
5　介護福祉職の指示どおりに対応するように伝える。

◆事例問題◆

次の事例を読んで、**問題33、問題34**について答えなさい。

〔事　例〕

Ｋさん（80歳、男性）は、中等度の認知症（dementia）があり、認知症対応型共同生活介護（グループホーム）に入居中である。16時頃、Ｋさんが L 介護福祉職に、「仕事は終わりました。家に帰ります」と伝えてきた。その後、L 介護福祉職がＫさんの居室を訪問すると、Ｋさんは、「早く家に帰らなくては…」と言いながらタンスから衣類を取り出していた。

問題33

Ｌ介護福祉職が居室を訪問したときに、最初にとる対応として、**最も適切なもの**を**1つ**選びなさい。

1　衣類をタンスへ戻すように促す。
2　居室から出ないようにお願いする。
3　ここに入居したことを覚えていないのかと質問する。
4　ここは仕事場ではないことを説明する。
5　挨拶しながら表情や行動を観察する。

問題34

客観的事実を表す介護記録として、**最も適切なもの**を**1つ**選びなさい。

1　16時頃、「仕事は終わりました。家に帰ります」という発言があった。
2　自宅のことが心配になって「家に帰る」という発言があった。
3　不安時に無断外出が心配されるため、様子の観察が必要と考える。
4　認知症（dementia）が悪化し、ここがどこなのかを理解していないようだ。
5　帰宅願望があったが、特に問題はなかった。

●生活支援技術●

問題35

一戸建ての住宅に暮らす利用者の地震対策に関する訪問介護員（ホームヘルパー）の助言として、**最も適切なもの**を**1つ**選びなさい。

1　家具には、キャスターをつける。
2　書棚の上部には、重い物を収納する。
3　食器棚は、ガラス扉を外す。
4　外への避難経路は、玄関の１方向とする。
5　非常時に持ち出す物は、リュックサックにまとめておく。

問題36

介護保険の給付対象となる住宅改修を利用してトイレを改修するとき、介護福祉職が助言する内容として、**正しいもの**を**1つ**選びなさい。

1　開き戸は、自動ドアに変更できる。
2　和式便器の上に、腰掛け便座を設置できる。
3　滑りにくい床材に変更できる。
4　取り外しが可能な手すりを設置できる。

5　現在使用している洋式便器に、洗浄機能を付加できる。

問題37

ユニバーサルデザイン（universal design）の７原則に関する次の記述のうち、**最も適切なもの**を**１つ**選びなさい。

1　高齢者が優先的に使用できる。
2　使い方を統一する。
3　情報伝達の手段は一つにする。
4　使用するためには訓練が必要である。
5　誰にでも使える大きさと広さが確保されている。

問題38

次の記述のうち、高次脳機能障害（higher brain dysfunction）による着衣失行のある人に対する着衣の介護として、**最も適切なもの**を**１つ**選びなさい。

1　着替えができない理由を本人に確認する。
2　左右がわかるように衣類に印をつける。
3　着衣の前に全ての手順を口頭で指示する。
4　衣服を畳んで渡す。
5　着衣の方法を毎回変えるように勧める。

問題39

更衣のための介護に関する次の記述のうち、**最も適切なもの**を**１つ**選びなさい。

1　手指の細かな動作が難しい利用者に、マグネット式のボタンを勧める。
2　認知症（dementia）のある利用者に、ボタンエイドの使用を勧める。
3　下肢の筋力低下のある利用者に、立位で更衣をするように勧める。
4　視覚障害のある利用者に、ソックスエイドの使用を勧める。
5　片麻痺のある利用者に、袖ぐりの小さい上衣を勧める。

問題40

介護老人保健施設の利用者の身じたくに関する専門職の役割として、**最も適切なもの**を**１つ**選びなさい。

1　介護支援専門員（ケアマネジャー）は、洗面時の関節可動域の制限を改善する。
2　支援相談員は、着脱に使用する福祉用具を選定する。
3　栄養士は、破損した義歯を修復する。

4　看護師は、糖尿病（diabetes mellitus）に伴う管理が必要な利用者の爪切りを行う。
5　理学療法士は、身体状況に合わせて衣類を作り直す。

問題41

次の記述のうち、ベッドから車いすへの移乗介護で最初に行うこととして、**最も適切なもの**を**1つ**選びなさい。

1　移乗の目的を説明して同意を得る。
2　移乗の方法を説明する。
3　衣服を着替えてもらう。
4　車いすを介護しやすい位置に調整する。
5　ベッドの高さを調節する。

問題42

立位をとり静止している利用者の重心線が、点Xから点Yに移動したときに考えられるふらつきとして、**適切なもの**を**1つ**選びなさい。

1　左前方へのふらつき
2　右前方へのふらつき
3　左後方へのふらつき
4　後方へのふらつき
5　右後方へのふらつき

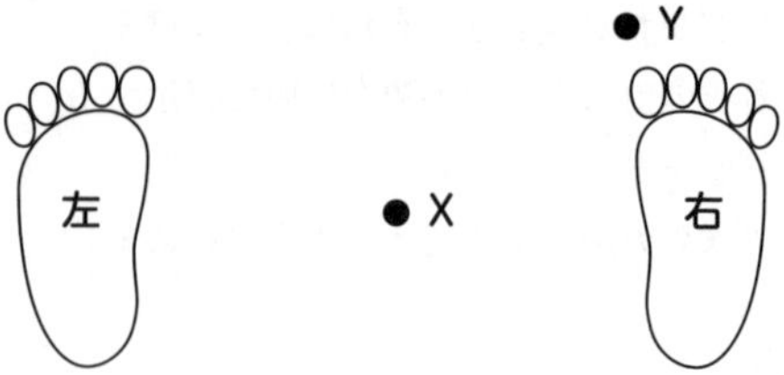

問題43

右片麻痺の利用者が、手すりを利用して階段を昇降するときの介護に関する次の記述のうち、**適切なもの**を**1つ**選びなさい。

1　手すりが利用者の右側になるように声をかける。
2　階段を昇るとき、利用者の左後方に立つ。
3　階段を昇るとき、右足から出すように声をかける。
4　階段を降りるとき、利用者の右前方に立つ。
5　階段を降りるとき、左足から出すように声をかける。

問題44

Mさん（78歳、女性）は、体格指数（ＢＭＩ）は18.7である。病気や食事制限はない。この１年間で体重が２kg減少し、「最近、歩くのが遅くなり、疲れやすくなった」と言っている。Mさんに普段の食生活を尋ねたところ、お茶漬けやうどんで済ますことが多いと答えた。

介護福祉職が食事バランスガイドを用いて摂取を勧める区分として、**最も適切なもの**を**1つ**選びなさい。

1　主食
2　副菜
3　主菜
4　牛乳・乳製品
5　果物

問題45

いすに座って食事をする利用者の姿勢を確保する介護として、**最も適切なもの**を**1つ**選びなさい。

1　顎を上げてもらう。
2　テーブルは、肘がつき腕が自由に動かせるものを用意する。
3　テーブルと体の間を30cm 離す。
4　体幹を後方に傾けてもらう。
5　いすに浅く座ってもらう。

問題46

高齢者の食生活に関する助言として、**最も適切なもの**を**1つ**選びなさい。

1　骨粗鬆症（osteoporosis）の予防として、ビタミンD（vitamin D）の摂取を勧める。
2　高血圧症（hypertension）の予防として、果物の摂取を控える。
3　便秘の予防として、水分摂取を控える。
4　ドライマウス（dry mouth）の予防として、柔らかい食物を勧める。
5　逆流性食道炎（reflux esophagitis）の予防として、食後すぐに横になる。

問題47

左半側空間無視のある利用者の食事介護として、**最も適切なもの**を**1つ**選びなさい。

1　利用者の左側にトレー（tray）を置く。
2　トレー（tray）の右側に印をつける。
3　クロックポジションに従って配膳する。
4　食べる様子を観察して適宜食器の位置を変える。
5　利用者の右側にあるテレビをつけておく。

問題48

清拭の介護として、**最も適切なものを１つ**選びなさい。

1　目のまわりは目尻から目頭に向かって拭く。

2　背部は患側を下にして拭く。

3　腹部は臍部から恥骨部に向かって拭く。

4　両下肢は末梢から中枢に向かって拭く。

5　皮膚についた水分は最後にまとめて拭く。

問題49

利用者の状態に応じた入浴の介護として、**最も適切なものを１つ**選びなさい。

1　血液透析を受けている人は、透析直後に入浴する。

2　胃ろうを造設している人は、入浴を控える。

3　心臓機能障害がある人は、半身浴にする。

4　酸素療法を行っている人は、鼻カニューレを外して入浴する。

5　回腸ストーマを造設している人は、食後１時間以内に入浴する。

問題50

右片麻痺のある利用者が、ベッドサイドでポータブルトイレを使用するときの設置場所として、**最も適切なものを１つ**選びなさい。

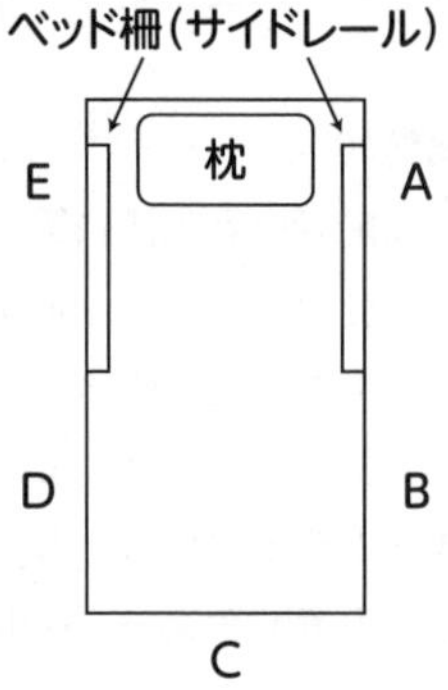

1　A

2　B

3　C

4　D

5　E

問題51

膀胱留置カテーテルを使用している利用者への介護福祉職の対応として、**最も適切なものを１つ**選びなさい。

1　水分摂取を控えてもらう。

2　カテーテルが折れていないことを確認する。

3　採尿バッグは膀胱と同じ高さに置く。

4　尿漏れが見られたらカテーテルを抜去する。

5　尿量の確認は看護師に依頼する。

問題52

解熱を目的にした坐薬（座薬）の挿入に関する次の記述のうち、**最も適切なものを１つ**選びなさい。

1　挿入時は仰臥位（背臥位）で膝を伸ばす。
2　挿入時は腹式呼吸を促す。
3　坐薬（座薬）はとがっていない方から挿入する。
4　挿入後は坐薬（座薬）が排出されないことを確認する。
5　衣服を整えてから手袋を外す。

問題53

肉入りのカレーを常温で保存し、翌日、加熱調理したときの食中毒の原因菌として、**最も注意しなければならないものを１つ**選びなさい。

1　ウエルシュ菌
2　カンピロバクター
3　サルモネラ菌
4　腸炎ビブリオ
5　黄色ブドウ球菌

問題54

ノロウイルス（Norovirus）に感染した人の嘔吐物のついた衣服の処理に関する次の記述のうち、**最も適切なものを１つ**選びなさい。

1　嘔吐物を拭き取ったペーパータオルはごみ箱に捨てる。
2　汚染された部分にアルコールを噴霧する。
3　汚染された部分を強くもみ洗いする。
4　嘔吐物を取り除いた後、次亜塩素酸ナトリウム溶液につける。
5　40℃の湯で洗濯する。

問題55

Ａさん（85歳、女性、要介護１）は、認知症（dementia）があり判断能力が不十分である。一人暮らしで、介護保険サービスを利用している。訪問介護員（ホームヘルパー）が訪問したときに、物品売買契約書を見つけた。Ａさんは、「昨日、訪問販売の業者が来た」「契約書については覚えていない」と話した。

訪問介護員（ホームヘルパー）から連絡を受けたサービス提供責任者が、迅速にクーリング・オフの手続きを相談する相手として、**最も適切なものを１つ**選びなさい。

1　行政書士
2　消費生活センター
3　家庭裁判所
4　保健所
5　相談支援事業所

問題56

眠れないと訴える高齢者に介護福祉職が行う助言として、**最も適切なものを１つ**選びなさい。

1　起床時に日光を浴びるように勧める。
2　日中、長い昼寝をするように勧める。
3　夕食後２時間以内に就寝するように勧める。
4　寝る前に緑茶を飲むように勧める。
5　決まった就床時刻を守るように勧める。

問題57

施設における安眠を促すための環境に関する次の記述のうち、**最も適切なものを１つ**選びなさい。

1　湿度は20％以下に設定する。
2　寝衣は、体に密着した形のものを選ぶ。
3　冷暖房の風が、体に直接当たるようにする。
4　夜間の照明は、部屋全体がはっきり見える明るさにする。
5　介護福祉職同士の会話が響かないようにする。

問題58

睡眠薬を服用している高齢者への介護福祉職の対応として、**適切なものを１つ**選びなさい。

1　アルコールと一緒に服用してもらった。
2　服用後、１時間は起きているように伝えた。
3　日中、ふらつきがみられたので医師に伝えた。
4　通常の量では眠れないと言われたので、追加して飲むように伝えた。
5　体調に合わせて服薬時間を変更した。

問題59

Ｂさん（83歳、女性）は、介護老人福祉施設に入所している。終末期で、「最期はこの施設で迎えたい」という本人の希望があり、家族もそれを望んでいる。昨日から死前喘鳴が出現し、医師から、「あと数日でしょう」と言われた。

「呼吸が苦しそうだ」と言っている家族への介護として、**最も適切なもの**を**１つ**選びなさい。

1　「自然な経過なので体位の工夫をして一緒に見守りましょう」

2　「Ｂさんに意識はないので心配いらないですよ」

3　「痰の吸引をすると楽になるので準備しますね」

4　「Ｂさんを励ましてください」

5　「すぐに救急車を呼びましょう」

問題60

高齢者施設において介護福祉職が行う死亡後の介護について、**最も適切なもの**を**１つ**選びなさい。

1　ペースメーカーを取り除く。

2　口が閉じない場合は紐で顎を固定する。

3　衣服は着衣がしやすい服を選ぶ。

4　全身清拭には水を使用する。

5　家族に、死亡後の介護を一緒に行うかどうかを確認する。

●介護過程●

問題61

介護過程の目的に関する次の記述のうち、**最も適切なもの**を**１つ**選びなさい。

1　利用者の価値観を変える。

2　利用者の療養上の世話をする。

3　利用者の経済的負担を軽減する。

4　利用者の望んでいる、よりよい生活を実現する。

5　利用者の生活習慣を改善する。

問題62

介護計画の作成に関する次の記述のうち、**最も適切なもの**を**１つ**選びなさい。

1　抽出されたニーズを踏まえて目標を設定する。

2　内容が明確であれば支援方法の記載は省略する。

3　支援方法は「～させる」と使役文で記載する。

4　利用者の正しい理解を促すために専門用語を用いる。

5　計画の見直しの時期は決めない。

問題63

介護計画の実施に関する次の記述のうち、**最も適切なもの**を**1つ**選びなさい。

1　介護福祉職の価値観に沿って実施する。

2　実施した状況は客観的に記録する。

3　計画の内容は実施の直前に家族に伝える。

4　他職種への経過報告は目標の達成後に行う。

5　利用者の満足度よりも目標の達成を優先する。

◆事例問題◆

次の事例を読んで、**問題64、問題65**について答えなさい。

〔事　例〕

Ｃさん（75歳、男性、要介護１）は、脳梗塞（cerebral infarction）を発症した。２か月前から在宅復帰を目的として介護老人保健施設に入所している。次女は遠方から時々面会に来ているが、長女とは音信不通の状態が続いている。

Ｃさんは現在、右片麻痺で歩行には杖（つえ）を使用している。担当の理学療法士から、「レクリエーションには積極的に参加するなど意欲はあるが、歩行状態が思うように改善しないと悩んでいた」との報告があった。

その後、歩行訓練やレクリエーションに参加しなくなり、居室のベッドで寝て過ごすことが多くなった。また、時々尿失禁をするようになった。

Ｃさんは、「自宅に帰りたいのに、このまま車いすになったらどうしよう」と担当の介護福祉職に打ち明けた。

問題64

Ｃさんの介護過程の展開に関する次の記述のうち、**最も適切なもの**を**1つ**選びなさい。

1　長女から入所前の情報を収集する。

2　現状を再アセスメントし、生活課題を抽出する。

3　自宅に戻った後の介護計画を立案する。

4　尿失禁に対応する介護計画の実施を優先する。

5　介護計画の最終的な評価は理学療法士が担当する。

問題65

次の記述のうち、Cさんの短期目標として、**最も適切なものを１つ**選びなさい。

1　車いすの使用方法を理解する。

2　居室のベッドで安静に過ごす。

3　次女との同居を実現する。

4　今まで以上に、意欲的に歩行訓練に取り組む。

5　居室を出てレクリエーションに参加する。

◆事例問題◆

次の事例を読んで、**問題66、問題67**について答えなさい。

〔事　例〕

Dさん（77歳、男性、要介護２）は、妻と二人で暮らしている。定年まで、高校の体育の教師で野球部の監督をしていた。起居動作に問題はないが、認知症（dementia）と診断されたため、現在、通所介護（デイサービス）を週３回利用している。通所介護（デイサービス）では、短期目標を「役割を持ち意欲的に生活する（３か月）」と設定し、体操を指導する役割をお願いしていた。

実施１か月が経過した頃、テレビで高校野球を見たDさんは暗い表情で、「生徒を全国大会に連れて行けなかったのは私の責任だ」と嘆いていた。この日は、担当の介護福祉職が体操の指導をお願いしても、「今すぐ行かなければ」と断った。

問題66

Dさんが体操の指導を断った理由の解釈として、**最も可能性が高いものを１つ**選びなさい。

1　介護福祉職に依頼されたため。

2　妻に会いに自宅に帰りたいため。

3　高校野球のことが気になっているため。

4　立ち上がり動作が不安定なため。

5　体育の授業を行うため。

問題67

その後も体操の指導を継続していたDさんは、参加者から体操の順番が違うと指摘されて指導の意欲を失い、一人でいることが多くなった。しかし、体操の時間になると遠くからその様子を眺めていた。

Dさんが今後も現在の役割を継続するために、優先して取り組むべき課題として、**最**

も適切なものを**1つ**選びなさい。

1　体操に対する関心を取り戻すこと。
2　体操の内容を変更すること。
3　体操を指導する自信を回復すること。
4　体操の正しい順番を学び直すこと。
5　指摘した参加者に謝ること。

問題68

Eさん（70歳、女性、要介護1）は、夫、長男と共に農業をしていた。半年前に脳梗塞（cerebral infarction）で左片麻痺になった。現在は介護老人保健施設に入所し、リハビリテーションに取り組んでいる。介護福祉職が居室を訪れたとき、Eさんが、「料理は苦手なの」「そろそろ夏野菜の収穫の時期ね。収穫は楽しいし、採れたての野菜を近所に配るとみんな喜ぶのよ」と言った。その後、「夫には家事に専念しなさいと言われているから…」とうつむいて言った。

介護福祉職は介護福祉職間のカンファレンス（conference）でEさんの思いを共有した。Eさんの思いとして、**最も適切なもの**を**1つ**選びなさい。

1　農業に関わっていきたい。
2　家事に専念したい。
3　後継者の育成に関わりたい。
4　家でのんびりしたい。
5　料理の自信をつけたい。

●発達と老化の理解●

問題69

Aちゃん（1歳3か月）は、父親に抱かれて散歩中である。前方から父親の友人がやってきて、父親がにこやかに友人と話をしていると、Aちゃんは父親にしがみつき、父親の顔と父親の友人の顔を交互に見ている。しばらくすると、Aちゃんは緊張が解けた様子で、友人が立ち去るときには少し笑顔を見せた。

Aちゃんの様子を説明する用語として、**最も適切なもの**を**1つ**選びなさい。

1　3か月微笑
2　社会的参照
3　クーイング
4　自己中心性
5　二項関係

問題70

高齢者の年齢規定に関する次の記述のうち、**正しいもの**を**1つ**選びなさい。

1　高年齢者等の雇用の安定等に関する法律では、高年齢者を75歳以上としている。

2　「高齢者虐待防止法」では、高齢者を65歳以上としている。

3　高齢者の医療の確保に関する法律では、後期高齢者を65歳以上としている。

4　道路交通法では、免許証の更新の特例がある高齢運転者を60歳以上としている。

5　老人福祉法では、高齢者を55歳以上としている。

(注)「高齢者虐待防止法」とは、「高齢者虐待の防止、高齢者の養護者に対する支援等に関する法律」のことである。

問題71

加齢に伴う嚥下機能（えんげきのう）の低下の原因に関する次の記述のうち、**正しいもの**を**1つ**選びなさい。

1　舌骨の位置の上昇

2　咽頭の位置の上昇

3　舌骨上筋の増大

4　喉頭挙上の不足

5　咳嗽反射（がいそうはんしゃ）の増強

問題72

老年期の記憶と注意機能に関する次の記述のうち、**最も適切なもの**を**1つ**選びなさい。

1　自分の若い頃の記憶では、40歳代の頃の出来事をよく覚えている。

2　数字の逆唱課題で答えられる数字の個数は、加齢による影響を受けない。

3　複数のことを同時に行う能力は、加齢によって低下する。

4　騒がしい場所での作業効率は、若年者より高齢者が高い。

5　エピソード記憶は、加齢による影響を受けない。

問題73

高齢者において、心不全（heart failure）が進行したときに現れる症状に関する次の記述のうち、**最も適切なもの**を**1つ**選びなさい。

1　安静にすることで速やかに息切れが治まる。

2　運動によって呼吸苦が軽減する。

3　チアノーゼ（cyanosis）が生じる。

4　呼吸苦は、座位より仰臥位（背臥位）の方が軽減する。

5　下肢に限局した浮腫が生じる。

問題74

Bさん（82歳、男性）は脳卒中（stroke）による右片麻痺がある。ほとんどベッド上の生活で、排泄もおむつを使用している。一週間前から咳と鼻汁があり、37.2℃の微熱で、元気がなく、いつもよりも動きが少なかった。食欲も低下して食事を残すようになっていた。今日、おむつの交換をしたときに仙骨部の皮膚が赤くなり一部に水疱ができていた。

Bさんの皮膚の状態とその対応に関する次の記述のうち、**最も適切なもの**を**1つ**選びなさい。

1　圧迫によって血流が悪くなったためである。
2　仙骨部にこうしたことが起こるのは、まれである。
3　食事量の低下とは無関係である。
4　体位変換は、できるだけ避ける。
5　おむつの交換は、できるだけ控える。

問題75

次のうち、高齢者の栄養状態を良好に維持するための対応として、**最も適切なもの**を**1つ**選びなさい。

1　歯科健康診査を受ける。
2　複数の薬剤を併用する。
3　外出を控える。
4　一人で食事をする。
5　たんぱく質を制限する。

問題76

糖尿病（diabetes mellitus）のある高齢者（要介護１）が転倒して、骨折（fracture）した。入院治療後に再び自宅療養を続けるための専門職の役割として、**正しいもの**を**1つ**選びなさい。

1　看護師は、糖尿病（diabetes mellitus）の薬の処方箋を交付する。
2　理学療法士は、糖尿病（diabetes mellitus）の食事メニューを考える。
3　管理栄養士は、自宅で料理ができるような作業訓練をする。
4　訪問介護員（ホームヘルパー）は、居宅サービス計画を立案する。
5　介護支援専門員（ケアマネジャー）は、訪問リハビリテーションの利用を提案する。

●**認知症の理解**●

問題77

2012年（平成24年）の認知症高齢者数と2025年（平成37年）の認知症高齢者数に関する推計値（「平成29年版高齢社会白書」（内閣府））の組合せとして、**適切なもの**を**1つ**選びなさい。

1　162万人 ―― 約400万人

2　262万人 ―― 約500万人

3　362万人 ―― 約600万人

4　462万人 ―― 約700万人

5　562万人 ―― 約800万人

（注）平成37年とは令和７年のことである。

問題78

認知症（dementia）の行動・心理症状（ＢＰＳＤ）に関する次の記述のうち、**最も適切なもの**を**1つ**選びなさい。

1　トイレの水を流すことができない。

2　物事の計画を立てることができない。

3　言葉を発することができない。

4　親しい人がわからない。

5　昼夜逆転が生じる。

問題79

高齢者のせん妄（delirium）の特徴として、**最も適切なもの**を**1つ**選びなさい。

1　薬剤によって生じることがある。

2　症状の変動は少ない。

3　意識レベルは清明であることが多い。

4　徐々に悪化する場合が多い。

5　幻覚を伴うことは少ない。

問題80

認知症（dementia）の初期症状に関する次の記述のうち、**最も適切なもの**を**1つ**選びなさい。

1　血管性認知症（vascular dementia）では、幻視が認められる。

2　正常圧水頭症（normal pressure hydrocephalus）では、歩行障害が認められる。

3　前頭側頭型認知症（frontotemporal dementia）では、エピソード記憶の障害が認められる。
4　アルツハイマー型認知症（dementia of the Alzheimer's type）では、失禁が認められる。
5　レビー小体型認知症（dementia with Lewy bodies）では、もの盗（と）られ妄想が認められる。

問題81

認知症（dementia）の発症リスクを低減させる行動に関する次の記述のうち、**最も適切なもの**を**1つ**選びなさい。

1　抗認知症薬を服用する。
2　睡眠時間を減らす。
3　集団での交流活動に参加する。
4　運動の機会を減らす。
5　飽和脂肪酸を多く含む食事を心がける。

問題82

抗認知症薬に関する次の記述のうち、**正しいもの**を**1つ**選びなさい。

1　若年性アルツハイマー型認知症（dementia of the Alzheimer's type with early onset）には効果がない。
2　高度のアルツハイマー型認知症（dementia of the Alzheimer's type）には効果がない。
3　レビー小体型認知症（dementia with Lewy bodies）には効果がない。
4　症状の進行を完全に止めることはできない。
5　複数の抗認知症薬の併用は認められていない。

問題83

前頭側頭型認知症（frontotemporal dementia）の症状のある人への介護福祉職の対応として、**最も適切なもの**を**1つ**選びなさい。

1　周回がある場合は、ＧＰＳ追跡機で居場所を確認する。
2　甘い食べ物へのこだわりに対しては、甘い物を制限する。
3　常同行動がある場合は、本人と周囲の人が納得できる生活習慣を確立する。
4　脱抑制がある場合は、抗認知症薬の服薬介護をする。
5　施設内で職員に暴力をふるったときは、警察に連絡する。

問題84

Cさん（78歳、男性、要介護２）は、４年前にアルツハイマー型認知症（dementia of the Alzheimer's type）と診断を受け、通所介護（デイサービス）を週１回利用している。以前からパソコンで日記をつけていたが、最近はパソコンの操作に迷い、イライラして怒りっぽくなったと娘から相談を受けた。

介護福祉職が娘に対して最初に行う助言の内容として、**最も適切なもの**を**１つ**選びなさい。

1　パソコンの処分
2　パソコンの使い方の手助け
3　日記帳の購入
4　薬物治療について主治医に相談
5　施設入所について介護支援専門員（ケアマネジャー）に相談

問題85

認知症対応型共同生活介護（グループホーム）で生活している軽度のアルツハイマー型認知症(dementia of the Alzheimer's type)のＤさんは、大腿骨の頸部を骨折(fracture)して入院することになった。認知症対応型共同生活介護（グループホーム）の介護福祉職が果たす役割として、**最も適切なもの**を**１つ**選びなさい。

1　理学療法士に、リハビリテーションの指示をしても理解できないと伝える。
2　介護支援専門員（ケアマネジャー）に、地域ケア会議の開催を依頼する。
3　医師に、夜間は騒ぐ可能性があるので睡眠薬の処方を依頼する。
4　看護師に、日常生活の状況を伝える。
5　保佐人に、治療方法の決定を依頼する。

問題86

Ｅさん（75歳、男性）は、１年ほど前に趣味であった車の運転をやめてから、やる気が起こらなくなり自宅に閉じこもりがちになった。そのため、家族の勧めで介護予防教室に参加するようになった。最近、Ｅさんは怒りっぽく、また、直前の出来事を覚えていないことが増え、心配した家族が介護福祉職に相談した。

相談を受けた介護福祉職の助言として、**最も適切なもの**を**１つ**選びなさい。

1　「認知症（dementia）でしょう」
2　「趣味の車の運転を再開するといいでしょう」
3　「老人クラブに参加するといいでしょう」
4　「音楽を流して気分転換するといいでしょう」

5　「かかりつけ医に診てもらうといいでしょう」

●障害の理解●

問題87

ＩＣＩＤＨ（International Classification of Impairments, Disabilities and Handicaps：国際障害分類）における能力障害として、**適切なもの**を**１つ**選びなさい。

1　日常生活動作（Activities of Daily Living：ＡＤＬ）の障害
2　運動麻痺
3　失語
4　職場復帰困難
5　経済的不利益

問題88

「障害者差別解消法」に関する次の記述のうち、**適切なもの**を**１つ**選びなさい。

1　法の対象者は、身体障害者手帳を持っている人である。
2　合理的配慮とは、全ての障害者に同じ配慮をすることである。
3　共生社会の実現を目指している。
4　障害者は、合理的配慮の提供に努めなければならない。
5　障害者差別解消支援地域協議会は、民間事業者で組織される。

（注）「障害者差別解消法」とは、「障害を理由とする差別の解消の推進に関する法律」のことである。

問題89

痙直型（けいちょくがた）や不随意運動型（アテトーゼ型（athetosis））などの分類がある疾患として、**正しいもの**を**１つ**選びなさい。

1　筋ジストロフィー（muscular dystrophy）
2　脊髄小脳変性症（spinocerebellar degeneration）
3　脳血管疾患（cerebrovascular disease）
4　脳性麻痺（cerebral palsy）
5　脊髄損傷（spinal cord injury）

問題90

内因性精神障害に分類される疾患として、**正しいもの**を**１つ**選びなさい。

1　脳腫瘍（brain tumor）

2　アルコール依存症（alcohol dependence）

3　パニック障害（panic disorder）

4　認知症（dementia）

5　統合失調症（schizophrenia）

問題91

Ｆさん（26歳）は重度の知的障害があり、施設入所支援を利用している。

次のうち、Ｆさんが地域移行するときの社会資源として、**最も適切なもの**を**１つ**選びなさい。

1　ケアハウス

2　共同生活援助（グループホーム）

3　自立支援医療

4　精神科病院

5　同行援護

問題92

自閉症スペクトラム障害（autism spectrum disorder）の特性として、**最も適切なもの**を**１つ**選びなさい。

1　読み書きの障害

2　社会性の障害

3　注意の障害

4　行為障害

5　運動障害

問題93

筋萎縮性側索硬化症（amyotrophic lateral sclerosis：ＡＬＳ）に関する次の記述のうち、**正しいもの**を**１つ**選びなさい。

1　免疫疾患である。

2　振戦や筋固縮が主な症状である。

3　視力や聴力は保たれる。

4　運動失調が現れる。

5　全身の臓器に炎症を起こす。

問題94

Gさん（56歳、男性）は、糖尿病性網膜症（diabetic retinopathy）に伴う眼底出血を繰り返して、治療を受けていた。医師から失明は避けられないと説明を受けた。その後、Gさんは周囲に怒りをぶつけたり、壁に頭を打ちつけたりという行動がみられるようになった。

このときのGさんの障害受容の状況として、**最も適切なもの**を**1つ**選びなさい。

1　ショックではあるが、不安はそれほど強くない。

2　自分には障害はないと否認する。

3　前向きに自己努力を図ろうとする。

4　否認ができずに混乱する。

5　新しい価値観や役割を見いだす。

問題95

パーキンソン病（Parkinson disease）のHさんは、最近、立位時の前傾姿勢が強くなり、歩行時の方向転換が不安定になり始めた。日常生活動作には介助を必要としない。

Hさんのホーエン・ヤール重症度分類として、**最も適切なもの**を**1つ**選びなさい。

1　ステージⅠ

2　ステージⅡ

3　ステージⅢ

4　ステージⅣ

5　ステージⅤ

問題96

制度化された地域の社会資源として、**最も適切なもの**を**1つ**選びなさい。

1　家族会が行う悩み相談

2　近隣の住民からの善意の声かけ

3　同居家族が行う身の回りの介護

4　コンビニエンスストアによる見守り

5　民生委員が行う相談・援助

●こころとからだのしくみ●

問題97

マズロー（Maslow,A.）の欲求階層説の所属・愛情欲求に相当するものとして、**適切なもの**を**1つ**選びなさい。

1　生命を脅かされないこと
2　他者からの賞賛
3　自分の遺伝子の継続
4　好意がある他者との良好な関係
5　自分自身の向上

問題98

皮膚の痛みの感覚を受け取る大脳の機能局在の部位として、**正しいものを１つ**選びなさい。

1　頭頂葉
2　前頭葉
3　側頭葉
4　後頭葉
5　大脳辺縁系

問題99

爪や指の変化と、そこから推測される疾患・病態との組合せとして、**最も適切なものを１つ**選びなさい。

1　爪の白濁 ―― チアノーゼ（cyanosis）
2　巻き爪 ――― 心疾患
3　さじ状爪 ―― 鉄欠乏性貧血（iron deficiency anemia）
4　ばち状指 ―― 栄養障害
5　青紫色の爪 ― 爪白癬

問題100

口臭に関する次の記述のうち、**最も適切なものを１つ**選びなさい。

1　歯がない場合に起こりやすい。
2　唾液量が多いと生じる。
3　ウイルス感染の原因となることがある。
4　食事量が増加した場合に起こりやすい。
5　他者との交流を避ける原因となることがある。

問題101

高齢者の大腿骨頸部骨折（femoral neck fracture）に関する次の記述のうち、**最も適**

切なものを**１つ**選びなさい。

1　転落によって生じることが最も多い。

2　骨折（fracture）の直後は無症状である。

3　リハビリテーションを早期に開始する。

4　保存的治療を行う。

5　予後は良好である。

問題102

摂食・嚥下（えんげ）のプロセスに関する次の記述のうち、**最も適切なもの**を**１つ**選びなさい。

1　先行期は、唾液分泌が増加する。

2　準備期は、嚥下性無呼吸（えんげせいむこきゅう）がみられる。

3　口腔期（こうくうき）は、喉頭が閉鎖する。

4　咽頭期は、食塊を形成する。

5　食道期は、随意的な運動である。

問題103

Ｊさん（80歳、男性）は、アルツハイマー型認知症（dementia of the Alzheimer's type）と診断され、半年前から認知症対応型共同生活介護（グループホーム）に入居している。最近、Ｊさんは、トイレに行きたいと言ってグループホーム内を歩き回った後に、失禁するようになった。

Ｊさんの排泄（はいせつ）の状態として、**最も適切なもの**を**１つ**選びなさい。

1　反射性尿失禁

2　心因性頻尿

3　溢流性尿失禁（いつりゅうせいにょうしっきん）

4　機能性尿失禁

5　腹圧性尿失禁

問題104

正常な尿に関する次の記述のうち、**適切なもの**を**１つ**選びなさい。

1　１日に約１ｇのたんぱく質が排出される。

2　１日に約10ｇのブドウ糖が排出される。

3　排尿直後はアンモニア臭がする。

4　排尿直後はアルカリ性である。

5　排尿直後は淡黄色で透明である。

問題105

弛緩性便秘（しかんせいべんぴ）の原因に関する次の記述のうち、**最も適切なもの**を**1つ**選びなさい。

1　食物繊維の摂取不足
2　排便を我慢する習慣
3　腹圧の低下
4　大腸のけいれん
5　がん（cancer）による通過障害

問題106

抗ヒスタミン薬の睡眠への影響として、**適切なもの**を**1つ**選びなさい。

1　就寝後、短時間で覚醒する。
2　夜間に十分睡眠をとっても、日中に強い眠気がある。
3　睡眠中に足が痛がゆくなる。
4　睡眠中に無呼吸が生じる。
5　夢の中の行動が、そのまま現実の行動として現れる。

問題107

終末期に自分が望むケアをあらかじめ書面に示しておくことを表す用語として、**正しいもの**を**1つ**選びなさい。

1　ターミナルケア（terminal care）
2　インフォームドコンセント（informed consent）
3　リビングウィル（living will）
4　デスカンファレンス（death conference）
5　グリーフケア（grief care）

問題108

死亡直前にみられる身体の変化として、**最も適切なもの**を**1つ**選びなさい。

1　関節の強直
2　角膜の混濁
3　皮膚の死斑（しはん）
4　下顎呼吸の出現
5　筋肉の硬直

●医療的ケア●

問題109

介護福祉士が医師の指示の下で行う喀痰吸引の範囲として、**正しいものを１つ**選びなさい。

1　咽頭の手前まで
2　咽頭まで
3　喉頭まで
4　気管の手前まで
5　気管分岐部まで

問題110

2011年（平成23年）の社会福祉士及び介護福祉士法の改正に基づいて、介護福祉士による実施が可能になった喀痰吸引等の制度に関する次の記述のうち、**正しいものを１つ**選びなさい。

1　喀痰吸引や経管栄養は、医行為から除外された。
2　喀痰吸引等を行うためには、実地研修を修了する必要がある。
3　介護福祉士は、病院で喀痰吸引を実施できる。
4　介護福祉士は、この制度の基本研修の講師ができる。
5　実施できる行為の一つとして、インスリン注射がある。

問題111

Ｋさん（76歳）は、日頃から痰がからむことがあり、介護福祉士が喀痰吸引を行っている。鼻腔内吸引を実施したところ、吸引物に血液が少量混じっていた。Ｋさんは、「痰は取り切れたようだ」と言っており、呼吸は落ち着いている。

このときの介護福祉士の対応に関する次の記述のうち、**最も適切なものを１つ**選びなさい。

1　出血していそうなところに吸引チューブをとどめる。
2　吸引圧を弱くして再度吸引をする。
3　血液の混じりがなくなるまで繰り返し吸引をする。
4　鼻腔と口腔の中を観察する。
5　鼻腔内を消毒する。

問題112

口腔内・鼻腔内の喀痰吸引に必要な物品の管理に関する次の記述のうち、**最も適切な**

ものを１つ選びなさい。

1　吸引チューブの保管方法のうち、乾燥法では、浸漬法に比べて短時間で細菌が死滅する。
2　浸漬法で用いる消毒液は、72時間を目安に交換する。
3　吸引チューブの洗浄には、アルコール消毒液を用いる。
4　吸引チューブの洗浄水は、24時間を目安に交換する。
5　吸引物は、吸引びんの70～80％になる前に廃棄する。

問題113

経管栄養の実施時に、冷蔵庫に保管していた栄養剤を指示どおりの温度にせずにそのまま注入したときに起こる状態として、**最も可能性の高いものを１つ**選びなさい。

1　呼吸困難
2　胃ろう周囲のびらん
3　下痢
4　褥瘡
5　低血糖

◆総合問題１◆

次の事例を読んで、**問題114から問題116まで**について答えなさい。

〔事　例〕

Ｌさん（78歳、女性）は一人暮らしをしている。「もったいない」が口癖で、物を大切にし、食べ物を残さないようにして生活している。

半年前、脳の細い血管が詰まっていることがわかり、入院して治療を受けた。左半身にしびれがあり、右膝の変形性関節症（osteoarthritis）で痛みもあったために、介護保険の申請をしたところ、要介護１になった。

家事はできるだけ自分でしたいという希望から、週に２回、訪問介護（ホームヘルプサービス）を利用して、掃除と調理を訪問介護員（ホームヘルパー）と一緒にしている。

問題114

Ｌさんが入院するきっかけになった脳の疾患として、**適切なものを１つ**選びなさい。

1　ラクナ梗塞（lacunar infarction）
2　くも膜下出血（subarachnoid hemorrhage）
3　慢性硬膜下血腫（chronic subdural hematoma）
4　正常圧水頭症（normal pressure hydrocephalus）

5　高次脳機能障害（higher brain dysfunction）

問題115

ある日、Ｌさんと一緒に調理していた訪問介護員（ホームヘルパー）は、賞味期限が２日前に切れた缶詰を見つけた。

Ｌさんに対して訪問介護員（ホームヘルパー）がとる行動として、**最も適切なものを１つ**選びなさい。

1　黙って処分する。
2　食べてはいけないと伝える。
3　食べやすいように、缶のふたを開けておく。
4　食べ方を相談する。
5　保存容器に移して保管するように勧める。

問題116

介護保険の申請をしてから半年がたち、更新申請の時期になった。この半年でＬさんは、訪問介護員（ホームヘルパー）が来ない日もいすに座って調理をするなど、回復してきている。更新申請の結果、Ｌさんは要支援１になった。

次のうち、Ｌさんの介護予防サービス・支援計画書を作成する者として、**適切なものを１つ**選びなさい。

1　訪問介護事業所の訪問介護員（ホームヘルパー）
2　生活支援体制整備事業の生活支援コーディネーター
3　地域包括支援センターの主任介護支援専門員
4　訪問介護事業所のサービス提供責任者
5　生活介護のサービス管理責任者

◆総合問題２◆

次の事例を読んで、**問題117から問題119まで**について答えなさい。

〔事　例〕

Ｍさん（80歳、男性）は、２年前にアルツハイマー型認知症（dementia of the Alzheimer's type）と診断された。Ｍさんは自宅で暮らし続けることを希望して、介護保険サービスを利用しながら妻と二人で生活していた。

その後、Ｍさんの症状が進行して妻の介護負担が大きくなったため、Ｍさんは、Ｕ社会福祉法人が運営する介護老人福祉施設に入所することになった。

Ｍさんの入所当日、担当のＡ介護福祉職は、生活相談員が作成した生活歴や家族構成などの基本情報の記録を事前に確認した上で、Mさんと関わった。

問題117

次のうち、A介護福祉職が確認した記録として、**適切なもの**を**1つ**選びなさい。

1　施設サービス計画書
2　インシデント報告書
3　エコマップ
4　プロセスレコード
5　フェイスシート

問題118

入所当日の昼食後、A介護福祉職はMさんに歯ブラシと歯磨き粉を渡して、歯磨きを促した。しかし、Mさんは歯ブラシと歯磨き粉を持ったまま、不安そうな顔で歯を磨こうとしなかった。

このときのMさんの症状に該当するものとして、**適切なもの**を**1つ**選びなさい。

1　幻視
2　失行
3　振戦
4　脱抑制
5　常同行動

問題119

面会に訪れた妻はA介護福祉職に、「最初は夫を施設に入れて申し訳ない気持ちもあったが、元気そうな夫を見て、今はこの施設を利用してよかったと思っている」と話した。A介護福祉職は妻の発言を受けて、介護サービスをもっと気軽に利用してもらうための取り組みが必要であると考えた。そこで、A介護福祉職は施設職員と検討した。その結果、地域の家族介護者を対象に、介護に関する情報提供や交流を図る場を無料で提供することを、独自の事業として継続的に行うことを法人として決定した上で、必要な手続きを行うこととした。

U社会福祉法人が行うこととした事業に該当するものとして、**適切なもの**を**1つ**選びなさい。

1　公益事業
2　日常生活自立支援事業
3　相談支援事業

4　自立相談支援事業
5　地域生活支援事業

◆総合問題３◆

次の事例を読んで、**問題120から問題122まで**について答えなさい。

〔事　例〕

Ｂさん（22歳、男性）は、19歳の時に統合失調症（schizophrenia）を発症し、精神保健指定医の診察の結果、入院の必要があると診断された。Ｂさん自身からは入院の同意が得られず、父親の同意で精神科病院に入院した。

その後、数回の入退院を繰り返した後、21歳から居宅介護を週１回、訪問看護を月２回、デイケアを週３回利用しながら一人暮らしをしている。

居宅介護では、料理や掃除、買物などの介護福祉職の支援を受けているが、Ｂさんも調子の良いときは一緒に行っている。訪問看護では、Ｂさんは、服薬を忘れることがあるため、看護師と一緒に薬の飲み忘れがないかを確認している。また、デイケアでは、運動と園芸のグループに参加している。

問題120

Ｂさんが19歳で精神科病院に入院したときの入院形態として、**正しいものを１つ**選びなさい。

1　任意入院
2　医療保護入院
3　応急入院
4　措置入院
5　緊急措置入院

問題121

Ｂさんは、居宅介護のＣ介護福祉職にはデイケアや生活のことについて安心して話すようになってきた。ある日、Ｃ介護福祉職が掃除をしていて、薬が２週間分内服されていないことを見つけた。また、Ｂさんは、「Ｃさんにだけ話します。みんなが私の悪口を言って、電波を飛ばして監視しています」とおびえながら話した。

話を聞いたＣ介護福祉職のＢさんに対する最初の言葉かけとして、**最も適切なものを１つ**選びなさい。

1　「今すぐ薬を飲んでください」
2　「悪口の内容を詳しく教えてください」

3　「薬を飲んでいないからですよ」
4　「医師に話しておきますね」
5　「それは不安ですね」

問題122

Ｂさんは、Ｃ介護福祉職と話したことをきっかけに、定期的に服薬できるようになり、以前と同じ支援を受けながら一人暮らしを続けている。最近は、デイケアで就労を目指すグループ活動に自ら参加するようになった。Ｂさんは、「就労に挑戦してみたい」という気持ちはあるが、就労経験のある他のメンバーの失敗談を聞くと、「自信がない」とも言っている。

Ｂさんへの支援に関する次の記述のうち、**最も適切なもの**を**１つ**選びなさい。

1　自分で料理と掃除ができるようになることが優先であると話す。
2　服薬ができなかったことを取り上げ、治療に専念するように話す。
3　無理せず、今の生活を維持することが大切であると話す。
4　長所を一緒に探し、どのような仕事が向いているのかを考えようと話す。
5　他のメンバーの失敗原因を考え、失敗しない対策をしようと話す。

◆総合問題４◆

次の事例を読んで、**問題123から問題125まで**について答えなさい。

〔事　例〕

Ｄさん（59歳、女性）は30年前に関節リウマチ（rheumatoid arthritis）を発症して、現在、障害者支援施設に入所している。

Ｄさんは、朝は手の動きが悪く痛みがあるが、午後、痛みが少ないときは関節を動かす運動を行っている。足の痛みで歩くのが難しく車いすを使用しているが、最近は手の痛みが強くなり、自分で操作することが難しい。また、食欲がなく、この１か月間で体重が２kg 減っている。夜中に目が覚めてしまうこともある。

問題123

Ｄさんの朝の症状の原因として、**最も可能性が高いもの**を**１つ**選びなさい。

1　睡眠不足
2　低栄養
3　平衡感覚の低下
4　筋力低下
5　関節の炎症

問題124

使っていた車いすを自分で操作することが困難になったDさんが、「障害者総合支援法」で電動車いすを購入するときに利用できるものとして、**適切なもの**を**1つ**選びなさい。

1　介護給付費

2　補装具費

3　自立支援医療費

4　訓練等給付費

5　相談支援給付費

（注）「障害者総合支援法」とは、「障害者の日常生活及び社会生活を総合的に支援するための法律」のことである。

問題125

Dさんは、「ここ数日、朝だけでなく1日中、何もしないのに手足の痛みが強くなってきた」と訴えている。

日常生活で、Dさんが当面留意すべきこととして、**最も適切なもの**を**1つ**選びなさい。

1　前あきの衣類より、かぶりの衣類を選ぶ。

2　ベッドのマットレスは、柔らかいものを使用する。

3　関節を動かす運動を控える。

4　できるだけ低いいすを使う。

5　頸部（けいぶ）が屈曲位になるように、高めの枕を使用する。

●人間の尊厳と自立●

問題1 ―――――――――― 正答3

1 × Ａさんが意思の変化を示した場合は、まず、傾聴し受容的な態度で接することが大切である。人生の最終段階における医療やケアについての意思決定の計画書は、医療職ではなく、本人が作成する。

2 × 本人の意向は常に尊重される。本人の意思や意向が変わった場合には、一度作成した計画書の内容について、撤回したり変更することもできる。

3 ○ 2のとおりで、本人と医療・ケアチームとの合意形成に向けて十分に話し合いを行う。適切な対応である。

4 × 特別養護老人ホームへの入所は、最期の時を自宅で静かに過ごしたいというＡさんの意思と反するため、適切ではない。

5 × Ａさんの迷いや在宅療養の継続に対する不安をまず受容する。Ａさんにとって何が最善であるか、十分に検討する必要がある。

問題2 ―――――――――― 正答5

1 × インフォームド・コンセントとは、医師などの医療職が、医療内容について説明し、利用者の同意を得ることを指している。介護現場でも、このインフォームド・コンセントを前提に、利用者主体の契約に基づくサービスが提供される。

2 × 利用者一人ひとりがもつ意欲、積極性、治癒力、回復力、嗜好、願望など、その人の強みのことをストレングスあるいは内的資源という。

3 × パターナリズムとは、強い立場にある者が、弱い立場にある者の利益になると決めつけ、本人の意思と無関係に介入することである。

4 × 表に出ていない利用者の意欲や本来もっている力を引き出すこと、主体性をもって自己決定していけるように支援することをエンパワメントという。

5 ○ アドボカシー（権利擁護（ようご））とは、判断力の低下などにより、自分の意見や希望を主張することが難しい状態にある利用者の意向をくみ、代弁することである。

●人間関係とコミュニケーション●

問題3 ―――――――――― 正答2

1 × 自己覚知とは、自己の価値観や感情などについて、客観的に理解することである。自分の強みを重視することではない。

2 ○ 自己の感情の動きとその背景を洞察することで、冷静・客観的に理解することができる。

3 × 自己の行動について主観的な分析

をするのは、自己覚知ではない。

4 × 設問の記述は、**自己開示**に当たる。信頼関係を築くうえでは、世間話などから、徐々にお互いに理解し合い、**双方向**のコミュニケーションを深めることが大切である。

5 × 相手に合わせようとするあまり、自分が**ストレス**をかかえてしまうことがある。また、自己の価値観があいまいな表現となり、かえって他者を混乱させることにつながるため適切ではない。

問題4 ―― 正答1

1 ○ コミュニケーションでは、適度に**視線**を合わせることが重要である。相手と目線の高さを合わせられる位置で話すとよい。

2 × 上から見下ろすような位置関係は相手に**不快感**を抱かせる場合がある。姿勢や動作によって相手に与える印象にも配慮する。

3 × 密着した位置関係では、相手を緊張させたり、不快感を与えたりする場合がある。特に初対面の場合、適切な**距離**を保つことが大切である。

4 × コミュニケーションでは、言葉や表情、身ぶり・手ぶりなどの媒体・手段を通じて、お互いの意思や感情、情報を伝え合い、共有化する。相手の表情から感情を読み取ることは重要である。

5 × にぎやかな場所では、相手の声が聞き取りづらかったり、ほかの人の言葉などが耳に入ったりして、コミュニケーションが妨(さまた)げられる場合がある。

●社会の理解●

問題5 ―― 正答5

1 × 自助とは、自分の収入（自分が働いた収入または年金収入）によって生活を支え、自分の健康を維持することをいう。公的扶助は生活保護制度であり、これは**公助**に当たる。

2 × 設問の内容は、**共助**の説明である。互助とは、相互に助け合うという点では共助と共通だが、費用負担が制度的に裏付けされていない自発的なものである。

3 × 共助とは、年金保険や医療保険、介護保険などの社会保険制度およびサービスといった制度化された相互扶助(そうごふじょ)のことで、**社会保障**に含まれる。

4 × 設問の内容は、**互助**に当たる。共助については3のとおりである。

5 ○ 公助は、行政等が**公費負担**で行う公的な援助で、生活保護や人権擁護(ようご)・虐待対策などが該当する。

問題6 ―― 正答3

1 × 働き方改革のポイントのひとつである労働時間法制の見直しの中で、時間外労働の限度が設定された。労働時間法制の見直しの目的は、

「働きすぎ」を防ぎながら、「ワーク・ライフ・バランス」と「多様で柔軟な働き方」を実現することである。

2 × 1の記述にある労働時間法制の見直しの目的には、働きすぎを防ぐことが挙げられている。働くことが優先されるのは不適切である。労働時間法制の見直しでは、年5日の年次有給休暇の取得が企業に義務づけられた。

3 ○ 設問の内容は、「働き方改革を推進するための関係法律の整備に関する法律」の基本的な考え方である。

4 × 働き方改革のポイントのひとつに雇用形態にかかわらない**公正な待遇の確保**が挙げられている。同じ企業内における正規雇用労働者と非正規雇用労働者との間の不合理な待遇差を解消することを目的としている。

5 × 「働き方改革」は、**中小企業・小規模事業者**も対象であり、全国で7割の雇用を占める、こうした企業・事業者においてこそ、着実に実施することが必要とされている。

問題7 ―――――――――― 正答3

1 × Bさんから相談されたとはいえ、通所介護（デイサービス）の利用について、介護支援専門員（ケアマネジャー）に対して中止を依頼するのは、生活相談員の対応として適切ではない。

2 × サービス担当者会議で利用中止の検討を依頼するのは生活相談員の対応として適切ではない。

3 ○ Bさんは経済面での不安を抱えていることから、生活保護の申請なども視野に入れ、**福祉事務所**に相談するよう助言することは、生活相談員の対応として適切である。

4 × 経済面の不安を訴えているBさんに対し、通所介護（デイサービス）を利用するように**説得**するのは適切な対応ではない。

5 × 通所型サービスは、地域支援事業の**介護予防・日常生活支援総合事業**で行われている、居宅で生活する要支援の被保険者などを対象としたサービスである。要介護1と認定されているBさんは、利用対象者ではない。

問題8 ―――――――――― 正答4

1 × 「医療制度改革大綱（かいかくたいこう）による改革の基本的考え方」（厚生労働省）によると、後期高齢者医療制度の財源のうち、後期高齢者の保険料が占めるのは**約1割**である。最も割合が大きいのは、約5割を占める**公費**（国、都道府県および市町村負担）である。

2 × 「社会保障費用統計」によると、2015（平成27）年度以降、財源の占める割合で最も大きいのは**社会保険料**であり、次いで税（公費負担）となっている。

3 × 生活保護は、**公的扶助**であり、財源はすべて**税金**（**公費負担**）である。

4 ○ 国の一般会計予算に占める社会保障関係費の割合は、2015年度以降2024（令和６）年度に至るまで、例年**30**％を超えている（2023年度予算では33.7％）。

5 × 「社会保障費用統計」によると、2015～2021年度で、部門別社会保障給付費の給付額を部門別にみた場合、構成割合は大きい順に、年金、医療、福祉その他である。**年金**の構成割合が最も大きいのは、2021年度まで変わっていない。

問題９ ―――― 正答２

1 × 介護保険制度は**社会保険制度**であり、法に基づいた**強制加入**が規定されている。

2 ○ 記述のとおり、**65**歳以上の者は、本人の意思に関係なく、第１号被保険者となる。

3 × **40**歳以上**65**歳未満で、日本国内に住所を有している**医療保険**加入者が、第２号被保険者である。

4 × 第１号被保険者の保険料は、**市町村**が徴収する。金額は各市町村で給付費の見込み額などに応じて異なり、３年ごとに見直される。

5 × 第２号被保険者の保険料は、**医療保険者**が医療保険料に上乗せして徴収する。

問題10 ―――― 正答５

1 × 家族介護支援事業は、地域支援事業の**任意事業**のひとつである。

2 × 予防給付は、介護保険制度において、要支援１～２の人を対象とする保険給付である。

3 × 介護給付は、介護保険制度において、要介護１～５の人を対象とする保険給付である。

4 × 権利擁護（ようご）事業（業務）は、地域支援事業の**包括的支援事業**のひとつである。

5 ○ 第一号訪問事業（訪問型サービス）は、地域支援事業の**介護予防・日常生活支援総合事業**のひとつである。

問題11 ―――― 正答１

1 ○ 「障害者総合支援法」第87条で規定されている。障害福祉計画は、国が定めた**基本指針**に則って、**都道府県**や市町村が**策定**する。

2 × 都道府県による障害福祉計画の策定は、努力義務ではなく、**義務**である。

3 × 市町村による障害福祉計画の策定は、努力義務ではなく、**義務**である。

4 × 都道府県、市町村とも、障害福祉計画は、障害児福祉計画と一体のものとして作成することができる。計画期間はどちらも**３**年を１期としている。2021（令和３）～2023（令和５）年度が、第６期障害福祉計画期間で、第２期障害児福祉計画期間である。

5 × 障害福祉計画で定めるのは、障害福祉サービス、相談支援および地域生活支援事業の**提供体制**の確保に係る目標に関する事項や、各年度に必要な**提供量**の見込みなどである。文化芸術活動・スポーツの振興についての目標設定については定められていない。

問題 12 ―――――――――― 正答 5

1 × 「障害者総合支援法」に基づく障害福祉サービス（**居宅介護**）を利用する場合の最初の手続きは、実施主体である**市町村**への**利用申請**である。

2 × 選択肢１の解説のとおりで、市町村への診断書の提出ではない。

3 × 選択肢１の解説のとおりで、事業所との契約ではない。

4 × 選択肢１の解説のとおりで、市町村の審査会への利用申請ではない。

5 ○ 最初に、実施主体である市町村の担当窓口に利用申請を行う。その後、市町村の調査員や相談支援事業者などによるアセスメントや市町村による一次判定などを経て、市町村が障害支援区分1～6または**非該当**の認定を行い、結果を利用者に通知する。

問題 13 ―――――――――― 正答 4

1 × 訪問看護は、共生型サービスの対象ではない。

2 × 共同生活援助（グループホーム）は、共生型サービスの対象ではない。

3 × 同行援護は、共生型サービスの対象ではない。

4 ○ 共生型サービスの対象となるのは、**ホームヘルプサービス**、**デイサービス**、**ショートステイ**の３つである。

5 × 通所リハビリテーションは、共生型サービスの対象ではない。

問題 14 ―――――――――― 正答 2

自閉症でこだわりが強いＥさんに対して、雑誌を処分する理由を説明しても、Ｅさんの**気持ち**の**安定**には結びつかない。毎月購入している雑誌を処分するとパニックを起こすことから、Ｅさんの**気持ち**を**安定**させるためには、選択肢２の「読みたい雑誌はとっておきましょう」が適切な言葉かけといえる。ほかの選択肢は、パニックを誘引し、**心理的**虐待につながる可能性があるため、適切ではない。

1 ×
2 ○
3 ×
4 ×
5 ×

問題 15 ―――――――――― 正答 1

1 ○ 「2018年の全国統計」によると、補助、保佐、後見のうちで、最も多いのは後見で、**後見**開始の審判の申立件数は27,989件である。次いで保佐（6,297件）、補助（1,499件）の順となっている。

「2020年の全国統計」でも申立件数が多い順番は変わらず、①後見（28,052件）、②保佐（8,178件）、③補助（2,795件）であった。

2 × 「2018年の全国統計」によれば、成年後見人等（成年後見人、保佐人および補助人）と本人の関係をみると、親族後見人は全体の約2割（23.2％）にすぎない（「2021年の全国統計」では19.8％）。

3 × 施設入所の契約は、成年後見人が行う事務のうち、**身上監護**に含まれる。実際の介護や食事の世話などは含まれていない。

4 × 任意後見制度では、制度を利用する**本人**が、判断能力が低下する前に、自ら**任意後見人**を指定し、**公正証書**による契約を結ぶ。家庭裁判所は、本人の判断能力が不十分になった際に、申し立てを受けて**任意後見監督人**を選任し、それをもって任意後見が開始される。

5 × 成年後見制度利用支援事業は、成年後見制度の申し立てにかかる**経費**（登記手数料、鑑定費用など）および後見人等への**報酬**等の全部または一部を補助する制度である。

問題 16 ―――――――― 正答 4

1 × 設問の内容は、「生活保護法」における**国家責任**の原理の説明である。

2 × 設問の内容は、同法における**無差別平等**の原理の説明である。

3 × 設問の内容は、同法における**最低生活保障**の原理の説明である。

4 ○ 保護を受ける者が、資産・能力などを活用した上で、その努力をしても最低限度の生活が営めない場合や、扶養義務者による扶養や他法による扶助によってもなお救済できない場合に適用される、というのが、同法における**補足性**の原理の説明である。

5 × 設問の内容は、同法における**必要即応**の原則の説明である。

●介護の基本●

問題 17 ―――――――― 正答 1

1 ○ 事例文によると、コーヒーを豆から挽いて夫に入れるのがＦさんの**日課**であり、認知症になった今も続けている。認知症の進行にしたがい、失敗することが多くなったＦさんを夫は心配し、心を痛めている。夫がＦさんの現在の状態を**受容**し、一緒にコーヒーを入れることで、失敗を減らすことができれば、Ｆさんの日課を達成することができ、夫の片付けの負担や気持ちの負担軽減につながる。夫への助言として適切といえる。

2 × 認知症のある人への支援では、能力や状態に応じた**役割**を見つけ、**意欲**や**活力**の向上を図ることが大切である。設問の助言内容は、Ｆ

さんの自尊心を傷つけ、**役割の喪失**につながるため、不適切といえる。重要なのはコーヒーを飲むことではない。

3 × 選択肢２の解説のとおりで、不適切な助言である。

4 × 選択肢２の解説のとおりで、不適切な助言である。

5 × 認知症のあるＦさんが新しい製品の使い方を覚えるのは難しく、現状の解決には結びつかない。不適切な助言である。

問題 18 ―――――――――――――― 正答 4

1 × ノーマライゼーションとは、障害のある人もない人と**同じように普通**に生活するという考え方である。洗髪しやすいという理由で、髪を切ることを勧めるのは適切な支援ではない。

2 × 施設の夕食時にも、Ｇさんの心身の状態に配慮する必要がある。単に施設の予定に合わせてもらうのは、適切な支援ではない。

3 × 落ち込むことが増えている場合でも、ほかの人と**同じように**居室以外での生活も楽しんでもらえるよう支援することが望ましい。

4 ○ 後遺症で左片麻痺が残り、思うように動けなくなったことも落ち込んでいる要因と考えられる。現在できる範囲で以前のＧさんの**楽しみ**を取り戻せるように勧めることは、適切な支援といえる。

5 × Ｇさんは、ふらつきが見られるものの、自立歩行ができないわけではない。転倒予防のために車いすを使用することが、Ｇさんの歩行機能低下につながる恐れがある。

問題 19 ―――――――――――――― 正答 5

1 × 電気スタンドをつける、読書を楽しむ、いずれも生活の場で行っている行為であることから、ICF（国際生活機能分類）モデルの「**活動**」に当たる。

2 × 車いすを使用する、美術館に行く、いずれも生活の場で行っている行為であることから、ICF モデルの「**活動**」に当たる。

3 × 聴力の低下は ICF の「**心身機能**」に当たる。そのためにコミュニケーションがうまくとれなくなるのは「**機能障害・構造障害**」である。

4 × ストレスが溜まることは ICF の「**健康状態**」に当たる。そのために活力が低下するのは「**機能障害・構造障害**」である。

5 ○ 床面の性状が柔らかいのは ICF の「**環境因子**」に当たる。そのためにバランスを崩すのは「**機能障害・構造障害**」である。

問題 20 ―――――――――――――― 正答 1

1 ○ 事例からＨさんの希望が「これまでの生活を続けていきたい」ということだとわかる。Ｈさんの**意向**を**確認**したうえで、今までどおり

第32回 解答解説

畳で布団を使用することは、訪問介護員（ホームヘルパー）の対応として適切である。

2 × Hさんの意向を確かめることなく変更するのは適切ではない。

3 × 訪問介護員の判断でHさんの同意なく行うのは適切ではない。

4 × Hさんはアルツハイマー型認知症を発症しているため、家の中の物の置き場所などを勝手に変更すると不安や混乱を招く恐れがある。訪問介護員の判断で収納場所を変えるのは適切ではない。

5 × 選択肢4の解説のとおり、訪問介護員の判断で家具の配置を変えるのは適切ではない。

問題 21 ―――――――― 正答 5

1 × 「平成30年版高齢社会白書」（内閣府）によると、65歳以上の者の家庭内事故の発生割合が最も高い場所（屋内）では、階段は18.7％で、２番目に多い。

2 × 台所・食堂は17.0％で、３番目に多い。

3 × 風呂場は2.5％で、割合としては低い。

4 × トイレは1.5％で、割合としては低い。

5 ○ 居室は45.0％を占め、最も多い。

問題 22 ―――――――― 正答 4

1 × 認知症がある場合、中核症状である記憶障害により、新しい情報を覚えることが苦手になる。テレビのニュースを見て、新しい出来事を覚えてもらうことは難しい。

2 × 全員に同じ日課で過ごしてもらうのではなく、利用者一人ひとりの生活スタイルをなるべく維持できるような支援が望ましい。

3 × 認知症ケアにおいては、現在の状態がベストであるとし、その人らしさを尊重しながら、人間らしい生き方を支援していく、パーソン・センタード・ケアの考え方が優先される。提唱したのはイギリスの臨床心理学者キットウッドである。

4 ○ 認知症のある人に対しては、なじみのある環境をつくることが安心できる環境づくりのポイントとなる。施設職員には、なじみのある人（家族や友人、近隣住民など）や店との関係を継続できるような支援が求められる。

5 × 環境に慣れるという理由から車いすでの移動を勧めることは、歩行機能の低下につながる恐れがあり、適切ではない。

問題 23 ―――――――― 正答 2

1 × 設問は、居宅介護支援事業所の介護支援専門員（ケアマネジャー）の役割である。

2 ○ 記述のとおりであり、サービス提供責任者はこのほか、定期的に利用者の状態の変化やサービスに関する意向の把握、訪問介護員等への技術指導なども行う。

3 × 設問は、介護支援専門員（ケアマネジャー）の役割である。

4 × 設問は、社会福祉協議会の生活支援員の役割である。

5 × 設問は、介護支援専門員（ケアマネジャー）の役割である。

問題24 ——— 正答5

1 × 介護の実践における多職種連携（チームアプローチ）は、多職種がそれぞれの専門性を発揮させて、チームで援助を行うことをいう。医師が中心となるものではない。

2 × 福祉にかかわる人（介護福祉士やケアマネジャーなど）や保健・医療にかかわる人（医師や看護師、理学療法士など）のほか、民生委員やボランティア、利用者の家族などもチームアプローチのメンバーとなる。

3 × 医療と介護の連携とは、介護福祉職が利用者の心身の状態に何か変化が起きたとき、看護職などに連絡し、対応策を考えることを指す。

4 × 利用者の生活課題（ニーズ）を把握し、そのニーズを十分に満たすために、多職種連携によるケアプランを作成する。要介護度の改善が優先ではない。

5 ○ 記述のとおりで、サービスを提供する各専門職はそれぞれの視点や専門性を生かした支援を行う。

問題25 ——— 正答3

1 × 日本介護福祉士会倫理綱領（りんりこうりょう）では、「専門的サービスの提供」として、介護福祉士は、介護福祉サービスの質的向上に努め、自己の実施した介護福祉サービスについては、常に専門職としての責任を負うとされている。技術が伴わない者による介護の実施は、利用者の利益を損ないかねない。

2 × 介護福祉職は、「社会福祉士及び介護福祉士法」で認められている医行為（医師の指示の下に行う喀痰吸引および経管栄養）に限り、実施することができる。また、実施するには一定の要件を満たす必要がある。利用者の要望であっても、その医行為を介護福祉職が実施できるとは限らない。

3 ○ 記述のとおりである。日本介護福祉士会倫理綱領では、「プライバシーの保護」として、介護福祉士は、利用者のプライバシーを保護するため、職務上知り得た個人の情報を守るとしている。

4 × 設問は、身体拘束に該当する。「介護保険指定基準」において、利用者等の生命または身体を保護するために緊急やむを得ない場合を除き、身体拘束等を行ってはならないとされている。

5 × 施設の廊下で職員同士の打ち合わせを行うことによって、利用者の個人情報が第三者に漏れてしまう恐れがある。介護福祉職には**秘密保持義務**が課されている。業務が忙しいからといって、その義務をおろそかにしてはならない。

問題 26 ―――― 正答 **2**

1 × MRSA（メチシリン耐性黄色ブドウ球菌）は、手術後で体力が低下している人や高齢者などが感染すると発症しやすい。しかし、発熱や咳、痰などの症状がない場合には、保菌の有無を調べる必要はない。

2 ○ **MRSA（メチシリン耐性黄色ブドウ球菌）**は**接触感染**によって感染するため、予防策の実施は重要である。接触感染では、病原体が付着した皮膚や物品などに触れることで感染する。

3 × 通常の入所生活においては、保菌者のレクリエーションへの参加などを制限する必要はない。

4 × 接触感染予防の観点から、保菌者の入浴は**最後**にするのが適切である。

5 × MRSA（メチシリン耐性黄色ブドウ球菌）に対して、**アルコール**など、通常用いられる消毒薬は**有効**である。

●コミュニケーション技術●

問題 27 ―――― 正答 **1**

1 ○ **直面化**は、人が自分自身の感情・体験・行動を見直していくことへと誘うことである。利用者の感情と行動の矛盾に対して、何が起きているのかを問いかける技法である。

2 × うなずきやあいづちは、**第一次共感**（基本的共感）の技法である。介護福祉職が話の内容とそこに含まれる感情の両方を、しっかり受け止めたことが利用者に伝わる。

3 × **要約**の技法の説明である。要約は、利用者の話から、内容、話のもつ意味、感情などを十分に理解し、まとめ、利用者に伝えることである。要約中、利用者の意図に沿っているかを質問して確認することが重要である。

4 × 受容と共感的な態度を示し相手と信頼関係を築くには、相手の発言した言葉と同じ言葉を使うことが基本となる。単に繰り返すのではなく、**事実**と**感情**の両方を入れて話を要約し**簡潔**に返すと効果的である。

5 × 閉じられた質問（クローズドクエスチョン）は質問の技法である。相手がどう答えてよいかわからず混乱してしまった場合や、コミュニケーション上で障害がある場合などに、目的を**明確**にしたり、問題の**核心を明らかに**するうえで役に立つ。

問題 28 ―――― 正答 **4**

1 × 意欲が低下し、**思考能力**も低下していると考えられる人に対し、考え方を変えるように促すのは適切でない。

2 × 意欲が低下した人に対しては、まずその人の感情に寄り添い、受容的な態度で接することが大切である。安易な励ましは避ける。

3 × ただ待つのではなく、運動やレクリエーションに誘うなど、様子をみながら、積極的にはたらきかける。

4 ○ 意欲が低下した原因を考え、それを解決できたり遠ざけたりすることができれば、意欲の回復につながる可能性がある。

5 × 意欲が低下していても、主体性をもって自己決定できるような支援をすることが大切である。意思表示しやすいよう、問いかけには、クローズドクエスチョンを活用するなどの工夫をする。

問題29 ―――― 正答2

1 × 構音障害のある利用者に対しては、「はい」「いいえ」などの一言で答えられるような、閉じられた質問（クローズドクエスチョン）を活用して、コミュニケーションを図る。

2 ○ 再度言ってもらっても聞き取れないところがあれば、わかったところを繰り返し、少しずつ確認していくなどの工夫をする。

3 × 構音障害は、発語にかかわる舌や口唇の動きが障害されることで、正確な発声・発音が難しくなる障害である。構音障害のある利用者に対して、はっきりと話すように促すのは適切ではない。

4 × 設問は、聴覚障害のある利用者とのコミュニケーション方法である。

5 × 構音障害のある利用者に対して有効なコミュニケーションツールとしては、筆談、五十音表を使った文字盤、携帯用会話補助装置などが挙げられる。

問題30 ―――― 正答3

1 × 視覚障害者に後ろから声をかけると、驚かせてしまう可能性がある。また、弱視や視野狭窄などがある場合でも、できるだけ視認しやすいよう、なるべく正面から声をかけるようにする。

2 × 自分で視覚からの情報を得にくい視覚障害者に対して、日常生活を送るうえで必要な情報について、積極的に話しかけ、情報提供するのは適切である。

3 ○ 視覚障害者とのコミュニケーションでは、聴覚、触覚、嗅覚など、残存機能を活用した支援が必要である。

4 × 準言語とは、言葉そのものではなく、声の強弱や大きさ、高さ、話す速さ、間合いのとり方など、言葉を修飾する役割があるものを指す。準言語を活用することで、同じ言葉でも相手に配慮した伝え方が可能となる。

5 × 「あちら」「そちら」などのあいまいな表現では、視覚障害者には伝わらない。言葉で伝える場合は明確で**具体的**に表現する。

問題 31 ——— 正答 4

1 × Jさんは、障害があることにより**社会的な善悪**に照らして自分の言動を判断することが困難である。まず最初に注意・指摘をするのではなく、**感情の整理**ができるように支援をすることが必要である。

2 × Jさんは、障害があることにより他者の感情を読み取ることは苦手である。まずは、自分がその時どんな感情だったか、次に、同じ場面で自分が叩(たた)かれる立場だったらどのような気持ちになるか、**自分に置き換えて考える**ように支援する。

3 × **社会的な善悪**に照らして自分の言動を判断することが困難であるため、最初に反省を求めても、なぜ反省が必要なのか理解できないと思われる。

4 ○ 感情が高ぶらないように二人を引き離し、**静かな環境**である個室に移動したところで、他者を叩いたときのJさんの気持ちを**傾聴**し、しっかり受容することは適切である。

5 × 「なぜ」は安易に使用すると、相手の行動を責めていると誤解されやすい。Jさんの**戸惑い**や感情の**興奮を増幅させる**ことにつながりやすいため、適切ではない。

問題 32 ——— 正答 3

1 × 理由も聞かずに叱ることは、問題の解決や今後の対策につながらない。家族にもJさんは障害があることで、他者と**コミュニケーション**がうまくいかないことが多いことを**理解**してもらう。

2 × 家族の対応を**否定**することは、適切ではない。家族の戸惑いや不安な気持ちなどを**受容**し、対応の仕方について一緒に考える**共感的**な態度が大切である。

3 ○ Jさんのこれまでの成長の背景として、家族と共に歩んできた経過や思いを理解することは重要である。**家族支援**がJさんにとっても重要であることを、介護福祉職が共有するためにも、これまでの対応や思いを聴くことは適切である。

4 × 家族との**連携**は、生活支援において重要であるため適切ではない。

5 × 家族は、家族としての役割、さらに家族にしかできない役割がある。家族の対応の仕方について介護福祉職が指示することは適切ではない。家族と密に**連携**し情報を**共有**し、**一緒に考え**、対応していくことが大切である。

問題 33 ―――――――――― 正答 5

1 × Kさんが、なぜタンスから衣類を取り出していたのか、そのときの思いを受容する態度が必要である。利用者の言動を抑制したり、否定したりする対応は適切ではない。

2 × なぜ居室から出てはいけないのかがわからず困惑や混乱が増幅し、感情が高ぶる可能性があるため適切ではない。

3 × 自尊心を傷つける可能性があるため、適切な対応ではない。

4 × 仕事をしていた頃の自分に記憶が戻っているため、それを否定する対応は適切ではない。どのような職場だったのか、どんな仕事を担当していたのかなど、仕事の話題を引き出し、帰宅願望から気をそらす対応のほうが有効である。

5 ○ 帰宅願望に執着しないように刺激せず、表情や行動を見守りながら観察することは適切である。

問題 34 ―――――――――― 正答 1

1 ○ 時間、主観的情報が明記してあり、客観的な事実を表す介護記録として適切である。

2 × Kさんは、仕事が終わったので家に帰ると伝えてきている。自宅のことが心配になってと記載している根拠は見当たらないため、適切ではない。

3 × 無断外出という状況は読み取れないため、適切ではない。

4 × 認知症の悪化という判断は、介護福祉職はできない。介護記録として適切ではない。

5 × 帰宅願望が生じたことは、状況・状態の変化である。客観的な事実としてタンスから衣類を取り出していたなどの様子も見られているので、特に問題はなかったという記録は適切ではない。

●生活支援技術●

問題 35 ―――――――――― 正答 5

1 × 家具は倒れてくるものと考えて固定し、転倒を防ぐ。

2 × 重い物は書棚の上部などの高い所に置かない。

3 × ガラス扉は外すのではなく、飛散防止処置をしておく。

4 × 1つの避難経路が遮断されても脱出できるように、外への避難経路は複数確保する。

5 ○ 記述のとおり。避難生活に必要なものは非常時に持ち出すものとして、備えておくとよい。

問題 36 ―――――――――― 正答 3

1 × 開き戸を引き戸等への変更はできるが、自動ドアへの変更はできない。

2 × 和式便器に設置する腰掛け便座は、特定福祉用具販売の対象種目である。

3 ○ 滑りの防止のための床材の変更は、給付対象の住宅改修である。

4 × 取り付けに際し工事を伴わない手すりは、福祉用具貸与の対象種目である。

5 × 洗浄機能のみの付加はできない。

問題 37 ―――――――――― 正答 5

1 × 特定の人が優先されることはなく、だれでも公平に利用できる。

2 × 使う人の使いやすい使い方が選べ、さまざまな使い方ができる。

3 × ほしい情報がすぐに理解できるよう、さまざまな手段を用いる。

4 × 単純でわかりやすい使い方ができるようにする。

5 ○ 記述のとおり。ユニバーサルデザイン７原則の「スペースの確保」に関する記述である。

問題 38 ―――――――――― 正答 2

1 × 手足の運動機能は損なわれていないが、意図した行為や指示された行為ができないため、着衣失行が現れている。その理由を確認しても本人には答えようがないため、適切ではない。

2 ○ 記述のとおり。自ら行動できるように左右の区別がつく目印などをつけて、着衣しやすい準備を整える。

3 × 同時に複数の情報を伝えて混乱しないように、指示は動作に合わせて１つずつ伝えるようにする。手順を指示する場合には、絵などを用いて簡潔に表すと伝わりやすい。

4 × 畳んである衣服を開き、着るという行為のイメージがわかないため、着衣しやすいように開いて渡すようにする。

5 × 混乱を防止するため、できるだけ同じ方法や順番で着衣を行う。

問題 39 ―――――――――― 正答 1

1 ○ マグネット式ボタンは、指先への負荷が少ないため取り外しが行いやすい。

2 × ボタンエイドは、手指の動作が困難な場合に、ボタン穴にボタンエイドを差し込んで引き出すようにボタンを留める自助具で、認知症のある利用者が使う場合には使い方の理解が困難な場合がある。

3 × 下肢筋力が低下している場合、立位での更衣は転倒のリスクが高く危険である。

4 × ソックスエイドは、股関節等に障害があり、足先まで手が届かないために靴下等を履くのが困難な場合に、椅子に座って履くことを助ける自助具である。視覚障害のある利用者に勧める自助具ではない。

5 × 片麻痺のある利用者には、袖ぐりがゆったりした上衣を勧める。

問題 40 ―――――――――― 正答 4

1 × 関節可動域の制限を改善する訓練は理学療法士が行う。

2 × 支援相談員は、施設での生活に関する相談援助業務を担う専門職であり、福祉用具の選定は、福祉用具専門相談員が行う。

3 × 破損した義歯を修復するのは歯科技工士である。

4 ○ 記述のとおり。利用者が糖尿病を患っている場合、皮膚感覚の障害や傷による感染症などが起こる可能性が高い。

5 × 理学療法士は、運動療法や物理療法を用いて、自立した日常生活が送れるように支援する専門職である。

問題 41 ―――――――― 正答 1

1 ○ 何のために移乗するのかという目的を説明し、利用者から同意を得ることにより、利用者は安心し、納得して移乗できる。このとき、気分や体調の確認も行う。

2 × 移乗の方法を最初に説明しても、そのときに移乗する目的が伝わっていなければ、利用者の意欲は引き出せない。

3 × 必ずしも衣服を着替える必要があるとは限らない。

4 × 車いすの位置の調整は、移乗介護の準備のひとつである。選択肢１の解説のとおり、利用者へ目的を説明し、同意を得ることが先である。

5 × ベッドの高さを変更するのは移乗介護の手順のひとつである。選択肢１の解説のとおり、利用者へ目的を説明し同意を得ることが先である。

問題 42 ―――――――― 正答 2

1 × 右前方に重心線が移動し、右前方へのバランスの崩れが生じているため左前方にふらつくことは考えにくい。

2 ○ 記述のとおり。右前方に重心線が移動しているため、バランスが崩れ、ふらつきは右前方に生じる。

3 × 右前方に重心線が移動し、右前方へのバランスの崩れが生じているため左後方にふらつくことは考えにくい。

4 × 前方への重心線の移動であるため、後方にふらつくことは考えにくい。

5 × 右前方に重心線が移動し、右前方へのバランスの崩れが生じているため右後方にふらつくことは考えにくい。

問題 43 ―――――――― 正答 4

1 × 右側は患側となるため、自身で握れるよう、手すりが左側（健側）になるように声をかける。

2 × 階段を昇るときは、不安定な右（患側）後方に位置する。

3 × 階段を昇るときは、力が入りやすい左足（健側）から出すように声をかける。

4 ○ 記述のとおり。階段を降りるときは、不安定な右（患側）前方に位置する。

5 × 階段を降りるときは、不安定な右

足（患側）から出すように声をかける。

問題44 ―――― 正答3

1 × 主食は、米や麺を含む。お茶漬けやうどんで食事を済ませることが多いため、摂取できている区分である。

2 × 副菜は、野菜やきのこ、いも、海藻料理を含む。不足している区分であるが、最も摂取を勧める区分ではない。

3 ○ 記述のとおり。主菜は、肉や魚、乳、大豆料理を含む。最も勧めたい区分である。

4 × 牛乳・乳製品は、不足している区分であるが、バランスガイドの下位に位置し、積極的に摂取を勧める区分ではない。

5 × 果物は、不足している区分であるが、バランスガイドの下位に位置し、積極的に摂取を勧める区分ではない。

問題45 ―――― 正答2

1 × 顎を少し引いた姿勢をとる。

2 ○ 記述のとおり。肘を90度程度曲げて、腕が自由に動かせる高さが適している。

3 × テーブルと体の間は握りこぶし1つ分離す。

4 × やや前かがみの姿勢になっていることが大切。

5 × いすには深く座り、足底を床にしっかりつける。

問題46 ―――― 正答1

1 ○ 記述のとおり。骨粗鬆症（こつそしょうしょう）は、加齢に伴ってホルモンバランスが崩れて骨量が減少する。カルシウムの吸収を助けるビタミンDの摂取は効果的である。

2 × 塩分の摂取を控える。

3 × 水分の摂取を勧める。

4 × ドライマウスは、何らかの原因で唾液の分泌が低下する口の中の乾燥症状である。よく噛むことで唾液の分泌を促進することになるため、咀嚼（そしゃく）を促す食物を勧める。

5 × 逆流性食道炎は、胃内容物が食道に逆流することで炎症が生じる。食後2時間以上は横にならず、上半身を起こした状態で過ごすことが望ましい。

問題47 ―――― 正答4

1 × 右側に置く。左側の空間は認識が不十分な状態である。

2 × 認識しづらい左側に注意を向けられるようにする。トレーに印をつける場合は、左側につける。

3 × クロックポジションは視覚障害者の食事介護に有効である。

4 ○ 記述のとおり。食事介護において、気づきやすい範囲に食器を移動させることは有効である。

5 × 2と同様で、テレビをつけておく場合は、左側に置く。

問題 48 ――― 正答 4

1 × 目頭から目尻に向かって拭く。
2 × 健側を下にした側臥位で拭く。
3 × 腸の走行に沿って「の」の字を描くように拭く。
4 ○ 記述のとおり。血液の循環を促す。
5 × 気化熱による体温の低下を防ぐため、その都度こまめに拭きとる。

問題 49 ――― 正答 3

1 × 血液透析直後には疲労感が増大する場合もあるため直後の入浴は避ける。
2 × 胃瘻を造設していても入浴に制限はない。
3 ○ 記述のとおり。静水圧による負担をかけないため半身浴にする。
4 × 入浴時は酸素の消費量が増えるため、鼻カニューレを装着し、酸素を吸入しながら入浴する。
5 × 食前に入浴する。

問題 50 ――― 正答 2

1 × ポータブルトイレは利用者が寝ている状態の頭側には置かない。やむを得ず頭側に置いた場合でも、右片麻痺がある場合は、健側（左側）を活用して立ち上がった後、一旦手を離し、足を踏み出さなければ、頭側のポータブルトイレに座ることはできず、安全な移乗は困難である。
2 ○ 健側の足側に置く。健側を利用して立ち上がり、ベッド柵に掴まったまま、大きく身体の向きを変えることなく、安全に移乗できる。
3 × ポータブルトイレまで移動する距離が長くなるため、適切ではない。
4 × 患側の足側では、健側が利用できないため、適切ではない。
5 × ポータブルトイレは頭側には置かない。また、患側に置くと、健側を活用できない。

問題 51 ――― 正答 2

1 × 水分摂取が少ないと尿量が減少する。膀胱内に尿の停滞が生じ感染の原因となる。さらに、浮遊物などでカテーテルが詰まる原因になるので、医師から水分摂取について指示がない場合は水分を十分にとる。
2 ○ 記述のとおり。カテーテルが屈曲していると尿が流れなくなり、詰まり、尿漏れが起きる。
3 × 逆流する可能性があるため、採尿バッグは膀胱より低い位置に固定する。
4 × カテーテルの抜去および挿入は医療的処置となるため抜去してはならない。カテーテルの周辺を観察し、医療職に報告する。
5 × 尿の性状や量の確認は医療的処置ではないため介護福祉職が行う。

問題 52 ――― 正答 4

1 × 側臥位になってもらい両膝を軽く曲げてもらう。

2 × 腹式呼吸は腹圧がかかりやすいので、口からゆっくりと呼吸してもらう。

3 × 肛門にとがっている（先端）方をあて挿入する。

4 ○ 記述のとおり。坐薬（座薬）が排出されないか確認する。

5 × 衣服が汚染されるのを防ぐため手袋を外してから衣服を整える。

問題53 ―――――――――― 正答1

1 ○ 記述のとおり。ウエルシュ菌は、加熱調理済み食品の常温放置により増殖する。酸素が少ない環境を好む菌である。

2 × カンピロバクターは、鶏肉や飲料水を介して食中毒の原因となることが多いが、通常の加熱調理で死滅する。

3 × サルモネラ菌は、加熱不十分な食肉や鶏肉、卵などに繁殖し、食中毒の原因となることが多いが、通常の加熱調理で死滅する。

4 × 腸炎ビブリオは、魚介類などに生息している菌である。流水でよく洗うことで感染を予防できる。

5 × 黄色ブドウ球菌は、傷口など人の手指や皮膚に生息している菌である。おにぎりなど手作りの料理に付着し、食中毒の原因となることが多い。

問題54 ―――――――――― 正答4

1 × ノロウイルスに感染した人の嘔吐物（おうとぶつ）を処理したペーパータオルなどは二次感染を防ぐ必要がある。専用のビニール袋や容器に密閉する。

2 × 選択肢4の次亜塩素酸ナトリウム溶液のほうが、アルコールより除菌効果が高い。

3 × 付着したウイルスが飛び散らないように下処理をした後、洗剤を入れた水の中で静かにもみ洗いをする。

4 ○ 記述のとおり。ノロウイルスには塩素系の薬剤による消毒が有効である。

5 × 加熱による消毒をする場合は、85℃以上の温度の湯による1分間以上の洗濯が効果的である。

問題55 ―――――――――― 正答2

1 × 行政書士は、官公署に提出する許認可等の申請書類の作成並びに提出手続代理、遺言書等の権利義務、事実証明及び契約書の作成、行政不服申し立て手続代理等を行う国家資格者である。

2 ○ 消費生活センターは、地方公共団体が設置する行政機関で、商品やサービスなどの消費生活全般に関する苦情や問い合わせなど、消費者からの相談を専門の相談員が受け付け、公正な立場で処理にあたる機関である。

3 × 家庭裁判所は、夫婦関係や親子関係などの紛争について話し合う調停とこれらの紛争に関する訴訟や審判、また、非行のある少年事件の審判を行う。

4 × 保健所は、都道府県、政令指定都市、中核市、その他政令で定める市又は特別区が設置し、地域保健に関する各種業務を行っている。

5 × 相談支援事業所は、障害福祉に関するさまざまな情報提供やそのサービスを利用するための計画の作成などを行う機関である。

問題 56 ―――――――― 正答 1

1 ○ 記述のとおり。日光を浴びることで、セロトニンという覚醒を促すホルモンが生成される。日中活動を活発にして睡眠のリズムを整えることに役立つ。

2 × 長い昼寝によって日中活動が不活発になると生活パターンが乱れやすくなるため、適切ではない。昼寝は午後の早い時間に30分程度とする。

3 × 食事は就寝の2～3時間前までに済ませることにより、空腹または満腹状態を避ける。

4 × 緑茶には、覚醒作用のあるカフェインが含まれ、睡眠を妨(さまた)げるため、寝る前には飲まないようにする。

5 × 決まった就床時間を守ることは、生活パターンの安定につながるが、就寝のために行動を制限するような促しは、睡眠を妨げる要因にもなりかねない。質の高い睡眠を得るためには、睡眠のための環境を整えることが大切である。

問題 57 ―――――――― 正答 5

1 × 一般に快適かつ健康的である湿度は40～60％であり、安眠のための湿度は50～60％である。

2 × 寝衣は、体を圧迫しない、ゆったりとした形のものがよい。

3 × 冷暖房の風が体に直接あたると体が冷えすぎたり、喉や皮膚が乾燥したりすることで、寝つきが悪くなったり睡眠の質が低下したりする。

4 × 就寝時はできるだけ暗いほうがよい。ただし、利用者の好みに合わせて明るさを調整する。光源が直接目に入らないようにし、要所には足元灯を使用するとよい。

5 ○ 記述のとおり。夜間に話し声が響いたりすると、睡眠を妨(さまた)げる騒音となり、会話の内容は雑音となる。

問題 58 ―――――――― 正答 3

1 × 睡眠薬は、水か白湯で服用する。アルコールと一緒に服用すると作用が強まり、ふらつきなどがみられることがある。

2 × いつもの就寝時間に合わせて服用し、服用後は速やかに床に入る（30分以内）ようにする。

3 ○ 記述のとおり。睡眠薬の副作用により、足のもつれやふらつきなどの歩行障害、ぼんやりした状態、うたた寝のような虚脱状態が生じることがあるため、医師に報告して適切な処方をしてもらう必要がある。

4 × 睡眠薬は、介護福祉職の判断で**増量**したり服用をやめてはいけない。

5 × 睡眠薬は、介護福祉職の判断で**服薬時間**を変更してはいけない。

問題 59 ———— 正答 1

1 ○ 記述のとおり。**死前喘鳴**(しぜんぜんめい)は自然な経過である。少しでも本人の楽な体位に整える。家族の不安も理解しながら見守れるように配慮して声かけを行う。

2 × 死前喘鳴が出現しても、意識がないとは限らない。臨終のときが訪れる可能性が高いため**見守り**を促す必要がある。

3 × 死前喘鳴の原因は痰(たん)がらみではない場合が多い。

4 × 臨終のときに近づいている状態なので励ますより、**状態の変化**を見守り、利用者が望むかたちで死を迎えることができるように配慮する。

5 × 本人は、介護老人福祉施設で最後の時を迎えることを**希望**していた。死前喘鳴が出現したからといって、救急車で病院に搬送するのは適切ではない。

問題 60 ———— 正答 5

1 × 介護福祉職には、ペースメーカーを**取り除く**ことはできない。

2 × 口が閉じない場合でも紐(ひも)で固定はしない。口腔内の綿の詰め方で口が閉じるようにするなど、別の方法を用いる。

3 × **故人の遺志**を尊重した衣類や**家族**が用意した衣類に着替える。介護のしやすさなどを優先してはならない。

4 × 清拭には、水ではなく、**アルコール**などを用いる。

5 ○ 死亡後の介護を一緒に行いたい場合、行いたくない場合があるので、**家族の意思**を確認する。死亡後の介護においても、医療的な処置は看護師などが中心となって行い、介護福祉職は行えない。

●介護過程●

問題 61 ———— 正答 4

1 × 介護過程の目的は、**利用者や家族の尊厳**を守り、その**願いや思いにかなった生活**を実現するために適切な介護サービスを提供することである。利用者の価値観は尊重されるべきものである。

2 × 療養上の世話は**医師の指示**に基づいて、看護師等が行うもので、介護過程の目的ではない。

3 × 経済的負担の軽減は、介護過程の目的ではない。

4 ○ 利用者や家族の**願いや思いにかなった生活**を実現することは、介護過程の目的のひとつである。

5 × 生活習慣の改善は、介護過程の目

的ではない。

問題 62 —— 正答 1

1 ○ 介護計画を作成する場合、アセスメントの段階で抽出された利用者の生活課題（ニーズ）をふまえて目標を設定する。

2 × 介護計画は、目標を達成し、生活課題を解決するための支援内容や支援方法を具体的（いつ・どこで・誰が・何をどうするのか、時間・頻度など）に、わかりやすいものとする。

3 × 主体は利用者である。支援方法は、「（利用者が）～する」という能動文で記載する。

4 × 誰が読んでもわかるよう、特に利用者や家族が援助の内容を正しく理解できるように、なるべく専門用語は使わず、わかりやすく記載する必要がある。

5 × 計画の見直しの時期は、目標を設定する際に、決めておく。なお、利用者の状態に変化があった場合や、家族の要望などがあれば、定めた時期より早期に行う場合もある。

問題 63 —— 正答 2

1 × 介護福祉職ではなく、利用者の価値観に沿って実施する。

2 ○ サービスの実施段階の記録では、客観的な事実であることが重要である。介護計画に沿って、事実関係を忠実に記録する。そのなかには、利用者や家族の表情・言動、介護福祉職の対応なども含まれる。

3 × 計画の内容は、立案の段階で利用者とその家族へ説明し同意を得なければならない。

4 × 介護計画に示された支援にかかわる介護福祉職全体や他の専門職で情報を共有し現状を把握する必要があるため、他職種への経過報告は随時行う。

5 × 設定した目標を達成することよりも、利用者の満足度が優先されなければならない。

問題 64 —— 正答 2

1 × 長女とは音信不通の状態が続いていることから、Cさんの状況がわかる情報を得ることは期待できないため、適切ではない。

2 ○ 参加の機会が減少し、居室のベッドで寝て過ごすことが多くなり、時々尿失禁をするようになった。このCさんの状況変化を踏まえ、再アセスメントし、新たに生活課題を抽出することが最も適切である。

3 × 「自宅に帰りたいのに、このまま車いすになったらどうしよう」というCさんの不安を解消し、自宅復帰に自信が持てるような状況を目指した介護計画を立案する必要がある。自宅に戻った後の介護計画立案は適切ではない。

4 × 尿失禁と居室のベッドで寝て過ごすことが多くなったことは関連している。利用者の**生活課題**の直接的および間接的な**背景・原因**を探ることで、いくつかの生活課題に共通する背景を見つけ、再アセスメントすることが大切である。

5 × 介護計画の最終的な評価は、設定した目標について、利用者が**到達**できたかどうかという点から介護福祉職が責任を持って検討するものである。

問題 65 ―――――――――― **正答 5**

1 × 右片麻痺(かたまひ)で歩行には杖(つえ)を使用しているが、「自宅に帰りたいのに、このまま車いすになったらどうしよう」という**主観的**情報から、車いすの使用は望んでいないことが予測されるため適切でない。

2 × 居室のベッドで安静に過ごすことは、廃用症候群が進行し心身機能の**低下**などをまねくため、短期目標として適切ではない。

3 × 次女との同居の実現は、退所時に今後検討すべき事項となる。Cさんの**希望**や、次女の家族の同意や**環境**面の課題などを丁寧に検討する必要があるため、短期目標として適切ではない。

4 × 「歩行状態が思うように改善しないと悩んでいた」という理学療法士からの**報告**がある。今まで以上に意欲的に歩行訓練に取り組むという短期目標は、Cさんにとって**負担になる可能性**があるため、適切ではない。

5 ○ 居室のベッドで寝て過ごすことが多くなった状況であるCさんの短期目標として適切である。

問題 66 ―――――――――― **正答 3**

1 × 短期目標に基づき体操を指導する役割をお願いし、1か月は実施できていることから、介護福祉職に依頼されたことは理由としての可能性は低い。

2 × 事例文に、妻に会いに自宅に帰りたいという**主観的**情報は見られないため、理由としての可能性は低い。

3 ○ テレビで高校野球を見たDさんは暗い表情で「生徒を全国大会に連れて行けなかったのは私の責任だ」と嘆いていたことから、高校野球のことが**気になっている**ことが理由の可能性として最も高い。

4 × 起居動作に問題はないとあることから、立ち上がり動作が不安定ということは理由の可能性としては低い。

5 × 体操を指導する役割はお願いしているが、体育の授業を行うことの情報は見られないため、可能性は低い。

問題 67 ―――――――――― **正答 3**

1 × 体操の時間になると遠くからその

様子を眺めていたことから、体操に対する関心はあることが予測できる。優先して取り組む課題としては適切ではない。

2 × Dさんは、認知症と診断されていることから、体操の内容を変更することにより混乱する可能性があるため適切ではない。

3 ○ Dさんは、参加者から体操の順番が違うと指摘されて指導の意欲を失い、一人でいることが多くなった。その理由として、指導することに対する自信の喪失(そうしつ)が予測される。体操を指導する自信の回復が、優先して取り組むべき課題である。

4 × Dさんは、認知症と診断されていることから、体操の正しい順番を学び直すことは困難だと予測される。正しい順番を覚えられず、さらに自信を喪失してしまう可能性があり適切ではない。

5 × 指摘した参加者に謝ることは、Dさんの自尊心を傷つけることにつながる可能性があるため適切ではない。

問題68 ―――――――――――――― 正答 1

1 ○ 「そろそろ夏野菜の収穫の時期ね。収穫は楽しいし、採れたての野菜を近所に配るとみんな喜ぶのよ」は、農業をしていたEさんの主観的情報と捉えることができる。農業にかかわっていきたいという思いがくみ取れる。

2 × 「夫には家事に専念しなさいと言われているから…」とうつむいて言ったという状況から、家事に専念したいと思っているとは考えにくい。

3 × この事例において、農業の後継者育成にかかわりたいという思いは、感じられない。

4 × 収穫を楽しみ、採れたての野菜を近所に配って交流をしてきた生活歴から、家でのんびり過ごすことは、Eさんの思いとして適切とはいえない。

5 × 「料理は苦手なの」という発言があることから、料理に興味関心があり意欲的に取り組みたいと思っているとは考えにくい。

●発達と老化の理解●

問題69 ―――――――――――――― 正答 2

1 × 生後間もない新生児は微笑む表情（新生児微笑）を見せることがあり、これは他者に向けられたものではない。3か月頃になると周囲の人に微笑むようになる。これを3か月微笑（社会的微笑）という。Aちゃんは、1歳3か月で当てはまらない。

2 ○ 最も適切である。

3 × 生後2か月頃になると「あー」「くー」と言った音を発しはじめる。これをクーイングという。

4 × 2歳頃には、実際に見えている様子に目が向きやすい傾向があり、他者の視点に立って考えることは難しく、自分自身の視点を中心に外界を理解する。これを自己中心性という。Aちゃんの年齢には当てはまらない。

5 × 乳児は最初、自己と他者、自己と対象（おもちゃ等）の二項関係によって、他者や対象とかかわっている。9か月頃になると、自己と他者と対象という三項関係が成立するようになる。二項関係は、Aちゃんの年齢には当てはまらない。

問題 70 ―――――――――――― 正答 2

1 × 「高年齢者等の雇用の安定等に関する法律」で高年齢者と定義されているのは、55歳以上である。

2 ○ 選択肢２のとおりで、65歳以上である。

3 × 「高齢者の医療の確保に関する法律」では、後期高齢者を75歳以上と定義している。

4 × 「道路交通法」では、免許証の更新の特例（高齢者講習）がある高齢運転者を70歳以上と定義している。なお、2020（令和２）年の改正（2022〔令和４〕年施行）により、75歳以上で一定の違反歴のある者には、運転技能検査を行うこととなった。

5 × 「老人福祉法」では、施策の対象となる高齢者を原則として65歳以上としている。

問題 71 ―――――――――――― 正答 4

1 × 加齢によって、舌骨位置は下がる。

2 × 咽頭は、鼻や口から喉頭にかかるまでの部分を指す。位置が上昇（または下降）するものではない。

3 × 加齢に伴い、舌骨上筋群（舌骨を前上方に引き上げる筋群）や舌骨下筋群（喉頭蓋を閉鎖する筋群）の筋繊維の萎縮や緊張の低下が起こる。

4 ○ 嚥下（えんげ）の際は、喉頭が挙上して喉頭蓋が気管の入り口を閉鎖する。加齢によって、靭帯が緩むことにより舌骨や喉頭の位置が下がり、挙上が不十分になることや、選択肢３の解説にある筋力が低下することから、喉頭蓋による閉鎖が弱まり、誤嚥が起こりやすくなる。

5 × 咳嗽（がいそう）とは、咳（せき）のことである。気管に入り込んだ異物などを喀出する生体防御反応のことを咳嗽反射という。加齢に伴って、咳嗽反射も低下する。

問題 72 ―――――――――――― 正答 3

1 × 自分が経験した出来事の記憶（自伝的記憶）では、最近の出来事ほどよく覚えており、想起量は時代をさかのぼるほど少なくなっていくが、20歳代を中心に記憶の想起量が増える現象（レミニセンス・バンプ）がみられる。高齢者では、この現象が顕著に現れる。

2 × 逆唱課題で使われる記憶は、ワー

キングメモリーという。短期記憶のなかでも情報を保持しながら、同時に2つ以上の処理を行う能力で、加齢により低下するため、答えられる個数は少なくなる。

3 ○ 加齢による注意機能の衰えによって、複数のことを同時に行う能力は低下する。

4 × 加齢による注意機能の衰えによって、必要のない情報を抑制しにくくなるため、騒がしい場所での作業効率は、若年者より高齢者が低い。

5 × エピソード記憶とは、個人的な経験や出来事を時間と結びつけて記憶しておくもので、加齢による影響を受けやすい。

問題 73 ——— 正答 3

1 × 設問の記述は、狭心症の説明である。

2 × 心不全とは、血液を循環させる心臓の機能が低下して、十分な血液が全身に送り出されなくなった状態である。このため、運動をすると、呼吸苦は悪化する。

3 ○ チアノーゼや息切れは、心不全の主な症状である。そのほか、呼吸困難や息切れ、浮腫（むくみ）、食欲不振などが挙げられる。

4 × 心不全による呼吸苦がある場合は、起座位または半座位をとることにより、軽減する。

5 × 心不全が進行すると、浮腫や腹水が生じる。浮腫は全身性であり、下肢のほか、座位でいることが多い場合は臀部に、臥位でいることが多い場合は背部や後部に見られる。

問題 74 ——— 正答 1

1 ○ 最も適切である。圧迫によって血流が悪くなると、褥瘡ができやすくなる。

2 × 褥瘡の初期症状と考えられ、事例のように体力が低下し、食事量も減り、臥床時間が長くなるとよくみられる。

3 × 褥瘡は、食事量が減り、栄養状態が悪化すると起こりやすくなる。

4 × 圧迫によって血流が悪くなると褥瘡の原因となる。Bさんのように、臥床して過ごす時間が長い場合、同じ箇所への圧迫を分散するためには、2時間おきの体位変換が必要である。

5 × 褥瘡の原因に、皮膚の不潔と湿潤がある。おむつ交換を控えると、不潔な状態になるとともに湿潤した状態となるため、不適切である。

問題 75 ——— 正答 1

1 ○ 定期的に歯科健康診査を受けて、う蝕（虫歯）や歯周病などの疾患を予防することは、栄養状態の維持に対する対応として、適切である。歯の欠損や咀嚼力の低下は、食物をかみ砕く力の低下を意味し、ひいては栄養状態の低下を招く。

2 × 高齢者は薬剤の**副作用**が起こりやすい。薬剤を併用することが栄養状態の維持につながるとは考えづらい。

3 × 外出を控えて活動量が低下すると空腹感を覚えにくくなり、食欲や食事摂取量が低下することが考えられる。すると、身体に必要な栄養が不足し、**低栄養**状態に陥(おちい)りやすくなる。

4 × 一人で食事をすると、欠食や偏食などにより**栄養バランス**がかたより、栄養状態を良好に維持しにくくなる。

5 × たんぱく質は**エネルギー源**となる栄養素のひとつであり、筋肉や臓器などの身体の組織をつくる作用もある。たんぱく質の制限は、栄養不足によって、健康状態を悪化につながるおそれがある。

問題 76 ——— 正答 5

1 × 薬の処方箋の交付は**治療行為**の一種であり、認められているのは**医師**のみである。

2 × 設問の記述は、**管理栄養士**の役割である。理学療法士は、運動療法や電気刺激などの物理的手段により、**基本的動作**能力の回復をめざす。

3 × 設問の記述は、**作業療法士**の役割である。管理栄養士は、利用者の身体状況や栄養状態に応じた、高度の専門的知識・技術を必要とする**栄養指導**などに携わる。

4 × 設問の記述は、**介護支援専門員**(ケアマネジャー)の役割である。訪問介護員(ホームヘルパー)は、各社会福祉関連制度により規定されている**訪問介護サービス**(身体介護や生活援助など)を行う。

5 ○ 設問の記述のとおり。**介護支援専門員**(ケアマネジャー)は、介護保険制度によるサービスの利用者に対しアセスメントをして必要な介護サービスを提案したり、居宅サービス計画を立案する。

●認知症の理解●

問題 77 ——— 正答 4

「平成29年版高齢社会白書」(内閣府)によれば、2012(平成24)年の認知症高齢者数は**462万人**であり、2025(令和7)年の認知症高齢者数は**約700万人**と推計されている。

1 ×

2 ×

3 ×

4 ○

5 ×

問題 78 ——— 正答 5

1 × 記述は、認知症の**中核**症状である**失行**に当たる。

2 × 記述は、認知症の**中核**症状である**実行機能障害**に当たる。

3 × 記述は、認知症の**中核**症状である失語に当たる。

4 × 記述は、認知症の中核症状である見当識障害に当たる。

5 ○ 昼夜逆転は、認知症の行動・心理症状（BPSD）である睡眠障害でみられる。

問題79 ―――――――――― 正答1

1 ○ せん妄（もう）は、疾患（しっかん）などが原因で起こる意識障害の一種で、薬剤の副作用で生じることがある。

2 × せん妄は、症状が1日のなかで大きく変動（日内変動）するのが特徴のひとつで、夜間に症状が現れたり悪化したりする夜間せん妄が多い。

3 × せん妄は、軽い意識の混濁（こんだく）とともに幻覚・妄想、興奮などの症状が現れ、意識レベルは不安定な状態になる。

4 × せん妄は、急速に症状が発現するという特徴がある。

5 × 選択肢3の解説のとおり、症状として、幻覚・妄想がみられる。

問題80 ―――――――――― 正答2

1 × 幻視は血管性認知症の初期症状にはみられない。血管性認知症の初期には、頭痛、めまい、ふらつきなどが現れる。

2 ○ 正常圧水頭症では、歩行障害や記憶障害などの症状がみられる。

3 × エピソード記憶の障害が初期（軽度）から認められるのは、アルツハイマー型認知症である。前頭側頭型認知症の初期には、人格の変化が認められる。

4 × アルツハイマー型認知症の初期症状（軽度）では、記憶障害、見当識障害（時間）、遂行機能（実行機能）障害などが現れる。失禁は、高度以降に現れる。

5 × レビー小体型認知症の初期症状では、パーキンソニズムや幻視のほか、自律神経症状がみられる。物盗られ妄想は、アルツハイマー型認知症の主な症状として挙げられる。

問題81 ―――――――――― 正答3

1 × 認知症は種類によって、原因や薬の適応が異なるため、抗認知症薬の服用が認知症の発症リスクを低減させるとはいえない。また、抗認知症薬は処方薬であり、予防のための服用は現実的ではない。

2 × 睡眠不足は認知症の発症リスクを高める。また、運動不足も同様である。認知症の発症リスクの低減では、生活習慣のなかで、良質な睡眠を十分にとること、適度な運動をすることなどがポイントとなる。

3 ○ コミュニケーションの不足が認知症の発症リスクを高める。集団での交流活動に参加し、他者とのコミュニケーションを図ることは、認知症予防に有効といえる。

4 × 選択肢２の解説のとおり、運動不足の解消は認知症の発症リスクの低減につながる。

5 × 認知症の発症リスクの低減には、不飽和脂肪酸を多く含む食事が有効である。不飽和脂肪酸は、植物や魚の脂に多く含まれている。

問題 82 ―――――――― 正答 4

1 × 若年性アルツハイマー型認知症の治療では、抗認知症薬で症状の進行を緩やかにする。

2 × アルツハイマー型認知症の治療では、軽度から高度の場合にドネペジルが、中等度から高度の場合にメマンチンが有効で、治療に使われる。

3 × レビー小体型認知症に対しては、抗認知症薬のなかで、ドネペジルのみが保険適応薬で、治療に使われる。

4 ○ 記述のとおり。認知症の薬物療法は対症療法である。症状の進行を緩やかにすることはできるが、進行を止めることや完治させるものではない。

5 × アセチルコリンを分解する酵素のはたらきを抑えるコリンエステラーゼ阻害薬であるドネペジル、ガランタミン、リバスチグミンと、NMDA 受容体拮抗薬であるメマンチンの併用は認められている。

問題 83 ―――――――― 正答 3

1 × 前頭側頭型認知症では、毎回同じ道を歩く周回という症状がみられる。迷子になってしまうことがある徘徊とは異なり、決まった道順を繰り返したどっているので、GPS 追跡機で居場所を確認する必要はない。

2 × 前頭側頭型認知症の人はこだわりが強く、甘い物など特定の食べ物ばかり食べる食行動異常が認められる。非難や説得などは効果がないが、環境が変わることで、こだわりがなくなることがある。見える場所に置かないように徹底する、他に注意を向けるなどの工夫を試みる。

3 ○ 記述のとおりである。常同行動とは、同じ行動を繰り返すことをいう。

4 × 脱抑制は、抑制がきかずに理性的な行動がとれなくなる、前頭側頭型認知症で見られる症状だが、介護福祉職の判断で、抗認知症薬の服薬介護をするのは、適切ではない。なお、前頭側頭型認知症に保険適応薬はない。

5 × 前頭側頭型認知症の人は、常同行動や脱抑制行動を制止されると、興奮したり暴力をふるったりすることがある。できるだけ非難したり制止したりせず、興奮が収まるのを待つ。なぜ暴力をふるったのか冷静に観察し、原因が取り除けるものであれば取り除く。

問題 84 ―――――― 正答 2

1 × 娘の相談内容からCさんがイライラして怒りっぽくなったのは、パソコンの操作に迷うことが原因だとわかる。これまでは日課として行っていたことから、**アルツハイマー型認知症**の症状によるものと推測される。Cさんの意思にかかわらず、娘にパソコンの処分をすすめるのは、介護福祉職の対応として適切ではない。Cさんの尊厳をそこなうとともに、自分の意思で行っている日課を取り上げてしまうことになる。

2 ○ パソコンの操作について娘が手助けすることで、いらだちの**原因を解消**しようとする助言は適切である。

3 × Cさんの日課は、パソコンで日記をつけることなので、介護福祉職の判断で、日記帳の購入を勧めることは適切な助言ではない。

4 × **薬物治療**について主治医に相談するよう助言することは、介護福祉職として適切とはいえない。

5 × Cさんや娘の意思にかかわらず、施設入所を検討するように助言するのは、介護福祉職として適切ではない。

問題 85 ―――――― 正答 4

1 × Dさんはアルツハイマー型認知症だが**軽度**であるため、理学療法士の指示を理解できないとは限らない。

2 × 地域ケア会議は、介護支援専門員（ケアマネジャー）ではなく、**市町村**または**地域包括支援センター**が開催する。

3 × Dさんに睡眠薬が必要かどうかは、**医師**が診察し判断することである。また、夜間に騒がないようにという介護側の都合から、処方の検討を依頼することも、介護福祉職として不適切である。

4 ○ 入院先の看護師に、Dさんの**日常生活についての情報**を提供するのは、介護福祉職の役割である。

5 × 治療方法の決定は、Dさん**本人**が行う。保佐人の役割ではない。

問題 86 ―――――― 正答 5

1 × 認知症かどうかは、**医師**が診断する。家族からの相談に対して、介護福祉職が助言する内容として適切ではない。

2 × Eさんには、怒りっぽい、直前の出来事を覚えていないなど、**普段とは違う症状**が顕著にみられている。趣味とはいえ、車の運転は危険を伴うこともあり、安易に再開するよう助言するのは適切ではない。

3 × 家族はEさんの最近の様子を心配して介護福祉職に相談している。老人クラブへの参加を勧める介護福祉職の助言は、家族の思いを受け止めていないため、適切ではない。

4 × 選択肢3の解説のとおり、気分転換のために音楽を流すという助言は、家族の思いを受け止めていないため、適切ではない。

5 ○ Eさんの様子から認知症を心配している家族の思いを受け止めながら、冷静に、かかりつけ医への受診を勧めるのは、適切な助言といえる。

●障害の理解●

問題 87 ―――― 正答 1

1 ○ 日常生活動作（ADL）の障害は、ICIDH の障害モデルで、能力障害（能力低下）に当たる。

2 × 運動麻痺は、機能障害に当たる。

3 × 失語は、機能障害に当たる。

4 × 職場復帰困難は、社会的不利に当たる。

5 × 経済的不利益は、社会的不利に当たる。

問題 88 ―――― 正答 3

1 × 身体障害者手帳を持っている人だけが対象者ではない。「障害者差別解消法」の第2条において「身体障害、知的障害、精神障害（発達障害を含む。）その他の心身の機能の障害がある者であって、障害及び社会的障壁により継続的に日常生活又は社会生活に相当な制限を受ける状態にあるもの」と規定されている。

2 × 合理的配慮とは、すべての障害者に同じ配慮をすることではなく、障害者一人ひとりの性別や年齢、障害の状態に応じ、事物や制度の変更・調整などを行うことを指す。

3 ○ 障害を理由とする差別の解消、すべての国民が共生する社会の実現に資することが目的であると、第1条で示している。

4 × 合理的配慮の提供は、行政機関等の義務であり、民間事業者の努力義務である。

5 × 障害者差別解消支援地域協議会は、国や地方公共団体の機関で組織される。民間事業者ではない。

問題 89 ―――― 正答 4

痙直型（けいちょくがた）やアテトーゼ型などの分類は、脳性麻痺（まひ）の分類である。

1 ×

2 ×

3 ×

4 ○

5 ×

問題 90 ―――― 正答 5

1 × 脳腫瘍による精神障害は、外因性精神障害の器質性精神病に分類される。

2 × アルコール依存症は、外因性精神障害の中毒性精神病に分類される。

3 × パニック障害は、心因性精神障害

に分類される。

4 × 認知症は、外因性精神障害の器質性精神病に分類される。

5 ○ 統合失調症は、内因性精神障害に分類される。発病の原因が個人の素質に基づくところが大きいとされる精神障害である。

問題 91 ―――― 正答 2

1 × 老人福祉法に規定される軽費老人ホーム（ケアハウス）は、介護保険制度では特定施設のひとつで入所対象は60歳以上とされている。26歳のＦさんは対象外である。

2 ○ 設問の地域移行とは、障害者のケアにおいては、障害者支援施設や精神科病院などを退所・退院し、スムーズに地域での生活に移ることをいう。共同生活援助（グループホーム）は障害者総合支援法に基づくサービスのひとつで、主として夜間に共同生活を営む住居であり、相談や入浴・排泄・食事の介護を行う。Ｆさんの地域移行に際して活用する社会資源として適切である。

3 × 自立支援医療は、障害者が自立した日常生活や社会生活を営めるように医療費の自己負担額を軽減するサービスである。

4 × 選択肢２の解説にある地域移行に際し活用する社会資源として、精神科病院は適切ではない。

5 × 同行援護は、障害者総合支援法に基づくサービスのひとつで、視覚障害があるために、移動に著しい困難を有する人が対象である。知的障害者であるＦさんは、利用対象外である。

問題 92 ―――― 正答 2

1 × 読み書きの障害は、LD（限局性学習障害）の特徴である。医学上の定義では、「読む、書く、計算する能力に著しい遅れがあるもの」ととらえ、教育上の定義では、「基本的には全般的な知能発達に遅れはないが、聞く、話す、読む、書く、計算するまたは推論する能力のうち、特定のものの習得と使用に著しい困難を示すさまざまな状態」としている。

2 ○ 社会性の障害は、ASD（自閉症スペクトラム障害）の特徴である。自閉症スペクトラム障害は、「精神疾患（しっかん）の診断と診断の手引き第５版」（DSM-5）で、自閉症やアスペルガー症候群などが統合された診断名で、主に、コミュニケーションや社会性の障害がみられる。

3 × 注意の障害は、ADHD（注意欠如（ちゅういけつじょ）・多動性障害）の特徴である。不注意、多動性、衝動性がみられる。

4 × 行為障害は、他者の人権を侵害したり、年齢相応の社会的規範・規則を繰り返し破ったりする発達障害のひとつである。なお、DSM-5では、診断名が素行（症）障害に変更された。

5 × 運動障害は、自閉症スペクトラム障害の特徴ではない。

問題 93 ―――― 正答 3

1 × 筋萎縮性側索硬化症（ALS）は神経系の疾患で、運動ニューロン（運動するための命令を筋肉に伝える神経）が障害を受けることで、全身の筋力が低下し、筋肉がやせおとろえていく。

2 × 振戦や筋固縮が主な症状としてみられる疾患は、パーキンソン病である。

3 ○ 筋萎縮性側索硬化症（ALS）では、視力や聴力などの感覚機能は、末期まで保たれる。

4 × 運動失調が特徴的な症状としてみられる疾患は、脊髄小脳変性症（SCD）である。

5 × 筋萎縮性側索硬化症（ALS）では、自律神経は侵されないため、心臓などのはたらきは正常であり、全身の臓器に炎症も起こらない。

問題 94 ―――― 正答 4

1 × 記述は、障害の受容過程のショック期の説明である。Gさんは周囲に怒りをぶつけたり、壁に頭を打ちつけたりする行動がみられていることから、該当しない。

2 × 記述は、障害の受容過程の否認期の説明である。Gさんは、障害の存在を否定していないことから、該当しない。

3 × 記述は、障害の受容過程の努力期の説明である。事例のGさんの行動には該当しない。

4 ○ 記述は、障害の受容過程の混乱期の説明である。障害があるという現実を否定できなくなり、怒りや悲しみ、抑鬱といった感情が現れ、混乱状態におちいっている段階を指し、Gさんの行動にあてはまる。

5 × 記述は、障害の受容過程の受容期の説明である。事例のGさんの行動には該当しない。

問題 95 ―――― 正答 3

ホーエン・ヤールの重症度分類とは、パーキンソン病の重症度を分類する指標で、ステージⅠ～Ⅴまでの5段階になっている。Hさんは、立位時の前傾姿勢が強くなり、歩行時の方向転換が不安定になり始めており、姿勢反射障害が現れている。また、日常生活動作には介助を必要としないという、この症状に該当するのはステージⅢである。

1 ×

2 ×

3 ○

4 ×

5 ×

問題 96 ―――― 正答 5

1 × 地域における社会資源には、フォーマルな社会資源（医療・保健・福祉・教育・労働分野などの公的な機能やサービス）と、インフォーマルな社会資源（当事者団体やボランティア団体等機能や地域住民等の協力）がある。家族会による悩み相談は、インフォーマルな社会資源であり、制度化されていない。

2 × 1のとおり、近隣の住民の善意による声かけは、インフォーマルな社会資源であり、制度化されていない。

3 × 1のとおり、同居家族が行う身のまわりの介護は、インフォーマルな社会資源であり、制度化されていない。

4 × 1のとおり、コンビニエンスストアによる見守りは、インフォーマルな社会資源であり、制度化されていない。

5 ○ 民生委員は**民生委員法**に規定される民間の相談員で、**都道府県知事**の**推薦**によって、**厚生労働大臣**が**委嘱**し、地域住民の立場から生活に関する**相談**に応じ、福祉サービス利用のための**情報提供**や**援助**などを行う。制度化されたフォーマルな社会資源である。

●こころとからだのしくみ●

問題97 —— 正答4

1 × 記述は、マズローの欲求階層説の**安全と安定**の欲求に相当する。

2 × 記述は、マズローの欲求階層説の**自尊**の欲求に相当する。

3 × 記述は、マズローの欲求階層説の**生理的**欲求に相当する。

4 ○ 記述は、マズローの欲求階層説の**愛情**と**所属**の欲求に相当する。

5 × 記述は、マズローの欲求階層説の**自己実現**の欲求に相当する。

問題98 —— 正答1

1 ○ 頭頂葉（とうちょうよう）には**感覚認知**中枢があり、身体の内外に加わるさまざまな刺激を感知する。ここで痛みの感覚を受け取る。

2 × 前頭葉（ぜんとうよう）には、**運動**中枢、**運動性**言語中枢（**ブローカ**領野）がある。

3 × 側頭葉（そくとうよう）には、**感覚性**言語中枢（**ウェルニッケ**領野）、**聴覚**中枢、**味覚**中枢がある。

4 × 後頭葉（こうとうよう）には、**視覚**中枢がある。

5 × 大脳辺縁系（だいのうへんえんけい）は、大脳半球の内側底面にあり、**食欲**や**性欲**、**本能**行動、**快・不快**に関する中枢がある。

問題99 —— 正答3

1 × 爪（つめ）の白濁は**爪白癬**（つめはくせん）が原因である。爪白癬は、カビの一種である**白癬**の感染により起こる。

2 × 巻き爪は、**加齢**や**深爪**、足に合わない靴を履くことなどが原因で起こる。

3 ○ さじ状爪は、**鉄欠乏性貧血**が原因で起こる。爪の中央がくぼんで先端が反り返った状態のことである。

4 × ばち状指とは、**心疾患**（しっかん）や**肺疾患**が原因で起こる。指先が太鼓のばちのように丸く膨らんでいる状態のことである。

5 × 青紫色の爪は、**チアノーゼ**が原因で起こる。チアノーゼとは、酸素の欠乏により、皮膚や粘膜が青紫色になる状態のことをいう。

問題 100 ―――――――――― 正答 5

1 × 口臭とは、口から発せられる不快な臭いのことである。原因として、う蝕（虫歯）や歯周病などの**口腔疾患**、歯垢（プラーク）など**口腔の汚れ**などが挙げられる。歯がない場合に起こりやすいとはいえない。

2 × 原因として、**唾液**の分泌量の**減少**による**自浄作用**の**低下**が挙げられる。

3 × 口臭がウイルス感染の原因になるとは考えにくい。

4 × 食事の量は関係しないが、臭いの強い**食べ物**(ニラやニンニクなど)は口臭の原因となり得る。

5 ○ 口臭が気になると、**他者との交流を避ける**原因となることがある。

問題 101 ―――――――――― 正答 3

1 × 高齢者の骨折は、**転倒**によって生じることが最も多い。骨折が原因で寝たきりになることも少なくない。

2 × 骨折すると、患部に強い**痛み**や**腫れ**、**出血**、不自然な**変形**などがみられる。

3 ○ 大腿骨頸部を骨折すると歩行が困難となり、**寝たきり**につながりやすい。**外科的治療**と、早期の**リハビリテーション**開始が重要である。

4 × 選択肢３の解説のとおり、**外科的治療**を行い、**リハビリテーション**につなげる。

5 × 高齢者は、外科的治療やリハビリテーションを行っても、受傷前の歩行レベルまで回復することは難しく、予後は**不良**であることが多い。

問題 102 ―――――――――― 正答 1

1 ○ 摂食・嚥下のプロセスの**先行期**には、条件反射的に唾液分泌が**増加**する。食べ物を目で見たり、においをかいだりして**認知**し、口まで運ぶ段階である。

2 × 設問は、**咽頭期**の説明である。準備期は、食物を口腔内に入れ、かみくだきながら唾液と混ぜ合わせて、**食塊**をつくる段階である。

3 × 設問は、**咽頭期**の説明である。口腔期は、舌の運動によって、食塊を**咽頭**に送り込む段階である。

4 × 咽頭期は、食塊を咽頭から**食道**へ送り込む段階である。喉頭蓋が下がって気道を閉じ、食塊は食道に送られる。

5 × 食道期は、食道から**胃**へ食塊を送り込む段階である。食塊は**不随意**に行われる食道の**蠕動運動**と重力によって、胃に送られる。

問題103 ―― 正答4

1 × 反射性尿失禁とは、**脊髄損傷**や**脳障害**などを原因とした**神経障害**により、膀胱に一定量の尿が溜まっても尿意を感じられず、反射的にもれてしまう状態をいう。事例では、Ｊさんに神経障害はない。

2 × 心因性頻尿とは、身体の機能は正常だが、**心理的**な要因によって頻尿がみられる状態をいう。事例では、Ｊさんに心理的な要因があるとは読み取れない。

3 × 溢流性尿失禁とは、**前立腺肥大症**や**前立腺**などにより尿道が**狭窄**・**閉塞**したことにより、尿意を感じても排尿困難となり、膀胱内の残尿があふれるようにもれてしまう状態をいう。事例では、Ｊさんに原因となる疾患はない。

4 ○ 機能性尿失禁とは、**認知症**によってトイレの場所や便器の使用方法がわからなかったり、下肢の筋力低下などの**運動機能**低下によって、トイレまで間に合わなかったりして、もれてしまう状態をいう。Ｊさんは、アルツハイマー型認知症と診断されているため、機能性尿失禁の可能性が高い。

5 × 腹圧性尿失禁とは、くしゃみや咳などで**腹圧**がかかることにより、尿がもれてしまう状態をいう。事例では、Ｊさんは、腹圧がかかるような状況下にあるとは読み取れない。

問題104 ―― 正答5

1 × たんぱく質は、ほとんどが尿素（たんぱく質の残りかす）やクレアチニン（筋肉中で使われたたんぱく質の老廃物）として排出される。正常な尿中には、ほぼ含まれない。

2 × ブドウ糖は、ほとんどが糸球体や尿細管で再吸収される。正常な尿中には、ほぼ含まれない。

3 × 尿には、尿素や尿酸、クレアチニン、カリウムなどの成分が含まれており、空気に触れると細菌によって**尿が分解**されて、アンモニア臭がする。排尿直後からアンモニア臭がするわけではない。

4 × 健康な人の尿は**弱酸性**（pH ５～７）である。

5 ○ 記述のとおりで、健康であっても水分の摂取量や発汗量、食べ物、薬などの影響で、尿の色や臭いは変化する。

問題105 ―― 正答1

1 ○ 弛緩性便秘の原因には、**食物繊維**の摂取不足のほか、**加齢**、**運動**不足などがある。弛緩性便秘は、大腸のぜん動運動が低下して便を十分に押し出すことができずに起こるため、便秘のある利用者には、ごぼうの煮物など、整腸作用のある食物繊維を多く含む食品を提供するとよい。

2 × 排便を我慢する習慣は、**直腸性**便秘につながる恐れがある。

3 × 腹圧の低下は、直腸性便秘につながる恐れがある。

4 × 大腸の痙攣(けいれん)は、痙攣性便秘の原因となる。

5 × がんによる通過障害は、器質性便秘の原因となる。

問題 106 ―――― 正答 2

1 × 抗ヒスタミン薬は中枢神経の覚醒(かくせい)作用を抑え、眠気をもたらす。設問の記述は、不眠症の中途覚醒である。中途覚醒には、このほかに、夜中に何度も目が覚めるという特徴もある。

2 ○ 選択肢1の解説のとおり、覚醒状態を維持するヒスタミンのはたらきが抑制されるため、日中でも、強い眠気をもたらす。

3 × 抗ヒスタミン薬は、アレルギーなどによる皮膚のかゆみを抑える効果がある。レストレスレッグス症候群（むずむず脚症候群）の原因ではない。

4 × 設問は、睡眠時無呼吸症候群の説明であり、抗ヒスタミン薬の影響によるものではない。

5 × 設問は、レム睡眠行動障害の説明であり、抗ヒスタミン薬の影響によるものではない。

問題 107 ―――― 正答 3

1 × ターミナルケアとは、現代の医療技術をもってしても回復の見込みがなく、死を間近に控えた状態（終末期）にある人に対して行われるケアのことをいう。

2 × インフォームド・コンセントとは、医師などの医療職が、医療内容について説明し、利用者の同意を得ることをいう。

3 ○ リビングウィル（事前指示書）とは、どのような形で死を迎えるか、延命処置を望むのかどうかなど、終末期に自らが望むケアについて、あらかじめ書面で残しておくことをいう。

4 × デスカンファレンスとは、ターミナルケアにかかわった専門職などが、利用者を看取ったあとにケアの内容を振り返ることをいう。

5 × グリーフケアとは、利用者が亡くなったあとの、遺族に対するケアのことをいう。

問題 108 ―――― 正答 4

1 × 関節の強直は、死亡直前ではなく、死後硬直（死後2～3時間で始まる）でみられる。

2 × 角膜の混濁(こんだく)は、死亡直前ではなく、死後にみられる。

3 × 皮膚の死斑(しはん)は、死亡直前ではなく、死後20～30分くらいで始まり、9～12時間で全身に及ぶ。

4 ○ 死亡直前にみられる身体の変化には、下顎(かがく)呼吸のほか、チェーンストークス呼吸（弱い呼吸と強い呼吸、さらに弱い呼吸と無呼吸状態を繰り返すもの）やチアノーゼ、血圧の低下、心拍数・尿量の減少などがある。

5 × 筋肉の硬直は、死亡直前ではなく、死後硬直でみられる。

●医療的ケア●

問題 109 ―――――――――― 正答 1

1 ○ 介護福祉士が実施できる口腔内・鼻腔内の喀痰吸引は咽頭の手前までが限度である。

2 × 咽頭の手前までである。挿入する長さの確認が重要である。

3 × 咽頭の手前までである。咽頭を越えてチューブを挿入すると、チューブの刺激により咳や嘔吐を誘発する場合がある。

4 × 介護福祉士が実施できるのは、気管カニューレ内部の喀痰吸引である。気管カニューレ内部の喀痰吸引は、吸引チューブがはみ出さないように挿入する長さの確認が重要である。

5 × 介護福祉士が実施できるのは、気管カニューレ内部の喀痰吸引である。気管カニューレの先の気管には迷走神経があり、この部分が刺激されることで、血圧低下や心停止などの重大な事故につながる。

問題 110 ―――――――――― 正答 2

1 × 喀痰吸引や経管栄養は、医師による医業の独占を原則としており、医行為である。

2 ○ 基本研修を修了し、実地研修を修了することが必要である。修了後、都道府県に登録して「認定特定行為業務従事者認定証」の交付を受ける。

3 × 医療機関で行う吸引等は、介護福祉士の業務対象外とされている。

4 × 介護福祉士は講師をすることはできない。講師は、指導者講習を修了した医師・看護職（看護師・保健師・助産師）などになっている。

5 × インスリン注射は医行為であり、介護福祉士が行うことはできない。

問題 111 ―――――――――― 正答 4

1 × チューブをとどめておくと粘膜への吸いつきなどが起こる場合がある。静かに吸引チューブを抜き、看護職へ連絡する。

2 × 出血している場合は直ちに吸引を中止して、看護職へ連絡する。介護福祉士の判断で、吸引圧を変更して実施してはならない。

3 × 繰り返し吸引をすることで、さらに出血することが考えられる。ただちに吸引を中止して、看護職へ連絡する。

4 ○ 鼻腔内・口腔内の出血や傷の有無を観察する。鼻血や口腔内への血液の流れ込みがないかを確認する。

5 × 消毒することは医行為である。また、刺激により、出血する可能性もある。

問題 112 ―――――――― 正答 5

1 × 乾燥法において吸引チューブ内の乾燥を保つのは、吸引頻度によっては難しく、細菌は目に見えないため十分な注意が必要である。

2 × 浸漬法では、少なくとも24時間を目安にして交換する。

3 × 口腔内・鼻腔内の洗浄は水道水でよい。気管内の吸引チューブには滅菌水を用いる。

4 × 洗浄水は少なくとも8時間おきに交換する。

5 ○ 吸引モーター部への逆流を防ぐために、吸引びんの70%～80%になる前に排液を捨てる。吸引びんの交換時には、底から1～2㎝水を張る。

問題 113 ―――――――― 正答 3

1 × 経管栄養を開始して横隔膜が挙上することによる胸郭の圧迫や、嘔吐により栄養剤が食道を逆流した場合などに、呼吸困難が生じることがある。栄養剤の温度とは直接関係しない。

2 × 胃瘻周辺のびらんは、栄養チューブの固定の仕方が適切でないなどの機械的刺激や、栄養チューブのサイズが合っていないことによる栄養剤（消化液も含む）の漏れなどの化学的な刺激が原因で起こる。

3 ○ 下痢は、栄養剤の温度が低すぎる場合、栄養剤の注入速度が速すぎる場合、栄養剤の濃度が適切でない場合、栄養剤や使用する器具が細菌に汚染されている場合などに起こる。

4 × 褥瘡は、長時間の同一体位による血行障害が原因で起こりやすい。体の向きや圧迫されている場所を確認し、慎重に対応する。

5 × 糖尿病の利用者の場合、急激な栄養剤注入により、高血糖症状になる場合があるので、意識状態を観察する。

◆総合問題1◆

問題 114 ―――――――― 正答 1

1 ○ Ｌさんは、脳の細い血管が狭くなり、詰まっていると診断を受けている。これは、脳の疾患の中で、ラクナ梗塞の説明である。

2 × くも膜下出血は、くも膜内の脳動静脈が破裂し、くも膜内に出血したものである。

3 × 慢性硬膜下血腫は、頭部外傷により硬膜とくも膜の間の血管が傷つき出血するものである。

4 × 正常圧水頭症では、頭蓋内に脳脊髄液が異常に溜まり発症する。脳室は拡大するが頭蓋内圧は正常範囲にあることが特徴である。

5 × 高次脳機能障害では、交通事故や脳血管障害などの疾患によって脳に損傷を受けたことで、記憶・注意・思考・学習・行為・言語などの知的な機能に障害が起こり、日常生活に支障をきたすようになる。

問題 115 ―――― 正答 4

1 × 利用者の自宅での支援であるため、利用者の**意向を確認**する必要がある。訪問介護員(ホームヘルパー)が勝手に判断してはいけない。

2 × 缶詰は、消費期限が表示されているのではない。**消費期限**と**賞味期限**の違いを踏まえて、利用者と対応を相談する必要がある。

3 × 食べるか食べないかを利用者と**相談**する必要がある。

4 ○ 記述のとおり。利用者に食べ方を相談することは、利用者自身が積極的に調理に参加するように働きかけることになり、利用者の**心身の活性化**につながる。

5 × 開封した缶詰は使い切る。ただし、賞味期限内で、調理で使い切れなかった缶詰を保存する場合には保存容器での保存は有効である。缶詰の種類によって保存方法や日数が違うので注意が必要である。

問題 116 ―――― 正答 3

1 × 訪問介護事業所の訪問介護員(ホームヘルパー)が作成するのは、サービス提供にかかわる**記録**である。

2 × 生活支援体制整備事業の**生活支援コーディネーター**は、「**地域支え合い推進委員**」とも呼ばれる。地域において生活支援及び介護予防サービスの提供体制の構築に向けた**コーディネート機能**を果たす役割を担う。

3 ○ 記述のとおり。要支援１のＬさんが利用するのは、介護予防サービスである。介護予防サービス・支援計画書の作成は、**地域包括支援センター**が介護予防支援事業として行う。計画書は、地域包括支援センターの**担当職員**が作成するが、この**担当職員**には、設問の主任介護支援専門員のほか、保健師、介護支援専門員、社会福祉士、経験ある看護師、高齢者保健福祉に関する相談業務などに３年以上従事した社会福祉主事が含まれる。

4 × 訪問介護事業所のサービス提供責任者が作成するのは、**訪問介護計画書**である。

5 × 生活介護のサービス管理責任者は、**障害福祉サービス**において、個別支援計画の作成を行う。

◆総合問題２◆

問題 117 ―――― 正答 5

1 × **施設サービス計画書**は、介護保険施設の入所者に対し、入所者の個々のニーズを踏まえて、自立した生活ができるように**目標**を立て、本人、家族、各専門職がその目標を達成するため、**統一したケア**を提供できるように作成するものである。

2 × 何らかのミスが発生したが、事故には**至らなかった**出来事について、**再発防止**のために作成するものをインシデント報告書という。

3 × 支援を必要とする人を中心として、その家族や社会資源とのかかわりを図式化して把握しやすく表現したものをエコマップという。

4 × 利用者とサービス提供者の間で行われたコミュニケーションの過程を書きとめ、振り返るための記録をプロセスレコードという。

5 ○ フェイスシートは、利用者に関する基本データをまとめた記録である。サービスを利用する前に利用者の全体像を知るために用いる。

問題118 ——— 正答2

1 × 幻視とは、実際には存在しないものが見える症状である。

2 ○ 記述のとおり。失行とは、行うべきことは理解できているが、そのために何をすればいいのかがわからず、行為ができない状態である。Mさんの上肢の機能には問題がないが、歯磨きができない様子から、失行が考えられる。

3 × 振戦とは、意識せずに生じるふるえのことである。

4 × 脱抑制とは、衝動や感情を抑制することができなくなった状態をいう。

5 × 目的のない行動や言動を繰り返す行為を、常同行動という。

問題119 ——— 正答1

1 ○ 記述のとおり。社会福祉法人は、社会福祉と関係のある公益を目的とする事業を行うことができる。

2 × 日常生活自立支援事業は、認知症高齢者、知的障害者、精神障害者等のうち判断能力が不十分な人が地域において自立した生活が送れるよう、利用者との契約に基づき、福祉サービスの利用援助等を行うものである。

3 × 相談支援事業は、障害者や障害児の保護者などからの相談に応じ、必要な情報の提供等の便宜(べんぎ)の供与や権利擁護(ようご)のために必要な援助を行うものである。

4 × 自立相談支援事業は、生活困窮(こんきゅう)者自立支援法に基づき、多様で複合的な課題を抱える生活困窮者への包括的な支援を行うものである。

5 × 地域生活支援事業とは、障害のある人が、自立した日常生活または社会生活を営むことができるよう、地域の特性や本人の状況に応じた柔軟な形態で提供される市区町村と都道府県が独自に行うサービスのことである。

◆総合問題3◆

問題120 ——— 正答2

1 × 任意入院とは本人の意思で入院することである。

2 ○ 記述のとおり。本人の同意がなくても指定医の診断により入院が必要と判断された場合で、保護者の同意がある場合は入院させることができる。

3 × 急に入院が必要となり、家族の同意が得られない場合に、指定医の診察を受け、72時間を限度として入院させることである。

4 × 本人や家族の同意がなくても指定医2名が入院の必要性があると診断し、保健所へ届け出がされた場合に都道府県知事等の措置として入院させることである。

5 × 急に入院が必要となり、指定医1名が入院の必要性があると診断し、保健所へ届け出がされた場合に都道府県知事等の措置として入院させることである。ただし、入院期間は、72時間に限定される。

問題 121 ―――― 正答 5

1 × 薬が内服されていない期間が2週間あるため、介護福祉職の判断で内服を再開してはならない。医師に相談する。

2 × 悪口は妄想の内容である。妄想を肯定することになってしまうため、適切ではない。

3 × 薬を飲んでいないことは事実であるが、Bさんの行動を否定する対応になってしまうため、適切ではない。

4 × 断定的に言うのではなく、「一緒に話しましょう」などと提案するほうが適切な対応といえる。

5 ○ 記述のとおりで、共感的な姿勢をとりながら、否定も肯定もしないような対応をする。

問題 122 ―――― 正答 4

1 × 本人のやる気を認め、本人のペースで取り組めるような対応が望ましい。介護福祉職の主観で優先順位を決めつけるような言い方は適切ではない。

2 × 批判的な対応は適切ではない。

3 × 「挑戦してみたい」という本人の思いを受け止めることが大切である。

4 ○ 設問のとおりで、本人のペースで、できることを確実に行うための提案としての対応は適切である。

5 × Bさんの自信喪失(そうしつ)につながりかねない失敗について、議論するような対応は適切ではない。

◆総合問題4◆

問題 123 ―――― 正答 5

1 × Dさんの朝の症状とは、手の動きの悪さと痛みである。最近の状況に、夜中に目が覚めてしまうとあることから、睡眠不足になっている可能性はあるが、それが手の動きや痛みの原因になっているとは考えにくい。

2 × 食欲がなく、体重減少がみられることから、低栄養となっている可能性はあるが、それが手の動きの悪さや痛みの原因になっているとは考えにくい。

3 × Dさんは、足に痛みがあり、平衡

感覚を保つことが困難な状態ではあるが、それが手の動きの悪さや痛みの原因になっているとは考えにくい。

4 × 関節の痛みや変形に伴って、Dさんの筋力が低下していることは考えられるが、それが手の動きの悪さや痛みの原因になっているとは考えにくい。

5 ○ 手の動きの悪さと痛みは、関節リウマチの症状の関節の**朝のこわばり**によるものである。こわばりは、関節の**炎症**によって生じる。

問題124 ―― 正答2

1 × 介護給付費は、自立支援給付の**介護給付**に該当するサービスを利用したときに給付される。

2 ○ 補装具費は、障害者の身体機能を補うものとして、長期間にわたって継続して使用する用具を、**購入**、**貸与**（たいよ）または**修理**するための費用である。**市町村**より支給される。

3 × 自立支援医療費は、自立支援給付の**自立支援医療**に該当するサービスを利用したときに給付される。**精神疾患**（しっかん）**の治療**にかかる医療費を軽減するための給付である。

4 × 訓練等給付費は、自立支援給付の**訓練等給付**に該当するサービスを利用したときに給付される。

5 × 相談支援給付費は、自立支援給付の**相談支援**に該当するサービスを利用したときに給付される。

問題125 ―― 正答3

1 × かぶりの衣類は、着脱の際に上肢などの関節にかかる負担が大きいため、**前開き**の衣類を選ぶとよい。かぶりの衣類の場合には、襟ぐりや肩回りなどの伸縮性が大きく、関節への負担が小さいものにする。

2 × 柔らかいマットレスは、体が沈み込み、ベッド上での**姿勢が保ちにくい**。適度な硬さがあると姿勢を保持しやすく、起居動作の際の負担も小さくなる。

3 ○ 関節の炎症が進行して炎症が強くなっていると考えられるため、関節を保護し、痛みが治まるまで**運動は控える**。

4 × 低すぎるいすは、立ち座りの際に、**膝**（しつ）**関節**にかかる負担が大きい。座面がやや高いいすの方が、動作を楽に行うことができる。

5 × 高い枕は、頸部が屈曲するため、**頸部**（けいぶ）**の関節**に大きな負担がかかる。頸部の関節への負担が小さい高さ、柔らかさの枕とする。

●**法改正・正誤等の情報につきましては、下記「ユーキャンの本」ウェブサイト内「追補（法改正・正誤）」をご覧ください。**
https://www.u-can.co.jp/book/information

●**本書の内容についてお気づきの点は**
・「ユーキャンの本」ウェブサイト内「よくあるご質問」をご参照ください。
https://www.u-can.co.jp/book/faq
・郵送・FAXでのお問い合わせをご希望の方は、書名・発行年月日・お客様のお名前・ご住所・FAX番号をお書き添えの上、下記までご連絡ください。
【郵送】〒169-8682 東京都新宿北郵便局 郵便私書箱第2005号
ユーキャン学び出版 介護福祉士 資格書籍編集部
【FAX】03-3350-7883
◎より詳しい解説や解答方法についてのお問い合わせ、他社の書籍の記載内容等に関しては回答いたしかねます。

●**お電話でのお問い合わせ・質問指導は行っておりません。**

2025年版　ユーキャンの介護福祉士　よくわかる！ 過去5年問題集

2004年10月10日　初　版　第1刷発行
2024年5月17日　第21版　第1刷発行

編　者　ユーキャン介護福祉士試験研究会
発行者　品川泰一
発行所　株式会社 ユーキャン 学び出版
〒151-0053
東京都渋谷区代々木1-11-1
Tel 03-3378-1400
編　集　株式会社 東京コア
発売元　株式会社 自由国民社
〒171-0033
東京都豊島区高田3-10-11
Tel 03-6233-0781（営業部）

印刷・製本　望月印刷株式会社

※落丁・乱丁その他不良の品がありましたらお取り替えいたします。お買い求めの書店か自由国民社営業部（Tel 03-6233-0781）へお申し出ください。

　ISBN978-4-426-61562-8